KB273342

학습자 중심의 국어과 평가

임천택 지음

학습자 중심의 국어과 평가

임천택 지음

도서출판 박이정

저자 **임천택**

‖주요 경력‖

한국교원대학교에서 국어교육을 전공하여 교육학 박사 학위를 받았다. 10년 동안 초등 교사로 재직하였으며, 현재 부산교육대학교 국어교육과 교수로 재직 중이다. 제 7차 초등학교 국어과 교과용 도서 집필 위원, 2007년 개정 국어과 교과용 도서 기획 및 집필위원으로 활동한 바 있다.

‖주요 저서‖ 『읽기 수업이 보여요』(박이정, 2003, 공저),
　　　　　　『구성주의와 읽기 : 쓰기』(박이정, 2001, 공역) 외 다수

‖논 문‖ "초등학교 설득하는 글쓰기의 비판적 고찰"(2008),
　　　　　"쓰기 기초학력의 재 개념화와 평가 틀의 개선 방향"(2008) 외 다수

학습자 중심의 국어과 평가

1쇄 발행　2002년 12월　1일
2쇄 발행　2010년　9월 10일

지 은 이　임천택
펴 낸 이　박찬익

편　　집　이기남 · 김민영 · 최민영 · 지미정
영　　업　박찬일 · 이승욱 · 박지우

펴 낸 곳　도서출판 **박이정**
주　　소　서울시 동대문구 용두동 129-162
전　　화　02) 922-1192~3
전　　송　02) 928-4683
홈페이지　www.pjbook.com
이 메 일　pijbook@naver.com
온 라 인　국민 729-21-0137-159
등　　록　1991년 3월 12일 제1-1182호

ⓒ임천택2002.

잘못 만든 책은 바꾸어 드립니다.
저자와 협의하여 인지는 생략합니다.

ISBN　89-7878-608-1 (93370)　　값 15,000원

머리말

국어과 평가의 궁극적인 지향점은 학습자가 스스로 능숙하게 언어 사용을 할 수 있도록 돕는 데 있다. 그러나 현장에서 경험하고 느끼는 평가는 그렇지 않다. 평가는 학습을 돕는 것이기 때문에 의논해서 평가할 수도 있고, 해결 과정을 보여주고 평가할 수도 있고, 학생이 스스로 평가할 수도 있다고 말하면 학생들이나 일부 교사들은 그것이 어떻게 '평가'냐고 되묻는다. 학기말이 되면 평소에 대화도 유창하게 하고 읽기 이해력도 빠른 학생이 성적이 엉망이라며 안타까워하는 교사들도 종종 본다. 학생들의 생활기록부를 뒤지다 보면 평가 기록들이 눈에 들어온다. 학년 표시 숫자를 가리고 나니 마치 판도라의 상자처럼 아리송하기만 하다. 2학년이 5학년이 되고, 6학년이 3학년이 된다. 그 동안 끊임없이 물어왔던 문제를 또 물을 수밖에 없었다. '왜 평가하는가?' 이 책을 쓰게 된 이유이다.

과학 기술의 발달로 문명이 변화하고 새로운 시대가 열리면서 구성주의라는 '이데올로기'가 교사의 생각과 국어과 교육을 변화시키고 있다. 이전의 국어과 교육에서는 지식의 인식 주체이자 의미의 구성 주체인 학습자를 외면하고 객관적으로 존재하는 지식이나 의미 그 자체만을 중시하던 때가 있었다. 교사는 학생들에게 객관적인 지식이나 의미를 전수해 주고, 학생들은 이것을 모방하면 된다고 생각하였다.

그러나 구성주의는 지식이나 의미가 인식 주체와 별개로 존재하는 것이 아니라 대상이나 환경과의 상호 작용을 통하여 구성된다는 교육관을 표방하고 있다. 이러한 교육관에 근거하면 학습자는 자신의 행동을 스스로 통제하고 능동적으로 학습이나 의미 구성 과정에 참여한다. 교사의 역할은 학습자의 개별적 특성을 이해하고 자기 주도적인 학습자나 언어 사용자로 성장할 수 있도록 지원하는 것이다. 교사가 평가의 생산자가 되고 학생들이 수동적인 소비자가 되는 전통적인 평가로는 이러한 구성주의 교육관을 제대로 담아낼 수 없다. 따라서 국어과 교육의 변화에 대응하는 평가의 인식이 필요하고, 적절한 평가 방안이 모색되어야 한다.

이 책은 구성주의 관점을 기반으로 하여 학습자 중심의 평가를 강조하였다. '학습자 중심의 평가'란 학습자가 평가의 주체로 참여하는 것, 학습자의 수준과 흥미에 평가를 맞추는 것, 평가가 학습자에게 학습 동기를 심어주고 학습 개선에 필요한 정보를 제공하는 것을 포함한다. 책의 내용은 크게 국어과 평가에 대하여 기초론, 일반론, 실제론, 포트폴리오 평가론의 네 부분으로 나누어져 있다. 기초론은 국어과 평가의 특성을 이해하는 데 초점을 두었고, 일반론은 국어과 평가의 일반적인 원리와 방법을 탐색하는 데 초점을 두었다. 그리고 실제론은 실제 언어 사용 영역별로 나누어 평가 내용과 방법을 제시하였고, 포트폴리오 평가론에서는 포트폴리오 평가의 특성과 방법을 이해하고 실제 적용 과정을 제시함으로써 이해를 도왔다. 아무쪼록 이 책이 많은 사람들에게 평가에 대하여 새로운 인식을 심어주고, 국어과 평가 이론이나 다양한 평가 방안을 모색하는 연구자나 교사들에게 많은 도움이 되길 바란다.

이 책을 내기까지 평소 알찬 가르침과 따뜻한 격려로 용기를 북돋워주신 한국교원대학교의 신헌재 교수님, 원고의 교정과 출판을 도와주신 이경화 교수님, 원고를 꼼꼼히 읽고 바로 잡아준 곽춘옥, 김국태, 송미봉, 유현옥 선생님, 원고 정리를 도와준 도료 교사 이정은 선생님께 감사 드린다. 아울러 어려운 형편에도 불구하고 이 책의 출판에 힘써주신 박이정의 박찬익 사장님과 직원여러분께도 감사 드린다.

2002년 11월에

지은이 씀

차 례

제1부. 국어과 평가 기초론

교육 현장에 수행 평가가 도입된 계기는 전통적인 평가 방식(이를테면 객관식 평가나 단편적인 기능 평가)이 학습자의 언어 사용 능력을 제대로 반영하지 못한다는 것과, 평가가 국어과 교육 과정이나 교수-학습의 개선, 그리고 궁극적으로는 학습자의 언어 사용 능력 신장에 별로 기여하지 못한다는 반성에서 비롯되었다. 전자는 '어떻게 평가하느냐'의 문제이며, 후자는 '왜 평가하느냐'의 문제라고 볼 수 있다. 최근 실시되고 있는 수행 평가가 평가에 대한 학생들과 교사의 인식을 변화시키고, 평가의 타당성을 높이고, 아울러 암기 위주의 학습 방식을 변화시키고 있다는 점에서는 긍정적인 측면이 있다. 그러나 한편으로는 수행 평가가 실제로 학생들의 언어 사용 능력이나 교수-학습, 그리고 학교 교육 과정이나 교육 프로그램에 어떠한 기여를 하였는가에 대해서는 의문을 갖지 않을 수 없다. 학교에서 이루어지는 평가 실제를 살펴보면 문제점이 보다 확연히 드러난다. 수행 평가를 비롯한 새로운 평가 논리가 실제 수행과 과정을 중시함으로써 교수·학습의 개선에 초점을 두는 데 비하여, 적용의 실제는 오히려 평가 횟수나 결과를 중시함으로써 형식적인 면에 집중하는 경향을 보이고 있다. 이러한 점을 놓고 보면 현재 수행 평가나 새로운 평가 방식에 대한 오해와 실시 과정에서 나타나는 문제의 원인을 평가 자체의 문제로 귀결시키려는 것은 합당하지 않다. 오히려 지금 우리는 수행 평가를 비롯한 새로운 평가에 대한 관점을 국어과 교육의 변화에 대응할 수 있는 발전적인 논의로 이끌어가야 하는 시점에 와 있다.

제1장. 인간, 언어, 교육, 평가[1]

국어과 교육은 언어를 대상으로 하며, 그 목적은 학습자의 언어 사용 능력을 길러주기 위한 것이다. 언어 사용은 그 연령이나 수준에 관계없이 화자(필자)와 청자(독자)간의 일정한 상호 작용을 통하여 나타나는 일련의 연속적인 과정이며, 한 개인의 언어 사용 능력의 발달은 이러한 경험을 통하여 점진적으로 발달해 간다. 즉, 인간의 의사 소통 능력은 하나 하나의

---

1) 평가(evaluation)는 어떠한 현상이나 대상에 대하여 일정한 기준이나 규칙을 가지고 목표에 따라 정보를 해석하고 가치를 판단하는 행위이다. 그러나 우리가 일반적으로 사용하는 평가의 개념은 검사하고 측정하는 과정 뿐만 아니라 관찰하고, 자료를 수집하고, 분류하고, 준거를 설정하고, 가치를 판단하고, 보고하는 과정을 모두 포함한다. 그 결과는 수치화할 수도 있고 말이나 문자의 진술로 나타날 수도 있다. 검사(test)나 측정(measure)은 시험 결과를 양으로 표시하거나 수치화하기 위하여 체계적인 계획 하에 이루어지는 평가를 의미한다. 이에 비하여 또 다른 '평가' 개념, 즉 'assessment'는 주로 비공식적인 평가에서 가치 판단보다는 자료 수집과 송환을 강조하는 개념이며, 양적인 평가보다는 질적인 평가를 주로 지칭한다. 검사(testing)와 평가(assessment)는 이론과 실제에서 차이가 있다. 예를 들어 검사(test)는 표준화 평가에서 학생들에게 짧은 예시문을 제시하고, 그것을 조용히 읽고 주어진 질문에 답하도록 함으로써 읽기 능력을 측정한다. 이는 주로 지식적인 측면의 정보만 수집하고, 다른 평가 상황에서 다른 결과가 나올 수 있는 가능성을 배제한다. 이에 비하여 '평가(assessment)'는 다양한 상황에서 다양한 방법으로 정보를 수집하고 분석한다. 이는 읽기의 특성과 읽기 과정을 규명하고, 특정 읽기 상황에서의 과정과 결과에 대한 인과 관계 분석에 초점을 둔다. 그러나 '평가(assessment)' 과정에서 검사(test) 과정을 포함할 수도 있다. 박영목・이인제・남미영(1991:87)은 국어과 평가에 대하여 '국어과 교육의 전반적인 사항에 관한 정보의 수집 및 제공, 가치와 장점의 판단, 국어과 교육에 관한 의사 결정으로 이루어지는 일련의 과정'으로 정의하고 있다. 이러한 정의는 양적 점수나 등급화를 위한 일련의 평가 과정을 가리키는 '검사(test)', '측정(mesuarment)'의 전통적인 평가 개념을 포함하고, 규칙, 표준, 목표에 따라 정보를 해석하고 판단하며 교수 프로그램과 교육 과정 평가를 포함하는 '평가(evaluation)' 개념과, 주로 학습자의 학습을 평가하는 의미로서 정보의 수집, 분석, 해석, 판단의 과정을 나타내는 '평가(assessment)' 개념을 포괄한다. 여기에서 사용하는 평가 개념도 이러한 개념을 두루 포괄하는 의미로서의 '평가' 개념이다.

낱말을 학습한 다음 문장을 학습하고 마지막으로 하나의 담화나 텍스트를 완성하는 식의 단계적인 구조로 발달하는 것이 아니라, 일상 생활 속에서 점차적으로 발전하는 과정인 것이다. 학생들은 다른 사람과 비슷한 형태의 언어 행위를 반복하면서 사고와 상상력을 발달시켜 나가기도 하고 자신과 세계를 새로운 방법으로 인식하고 이해하기도 한다. 이러한 점에서 언어 사용은 언어와 인간의 만남이라고 할 수 있다. 국어과 평가는 바로 이러한 만남에 대한 교육적 탐구라고 할 수 있다. 따라서 국어과 평가를 온전히 이해하기 위해서는 인간과 평가, 언어와 평가, 언어 교육과 평가가 어떠한 관련성을 가지는가에 대하여 살펴보는 것이 우선되어야 한다.

1. 인간과 평가

가. 인간 존중과 평가

우리는 더 바람직한 평가 기법을 개발함으로써 국어과 평가를 개선하려는 노력을 계속하고 있다. 하지만 불행스럽게도 이러한 노력은 정반대의 효과로 나타나고 있다. 우리의 오류는 평가가 단지 기법적인 것에만 문제가 있는 것처럼 취급해 왔다는 사실이다. 마치 평가 과정에서 인간 판단과 가치를 배제시키는 것이 바람직하고 어린이를 물리적인 조작 대상으로 취급하는 것이 타당한 것처럼 여겨왔다. 하지만 평가는 기본적으로 인간을 규명하는 것이고, 사회 현상의 하나이며, 가치 지향적인 것이다. 시험이라는 것도 결국은 사람이 구성하고 해석하는 것이며, 사람을 대상으로 적용하는 것으로서 사회적 상호 작용을 내포하고 있다. 평가를 비유적으로 표현하면 한 독자가 필자에 대하여 "초보적인", "능력이 다소 부족한", "유창한" 중에서 어떤 언어로 기술할 것인가에 대한 문제이기도 하다. 평가 언어 선택에 따라 필자의 동기가 달라지고, 필자에 대한 다른 독자들의 취급 방식이 달라진다.

우리는 학생들의 문식성 발달을 평가할 때 목적에 따라 숫자나 등급, 또는 문장으로 표시한다. 교사는 흔히 한 학생의 쓰기에 대하여 "A", "60%", "학습 무능력", "초보 독자", "이전에 쓴 글에 비하여 내용이 충실하고 맞춤법을 교정하는 능력이 향상 됨" 등으로 나타낸다. 이러한 평가 대화에는 인간을 취급하는 방식이 드러나 있다. 예를 들어 한 학생의 글을 두 장 복사하여 한 쪽은 6학년이라고 쓰고, 또 한 쪽은 3학년이라고 써서 서로 다른 두 명의 평가자에게 평가하도록 해 보자. 아마도 3학년으로 표시된 글을 받은 평가자는 학생이 할 수 있는 것에 대하여 대단한 관심과 흥미를 보이겠지만, 6학년으로 표시된 글을 받은 평가자는 학생이 할 수 없는 것에 초점을 맞추면서 학습 무능력자로 판단할 것이다. 동일한 글을 놓고도 서로 다른 평가 대화가 생성되는 셈이다.

평가자의 인식 차이는 평가 언어를 통하여 드러난다. 예를 들어 문학에 대하여 관심을 가지는 교사와 언어 사용 기능에 관심을 가지는 교사의 평가 언어가 다르고, 평가 결과를 발달 과정으로 보는 교사와 평가 결과를 가치 판단으로 보는 교사의 언어가 다르다. 학습자의 발달에 대한 평가 기술이나 논평은 학습자를 이해하고 취급하는 방식이다. 컵이 반이 비었다는 것과 컵이 반이 찼다는 기술의 차이는 다른 사람들이 학습자를 이해하고 취급하는 방식에도 영향을 미친다. 사람들이 보는 것의 차이는 언어를 통하여 반영되고 결정되기 때문이다. 학습자의 언어 사용 능력에 대한 '잘함', '보통', '노력 요함'등의 표시는 가치 판단의 문제가 아니라 '내일'이면 변화할 수 있는 발달 과정의 문제이다. 구성주의 평가에서는 학습자가 할 수 없는 것보다는 할 수 있는 것을 강조하며, 현재의 능력도 중요시 하지만 학습자의 잠재적 능력도 중요시한다는 점을 염두에 두어야 한다. 구성주의 평가는 이처럼 학습자를 존중하고 신뢰하는 데서 출발한다.

나. 자아 인식과 평가

언어 사용 능력의 평가는 지각과 자아 인식의 문제와 관련이 깊다. 평가자는 언어로 된 수행 결과물을 지각하고 판단한다. 학습자는 역시 평가 진술에서 평가자의 의도나 태도를 파악하게 된다. 이러한 점에서 평가는 학습자의 자아 인식에 상당한 영향을 미친다고 할 수 있다. 자아란 '자신의 존재와 목적을 지각하는 것'을 말한다. 자아는 물리적·신체적 관점에서 형성되는 자아와 심리적 관점에서 형성되는 자아, 사회적 관점에서 형성되는 자아로 나누어 볼 수 있다. 물리적·신체적 자아란 개인이 소유하고 있는 물리적·신체적 특성에 근거한 자아 개념이다. 사회적 자아는 타자와의 상호 작용에 근거한 자아 개념이다. 평가 상호 작용을 통하여 우리는 끊임없이 다른 사람이 우리를 어떻게 바라보는지에 대한 정보를 얻는다. 다른 사람이 자신을 어떻게 평가하는가를 아는 것은 자아를 형성하는 지식의 일부가 된다. 정신적 자아란 자신과의 상호 작용에 근거한 자아 개념으로서 감각과 사고와 감정을 포함한다. 자기 평가는 이러한 정신적 자아와 관련이 있다. 정신적 자아는 우리가 가치, 욕구, 기대를 결정하고, 어떠한 현상을 추론하고 평가하도록 만든다. 이러한 자아를 통하여 우리는 보람, 동기, 슬픔, 분노를 느낀다. 어떤 자아 개념에 좀더 비중을 두는지는 학습자마다 다르다. 사회적 자아를 중요시하는 학습자는 평가자가 자신을 어떻게 평가하느냐에 근거하여 자신을 바라보게 되지만, 정신적 자아를 중요시하는 학습자는 자신의 속성과 관련지어 자신을 바라본다. 따라서 정신적 자아 개념이 강한 학습자는 자기 평가가 보다 효과적으로 작용한다고 볼 수 있다.

인간은 자신에 대한 인식이 무엇으로부터 나왔는지를 살피지 못하면 완전한 자아를 정확하게 발견할 수 없다. 평가 맥락에서 학습자는 때로는 평가자가 되기도 하고 피 평가자가 되기도 한다. 표면적인 상태로는 이처럼 평가자와 피 평가자의 구분이 뚜렷하지만, 정신적인 상호 작용의 측면에서 보면 이것은 엄격히 구분되지 않는다. 우리는 평가자가 제시한 문항에 반응하면서 동시에 자신을 평가하는 평가자가 되기도 한다. 자신의 장단점을 알고 비슷한 관점에서 다른 사람을 평가하는 것은 상호 작용속에서 무엇인가를 얻고자 하는 평가자나 피 평가자 모두에게 관심거리이다.

평가 상호 작용에서 자아의 존재 유형은 평가자와 피평가자 모두 알고 있는 자아, 평가자만 알고 있는 자아, 피 평가자만 알고 있는 자아, 평가자와 피 평가자 모두 모르는 자아로 나누어볼 수 있다. 평가자와 피 평가자가 모두 인식하는 자아는 평가 맥락에서 평가 결과에 대한 비판적인 수용을 가능하게 해 주고 적절한 기대 수준을 형성해 줄 수 있지만, 한편으로는 평가 무관심을 낳을 수도 있다. 반대로 평가자나 피 평가자가 모두 모르는 자아는 극단적인 평가 불안이나 평가 기피 현상을 초래하거나, 또는 지나치게 높은 기대 수준을 가지게 하거나 평가 결과를 일방적으로 수용하도록 강요할 우려가 있다. 평가자와 피 평가자 간의 자아 인식이 틀릴 경우에는 결과 해석의 불일치를 낳기도 한다. 예를 들어 피 평가자는 친구와 비교하여 발표력이 뛰어나다고 생각하지만 평가자는 이를 부정적으로 평가할 수도 있다.

우리는 자신에 대한 다른 사람의 지각을 받아들이고 해석할 뿐만 아니라 다른 사람들의 지각을 조작하거나 변화시키려고 노력한다. 자아 개념은 한 순간에 변화되는 경우도 있지만 이렇게 변화하는 자아 개념은 지속력이 약하다. 일반적으로 자아 개념은 장기적이고 일반적인 정보에 근거하여 형성된다. 말하기 평가에서 '표현력이 부족하다'는 평가를 받았다고 하더라도 다른 모든 교과에서 '표현력이 우수하다'는 평가를 받았다면 이는 긍정적인 자아를 형성할 수 있다. 반면에 오랫동안 '표현력이 부족하다'는 평가를 받다가 어느 한 순간에 '표현력이 우수하다'라는 평가를 받는다면 이는 긍정적인 자아 개념으로 변화될 수 있지만 이는 불안정한 상태의 자아가 된다. 하지만 교수-학습이나 평가 맥락에서는 약간 긴장된 상태의 불안정한 자아가 안정된 자아보다 오히려 더 강한 동기를 불러일으키기도 한다.

피 평가자는 평가자가 기대하는 행동을 수행하고 싶어한다. '발음이 분명하고 발표 태도가 좋음'이라는 진술이 평가 기준으로 사전에 제시되거나 기록으로 보고될 경우 피 평가자는 이러한 기대에 맞게 행동하려고 한다. 이는 보상이 수반될 경우 더욱 강력한 연결 고리를 가질 수 있다. 어떤 상황이나 환경은 특정한 행동을 요구함으로써 개인의 자아를 통제하기도 한다. 소집단 토의의 경우에 자신의 일방적인 주장보다는 합의된 결론의 도출을 요구하는 경우가 그러한 경우이다. 하지만 학습자는 학습이나 평가의 주체로서 평가자나 상황에 일방적으로 끌려가며 자아를 형성하는 것은 아니다. 스스로 결과물을 다른 학습자와 비교하고 판단하여 자아를 새롭게 형성해 가는 주체이기도 하다. 이는 학습자가 뚜렷한 성취 목표를 가질 경우 더욱 강력하게 작용한다.

평가를 통한 자아의 형성은 교수-학습 뿐만 아니라 이후의 평가 상호 작용에도 영향을 미친다. 자신을 높이 평가하는 학습자는 평가자의 해석 결과를 보다 비판적으로 수용한다. 반면에 자신에 대하여 부정적인 자아를 형성하고 있는 학습자는 자기 불신과 자기 방어 성향을 강화함으로써 평가를 불신하고 다른 사람과의 평가 상호 작용을 기피하는 경향이 있다. 자신감이 있다는 것은 어떤 특정 과제를 수행하는 데 적극적인 태도를 갖는다는 것을 말한다. 이는 결국 교사가 평가 경험을 통하여 긍정적인 자아를 심어줄 수 있을 때 가능하다.

다. 심리적 요인과 평가

(1) 믿음

믿음은 평가 상호 작용에서 명확한 평가 정보 소통의 기초가 된다. 만약 학생이 교사를 믿지 못한다면 "음"하는 머뭇거림도 "이게 뭐야" 라는 식으로 해석될 수 있다. 평가가 이러한 신뢰 관계 형성에 역행하고 교사의 충고가 불신을 초래한다면, 학생들은 평가 정보의 명확한 해석이나 다양한 대안 탐구를 꺼리게 된다. 교사가 "이 글의 주인공에 대하여 어떻게 생각하니?"라고 물으면 학생들은 '선생님이 이 주인공에 대하여 어떻게 생각하고 있을까?'를 생각하게 되고, 이럴 경우 의사 소통이나 평가는 잘못된 방향으로 이끌어진다. 평가 실제는 평가자와 피 평가자 간의 믿음과 직관에 기초해야 한다. 교사가 평가 자료를 수집하고 가치를 판단하는 데 피 평가자를 참여시키는 것은 평가에 대한 믿음을 가지게 하는 좋은 방법이다.

(2) 권위와 통제

권위와 통제는 믿음의 문제와 밀접히 관련되어 있다. 평가 관계는 참여자들이 가지는 사회적 관계에 많은 영향을 받는다. 사회적 관계는 많은 것을 말해 준다. 예를 들어 평가자는 답을 알고 절대적인 권위를 가진 사람이다. 하지만 평가에서는 가능한 동등한 관계의 유지가 필요하다. 동등한 관계를 인정한다고 해서 학급에서 교사와 학생의 힘 차이를 부정하는 것은 아니다. 분명히 그 차이는 있다. 물리적으로나 정서적으로 안정된 교수-학습 상황을 조성하기 위하여 교사는 명확한 위치를 고수해야 한다. 그러나 학습의 책임을 학습자에게 이양할 때 역할을 차츰 줄여나간다. 교사와 학생간의 힘 차이에 대하여 학생들이 가지는 부정적인 인식은 학생들의 관점을 교사가 진지하게 수용해 줄 때 극복해 갈 수 있을 것이다.   교사는 가끔 정보를 수집하기 위하여 질문을 하기도 한다. 질문은 특정 정보나 반응을 요구한다. 학급에서 제기되는 대부분의 질문은 교사가 답을 알고 있는 것이다. 이러한 것들은 통제의 수단으로 작용하는 경우가 많다고, 이런 질문은 대부분 부분적인 정보에 초점을 두는 경향이 있다. 예를 들어 책 한 권을 읽기를 과제로 제시하고 이를 확인하기 위하여 질문을 제시했을 경우 학생들은 책을 읽지도 않고 답만 달아오는 경우도 있다. 만약 학생들이 이와 같이 교사의 요구나 질문을 잘못 이해하고 있을 경우에, 교사는 실제 필요한 정보가 무엇인지 이해시킴으로써 정보를 초점화시킬 수 있다. 물론 질문을 하는 것만이 평가 정보를 얻기 위한 유일한 방법은 아니다. 정보를 주는 것도 때로는 더 좋은 평가 방법이 될 수 있다. 예를 들면 학생들이 쓴 글에 대하여 반응하는 것은 직접 질문을 제기하는 것보다 좀더 나은 효과를 가져올 수 있다. 이는 "이 부분을 왜 이렇게 썼지?" "와, 이 부분이 감동적이긴 한데 주인공이 다른 사람을 아무런 이유 없이 도와주었다는 점이 이해가 잘 안 되는구나"의 차이이다. 적절한 반응은 교사와 학생의 힘 차이를 드러내지 않고도 의미 구성을 도울 수 있게 해 준다.

평가 의사 소통의 구조도 중요한 문제이다. 교사와 학생이 서로 대화를 할 때 한 쪽은 다른 한 쪽이 끝날 때까지 기다려야 한다. 반응에 필요한 시간은 개인에 따라 차이가 있지만, 반응에 대하여 교사가 충분히 기다려 주지 않는다거나 말할 기회를 제한하게 되면 반응은 그만큼 소극적으로 일어날 수 밖에 없다. 교사가 기다리는 시간은 학생이 적절히 반응할 수 있다는 교사의 기대를 보여 주는 것이기도 하다. 특히 반응 능력이 떨어지는 학생일수록 자기 방어적이고 의존적인 감정을 많이 가지는데, 종종 그러한 학생들이 제대로 반응할 수 없다고 성급한 결론을 내려서는 안 된다.

(3) 초점과 보상

평가 초점은 언어 사용 능력과 교수-학습의 내용 및 방법에 대한 학습자의 인식을 바꾸어 놓기도 한다. 예를 들어 평가가 정서법. 발음. 맞춤법에 초점을 둔다면 학습자는 그러한 요소에 초점을 맞추게 되고, 반대로 평가가 읽기와 쓰기 과정에 초점을 둔다면 어떤 과정을 거쳐 일정한 수준에 도달했는가에 대하여 관심을 갖게 마련이다.

평가에서 보상은 피 평가자의 과제 수행 과정과 결과 뿐만 아니라 평가자와 피 평가자의 사회적인 관계에도 영향을 미친다. 평가에서 보상을 높이면 높일수록 평가자는 절대적인 권위를 가지게 된다. 평가에서 보상을 주는 하나의 방법은 결과를 공개하는 것인데, 예를 들어 교사가 학급에 점수를 공개하거나 순위대로 시험지를 나누어주는 방법 등이 이에 포함된다. 하지만 이러한 방법은 학생들로 하여금 자기 방어 성향을 갖게 만들고, 평가 상황이나 학습자간의 차이를 인정하지 않으려는 경향이 있다. 즉, 양적인 평가를 통한 보상은 객관적인 평가를 요구하게 되고, 학습자의 특성을 무시하고, 평가 참여자들의 의사 소통을 제한하기도 한다.

2. 언어와 평가

국어과 평가에서 언어를 이해하는 것은 특히 중요하다. 언어는 평가의 대상이면서 평가를 구성하는 한 부분이다. 많은 연구들이 언어와 인간의 사고력 사이에는 밀접한 관계가 있으며, 각 연령에 맞는 발달 단계가 있음을 지적하였다. 학생들의 언어 학습과 발달에 대한 인식은 교사들이 학생들의 언어 사용 능력을 이해하고, 평가를 설계하고, 평가 정보를 해석하고 판단하며, 송환 단서를 탐구하는 데 도움을 준다. 여기에서는 언어와 언어의 발달적 특성을 살피고 그것이 평가와 어떤 관련성이 있는가를 알아보기로 한다.

가. 언어의 특성

언어는 인간이 사회적 세계를 이해하고, 대상이나 현상을 명명하고, 반성하는 수단이다. 즉, 그것은 인간이 삶에서 의미를 산출하는 수단이며, 다른 사람과 의미를 소통하는 방식이다. 많은 언어가 학교 밖에서 습득되지만, 학교에서 배우는 언어는 교과목으로서 뿐만 아니라 교육의 기초가 된다는 점에서 중요하다. 예를 들면 과학 수업에서 학생들은 언어를 사용하여 세계에 대한 지식을 구성한다. 이는 언어의 도구적 특성에 속한다고 할 수 있다.

언어를 통한 의미 구성은 하나의 사례를 유사한 방식이나 과정으로 반복함으로써 형성되고 공유되는 것이다. 예를 들면 우리는 '나무'라는 단어로 특정 대상을 가리킬 수 있고, '눈물'이라는 단어로 특정 의미를 지적할 수 있다. 다른 사람들이 동일한 방식으로 동일한 대상을 지시하기 때문에 우리는 이러한 기호를 사용하여 의미를 소통한다. 이는 담화 공동체가 동일한 대상을 확인, 구분, 지시, 구성하는 데 동일한 규칙과 기준을 가지고 있음을 의미한다. 머리를 숙여 인사를 하거나 악수를 하거나 코를 맞대는 식의 인사가 소통될 수 있는 이유는 상호간에 동일한 기호와 의미를 공유하고 있기 때문이다. 이는 기호와 의미의 공유인 동시에 문화의 공유이다. 인간은 문화적 경험을 통하여 이러한 언어적 관습을 이해하는 동시에 다른 사람들과 공동으로 새로운 언어적 관습을 구성하기도 한다. 삶과 세계에 대한 언어 사용 방식은 특정 문화 집단을 다른 문화 집단과 구분 짓는 중요한 특성이며, 필자와 독자는 이러한 관습을 해석하고 활용하는 것을 학습해야 한다. 이것은 언어의 규범적 특성에 속한다고 할 수 있다.

언어는 기계와 같이 부품으로 조립되어 완성된 고정체가 아니라, 변화하는 특성을 지니고 있다. 즉, 언어는 우리가 표현하고 자신과 세계에 대한 의미를 구성하는 기호 체계로서, 그 의미는 언어 행위가 일어나는 사회적 관계 속에 있다. 인간은 공동체 내에서 사회적 관계, 경험적 지식, 관습적 규칙을 모두 이해해야 의미를 구성할 수 있다. 따라서 언어 사용 능력이란 단순한 기능의 집합이라기보다는 자기 자신과 다른 사람, 그리고 세계와 상호 작용함으로써 매우 복잡한 양상으로 나타나며, 이것은 언어가 낱말이나 문장으로 고립적으로 존재하는 것이 아니라 특정 맥락에서 생성되는 말하기나 쓰기와 같은 좀더 확장된 단위로 존재한다는 것을 암시한다. 이는 언어의 역동적인 특성에 속한다고 할 수 있다.

언어 체계와 언어 사용에는 두 가지 힘이 작용한다고 할 수 있다. 하나는 외부로 나가려는 힘이고 하나는 내부에서 끌어당기는 힘이다. 언어 사용자는 새로운 경험, 새로운 느낌, 새로운 생각을 가지고 새로운 언어를 만들고 싶어하는데 이것은 외부로 나가려는 힘이다. 그러나 이러한 힘을 적절하게 통제하는 힘이 없다면 그 언어는 사회적 유용성을 잃게 될 것이다. 정해진 방식으로 언어를 사용함으로써 서로를 이해할 수 있는 것은 끌어 당기는 힘이 존재하기 때문이다. 외부로 나가려는 힘이 언어의 개별적 특성이라면 끌어당기는 힘은 언어의 사회적 특성이다. 일시적이든 지속적이든 언어의 변화는 언어 사용자에 의하여 시작되지만 그것이 효과적인 의사 소통 기능을 수행하려면 다른 사람들에게 의미 있게 수용되어야 한다. 사람들은 다른 사람과 의사 소통을 하면서 반복적인 자기 교정을 통하여 새로운 언어 관습에 익숙해지기도 한다. 언어는 바로 이러한 두 가지 힘에 의하여 역동적으로 발달해 간다고 할 수 있다. 언어의 특성에 대한 이러한 견해는 인간이 언어 사용을 위해서 새로운 언어의 창조와 관습적인 담화 유형의 습득이라는 두 가지 목표를 추구해야 함을 시사해 준다.

나. 언어 습득과 발달

어린이들이 언어를 어떻게 습득하는가에 대해서는 지금까지 명백하게 증명된 것은 없다. 연구자들은 언어가 모방과 강화에 의하여 습득된다고 주장하기도 하고 선천적으로 습득된다고 주장하기도 한다. 모방과 강화로 언어 습득을 설명하는 연구들은 어린이들이 엄마나 주변 사람들의 언어를 모방하고 주변 환경이 이를 강화함으로써 언어를 습득한다고 주장한다. 하지만 어린이들의 언어 사용을 보면, 곧잘 새로운 언어를 생성해 내는 것을 볼 수 있는데, 이러한 것은 모방과 강화 이론으로는 설명하기 힘든 부분이다.

일단의 연구자들은 인간이 태어나면서부터 언어 습득 구조를 가진다고 주장하였는데, 촘스키(Chomsky)는 이것을 '언어 획득 장치(LAD)'라고 불렀다. 촘스키에 따르면 이 장치는 인간이 언어를 사용할 때 형식적인 규칙들을 사용할 수 있게 함으로써 의미 구성과 의사 소통을 가능하게 해 준다는 것이다. 그리고 다양한 경험을 통하여 오류를 수정하고 언어를 정교화시켜 나가는 것으로 언어 발달을 설명한다.

최근에는 어린이들의 언어 발달을 사회적 측면에 초점을 두고 설명하는 경향이 있다. 즉 어린이는 태어나면서부터 그들을 둘러싸고 있는 사람이나 환경과 상호 작용을 하는데, 이러한 상호 작용을 통하여 어린이들은 언어 현상을 이해하고 언어를 발달시켜 나간다는 것이다. 예를 들면 가정은 어린이들이 의사 소통 능력을 발달시키는 일차적인 사회 집단이다. 가정에서 학생들은 어휘와 문법 구조뿐만 아니라 의사 소통 방법을 인식한다. 그러나 언어 학습은 지극히 개인적이고 추상적인 활동이므로, 언어 습득에 대한 사회적 관점은 언어와 사고가 어떠한 관련성을 가지는가에 대한 명백한 근거를 제시하기는 어렵다.

삐아제의 언어와 사고에 관한 연구는 언어 교육에 많은 시사점을 준다. 삐아제는 어린이의 성장 단계에 따른 언어 발달에 대하여 설명하고 있다. 삐아제는 어린이들의 발달 초기에 사고와 언어는 별개로 존재한다고 주장하였다.

감각 동작기(출생-2세)에는 주위 사물을 인식함으로써 인지적 기능이 발달한다고 하였다. 만지고 두드리고 맛을 보는 활동 등은 감각적인 학습 경험이 되는데, 예를 들면 물을 쏟거나 장난감을 부수는 등의 반복적인 경험을 통하여 사물을 조작할 때 그것이 어떻게 작용하는가를 학습하게 된다는 것이다. 그러나 어린이가 그러한 대상이나 현상에 대하여 언어로 어떤 설명을 할 수 있는 단계는 아니다. 상징적 조작기(2세-4세)에는 낱말 수준의 언어가 사물이나 사건의 이미지와 결합하는 단계이다. 구체적인 경험이나 사물을 눈에 보이지 않더라도 언어라는 상징적 기호를 통하여 나타낼 수 있는 단계인데, 예를 들어 어린이가 '놀이터!'(놀이터에 놀러가자는 뜻)라고 했을 때, 이는 상징적 조작기의 언어 사용 특성이라고 할 수 있다. 하지만 삐아제는 어린이들의 발달 초기에 언어가 사고력에 영향을 주는 본질적인 요소는 아니며, 언어 없이도 직접 경험을 토대로 사고가 발달한다고 믿었다. 즉, 언어는 본질적으로 사고를 기반으로 하지만 이 시기의 사고는 직관이나 경험에 의존하는 바가 크다고 생각하였다.

전조작기(4-7세)는 자기 중심적인 사고 단계로 특징지어 볼 수 있다. 이 단계의 언어와 사고는 매우 개인적이고 한정된 영역에서 나타난다. 예를 들면 횡단보도의 신호등에 대하여 '신호등이 나를 쳐다보고 있다'는 식으로 사고한다는 것이다. 따라서 사물의 전체적인 모습이나 사물들간의 관계를 이해하기보다는 사물의 고정된 실체만 인정하고 상태의 변화나 이동에 대해서는 이해하지 못한다. 역시 언어 사용도 자기 중심적이다. 그들은 청자의 입장이나 요구를 고려하지 못할 뿐 아니라 청자가 자신과 동일한 구조를 가지고 있다고 간주해 버리므로, 일방적인 언어 사용이 대부분이다. 혼자서 중얼거리거나 다른 사람의 말을 반복하거나 모방하기도 하는데, 이는 진정한 의미에서의 의사 소통이라고 할 수 없다. 또한 전체적인 맥락이나 요점을 정확히 파악하지 못하고 일부분만 이야기하거나 중요한 부분을 빠뜨리기도 한다. 이 시기에는 또래 집단과의 사회적 관계를 통하여 사고가 발달하기도 한다. 그리고 타인과 상호 관계를 맺고 있다는 것을 인식하게 된다.

구체적 조작 단계(7세-11세)에서 어린이들의 사고는 더 이상 고정된 상태에 머물지 않고 어떠한 행위가 사물에 작용하는 방식을 인식할 수 있게 된다. 예를 들면 찰흙에 어떤 조작을 가하여 모양을 변화시켜도 그 무게나 부피는 변화가 없다는 사실을 알고, 다시 부수어 뭉치면 다시 찰흙이 될 수 있음도 안다. 하지만 어린이들은 직접 경험한 현실적인 상황을 벗어난 대상이나 사고의 문제는 해결할 수 없다. 이 시기의 어린이들은 청자를 의사 소통의 중요한 대상으로 인식하고, 한 개념을 다른 개념과 관련짓고, 분류하고, 인과 관계를 인식할 수 있다. 그리고 주어진 환경에 적응하기 위하여 이미지를 형성하고 자기를 표현할 수 있는 경험을 풍부하게 가진다.

　형식적 조작기(11세 전후)에는 학생들의 사고가 더 이상 실재적인 것에 머물지 않고, 개념적 조작을 할 수 있게 된다. 즉 개념만으로도 분류하고, 조직하고, 가설을 세움으로써, 이 시기에 접어들어 비로소 언어와 사고는 밀접한 관련성을 가지는 것으로 보았다.

　다. 언어와 평가

　언어의 특성이나 발달에 대한 견해는 평가에서도 그대로 반영된다. 국어과 평가는 언어의 특성을 이루는 구조주의 언어관(규범성), 기능주의 언어관(도구성), 구성주의 언어관(역동성)의 속성을 반영한다. 언어 사용 능력을 표준적인 관습에 의거하여 언어를 사용할 수 있는 능력과 특정 의사 소통 상황에서 언어를 사용하는 능력으로 나눈다면, 교사들은 학생들의 언어 사용을 평가할 때 인식 가능한 텍스트를 생성하는 능력과 효과적인 텍스트를 생성하는 능력의 두 가지 범주를 고려할 수 있다. 전자는 주로 관습적이고 일반적인 의사 소통 능력으로 변화의 진폭이 크지 않으나, 후자는 좀더 맥락적이고 과제 한정적인 것으로서, 언어 사용 능력이 다차원적이며 항상 상대적이고 변화하는 것이라는 것을 암시해 준다. 따라서 국어과 교수-학습에서는 특정 상황에서 학습자가 어떻게 의미를 구성하는가에 대한 정보가 보다 중요하게 대두되었고, 이는 교사들이 어떻게 언어를 이해하고 가르쳐야 하는지에 정보를 요구하게 되었다.

삐아제의 연구는 실제 경험이 사고나 언어 발달에 있어서 중요한 변인임을 시사해 주고 있다. 어린이들은 보고, 듣고, 읽는 경험을 통하여 언어와 사고 발달을 꾀할 수 있으므로, 교사는 사고를 자극하고 언어 경험을 풍부하게 할 수 있는 환경 조성으로 학생들이 사고와 경험을 결합하여 언어를 창조할 수 있도록 해 주어야 할 것이다. 학생들은 자기 평가나 실제 언어 사용과 같은 다양한 교육적 경험을 통하여 언어의 기능과 역할을 이해하는 것은 물론이고, 언어 사용자의 의도와 목적을 이해하고 이를 내면화함으로써 주도적인 언어 사용자로 발전할 수 있다. 예를 들어 체계적인 자기 평가 질문은 학생들로 하여금 사고 전략을 발달시키고, 생각을 효과적으로 전달할 수 있도록 해 준다. 그러한 평가 질문은 기억, 번역, 해석 수준의 발문에서 적용, 추론, 분석, 평가 수준의 발문으로 사고 자극의 단계를 높여 감으로 써 학습자의 사고력을 발달시킬 수 있다. 분석이나 평가와 같은 상위 단계의 질문에 답하기 위해서는 하위 단계의 사고 작용이 토대가 되어야 한다. 여기에서 학습자의 사고 단계를 파악하고 구체적인 송환 단서를 찾기 위해서는 평가가 필요하다. 다양한 평가를 통하여 학생들의 반응을 분석하고, 발문이 높게 설정된 경우 낮은 단계의 사고 기능과 관련된 질문을 던짐으로써 어린이들이 적절한 반응을 이끌어 낼 수 있다. 교사의 적절한 비계(scaffolding) 제공은 학생들의 사고력을 확장하고 자기 주도적인 학습 능력을 길러줄 수 있다. 이는 결국 타당한 평가가 뒷받침될 때 가능한 것이다.

3. 언어 교육과 평가

가. 언어 교수-학습의 특성

언어를 가르친다는 것은 학습자에게 명시적이고 의도적인 언어를 통하여 특정 맥락에서의 행위, 가치, 신념을 함께 가르치는 것이다. 이러한 점에서 언어는 문화 참여 기능을 수행하는 이른 바 '문화적 과정'의 도구로서 기능한다. 학교는 새로운 문화의 과정에 참여하는 공간인 동시에 학생들이 더 큰 문화로 나아갈 수 있는 예비 조건을 갖추어 주는 곳이다. 이는 국어과 교육에서 왜 언어를 가르쳐야 하는가에 대한 하나의 답이 될 수 있다. 하지만 국어과 교육이 학생들에게 새로운 이데올로기(ideology)에 종속되도록 하는 내용 자체를 가르치는 교육이 되어서는 안 된다. 학생들 자신이 접하는 텍스트의 의미를 스스로 찾아내고, 가치 판단을 할 수 있도록 해 주는 방법을 가르치는 교육이어야 한다. 학생들은 자신이 처한 문화적 맥락과 끊임없이 대화하는 가운데 스스로의 정체성과 사회 문화에 대한 판단력과 문화적 능력을 갖추게 되는 것이다. 즉, 국어과는 언어를 통해 사고하고 자아 및 세계와 의사 소통하며, 문화를 이해하는 한편 문화를 형성하고 나아가 특정 언어 공동체의 세계관에 동화하도록 하는 것과 관련된 지식과 기능을 가르치는 교과라고 할 수 있다. 여기에서 지식이란 언어 현상에 대한 지식, 국어 사용 기능에 대한 지식, 문학 작품을 해석하고 평가하는 것과 관련된 지식이다. 그리고 기능이란 단순히 언어를 번역하거나 문자로 표현하는 수준이 아니라 언어와 사고를 매개로 한 실제 맥락에서의 의미 구성과 의사 소통 기능을 의미한다. 따라서 국어 교수·학습은 그 학습 대상인 언어의 수행 특성에 강하게 영향을 받는다. 언어 학습의 중요한 특성으로는 총체성, 유의미성, 반복성, 개별성, 상호 작용성, 상황 및 문화 관련성을 들 수 있다.

총체성은 의미가 하나의 고립적인 어휘나 구문을 학습함으로써 획득되는 것이 아니라, 전체적인 구조나 맥락 속에서 획득된다는 것을 의미한다. 즉, 언어는 다양한 목적으로 다양한 상황에서 그것을 활용함으로써 학습된다. 학습자가 언어에 부여하는 의미는 어떻게 세계를 경험하고 해석하느냐에 따라 달라진다. 이러한 해석은 개별 학습자의 특성에 따라 매우 주관적으로 나타나며, 이는 학생들이 언어를 선조적이고 위계적으로 학습하기보다는 총체적인 것으로 학습한다는 것을 의미한다. 그리고 언어 학습은 영역 통합적으로 이루어진다. 우리는 일상 생활에서 듣기, 말하기, 읽기, 쓰기, 보기, 감상하기 등 다양한 의사 소통 영역을 가지고 있다. 이러한 의사 소통 영역들은 실제 언어 생활에 있어서 상호 의존적이면서 상보적인 관계에 있다. 즉 어느 한 영역의 언어 사용은 다른 영역의 언어 사용에 영향을 미친다. 읽기를 학습하는 데 쓰기를 사용하거나, 쓰기를 학습하는 데 읽기를 사용하기도 한다. 교수-학습과 평가는 이러한 점을 반영하거나 고려할 수 있어야 한다.

유의미성이란 의미 있는 상황에서 읽기와 쓰기를 좀더 잘 학습하고 유창한 언어 사용자가 된다는 것을 의미한다. 매일 수많은 어린이들이 자연적으로 말을 하고 글을 읽는 화자나 독자가 되고 있다. 이런 사실로만 본다면 국어과 교육이란 별로 중요하지 않다는 결론을 내릴 수도 있다. 그러나 우리는 국어과 교육이 언어 발달에 결정적인 역할을 하며 적절한 교수-학습 방법이 있다고 믿고 있다. 그렇다면 어떻게 그렇게 많은 어린이들이 교육을 받지 않고 언어를 사용할 수 있는가에 대하여 묻지 않을 수 없다. 어린이들이 자연적으로 화자나 독자가 되는 이유는 공식적인 국어과 교육이 이루어지기 전의 어린이들을 관찰해 보면 알 수 있다. 어릴 때부터 어린이들은 주변의 환경과 상호 작용하며 의사 소통을 한다. 의사 소통 및 표현 욕구와 자연적인 언어 발달로 인하여 어린이들은 자연적인 의사 소통 능력을 가지게 된다. 즉, 어린이들이 접하는 유의미한 언어 환경은 그 자체로 언어와 언어 사용 방식을 매개하는 학습 환경이 되는 것이다. 따라서 대부분의 어린이들은 취학 전에 공식적인 교육을 받지 않고도 자연적으로 언어 규칙을 습득하게 된다. 하지만 이러한 능력이 하루아침에 형성되거나, 긴 시간을 거치는 동안 모든 어린이가 동일하게 형성해 온 것은 아니다. 일상 생활에서 어린이들은 그들 자신만의 독특한 지식과 기능과 태도를 조합하여 의미를 구성하고 의사를 소통한다. 어린이들은 의미 있는 것으로 가득한 세계, 이해 가능한 상황에서 기능적으로 사용되는 언어, 의미 있는 방식으로 언어를 활용하는 사람들로 가득한 환경에서 수년 동안 언어를 학습하는 것이다. 언어 학습은 의미 있는 상황에서 이루어지며, 이러한 특성은 실제의 교수-학습 활동에도 반영되어야 한다. 학생들이 방과후에 되돌아가는 세계는 고립적이고 분리된 언어 세계가 아니라 기능적이고 총체적인 언어 세계이다. 학교에서 각 요소들을 분리하여 조작적이고 무의미한 음성 언어나 문자 언어를 구성하여 제시할 때, 학생들은 그들의 흥미나 능력과는 거리가 먼 과제를 그냥 학교에서 하니까 배우는 것으로 생각할 수 있다. 학생들은 자기 표현, 다른 사람과의 의사 소통, 필요한 정보 기록, 게임을 위한 정보 탐구 등 진정한 목적으로 언어를 사용할 수 있는 기회를 가져야 한다.

반복성이란 학습자가 단번에 특정 문자나 음성을 학습하지도 않고, 특정 단계에서 모든 것을 학습하는 것도 아니며, 반복함으로써 학습하게 된다는 의미이다. 어린이들은 특정 단계에서 하나의 의미 단위나 언어 사용 방식을 완전히 익히고 다음 단계로 넘어가는 것은 아니다. 언어 학습 과정은 하나의 경험을 반복하고, 새로운 언어 경험을 수용하면서 이전의 언어 사용 경험을 정교화하거나 재구성하고, 경험하지 못한 언어 사용에 대하여 가설을 세우고 이를 수정해 가는 과정이다. 학생들은 끊임없이 언어가 작용하는 방식에 대하여 추론하고, 활용을 통하여 이를 검증하면서 능력을 점진적으로 확장시켜 나가는 것이다. 이러한 과정은 시간에 따라 비례하는 질적, 양적 팽창으로의 발달 과정이다. 이미 언어로 표현할 수 있는 능력을 가지고 학교에 입학하는 어린이들은 다양한 목적과 상황에서의 언어 사용 경험을 통하여 유연성(flexibility)을 획득하며, 특정 교수나 문법에 대한 지식을 이끌어 내지 않고도 유창한 언어 사용 능력을 갖출 수 있다. 국어과가 나선형 교육 과정 체제를 유지하고 있다는 점이 이를 반증해 준다.

개별성이란 어린이들이 언어로 가져오는 의미가 배경 지식과 세계를 해석하는 방식과 태도에 따라 결정된다는 것을 의미한다. 언어 발달은 학습자의 언어 경험을 존중하고 신뢰함으로써 더욱 강화될 수 있다. 학생들이 사용하는 언어는 언어 학습에 매우 유용한 자료가 된다. 교사는 학생들 나름대로의 언어 사용 방식과 능력을 존중하고 담화 공동체 내에서 다른 사람과 의미를 협상할 수 있도록 도와야 한다. 그리고 개인차에 따른 언어 경험을 고려하여 가능한 하나의 획일적인 과제 제시보다는 학생들의 경험으로부터 끌어올 수 있는 다양한 활동이나 과제를 선택할 수 있는 기회를 많이 제공해 주어야 한다. 학생들은 자신이 사용하는 언어를 중요한 언어 학습 자료로 인식할 수 있어야 하고, 자신이 읽고, 보고, 들은 경험에 대하여 다른 사람과 즐겨 이야기할 수 있어야 한다. 언어 사용은 개인의 태도와도 밀접한 관련성이 있다. 학습자는 특정한 언어 사용 경험이 즐겁고 유용하다는 것을 인식할 때 더욱 적극적인 언어 사용 의지를 가진다.

상호 작용성이란 언어 교수-학습 맥락에서의 상호 작용을 가리키는 것으로 학생들은 적절한 맥락에서 다른 학습자와의 의미 있는 대화를 통하여 언어 지식에 대한 이해를 확장하고 언어 사용 능력을 증진시킬 수 있다. 지식은 그 자체로 존재하는 것이 아니라 세계와 상호 작용하는 개인에 의하여 구성되는 것이며, 의미나 언어 사용 방식은 공동체의 합의에 의한 결과이다. 예를 들어, 하나의 발화가 이루어질 때 그것은 단지 한 낱말이나 문장으로서 존재하는 것이 아니라 특정 맥락에서 일정한 관계를 형성하는 작용을 한다. 학생들은 학급에서 서로 토의하고, 협의하고, 공유하는 상호 작용 경험을 가짐으로써 의미 구성이나 담화 관습에 대한 감각을 익히게 된다. 상호 작용성과 관련하여 학습자는 모범적인 언어 사용자를 필요로 한다. 교사는 언어 사용의 시범자가 되어야 한다. 책을 즐겨 읽고, 쓰기를 통하여 만족을 얻고, 다른 사람의 말에 긍정적으로 반응하는 태도를 보여 줄 수 있어야 한다. 역시 다양한 매체를 활용하여 모범적인 언어 사용자를 보여주거나 잘 된 쓰기 작품을 제시해 주어야 한다. 이러한 과정을 통하여 학습자는 성공적인 언어 사용의 모형을 가진다.

상황 관련성은 언어 자체의 구조보다는 언어 사용자의 의도나 상황 맥락에 따라 의사 소통이 이루어진다는 것이고, 문화 관련성은 특정 담화 공동체의 독특한 언어 문화와 언어 사용 방식이 존재한다는 것을 의미한다(최현섭 외, 1999: 122). 언어는 다양한 환경에서 사용되며, 언어 사용은 각 영역의 특성이나 청중 반응의 영향을 받는다. 어린이들은 화제, 청중과의 관계, 언어 사용 상황에 비추어 목적을 달성할 수 있는 적절한 방법이 무엇인지 알고 있을 때 효과적인 언어 사용자가 될 수 있다. 특정 언어 사용 상황에서 담화 공동체가 합의한 관습은 무엇을 어떻게 이해하고 표현해야 하는가를 결정한다. 능숙한 언어 사용자는 특정 언어 사용 장면에서 담화 공동체의 구성원들이 목적 달성을 위하여 관습이나 규칙을 어떻게 사용하는가를 관찰하려고 시도한다. 국어과 교육은 이러한 특성을 살림으로써 교실을 벗어난 실제 생활에서의 국어 능력을 기를 수 있도록 해야 한다. 이는 국어과가 당대의 언어 현상을 수렴할 수 있어야 하며, 최대한 실제 언어 사용 맥락을 반영할 수 있어야 하고, 언어가 담고 있는 내용 자체보다는 언어로 내용을 이해하고 구성할 있는 사고 기능을 학습자에게 중재할 수 있어야 함을 의미한다.

나. 언어 교수-학습과 평가

교수-학습과 평가의 기초 개념은 금세기 동안 교육학과 심리학을 지배해 온 행동주의로부터 나왔다. 행동주의 교수는 복잡한 과정도 단순하고 지도 가능한 기능으로 분리시켜 지도할 수 있다는 인식을 기반으로 하고 있다. 하지만 행동주의 관점은 40여 년 동안 구성주의 관점의 끊임없는 도전을 받아 왔다. 인지 심리학의 연구 성과들은 언어 학습과 같은 복잡한 사고 활동에 대하여 기능으로 분리한 행동주의 관점이 실패한 이유를 밝혔다. 언어 학습의 과정이 기계적인 순서에 따라 조직되어 있거나 결합되어 있는 것이 아니라, 언어 사용자와 상황 맥락에 민감하다는 것을 규명한 것이다.

국어과 평가는 국어과 교수-학습의 특성을 반영하는 것이라야 학습자의 언어 사용 능력 발달과 교수-학습 양상에 대하여 좀더 타당한 정보를 수집할 수 있을 것이다. 예를 들어 반복성과 관련하여 평가 과제는 이전의 학습과 이후의 학습을 고려하여 적절한 수준에서 제시되어야 하고, 그러한 연결 고리를 형성할 수 있는 정보를 도출할 수 있어야 한다. 개별성과 관련해서는 학습자 개인의 언어 경험과 언어 사용 특성을 고려한 평가 과제 제시와 정보 도출이 이루어져야 한다. 굿맨(Goodman)은 평가의 형식이 총체적 언어 교수의 원리와 일치해야 한다고 주장한다. 즉, 평가 과제는 언어 사용 맥락에서 학습자가 필요로 하는 것이어야 하고, 개방적이어야 하며, 문제 해결을 위한 다양한 조작을 허용해야 하며, 음성이나 문자 언어 영역을 통합해야 하고, 개별 교사와 학습자의 관점을 존중해야 한다고 주장하였다. 또한 학생들이 할 수 있는 것에 비추어 평가해야 하며 역동적이고 창의적이어야 한다고 주장하였다(Ontario, 2000: 14). 이러한 견해는 국어과 평가가 유의미한 평가 과제를 제공하고, 의미 구성과 의사 소통 방법을 강조해야 하며, 학생들이 이미 알고 있는 것과 할 수 있는 것에 초점을 두어야 한다는 것을 의미한다. 이러한 평가에서 교사는 학습자가 구성한 지식과 반응에 근거하여 교수를 조정할 수 있어야 한다. 어린이들이 자연적인 화자나 독자가 되는 것은 의미 있는 실제적인 상황이 전제되어 있기 때문에 가능한 것이다. 의미 있고 예상 가능한 일상의 언어 생활에 익숙한 어린이들이 학교에서의 언어 사용에 부담을 느낄 법하다. 어린이들은 취학 전에 이미 상당한 언어 사용 능력과 경험을 가지고 학교에 입학함에도 불구하고 교사는 가끔 이러한 사실을 망각하고, 학습을 통하여 모든 것을 채워 넣어야 하는 빈 상자 같은 존재로 어린이들을 취급하기 쉽다. 따라서 학생들의 언어 학습을 도와주기 위해서 가장 우선 시 되어야 할 것은 학습자에 대한 정확한 평가이다. 예를 들어 학습자의 언어 사용 방식이나 수준을 관찰하는 것은 언어 사용 과정을 이해하는 데 필수적이다. 우리가 그 과정을 제대로 이해할 수 있을 때 학습자의 언어 학습을 방해하지 않고 강화할 수 있는 단서나 방법을 시사 받을 수 있다. 예를 들면 오랜 기간 동안의 축적된 평가를 통하여 우리는 일반적으로 유능한 독자의 특성을 알 수 있고 그것을 지도할 수 있다.

교사가 학습자의 언어 사용 능력을 평가하기 위해서는 학습자나 학습의 특성을 알고 그것이 어떻게 작용하고 의미를 습득하는가에 대하여 아는 것을 요구한다. 교사가 이러한 지식 없이 학습 과정이나 결과에 대하여 반응하거나 학생들의 요구에 부응하는 교수를 하기란 어렵다. 평가에서 전문가와 비전문가는 모두 학생들의 활동을 관찰할 수 있으나, 전문가는 의미를 구성하는 양상과 그 관계를 보는 능력이 다르다는 점에서 차이가 있다. 예를 들면 언어 교육 전문가는 유아의 단순한 낙서도 문자 발달을 이루어 가는 과정으로 간주할 수 있다. 하지만 전문가라고 하더라도 지식이 다르게 구성될 수 있다. 그들이 동일한 행성을 방문했다고 하더라도 그들이 구성한 결과물은 마치 그들이 다른 행성을 방문한 것 같은 착각을 불러일으킬 정도로 다르게 나타나는 경우도 있다. 이것은 동일 양상에 대한 이질적인 지식의 구성이다. 많은 수업 경험을 가진 교사들은 많은 지식을 가지고 있다. 그러나 때로는 그것이 어린이들이 어떻게 독립적인 독자나 필자가 되어 가는지에 대한 지식이나 정보가 아니라, 어린이를 어떻게 조직하고 통제할 것인지에 대한 지식이나 정보로 구성되어 있는 경우가 많다. 예를 들어 과제 해결 시간이나 효율성에 초점을 두는 교사는 학생들이 수행한 내용이나 특성보다는 단지 결과물의 양에만 관심을 기울이게 될 것이다.

그러나 단순히 이러한 지식을 가지는 것 이상으로 중요한 것이 있다. 그러한 것들을 유기적으로 관련시켜 통합적으로 활용할 수 있는 능력이 바로 그것이다. 문제를 풀 때 전문가는 문제의 표면적인 특질에 주목하기보다는 문제를 풀거나 재 정의하는 데 요구되는 근본적인 원리를 깨닫는다. 예를 들면 바둑 전문가는 바둑판 위의 양상을 볼 수 있고, 짧은 시간 안에 그 상황에 대처할 수 있다. 하지만 이전에 전혀 경험해 보지 못한 양상을 접하게 되면 더 이상 대처를 하지 못한다. 단지 익숙한 양상만 인식하고 기억하는 것이다. 교사도 어린이들의 문식성 행위를 관찰할 때 비슷한 방식으로 행동한다. 그들이 알고 있는 양상에 대하여 기억하고 반응하지만 그들이 알지 못하는 것들에 대해서는 기억하거나 반응하지 못할 것이다. 양상을 인식해야 하는 목적은 개별 학습자의 특성에 맞는 내용과 방식을 탐구하기 위해서이다. 좀더 유연하고 정교화된 반응을 할 수 있다면 문제를 해결할 수 있고 결과를 예상할 수 있게 된다.

제2장. 언어 교육 평가의 동향

1. 언어 교육 평가의 흐름

언어 교육 평가는 20세기 중반에 교수 실제와 언어 학습 능력에 대한 사회·과학적 실험과 조사, 비교로 시작되면서 비교적 짧은 역사를 가지고 있다. 초기의 평가는 가시적으로 드러나는 텍스트나 자료에 그 초점이 있었는데, 1970년대에 접어들어 인지심리학의 영향으로 평가는 언어 사용 과정에 초점을 두게 되었고, 90년대에는 언어 사용에 영향을 미치는 사회적 환경이나 실제적 맥락을 강조하는 평가 방법들이 대두되었다. 여기에서는 크게 이러한 세 가지 흐름에 따라 전개된 평가의 동향과 변천을 살펴보기로 한다. 이러한 변천은 언어 교육 평가의 대체적인 흐름이며, 그 흐름을 시기별로 엄격히 구분할 수 있는 것은 아니다.

가. 결과 중심의 평가

결과 중심 평가는 언어 사용 결과를 알아보기 위하여 통제된 상황에서 계획된 과제를 수행하게 함으로써 언어 사용 결과를 알아보는 것이다. 이러한 평가는 전형적으로 학생들을 비교하는 평가 설계를 하였다. 언어 사용 결과는 주로 결과물의 질에 근거하여 판단되고 해석된다. 표면적으로 이 방법은 국어과 교육의 효과를 판단하기에 가장 적합한 접근으로 보이지만, 여기에는 많은 제약 조건이 따른다. 우선 정확한 결과 검증을 위해 많은 조건들이 엄격하게 설계되어야 한다. 예를 들면 타당도와 신뢰도를 갖춘 평가 문항을 개발해야 하며, 학생들을 동일한 시간과 환경, 그리고 동일한 조건에서 평가를 해야 한다. 둘째, 개별 학습자의 다양한 특성과 다차원적인 언어 사용 상황을 설명해 주지 못한다. 하지만 이러한 결과 평가는 언어 사용 과정의 탐구를 촉진하는 계기가 되었다. 예를 들면 작문에서 문장 결합 능력에 대한 평가는 텍스트가 어떻게 생성되는가를 보여 주었고, 그 과정이 복잡하다는 것을 암시해 주었다.

나. 과정 중심의 평가

1960년대 중반 이후 대두된 새로운 언어 평가는 학습자의 언어 사용 과정이나 전략에 초점을 둔 평가이다. 1970년대 중반부터는 독자나 필자의 전략을 본격적으로 탐구하는 평가 방법들이 대두되었다. 언어 사용 과정의 평가 도구로 초인지 방법이 동원되기도 하였다. 평가자들은 언어 사용 과정 평가를 수행하기 위하여 학습자의 인지적 사고나 초인지적 정보를 수집해야 했고, 그러한 방법으로 사고 구술법(think-aloud), 사전·사후 면담, 작문 전·중·후의 단계별 보고법, 작문 직후 회상법, 자기 평가 등의 언어 보고법을 활용하였다. 이 중에서 가장 흔히 사용된 방법이 사고 구술법이다. 사고 구술법은 언어를 이해하고 표현하는 과정에서 개입하는 사고를 겉으로 드러나게 하여 언어 사용 과정에서의 학습자의 머리 속에서 진행된 사고 과정을 추론하는 방법이다. 이 사고 구술법은 언어 교육 연구와 언어 사용 행위 및 전략을 분류하고, 초보 학습자와 전문 학습자를 비교하며, 언어 사용 과정 모형을 이끌어 내는데 기여하였다.

  그러나 언어 사용 과정에는 과제 목적 및 수사학적 맥락, 어휘나 아이디어 탐구 및 선택, 의미의 구성 등 다양한 층위의 사고 요소들이 작용하는데, 이 모두를 학습자가 빠짐없이 쓰거나 활동을 하면서 가시적으로 드러내는 것은 불가능하다. 그리고 학습자의 사고 과정은 여러 가지 내용이 동시에 교차하기도 하고, 금방 사라져 버리기도 하고, 변형되기도 하는데, 실제로 말로 옮겨지는 부분은 이러한 사고 과정 중 극히 일부분일 수밖에 없다는 사실이다. 이는 실제 사고를 구술한 내용과 학생들이 구성한 결과의 차이를 비교해 보면 쉽게 알 수 있을 것이다. 그리고 이러한 방법의 적용 대상이 극히 제한적이라는 점도 한계로 작용한다. 예를 들어 자기 중심적 사고가 지배적인 초등 학생의 경우 언어를 사용하면서 의식적인 사고를 별도로 인지해야 하고 또 표현해야 하는 삼중의 인지적 부담을 가진다. 또한 이것은 평가 상황이라는 것을 의식하게 되므로 필요한 정보를 얻지 못하거나 언어 활동 자체를 방해할 수도 있다.

  과정 평가의 어려움은 이러한 방법적인 한계 외에도 해석상의 한계도 가지고 있다. 우선 언어 사용 과정이 개인과 상황에 따라 다르다는 점이다. 즉, 초보 학습자와 전문 학습자의 의미 구성 방식이 다르고, 논문을 읽는 상황과 신문을 읽는 상황의 읽기 방식이 다르다. 다음으로, 언어 사용 과정이 다양하므로 바람직한 언어 사용 과정이 무엇인지 정의하기가 어렵다는 점이다. 마지막으로 언어 사용 과정이 복잡한 사고 과정이라는 점, 그것이 관찰 불가능하므로 해석은 행위 관찰이나 의미 구성 결과 분석을 통한 추론에 의존할 수밖에 없다는 점도 해결하기 어려운 문제들이다.

다. 맥락 중심의 평가

언어 사용 맥락을 중요시하는 평가는 언어 사용 행위를 학습자 관점에서가 아니라 사회적 관점에서 평가하는 것이다. 이는 언어 사용에 영향을 미치는 맥락 요인을 총체적으로 탐구함으로써 언어 사용의 특성을 규명하고자 한다. 언어 교육에서 이러한 맥락이 강조되기 시작한 것은 1980년 이후이다. 인지적 관점에서의 맥락은 개인의 인지에 영향을 미치는 요소로서의 맥락이지만, 사회적 관점에서의 맥락은 의미를 생성하고 사용하는 개별 사태로서의 맥락이다. 따라서 맥락은 의미 구성이 일어나는 사회적 상황, 필자와 독자의 문화적 배경, 가치관, 텍스트에 대한 경험 등을 포괄한다. 이러한 맥락에 대한 정의는 평가에 직접적인 영향을 주었는데, 예를 들면 평가자들은 사회적 맥락과 학습자의 인지적 행위와의 관련성을 평가에서 고려하기 시작하였다. 관찰을 통한 맥락 중심의 평가는 이러한 기준과 가치가 개별 언어 사용 사태에서 어떻게 작용하는지 평가자의 주의 깊은 관찰과 기술을 통하여 규명할 수 있게 해 준다. 그러나 이러한 평가 역시 나름대로의 결점을 가지고 있는데, 우선 관찰과 기술, 결과 분석에 있어 많은 시간과 노력을 필요로 한다는 점과 평가 방법에 대한 전문적인 식견이 요구된다는 점이다. 그리고 텍스트 요인이나 개별 학습자의 능력과 특성을 파악하는 데 한계를 가질 수 있다.

위에서 논의한 세 가지 평가 경향들은 상호 논쟁 과정에서 그 특성이 더 뚜렷이 드러난다. 결과 중심의 평가자들은 학습자의 태도나 동기 등 정의적 요인을 도외시하고 있는 과정 중심의 평가를 비판한다. 특히 인간 정신을 컴퓨터와 동일한 구조와 체계로 간주하는 것에 반대하였는데, 이러한 것들이 인간의 언어와 인간 의사 소통을 지나치게 단순화하고 있다는 것이다. 반면에 과정 중심 평가의 관점에 서 있는 연구자들은 결과 중심의 평가가 교수-학습을 개선하는 데 별로 기여하지 못한다고 비판한다. 결과 중심의 평가는 단편적인 기능 위주의 교수를 조장하고, 학습자가 학습 과정에서 어떠한 방식으로 언어 사용에 필요한 전략들을 조정해 나가는지를 살피지 못한다는 것이다. 맥락 중심 평가의 관점에서 보면 과정 중심 평가는 말하기와 작문을 구분하여 설명해 줄 수 없고, 어떻게 언어를 사용하느냐는 설명해 줄 수 있지만 왜 언어를 사용하는가에 대해서는 설명해 줄 수 없다는 점이 단점으로 드러난다. 또한 언어 사용을 조정하는 과정이 학습자의 내부에 있다고 간주함으로써 동료나 교사, 담화 공동체가 개별 학습자의 언어 사용에 미치는 영향을 타당하게 설명하지 못한다는 점도 문제점으로 지적해 볼 수 있다.

언어 사용과 언어 교육 현상이 상황 의존적이고 그 상황 내에서 타당하게 이해될 수 있다는 점을 고려할 때, 자연적인 언어 사용 이나 교육 맥락으로부터 대상을 격리시켜 평가하고, 그 결과를 토대로 교수-학습을 설명하려는 것은 모순된다고 할 수 있다. 즉, 학습자의 일상적인 역할과 사회적 관계는 엄격한 통제가 주어지는 평가 상황으로 접어드는 순간 없어져 버린다. 특히, 최근 관심이 고조되고 있는 사회 구성주의 관점은 사회적 상호작용이 학습자의 행동과 사고에 결정적인 역할을 하는 것으로 보고 있다. 이렇게 볼 때 언어 교육 평가의 핵심적인 대상은 교수-학습이 일어나는 수업 상황이며, 언어 사용 맥락이나 교육 맥락을 총체적으로 파악할 수 있는 평가 방법이 요구된다고 하겠다.

2. 평가 정보의 수집과 해석 동향

교육 평가는 그 결과를 어떠한 관점에서 해석하고 활용하는가에 따라 몇 가지로 나눌 수 있다. 그 관점이란 바로 '왜 그 의미가 타당하며, 어떠한 방법을 가지고 그러한 의미를 도출하는가?' 에 관련된 것이다. 이러한 물음에 대하여 많은 답이 나올 수 있겠지만, 여기에서는 해석론의 관점에서 평가 정보의 수집과 해석에 접근해 보고자 한다. 해석론이 다소 포괄적인 사회 과학 이론의 범주에 속하지만, 국어과 평가 현상을 규명하고 평가 정보의 해석을 이해하는 데 도움을 주고, 이러한 관점으로부터 다양한 평가 방법들을 시사 받을 수 있다는 점에서 가치가 있다. 해석론은 경험주의(Empiricist) 해석론, 마르크스(Marxist)주의 해석론, 온건적(Moderate) 해석론, 실용주의(Pragmatist) 해석론, 급진적(Radical) 해석론으로 분류하여 볼 수 있다(영(Young), 1997:25).

경험주의 해석론은 의미 보존과 유지를 그 특성으로 한다. 이것은 마치 인간이 상실해 가는 삶의 질서를 회복하고 위협받는 질서를 유지하려는 것과 유사하다. 이러한 관점에서의 의미는 절대적 진리의 성격을 가지므로, 학습자의 언어 사용 결과는 진, 선, 미와 같은 절대적인 기준에 따라 해석된다고 볼 수 있다. 즉, 결과로 나타난 의미는 하나의 적합한 해석이나 정답을 가지고 있다는 가정이 가능한데, 이러한 관점을 수용하게 되면 비평이나 평가의 강조점은 특정 기준을 적용하여 언어 사용이나 의미 구성의 적절성을 판단하는 데 둔다. 이러한 접근은 결국 평가 결과에 미친 과정이나 맥락 변인을 결과 정보와 분리함으로써 평가결과 정보에 대한 신뢰성과 타당성에 대한 문제를 불러일으키게 된다.

1950년대에 접어들어 막시즘(Marxism)의 영향에 힘입어 의미에 대한 해석은 기술적인 방향으로 전환하게 된다. 마르크스주의 해석론은 전통의 복구나 의미의 보존보다는 의미의 갈등에 더 초점을 두는데, 즉 이데올로기 특성을 반영하고 있는 의미의 변형이나 대치에 관심을 가진다. 이러한 관점에서의 평가는 그 결과가 인간의 의식 속에 있는 이데올로기를 어떻게 모형화하고 반영하고 있는가에 관심을 가진다. 이러한 접근은 인간의 언어 경험과 형식을 중재하는 데 필요한 해석 과정이나 유형에 대한 언급은 없지만, 언어 사용 결과에 반영된 기호적 이데올로기나 메시지에 포함된 이데올로기를 분석하고 평가하는 데 시사점을 준다.

온건적 해석론은 과학적 실증주의에 대항하면서 등장하였는데, 독일의 철학자인 가다머(Gadamer)가 이러한 관점의 중심에 서 있다고 볼 수 있다. 가다머는 전통을 토대로 한 선험적 지식을 옹호하면서도 모든 해석은 역사적 전통과의 상호 작용 결과이며, 해석에는 단일한 규칙이 존재하지 않는다고 하였다(이구슬, 1996: 188-190). 가다머는 객관주의와 자연 과학에서의 실증주의적 방법론을 부정하고 나선 반면, 보다 포괄적인 관점을 가지고 의미 해석에 접근하고 있다. 예를 들면 대화와 같은 상황은 의미가 협상되는 과정인데, 이 때의 대화는 사회적 제약 요건(이를테면 사회적 관습이나 문화 풍토 등)때문에 항상 긴장 상태에 있다고 보는 것이다. 실용주의 해석론은 기능주의 언어학을 그 출발점으로 하고 있는데, 이는 언어 사용 맥락과 행위자의 역할이 일치함으로써 사회적 과제가 성취되는 것으로 간주한다. 독자나 필자는 텍스트를 매개로 다른 사람과 의사 소통을 할 때 문화적으로 적절한 방식을 사용하는데, 이 때 주어진 맥락에서의 발화 의미에 대한 타당한 판단 없이는 진정한 이해가 존재할 수 없다는 점을 강조한다. 온건적 해석론이 사회적 관습이나 전통을 중요시 한 존재론적 해석론이라면 실용적 해석론은 존재론적인 해석에서 탈피한 모습을 보여준다.

온건적 해석론과 실용적 해석론은 평가 결과의 해석이 고정된 것이 아니라 상황에 따라 가변적이고 역동적일 수 있음을 시사해 준다. 예를 들면 '사물놀이'에 대한 설명문 쓰기를 못하는 학생이 '우주 행성'에 대한 설명문 쓰기는 잘 할 수도 있고, 시간이 충분히 주어지면 보다 나은 글을 쓸 수도 있다는 것이다. 이러한 관점은 언어 평가에서 고립된 결과 자체보다는 언어 사용 전반에 대한 총체적인 평가를 중시하도록 이끄는 배경이 되었다. 이후에 등장한 급진적 해석론은 포스터모던(postmodern) 해석론이라고도 하는데, 이것은 '자기 지향적인 이데올로기'와 '관습적이고 통상적인 의미 이해' 양자를 모두 부정한다. 이 관점은 평가자의 해석을 특정 의도나 고정된 방법으로 묶어 놓지 않는다는 점에서 의미가 있지만, 교육이 계획적이고 의도적인 행위라는 점을 고려해 볼 때 이러한 관점을 평가에 고스란히 받아들이기는 어렵다.

사회 과학 이론에서 해석의 흐름은 설명, 예언, 통제 위주의 실험적이고 경험적인 방법에서 점차 특정한 맥락 속에서 그 기능의 양상을 파악하고 해석하려는 방법으로 변화해 왔다고 볼 수 있다. 이는 언어 교육과 평가가 언어의 구조와 기능을 중요시하던 관점에서 언어 행위의 기능과 맥락을 중요시하는 쪽으로 관점이 변화해 온 것과도 일맥 상통한다. 경험주의 해석학은 객관주의 관점에서 수행된 표준 평가나 양적 평가를 지지하고 있으며, 마르크스주의 해석론과 온건적 해석론은 관점이 서로 다르고 구체적인 방법론에 대한 논의가 부족하긴 하지만 특정한 기준으로 현상을 해석하는 질적 평가 방법론의 한 축을 제공했다고 볼 수 있다. 실용주의 해석론은 '지금 여기'의 맥락을 중심으로 의미를 해석하고 타당성을 검증하는 관찰 평가에 시사점을 준다. 급진주의 해석론은 교육 현상 자체가 제도적인 틀 속에서 작용하는 구조체이고, '평가'라는 특수한 맥락이 합리적인 근거를 중요시하는 점에 비추어보면 수용하기 어려운 점이 있으나, 특정 교육 현상에 대한 결과 해석의 범주를 확장하고 다양한 해석 가능성을 시사한다는 점에서 의미가 있다.

언어 사용 현상이 어떤 모습으로 존재하기 때문에 어떤 시각을 가지고 어떤 방법으로 평가해야 한다고 보는 인식론이 다르면 평가의 방향과 과정이 전혀 달라질 수 있다. 실증주의나 객관주의 인식론에 바탕을 두면 통제적인 평가 접근을 강조한다. 반면에 기능주의와 구성주의 인식론에 바탕을 두면 자연적인 평가 접근을 강조한다. 실증주의나 객관주의는 세상의 실체와 그 법칙이 인간의 인식 밖에 객관적으로 존재한다고 보기 때문에 의미나 지식은 가설의 부단한 수립과 검증을 통해서 밝혀낼 수 있는 것으로 간주하지만, 기능주의나 구성주의에서는 의미나 지식을 세상이나 맥락이나 영향 요인에 따라 변화하는 역동적인 구조체로 간주한다. 중요한 것은 교육 주체들이 어떠한 인식론을 가지고 평가 방향과 평가 목적을 설정하느냐이다. 최근의 언어 교육이 실제 언어 사용 맥락을 중시하고 학습에서 학습자의 주도적 역할을 강조한다는 점에서, 국어과 평가도 모형화되고 통제된 접근보다는 현상적인 접근이 보다 유용한 정보를 줄 수 있을 것이다.

제2부. 국어과 평가 일반론

언어 사용 능력이란 언어 사용에 대하여 아는 것뿐만 아니라 실제 상황에서 음성이나 문자를 통하여 자신을 이해하고 표현하고 의사를 소통할 수 있는 수행 능력을 포함한다. 즉, 언어 사용 능력은 과제에 대한 수사적인 상황을 인식하고 적절한 지식과 전략을 활용함으로써 주어진 문제를 해결하는 문제 해결 능력이므로 언어 사용은 고도의 사고 과정에 의존하게 된다. 국어과 평가는 바로 이러한 사고 작용에 대한 평가이며, 그 목적은 언어 사용 능력과 사고의 발달을 촉진시키는 데 있다. 학습자는 자신의 학습에 대한 정확한 평가를 통하여 학습 동기를 가지게 되고, 자신의 학습에 대한 정보를 얻을 수 있으며, 교사는 이를 토대로 학습자와 함께 문제를 해결해 나갈 수 있을 것이다. 따라서 학습자를 평가의 객체로만 인식하던 기존의 사고에서 벗어나 좀더 학습자의 역할과 책임을 강조하는 평가가 요청된다고 하겠다. 여기에서 교사의 역할은 학습자의 사전 지식이나 개별적 특성을 파악하고 사회적 행위의 일부로서 학습을 이해함으로써 학습자가 지속적이고 독립적으로 성장할 수 있도록 지원하는 것이다.

제3장. 국어과 평가의 개념과 원리

1. 국어과 평가의 개념 범주

최근 들어 국어과 수행 평가에 대한 논의가 매우 활발하게 이루어지고 있다. 여기에서 수행 평가의 개념을 살펴보고자 하는 것은 첫째, 종래의 국어과 평가 관점이나 실기 평가 관점에서 벗어난다는 데 의미가 있으며, 둘째, 최근에 수행 평가에 대한 개념이 다양한 의미로 받아들여지고 있어 정확한 개념 규정에 대한 필요성 때문이다.

'수행 평가(遂行評價:performance assessment)' 란 용어는 원래 종래의 일반적인 평가 도구들이 실제적인 쓰기 능력을 제대로 반영하지 못했다는 문제 의식에서 대두된 것이다. 수행 평가를 전통적인 실기 평가의 연속선 상에 있는 것으로 볼 수도 있지만, 종래의 실기 평가가 획일적인 평가 기준으로 내용 지식이나 문법적 구조, 맞춤법 등의 단편적인 지식이나 기능 요소에 초점을 둔다면 수행 평가는 실제적인 언어 사용 능력에 초점을 둔다. 즉, 국어과 평가는 평가하고자 하는 것이 언어 사용 능력이므로 직접적인 의미 구성과 의사 소통의 실연을 요구하는데, 여기에서 수행 평가는 언어 사용 능력에 대한 정의를 종래의 지식 중심에서 언어 사용 과정과 기능을 중시하는 쪽으로 그 범위를 확장시킨 것이다.

서구에서는 언어 사용 능력 평가의 타당도에 대한 관심이 높아지면서, 지식 측정 위주의 지필 고사를 지양하고2) 다양한 수행 평가 도구를 개발함으로써 수행 평가의 개념을 포괄적으로 정의하고 있다. 물론 논자에 따라서는 측정관에 바탕을 둔 형식적 평가만 수행 평가의 범주로 두는 사람들도 있지만, 이는 설득력이 없다고 여겨진다. 평가의 표준성에 근거한 형식적인 평가나 비형식적인 평가는 수행이냐, 아니냐를 구분해 줄 수 있는 본질적인 기준은 아니다. 그것은 어디까지나 평가에 수반되는 형식상의 문제이다. 따라서 실제로 쓰기 수행을 평가하되 표준적인 형태나 기준을 가지고 평가한다면 그것은 '형식 수행 평가'나, 또는 '표준 수행 평가'가 될 것이고, 그렇지 않으면 '비형식 수행 평가'가 될 것이다. 예를 들어 쓰기 평가를 하는 교사가 특정 기간에 학생이 쓴 몇 편의 글을 점수화하는 것은 표준성이 없으므로 비형식 수행 평가가 되겠지만, 그것이 수행 평가가 아니라는 논리는 맞지 않다는 것이다. 따라서 수행 평가는 특정한 평가 도구나 방법을 가리키기보다는 하나의 평가 관점에 가깝다고 할 수 있다. 서구에서 수행 평가와 관련지어 비슷한 개념으로 사용하고 있는 용어로는 '참평가(authentic assessment)'가 있다. 파르(Farr, 1994:10)는 '수행 평가'는 기

---

2) 지필 평가는 직접 평가에서 오는 평가 방법상의 어려움, 주관적인 판단에 대한 부담, 시간적·경제적 부담이라는 요인 때문에 주로 지식 영역을 평가하는 데 오랫동안 사용되어 왔다. 그 내용은 주로 객관적 평가가 가능한 어휘, 문법, 표현의 유창성, 발음과 같은 언어 표현과 관련된 표면적 요소들이나 언어 사용과 관련된 절차적 지식이었다. 문항 형식은 객관식과 주관식으로 나눌 수 있는데, 객관식으로는 진위형, 선다형, 짝짓기 방법이 있고, 주관식으로는 단답형, 서술형, 논술형이 있다. 지필 평가의 장점은 즉시 결과를 확인함으로써 앎에 대한 보람을 느낄 수 있다는 점, 가르치고 배운 내용을 가시적으로 쉽게 확인해 볼 수 있다는 점, 객관적 기준에 의하여 평가가 가능하다는 점 등이다. 하지만 국어과 평가에서 중요한 것은 언어 사용을 통하여 효과적으로 의사 소통할 수 있는 능력이므로 지필 평가는 타당도 면에서 결정적인 약점을 가지고 있다고 할 수 있다. 또한 학생들이 평가나 점수에 대한 심리적 부담감을 수행 평가에 비하여 높게 가진다는 점, 평가 문항 작성이 어렵다는 점, 태도나 전략 및 기능의 적용을 평가할 수 없다는 점이 지필 평가가 가지는 한계이다. 그렇다고 해서 지필 평가가 전혀 소용이 없는 것은 아니다. 이것은 언어 지식에 대한 구체적인 정보를 얻을 수 있다는 나름대로의 장점을 가지고 있다. 따라서 지필 평가는 다른 평가 방법을 보완하는 것으로 활용할 필요가 있다.

준을 가지고 의도적으로 과제를 제시하거나 자료를 수집하는 통제적 장치가 있는 반면에, '참 평가'는 교수-학습 상황 자체나 언어 사용의 자연적인 상황을 그대로 평가한다는 점에서 차이점을 찾아 볼 수 있다고 하였다. 그러나 진정한 수행 평가는 '참 평가'가 되어야 한다고 주장함으로써 역시 수행 평가를 포괄적으로 인식하고 있음을 보여 준다. 레즐리와 심슨(Leslie & Simpson, 1997)은 언어 사용 평가에서 실제 언어를 사용하는 자연스러운 상황을 중시한 평가 개념으로 '생태학적 평가(ecological assessment)'라는 용어를 사용하기도 하였다.

수행 평가는 평가 목적과 내용에 따라 다양한 형태가 나타날 수 있으므로 단정적으로 그 범주를 정하기는 힘들지만, 대체로 전통적인 평가와 비교해 봄으로써 그 특성이나 범주를 살펴볼 수 있다. 수행 평가가 기존의 평가에 비하여 다른 점은 첫째, 수행 평가는 전통적인 평가에 대한 대안이 아니라 보다 광범위한 평가 관점이다. 그것은 다양한 평가 방법이나 도구를 포함하는 개념인데, 이는 교사 관찰 및 기록, 면담, 동료 평가 및 자기 평가를 포함한다. 둘째, 전통적인 평가가 교사 위주, 지식 위주, 결과 위주의 평가였다면 수행 평가는 학습자의 언어 경험과 평가 경험을 존중하고, 지식, 기능 및 전략, 태도 평가를 포괄하며, 과정과 결과를 모두 중요시한다는 점이다. 셋째, 전통적인 평가가 결과 위주의 성취도 확인을 목적으로 했다면 수행 평가는 학습자가 어떻게 자신의 학습에 영향을 미치는 물리적·심리적 요인을 조절하면서 언어를 사용하는가에 대한 정보를 얻는 것을 중요시한다. 그리고 수행해야 하는 것보다는 현재 수행 중인 것에 초점을 둔다. 넷째, 전통적인 평가가 엄격히 통제되고 모형화된 상황에서 실시되었다면 수행 평가는 자연적이고 유의미한 상황에서의 평가를 강조한다. 이러한 수행 평가의 특성을 고려하면서 수행 평가의 개념 범주를 잡아보면 다음과 같다.

> ○ 평가 목적: 진단 평가, 형성 평가, 총괄 평가
> ○ 평가 내용: 과정 평가, 결과 평가, 태도 평가/ 지식 평가, 기능이나 전략 평가, 태도 평가
> ○ 평가 방법: 텍스트 분석법, 초인지 보고법, 관찰 기록법
> ○ 평가 결과 처리 방식: 양적 평가, 질적 평가
> ○ 평가 준거: 절대 평가, 상대 평가
> ○ 평가 척도의 표준성: 형식 평가(표준 평가, 공식 평가), 비형식 평가
> ○ 평가 주체: 자기 평가, 교사 평가, 협의 평가

위의 평가 분류는 수행 평가의 개념을 이해하는 데 도움을 줄 수 있다. 평가 목적, 평가 내용, 평가 준거, 평가 방법, 평가 주체 등에 따른 평가 방법은 수행 평가의 하위 범주로서 평가 상황에 따라 선택적인 영향 관계에 놓여 있다. 예를 들어 교사가 쓰기 교수-학습 개선에 대한 구체적인 정보를 얻기 위하여 평가 내용을 지식, 기능 및 전략, 태도로 나누고, 실제 학생들이 쓴 글을 평가하여 지식의 인식 능력을 평가했다면, 이는 형성 평가, 지식 평가, 텍스트 분석법, 절대 평가, 교사 평가, 질적 평가의 범주에 속한다. 또는 교사가 학업 성취도 판단을 목적으로 평가 기준을 미리 설정해 놓고, 그 기준에 맞는 수행 자료를 표집하여 정기적으로 평가했다면 이는 총괄 평가, 결과 평가, 텍스트 분석법, 절대 평가, 형식 평가, 교사 평가의 범주에 속한다고 할 수 있다. 마찬가지로 교사가 수업 시간에 교수-학습에 대한 정보를 얻을 목적으로 학생들의 태도를 체크리스트로 평가하는 것은 형성 평가, 태도 평가, 관찰 평가, 절대 평가, 비형식 평가, 교사 평가의 범주로 볼 수 있다.

2. 국어과 평가의 원리

국어과 평가는 '학생들의 언어 사용 능력이 어떻게 성장하였으며 장단점은 무엇인가?,' '언어 발달 수준이나 성취 기준에 비추어 어느 정도 성장하였는가?,' '언어 사용 과정은 어떠하며 어떠한 경로를 거쳐 발달하는가?,' '언어 사용에 대한 인식, 그리고 흥미나 태도는 어떠한가?,' '효율적인 교수-학습 과정은 무엇이며, 개선해야 할 점은 무엇인가?,' '교육 과정이나 평가 프로그램이 적절한가?,' 등에 대한 물음에 답할 수 있어야 한다. 따라서 평가는 다음과 같은 원리에 바탕을 두어야 한다.

가. 목적성의 원리

목적성의 원리란 평가가 실제적이고 구체적인 목적을 가짐으로써 전체 평가 과정을 통제하는 원리이다. 대부분의 교과 평가가 그러하듯이 국어과 평가의 목적도 교수-학습 개선을 위한 정보 수집, 성취도나 성장 정도 확인, 교육 과정이나 평가 프로그램 구안이나 개선을 위한 정보 수집 등으로 세분할 수 있다. 하지만 실제 현장에서 교사들에게 필요한 주된 평가 목적은 교수-학습 개선에 대한 정보 수집과 성취도 확인이다. 다.

교수-학습 정보 수집을 목적으로 하는 평가는 주로 단위 시간 수업 후나 교수-학습 활동 중에 이루어지는 학급 차원의 형성 평가 방식으로 이루어져 왔다. 학생들의 언어 사용 능력을 총체적으로 판단하기 위해서는 당연히 지식, 기능, 태도를 포괄한 전반적인 언어 사용 능력이 초점이 되어야 하겠지만, 개별적인 교수-학습 정보 수집을 위해서는 지식이나 기능 및 전략이 세분화되어 드러나야 그 정보를 유용하게 활용할 수 있다는 점에서 성취도 평가와는 성격이 다르다. 현행 교육 과정에서는 대단원마다 제시되어 있는 '되돌아보기'를 통하여 교수-학습 개선을 위한 평가가 자연스럽게 이루어질 수 있도록 하고 있다. 주로 해당 단원의 핵심 목표를 중심으로 평가하도록 되어있으며, 주된 평가 방법은 자기 평가나 상호 평가 방법이다. 한 차시 내에 평가 과제를 해결하고 이를 평가하다 보니 평가 시간이 부족하다. 또한 결과 활용도 보충·심화 학습을 위한 결과 판단에만 치우쳐 있어 '교수-학습에 대한 정보 수집'과 '송환(feedback)'이라는 본래의 취지를 살리지 못하고 있다. 그리고 평가 항목이 '기능'이나 '태도' 영역에만 치우쳐 있어 지식 영역을 소홀히 다루고 있음도 지적해 볼 수 있다. 평가 도구 또한 단순한 등급 매기기나 체크리스트 방식으로 되어 있어 학습자의 개별적 특성을 잘 알 수 없고, 교수 개선에 대한 구체적인 단서를 발견하기 힘든 점이 있다. 평가 목적에 비추어 볼 때, '되돌아보기'의 시간을 늘리거나, 별도의 평가 과제 대신에 '기본 학습' 단계의 교수-학습 과정을 점검하고 송환하는 시간으로 대체하는 방안을 고려해 볼 만하다. 그리고 평가 주체가 교사가 아닌 학습자로 설정되어 있다면 자기 평가 방법에 대한 지도가 당연히 선행되어야 할 것이다.

성취도 확인을 목적으로 하는 평가는 학생들의 성장 정도를 알아보기 위하여 주로 학기초나 학기말에 이루어진다. 1980년대 중반까지는 모든 교과에 걸쳐 국가나, 교육청 단위에서 별도의 평가 시간을 마련하여 지필 평가 방식으로 성취도를 판단하고 점수화하였다. 이는 국어 사용이라는 특성을 고려해 볼 때 평가의 타당도 면에서 결함이 있고, 평가 결과 정보도 유의미하게 활용할 수 없다는 단점이 있었다. 그러나 최근에는 평가 방법 및 결과 처리 면에서 많은 변화를 보이고 있다. 수행 평가의 도입으로 다양한 평가 방법이 시도되고 있으며 평가 횟수도 늘어나고 결과 처리 방식도 양적인 등급화에서 기술이나 논평 형식으로 바뀌었다. 그러나 평가 실시와 결과 처리에 엄청난 시간을 투자하면서도, 교수-학습이나 교육 과정의 효율성을 판단할 만한 의미 있는 정보를 끌어내지 못하고 있다. 이는 평가 목적이 학생들의 언어 능력 신장이라는 본질적인 측면보다는 성적 처리에 초점이 맞추어져 있기 때문이다.

언어 사용 능력을 제대로 평가할 수 있는 도구라고 해서 타당한 평가라고 보기는 어렵다. 그것이 평가 목적에 비추어 어느 정도 타당한 정보를 주느냐가 중요한 문제이다. 예를 들어 특정 지식 영역에 대한 정보 수집을 목적으로 하는 평가였다면 이 때의 타당도는 언어 사용 능력을 제대로 평가했느냐 하는 문제보다는 해당 지식 영역을 제대로 평가했느냐가 더 중요한 문제가 된다. 그리고 평가 결과를 통하여 얻은 정보가 교수-학습 개선에 어느 정도 기여할 수 있느냐가 타당도 결정의 관건이 된다. 예를 들어 말하기 평가에서 발표 참여 정도나 발표의 양을 주요한 말하기 능력으로 간주하는 경향이 있는데, 이는 말하기의 유창성이란 측면에서는 타당성이 있지만, 내용의 적절성이란 측면에서는 타당성이 없을 수도 있다. 평가 목적이나 목표를 명확히 인식하는 것은 보다 유용하고 타당한 정보를 수집하는 기초가 된다.

나. 주도성의 원리

주도성의 원리란 학습자가 주도적으로 평가 정보를 수집하고 결과를 해석하여 학습에 반영하는 원리이다. 학습자는 직접 평가 과정에 참여하고 학습에 대한 판단과 결정을 함으로써 자기 존중감과 학습 동기를 높일 수 있다. 자기 평가 기능이 내면화된 학습자는 학습하고 있는 것이 무엇인지,

다음에 무엇을 학습해야 할지, 그리고 어떤 자료나 도움을 더 필요로 하는지에 대하여 스스로 자문하게 된다.

학습자의 주도성을 증진시키기 위해서 평가 과제는 학생들의 지적, 정서적, 사회적 발달을 고려해야 하고, 평가로부터 도출되는 정보는 학생들의 관심을 유발할 수 있어야 한다. 평가는 학습 동기를 증진시킬 수 있으며, 다른 사람이나 자기 자신에 대하여 긍정적이거나 부정적인 감정을 유발시킬 수도 있고, 학습 상황에 대한 이해를 증진시키기도 한다. 평가에서 학생들의 흥미나 관심을 촉진시킬 수 있는 방법은 첫째, 학생 자신이 자신의 지적 성장을 평가하고 스스로의 목표를 설정할 수 있도록 자기 평가의 기회를 부여해야 한다. 이러한 과정을 통하여 학습자는 자신의 학습에 대하여 주도성과 책임감을 가지게 된다. 둘째, 평가는 학생이 필요로 하는 유용한 정보를 구체적으로 제공해 줄 수 있어야 한다. 셋째, 평가는 학생의 능력에 맞게 제시되어야 한다. 과제가 너무 어렵거나 또는 너무 쉽거나 발달 단계에 적합하지 않을 경우 학습자의 흥미를 잃게 하여 동기를 저하시킨다. 그러한 평가 과제는 유용한 정보를 제공해 주지 못하고 학습 시간만 낭비하는 결과를 초래한다. 학습자의 흥미를 유발시키지 못하는 평가는 타당도를 떨어뜨리는 원인이 되기도 한다.

평가는 학습자의 주도성 뿐만 아니라 교사의 주도성도 높여준다. 교사는 학생들의 언어 사용 능력과 성장을 가장 직접적으로 관찰할 수 있는 위치에 있고, 이러한 정보를 즉각적으로 교수-학습에 송환할 수 있는 위치에 있다. 따라서 학생들이 무엇을 알고 있는가에 대한 교사의 설명이나 해석은 언어 사용 과정과 결과에 대한 인과 관계를 가장 타당성 있게 제시해 주는 정보이다. 그러나 교사가 평가를 치료하고 교정하는 것으로만 인식하게 되면 학습자의 단점을 찾는 데 초점을 둔다. 평가에서 가장 우선적으로 탐구되어야 할 것은 한창 발달하고 있는 학습자의 언어 사용 능력이다. 평가는 학습자가 이러한 장점을 살릴 수 있는 기회가 되어야 한다. 교사 평가의 가장 큰 이점은 평가 정보의 신용성과 실용성에 있다. 단, 이것의 전제 조건이 되는 것은 교사가 복잡한 언어 학습 과정이나 학생들의 언어 발달에 대하여 종합적인 밑그림을 가지고 있어야 한다는 점이다. 예를 들어 쓰기 전략이나 발달에 대하여 잘 아는 교사는 좀더 구체적이고 핵심적인 정보를 학생들에게 제공해 줄 수 있을 것이다.

다. 다양성의 원리

다양성의 원리란 다양한 언어 사용 맥락이나 평가 방법을 통하여 정보를 수집함으로써 평가의 타당도를 확보하는 원리이다. 국어과 평가에서 오랫동안 문제가 되어 왔던 것 중의 하나는 평가의 타당도에 관한 것이었다. 단편적이고 일회적인 지필이나 실기 평가로는 실제적인 언어 사용 능력을 제대로 평가할 수 없다. 설득하는 글에 있어서도 윗사람이 아랫사람을 설득하는 것과, 아랫사람이 윗사람을 설득하는 것, 많은 사람을 한꺼번에 설득하는 것과 한 사람을 설득하는 것, 처음 만난 사람을 설득하는 것 잘 아는 사람을 설득하는 것이 다르다. 완벽한 평가자와 완벽한 평가 도구는 존재하지 않는다. 일회적으로 이루어지는 국어과 교수-학습에서 언어 사용 능력이 완성되지 않듯이, 하나의 영역이나 결과물에 대한 일회적인 평가는 그것 자체의 편향성과 한계를 가지고 있다. 언어 사용 능력에 관한 모든 영역을 하나의 평가로 다 수용할 수는 없지만, 어느 정도 보완 장치를 마련함으로써 균형을 유지할 수 있을 것이다. 이러한 균형은 바로 다양한 상황을 통한 다양한 평가 방법으로 가능한 것이다.

다양한 맥락에서 이루어지는 비형식 평가는 타당성이 결여된 형식 평가의 단점을 보완해 줄 수 있고, 교수-학습에 대한 적절한 정보를 제공해 줄 뿐 아니라, 그 자체로 하나의 효율적인 교수-학습 활동이 될 수 있다는 점에서 가치가 있다고 하겠다. 예를 들어 성취도 평가를 실시함에 있어서 과제 제시를 통한 통제된 평가와 자연스러운 상황에서의 자료 수집 평가를 병행하는 것은 일회적인 평가의 타당성과 신뢰성의 한계를 극복해 줄 수 있는 좋은 방법이다.

연속적이고 지속적으로 평가 정보를 누적함으로써 다양성을 추구할 수도 있다. 지금까지 국어과 평가를 보면 학기 당 영역별로 1-2회 정도씩 평가를 하는데, 평가 시기를 분산해야 하는 부담 때문에 경우에 따라서 학기 초에 이미 특정 영역에 대한 평가가 끝나버리는 경우가 많다. 그러나 학생들의 언어 지식이나 기능의 발달은 특정 단원을 학습했다고 해서 금방 드러나는 것이 아니라, 점진적이고 총체적으로 발달해 가는 특성을 지니고 있다. 따라서 지속적인 발달 양상을 고찰하면서 적절한 시기에 알맞은 정보를 수집하고 송환(feedback)을 제공할 수 있어야 평가의 의미를 극대화할 수 있다. 연속적이고 지속적인 평가에서는 정보 수집 능력과 정보에 대한 재구성 능력이 필요하다. 특히 듣기와 보기 기능은 중요하다. 듣기는 단지 귀를 열어두는 것이 아니라 들을 수 있는 가능한 것들에 대해서 열어두는 것이다. 평가자는 자신의 평가에 대한 지속적인 되돌아보기가 필요하다. 이러한 비판적 점검은 평가의 중요한 영역이며, 이는 언어 사용에 대한 인식을 강화함으로써 교수-학습에 대한 평가자의 자기 교정 능력을 증진시킨다.

라. 통합성의 원리

통합성의 원리란 교수-학습과 평가의 통합, 영역간 평가의 통합, 과정 평가와 결과 평가의 통합을 통하여 평가의 효율성을 높이는 원리이다.

평가의 핵심 목적은 교수-학습이 일어났는지의 여부보다는 교수-학습의 질을 개선시키는 것이다. 따라서 평가를 통한 송환은 교수-학습 활동에서 부수적인 활동 영역이 아니라 그 자체가 교수-학습의 본질적 영역이 되어야 한다. 이를 위해서는 결과 자체만의 해석으로 만족할 것이 아니라 특정한 맥락 속에서 그 정보를 이해할 수 있어야 한다. 전통적인 평가는 평가를 교수-학습의 통합적인 부분으로서보다는 교수-학습 전·후에 실시하는 것으로 인식해 왔다. 그러나 가장 효과적인 평가는 바로 교수-학습 중에 이루어지는 평가이다. 이러한 평가는 교사가 계속적으로 학생들의 장점을 지적해 주고 더 학습해야 할 부분이나 다음에 학습해야 할 것들을 암시해 줄 수 있다. 학생들의 흥미나 요구에 그 때 그 때 적절하게 반응하지 못하게 되면 평가의 가치와 교수-학습의 효과는 그만큼 떨어지게 된다. 지속적인 평가의 의의가 여기에 있으며 이는 평가를 교수-학습과 통합함으로써 가능한 것이다.

교수-학습과 통합된 평가를 위해서는 국어과 평가 목표와 내용이 교육 과정의 내용과 논리에 근거하여 마련되어야 한다. 현행 국어과 교육 과정을 살펴보면 우선 '말하기, 듣기, 읽기, 쓰기, 문학, 국어 지식' 등 영역별로 나누어지고, 각 영역별로 다시 '본질, 원리, 태도'로 나누어져 있으며, 이러한 요소들이 용해되어 나타나는 구체적인 장면으로서 '실제'가 있다. 국어과 평가 역시 이러한 논리 속에서 수행성이 강한 실제 수준의 과제를 형식적, 비형식적 방법을 통하여 평가해야 하며, 그 결과는 교육 과정 영역별,

요소별로 분석되고 재해석되어야 한다. 그래야 교육 과정이나 교수-학습으로 다시 환원할 수 있는 정보로서의 의미를 가질 수 있기 때문이다.

교수-학습을 평가와 통합시키는 관점은 두 가지로 나누어 생각할 수 있다. 하나는 평가 자체가 하나의 교수-학습 활동이 되어야 한다는 관점이다. 흔히 교사가 사용하는 평가 방식의 하나는 수업 중에 학습 과정이나 결과에 대한 원인을 밝히고 즉각적으로 도움을 제공하는 것이다. 이는 자연스럽게 평가가 교수-학습과 통합되는 것으로서 실제로 학생들은 이러한 상황에서 많은 도움을 받는다. 이 때의 평가 정보는 교사의 전문성에 의한 비형식적인 평가 정보로서 교사의 머리 속에 축적되고 관리되는 정보이다.

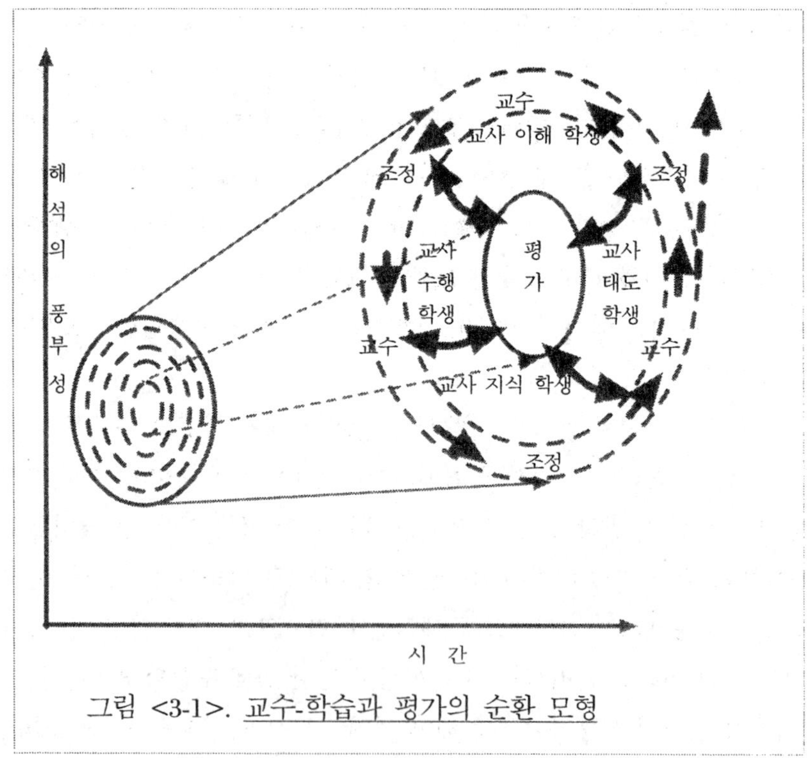

그림 <3-1>. 교수-학습과 평가의 순환 모형

그림 <3-1>은 평가가 최적의 교수-학습 상황을 창조하기 위한 지속적인 활동 과정이 될 수 있음을 보여 준다.

여기에서 교수-학습 활동은 교사와 학생이 공동으로 참여하는 지속적인 상호 작용 과정에 기반하고 있다. 학습자는 질문과 행동, 그리고 다양한 학습 결과물로 그들의 능력과 장단점을 드러낸다. 교사는 적절한 학습 경험을 제공하고 반응하면서 유의미한 정보를 도출한다. 이러한 것들은 시간이 경과함에 따라 양적으로 풍부하고 질적으로 정교화되고 초점화된 교수-학습 양상을 구성할 수 있도록 해 준다. 학급 교사의 직관이 가장 타당한 평가 방식이라고 주장할 수 있는 것은 바로 이러한 이유에서이다. 학습자의 언어 사용을 주의 깊게 관찰하는 것은 학습자의 언어 사용 특성을 이해하는 데 도움이 된다. 학습자의 장단점을 이해하는 것은 교수의 초점을 어디에 두어야 할 것인가를 판단할 수 있게 해 준다. 또 교사는 학생들과의 협의를 통해서나 학생들간의 대화를 관찰함으로써 유용한 정보를 얻는다. 이러한 활동은 학생들로 하여금 주도적으로 학습을 이끌어나갈 수 있도록 한다. 교수-학습의 통합의 다른 하나의 관점은 자연적인 교수-학습 상황에서 나타난 결과물을 평가 자료로 삼는 것이다. 국어과 평가의 근본적인 목적이 언어 기능 신장에 있다고 보면 이는 결국 교수-학습이 추구하는 것과 같다고 볼 수 있다. 다만 그 도구 자체가 특정한 정보 수집을 목적으로 프로그램화되거나 구조화된다는 측면에서 차이가 있다. 평가는 학생들의 경험과 멀어지면 멀어질수록, 교수-학습 상황과 괴리될수록 타당도와 신뢰도가 떨어질 수밖에 없을 것이다.

또 다른 통합의 관점은 영역간의 통합이다. 이는 말하기, 듣기, 읽기, 쓰기, 문학, 국어 지식 영역을 통합한 평가를 의미한다. 최근의 총체 언어 교육이나 읽기·쓰기 통합 교육 등은 서로 다른 언어 사용 영역들이 어떻게 상호 작용하고 연관 관계를 맺고 있는가에 대하여 잘 설명해 주고 있다. 실제의 언어 사용이 통합적이라면 평가도 이러한 실제 언어 사용 현상을 수렴할 수 있어야 한다.

통합의 또 다른 관점 중의 하나는 과정과 결과의 통합이다. 교사가 얻을 수 있는 언어 사용 능력에 대한 정보는 결과 분석을 통하여 대부분 이루어지며, 학습자는 그 과정이야 어떠하든 결국 자신이 최종적으로 생산한 의미 구성 결과물로 평가받게 된다. 그러나 이러한 결과물은 그 학습자의 능력을 평가하는 자료로는 유용하지만, 교수-학습을 위한 구체적인 시사점은 얻기 어렵다. 예를 들어 운동 경기의 모든 승부는 마지막 결과로 판가름나지만, 감독은 선수들을 훈련시켜 더 좋은 선수로 만들고자 할 경우에는 그 선수가 어떻게 해 왔는가에 대한 과정을 탐구할 것이다. 게임 때마다, 기능을 발휘할 때마다, 필름을 보면서 장점과 단점을 연구하게 될 것이다. 그리고 관찰한 많은 예를 통해서 선수의 태도, 주요한 방어 기능, 팀의 조직력에 대한 기여도 등에 대한 판단을 한다. 이것은 과정 평가의 하나의 예이다. 과정 평가의 중요한 의의 중의 하나는, 학습자가 언어 사용 과정에 대하여 인식함으로써 자신의 학습을 개선할 수 있는 구체적인 방법을 모색할 수 있다는 것이다. 예를 들면 뜀틀 선수는 전체적인 뜀틀 운동 기능을 각 요소를 나누어 연습해야 한다. 출발 자세, 도약, 공중 자세, 착지 자세의 과정이 통합되어야 하나의 기능이 완성된다. 그러나 중요한 것은 부분적인 기능이 완성되었다고 해서 전체적인 기능이 완성되는 것은 아니다. 각 기능간에는 서로 영향을 주고받는 상호 작용이 있기 때문이다. 도약 자세가 좋지 못하면 공중 자세가 흐트러져 결국은 이것이 착지 자세에까지 영향을 주게 된다. 이해와 표현 행위도 이와 마찬가지로 작은 기능들의 조합이라기보다는 일련의 연속적이고 역동적인 과정이므로, 학생들이 그 과정을 어떻게 조작하느냐가 교수와 평가의 중심이 되어야 한다. 물론 이해와 표현이 인간의 내적 사고 활동을 바탕으로 하므로 운동 기능처럼 인지 구조나 복잡한 사고 과정을 직접 관찰한다는 것은 불가능하다. 그러나 언어 사용 과정에서 발생하는 다양한 결과 자료를 수집하여 그 과정을 좀더 논리적으로 추론해 볼 수 있다.

마. 활용성의 원리

활용성의 원리란 수집된 평가 정보를 활용 주체, 활용 목적, 보고 체제에 따라 정보를 재구성하는 원리이다. 학급에서 교사가 교수-학습 개선을 위해 수집하는 평가 정보와 해당 교육청이나 국가에서 성취도를 알아보기 위하여 수집하는 평가 정보는 수집 범위나 절차는 물론이고, 평가 결과의 해석 방식이나 보고 체계가 다르다. 평가 정보는 교육 공동체를 구성하는 구성원의 다양한 요구를 수렴할 수 있어야 한다. 교육 공동체란 학생, 교사, 학부모, 교육 기관 등이 될 수 있다. 평가는 이러한 구성원의 참여를 통하여 교수-학습에 대한 이해를 높이고 협동심을 조장하여 긴밀한 교육적 유대 관계를 형성해 주는 효과가 있다. 평가 정보의 활용에 따른 세부 원리로는 변형성, 점검성, 상보성 등이 있다.

변형성의 원리는 평가 정보가 활용 주체의 요구에 맞게 적절하게 변형되어야 한다는 원리이다. 수행 평가가 어려운 이유 중의 하나는 교육 주체의 요구가 각각 다르다는 점인데, 표 <3-1>은 그러한 차이를 나타낸다. 이러한 관점의 차이에 따라 평가 목적이 설정되고 평가 방법과 평가 과제가 달라지고 정보의 수준과 진술 방식이 결정된다.

표 <3-1>. <u>정보 사용자에 따른 정보 수집 변인</u>

주체	필요한 정보	수집 대상	수집 범주	수집 시기
학생	장단점 확인, 전략의 발달이나 학습 과정에 대한 정보 수집, 성취도 확인 등	개별 학습자	특정 영역이나 목표, 주제와 관련된 것	수시
교사	교수 계획, 교수-학습 과정 및 학습자의 언어 발달 정보 수집, 성취도 확인 등	개별 학습자 학급	특정 영역이나 목표, 주제와 관련된 것, 성취 기준이나 평정 척도와 관련한 정보	수시
학부모	학교 교육의 효율성 및 자녀의 향상 정도 확인, 부모로서의 역할 수행에 필요한 정보 수집, 성취도 확인 등	개별 학습자	특정 대상이나 좀더 광범위한 목표와 관련된 것, 성취 기준이나 평정 척도와 관련한 정보	학기당 한두 번
학교 교육청	교육 과정이나 특정 프로그램의 효율성에 대한 판단, 교재 및 교수 방법의 효율성 확인, 성취도 확인 등	학교 개별 학습자	좀더 폭넓은 목표와 대상에 관련된 것, 성취 기준이나 평정 척도와 관련한 정보	일년에 한두 번

상보성의 원리는 질적 정보와 양적 정보를 보완적으로 활용하는 원리이다. 질적 정보는 어린이들의 학습 양상에 대한 자료 수집과 기록, 언어 발달에 대한 설명, 개인 어린이의 언어 사용 전략, 태도 등에 대한 정보를 알려주고, 학생들의 학습에 심리적, 물리적 환경이 어떻게 영향을 미치는가를 보여주고, 최종 수행 결과에 대한 이해를 쉽게 해 준다. 이에 비하여 양적 정보는 주로 비교를 위하여 고립된 기능이나 지식의 양을 측정하는데, 결과 중심이며, 통제된 평가 상황을 가진다. 그리고 개별 학습자나 전체적인 양상에 대한 구체적인 정보를 제공하지 못하고, 외부 영향(부러진 연필, 집에서의 다툼, 질병, 오류에 대한 불안 등)에 따라 결과가 달라질 수 있다. 따라서 학생이 어느 정도의 수준에 있는가를 파악할 수는 있지만 구체적으로 어떤 점이 어떻게 부족해서 어떤 점을 더 개선해야 하는지, 문제의 원인이 어디에 있는지는 알 수 없다. 그러나 질적 정보나 양적 정보를 지나

치게 이분법적 사고로 간주하는 것은 문제가 있다. 왜냐하면 이는 얼마나 단순화시키느냐의 문제이며, 양적 정보를 산출한 근거를 제시하면 질적 정보로 환언할 수도 있다. 양적 평가는 질적 평가를 통해 제기된 사실을 검증하거나 평가 결과에 대한 일반화를 강화시켜 줄 수 있고, 질적 평가는 양적 평가에 유용한 기초 자료를 제공하거나 양적 평가가 놓치는 미세한 현상을 포착할 수 있도록 도와 준다. 양적인 정보와 질적인 정보를 보완적으로 활용함으로써 성취도 측정과 교수-학습 개선이라는 다양한 정보 사용자의 요구에 부응할 수 있을 것이다.

점검성의 원리는 평가 정보를 활용하여 성취도나 성장도 점검, 교수-학습 점검, 교육 과정이나 평가 프로그램의 효율성을 점검하는 원리이다. 바람직한 평가 정보는 학생들이 구체적인 목적과 초점을 가질 수 있도록 도와주어야 하는데, 학습자는 이러한 기준에서 효율적인 언어 사용 목표가 무엇인지, 채점자가 중요하게 생각하는 것이 무엇인가를 인식하게 된다. 교수-학습에 대한 점검은 학습자의 언어 기능 신장에 직접적인 영향을 미치는 것으로, 개인에게는 학습의 장단점과 목표 달성 수준을 판단할 수 있는 근거가 되지만, 교사에게는 그 수업의 성공 여부와 문제점을 밝힐 수 있는 구체적인 자료가 된다. 평가 정보는 교육 과정이나 학교 교육 프로그램, 평가 프로그램 자체의 효율성 점검과 개선에도 유용하게 활용될 수 있다. 예를 들어 대단위 평가를 통하여 학생들의 쓰기 능력이 현저히 떨어지거나 지역별 차이가 심한 것으로 드러나면 그 원인과 실태를 분석하여 쓰기 교육을 강화하거나 학교 교육 프로그램을 개선할 수 있다. 또한 평가자는 평가 도구에 대한 문제점을 살펴보고 개선할 수 있으며, 평가 도구 자체의 신뢰도나 타당도를 검증하고, 평가 실시나 채점 상의 문제점, 결과 해석이나 활용의 적절성을 알 수 있다.

제4장. 국어과 평가 방법

1. 자기 평가[3]

가. 자기 평가의 의의

자기 평가는 한마디로 평가의 주도권을 학습자에게 두는 평가로, 인지 심리학의 대표격인 삐아제(Piaget)의 발달 심리에 그 이론적 기반을 두고 있다. 삐아제(Piaget)는 인간의 지식 획득 과정이 외부에서 제공되는 지식을 수동적으로 받아들이는 것이 아니라 학습자의 능동적인 활동을 통하여 외부 대상을 변형하고 재구성해 나가는 과정으로 설명하고 있다. 이러한 관점이 평가에 주는 시사점은 의미 구성의 주체이자 평가자인 개별 학습자의 주도성과 정체성을 강조한다는 점이다. 이렇게 볼 때 학습자는 더 이상 수동적인 지식의 습득자가 아닌 적극적이며 자율적인 의미 구성자로서 개인의 독특한 경험과 창의적인 발상이 존중된다.

자기 평가는 반성적 사고(reflective thinking)나 초인지(metacognative)를 유발한다. 캠프와 레빈(Camp & Levine, 1991)은 반성(reflection)을 "학습자가 자신의 학습을 되돌아보는 행위"로 정의한다. 학생들이 내적 대화를 하고 학

---

3) 국어과 교육에서 평가를 분류하는 기준은 다양하겠지만, 본고에서는 평가의 주체를 기준으로 하여 우선 교사 평가, 자기 평가, 상호 평가(동료 평가)로 나누기로 한다. 이는 국어과 교육의 제 평가 방법을 수렴할 수 있는 범주이며, 평가에 대한 기존의 인식이 '교사=평가자'가 주류를 이루어 왔다는 점에서 자기 평가나 상호 평가를 보다 강조하는 측면에서 선택한 분류 범주이다.

습자로서 자신을 발견하는 것은 바로 이러한 반성을 통해서이다. 이러한 학습자 주도성이 종래의 진보주의 교육이나 열린 교육에서는 학습자가 원하는 것은 무엇이나 허용하는 식의 '자유'를 의미하기도 하였는데, 이는 결과적으로 진보주의 교육이나 열린 교육이 실효를 거두지 못한 이유가 되었다. 여기에서의 자기 평가란 필자의 능력과 책임의 범위 내에 작용하는 주도권이다. 자기 평가는 자기 주도 학습의 기본 바탕이 된다. 자기 주도 학습이란 학습자가 학습 활동을 계획하고, 수행하는 과정에서 중심 역할을 수행하는 상황을 말한다. 학습자가 주어진 과제에 대하여 자발적인 끌림이 없다면 주도적인 학습 활동이라고 할 수 없다. 자기 주도적인 학습은 개인적인 흥미나 자발적인 동기뿐만 아니라 무엇을 왜 배우게 되는지에 대한 이해를 명확히 하는 것을 통하여 흥미 이상으로 나아가는 것을 뜻한다.

자기 평가의 의의는 몇 가지 측면에서 살펴볼 수 있다. 첫째, 평생 학습자로서의 자기 주도성을 강조한다. 자기 평가 과정 자체가 주도적인 언어 사용자로서 바로 평생 학습의 과정인 셈이다. 인간은 성장하면서 점점 부모로부터 독립해 가며 나중에는 교사나 다른 성인들로부터 완전히 독립해 자기의 생활을 영위해 간다. 마찬가지로 언어 학습에서도 처음에는 부모나 교사에 의존해서 학습을 수행해 나가지만 점차로 독립하여 자기 주도로 학습을 수행해 나갈 수밖에 없다. 둘째, 자기 평가는 다른 사람의 평가에 비하여 즉각적이며, 다른 사람이 지적했을 때보다 스스로 문제를 발견했을 때 그 원인과 결과의 관련성을 좀더 정확하게 파악할 수 있다. 이리하여 자기 평가는 학습자로 하여금 학습에 대한 탐구적 접근을 가능하게 하고 개별 학습을 증진시킨다. 리프(Rief, 1990)는 학생들이 누구보다도 학습자로서 자신에 대하여 잘 알고 있으며 구체적인 자기 평가 능력을 가지고 있음을 강조했다. 따라서 자기 평가는 지속적인 교수-학습의 일부가 되어야 하며, 획득된 정보는 교육 과정을 개별화하는 데 활용되어야 한다. 자기 평가는 또한 학습자 자신이 자신의 학습 결과를 평가하고 적절한 목표를 설정한다는 점에서 개별화의 본보기라 아니할 수 없다. 이는 성취도나 성장 정도의 차이를 인정해 줌으로써 근본적으로 학습자를 신뢰하고 존중한다. 셋째, 스스로 점검하고 이를 해결함으로써 학습에 대한 동기화가 촉진된다. 학생들은 자기 평가를 통하여 학습을 변화와 성장 과정으로 보기 시작한다. 성장에 대한 감각을 얻었을 때 가능성에 대한 감각을 가질 수 있다. 이러한 가능성과 통제의 감각을 발달시키는 자기 평가는 학생들을 동기화하고, 언어 사용 과정이나 학습 과정에 주의를 기울이게 한다는 점에서 효과적이다. 넷째, 자신의 학습에 대한 인식 능력은 자기 표현력을 높임으로써 다른 사람과의 대화에도 도움을 준다. 하지만 자기 평가 결과를 언어화하는 것은 자기 존중감과 일정한 수준의 표현력을 요구한다는 점에서 학습자에게 자신감을 심어주는 것도 교사의 중요한 책무이다.

　　나. 자기 평가 방법

　자기 평가에는 두 가지 유형이 있다. 하나는 스스로를 판단하고 일반적인 상황으로 범주화하는 것이다. 이는 일종의 자기 판단 행위라고 할 수 있는데, 예를 들면, "나는 읽기는 잘하는데 쓰기를 잘못한다"라는 식의 평가이다. 다른 하나는 기능이나 지식, 그리고 성취도나 성장 정도에 대하여 이미 알고 있는 것과 앞으로 할 수 있는 것을 관련짓는 것이다. 예를 들면 "이야기를 쓸 때 인물들의 대화를 잘 쓰지만 특정한 플롯 구조를 가지지는 못한다. 나는 어떻게 해야 좋은 플롯 구조를 만들 수 있는가를 알아야 한다"는 식의 평가이다. 하지만 전자보다는 후자가 자아 인식과 성장 동기에 보다 긍정적인 영향을 미칠 수 있다.

　그렇다면 우리는 학습자가 바람직한 평가자가 될 수 있도록 어떻게 도울 것인가?

　우리는 가끔씩 학습자가 오류를 범하자마자 그것을 지적하고 수정함으로써 스스로 평가할 수 있는 기회를 빼앗는다. 그렇게 되면 학습자는 자연히 수동적인 태도를 가지게 되고 교사를 평가자로만 인식한다. 그리고 스스로는 교정할 능력이 없는 사람으로 인식하게 될 것이다. 읽기와 쓰기에 어려움을 가진 학습자의 일반적인 특징은 자신의 오류를 점검하거나 교정하는 능력이 부족한 데서 오는 경우보다는 자신감이나 경험의 부족에서 오는 경우가 많다. 이러한 학생들은 반응을 하자마자 그것이 틀렸는지 맞았는지를 알아보기 위하여 교사에게 눈을 돌리게 된다. 그들 자신의 반응을 스스로 평가할 수 없는 것으로 느끼는 것이다. 물론 이러한 경우에는 과제의 난이도를 우선 따져 보아야겠지만, 교사가 그 동안 학생들과 어떻게 상호 작용을 해 왔는지도 점검해 볼 필요가 있다. 즉, 학습자에게 자기 평가 기회를 제공하고, 그 결과를 긍정적으로 수용해 주는 교사나 동료 학습자의 태도 형성이 자기 평가 지도의 첫 걸음이다. 동료나 교사가 그들의 다양한 관점을 수용해 주고 들어줄 때 자기 평가는 더욱 촉진된다.

　교사는 자기 평가의 중요성을 지도하고 스스로를 좋은 평가자로 인식시킴으로써 학생들의 자기 평가를 도울 수 있다. '자기 평가는 좋은 필자의 특성 중의 하나'라는 사실을 알게 될 때, 보다 적극적인 자기 평가자가 될 것이다. 자신의 읽기와 쓰기에 대하여 자기 비판적이고 반성적인 태도를 지니기 위해서는 자신감과 자기 존중감을 가져야 하고, 자신의 지식을 가치 있게 여기는 태도가 필요하다. 다시 말해서 그들 스스로의 경험이 중요하고 가치 있다는 것을 느낄 수 있어야 더욱 적극적인 자기 평가가 이루어질 수 있다.

학생들은 직접 평가 자료를 수집하고 선택함으로써 자신의 발달을 스스로 검토할 수 있는 기회를 가진다. 교사들은 왜 그러한 자료가 포함되고 제외되었는지에 대하여 질문을 제기함으로써 학생들이 학습 결과를 평가하는 기준에 대한 통찰력을 가질 수 있게 한다. 하지만 양적인 평가와 같은 경쟁적인 평가 상황은 점검의 가능성을 줄이고, 학습자의 발달과 무관한 측면에 초점을 두기 때문에 교사-학습에 대한 점검은 소극적으로 일어날 수밖에 없다. 경쟁적인 시험 상황에서 학습자는 자신의 이전 수행을 고려하지 않게 되고, 과정보다는 결과에 관심을 가지게 된다. 그러나 언어 기능을 개선시킬 수 있는 것은 결과보다는 과정에 대한 점검이다. 언어 사용 능력을 신장시키는 데 보다 효과적인 평가는 학생들이 단순한 방식으로 자신의 학습 결과를 다른 사람과 비교하는 것이 아니라, 개선을 위해 자신의 언어 사용 과정을 점검할 수 있도록 하는 것이다.

다른 사람들이 학습자를 평가할 때 학습자는 역시 스스로를 평가하게 된다. 교사에 의한 평가와 자기 평가는 서로 밀접한 관련성을 가지고 있다. 교사는 학생을 평가할 때 마음 속으로 그 평가가 학생들의 자기 평가에 어떤 영향을 미칠지를 생각해 보아야 한다. 교사를 비롯한 학급 구성원들의 인식은 개별 학습자의 자아에 영향을 미치기 때문이다. 학습자가 스스로를 들여다보는 방식은 이와 같이 맥락에 의존하거나 교사나 학습자가 상호작용하는 방식에 따라 틀려진다. 만약 어떤 사람이 아주 특이한 신체 구조나 능력을 가졌다고 한다면 그것은 다른 사람들이 가장 먼저 주목하고 반응하게 될 것이고, 그것은 그 사람의 인식을 지배하는 관점으로 작용하게 된다. 마찬가지로 평가에서 교사가 글씨나 맞춤법에 초점을 두게 되면 학생들은 정서법이나 맞춤법에 보다 관심을 가질 것이다. 학생들은 이미 그들 나름대로 자신의 읽기나 쓰기를 평가하는 기준을 가지고 있다. 읽고 있는 책이 자신에게 어렵다고 판단한다면 그 학습자는 뭔가 잘못되었다고 생각할 것이고 그것에 대한 원인과 해결책을 모색하게 된다. 다만 학생들이 경험적 배경이나 흥미 등이 다양하므로 그러한 차이를 단순히 설명해 낼 수는 없다. 이는 다양한 맥락의 평가에서 개별 학습자의 특성을 고려할 수 있어야 함을 의미하는 말이기도 하다.

자기 평가는 상호 평가를 통해서도 도움을 얻을 수 있다. 동료의 눈을 통해 내 스스로를 보는 것은 자신의 학습에 대한 새로운 인식을 심어줄 수 있다. 학습을 관찰하는 동료를 가진다는 것은 특정 청중을 가진다는 것을 의미하기도 한다. 교사는 쓴 글을 돌려읽게 하거나, 교실 벽에 학생들의 쓰기 결과물을 게시함으로써 이러한 활동을 도와줄 수도 있다. 좀더 발전적인 점검은 과제 수행에 대하여 동료와 이야기를 나누어 보는 것이다. 동료와 공유할 자료를 선택하고 이야기를 나누는 과정은 학습자인 동시에 청중의 관점에서 자신의 학습에 대하여 살펴볼 수 있도록 해 준다.

자기 평가는 교사가 학습자에게 되묻는 방법으로 이루어질 수도 있다. 예를 들면 학생들이 평가를 받기 위해 교사를 바라볼 때 "네가 생각하는 것은 무엇이냐?"와 같은 식의 질문을 할 수 있다. "우리가 어떻게 그것을 알아볼 수 있을까?"와 같은 질문은 자기 점검을 위한 가능성을 열어두고 있기 때문에 도움이 될 것이다. 교사는 독서나 작문과 같은 언어활동 중에 반성적인 질문을 제안함으로써 이해를 위한 초점을 명료하게 할 수 있도록 해 준다. 예를 들면 "끝에서 주인공이 어떻게 되었니?"나, "문제에 대한 해결을 제시하는 부분이 어디 있니?"와 같은 질문이다. 교사는 학생들의 초인지적 사고를 활성화시키기 위하여 이와 같은 질문을 질문지나 체크리스트 형식으로 제기할 수 있다. 이러한 질문은 학생들이 텍스트의 의미나 구조에 보다 구체적인 초점을 가질 수 있도록 해 준다. 단순히 '좋다', '나쁘다' 와 같은 평가 진술은 학생들의 언어 사용 능력에 대한 인식의 초점을 명확히 해 줄 수 없고, 하나의 텍스트에는 하나의 의미만 존재하는 것처럼 인식하게 한다.

능숙한 언어 사용자의 특징 중의 하나는 바로 자신에 대한 자율적인 조절 능력이다. 독자나 필자는 글을 읽거나 쓸 때 자신의 읽기 과정이나 쓰기 과정에 대하여 그렇게 의식하지 않는다. 그러나 자신이 하는 것에 대한 의식이 없다면 그것을 변화시키기란 어렵다. 그래서 자기 평가는 자신의 활동을 의식할 수 있는 방법의 발견을 포함한다. 수행 과정을 녹음이나 비디오 촬영, 일지 기록으로 남기는 것은 자기가 수행한 것을 파악하게 해 주는 데 도움이 된다. 단순히 문제를 써 보는 것만으로도 스스로의 방식을 인식할 수 있으며, 보다 적극적인 방법은 문제가 발견되면 그 문제를 동료들과 공유하고 이를 해결하기 위한 방안을 모색하는 것이다.

자기 평가에서 평가의 주체가 개별 학습자이기 때문에 학습자만 적극적으로 참여하고 교사는 감독만 하면 된다는 안일한 생각을 갖기 쉽다. 그러나 교사는 학습자에게 적절한 평가 활동을 안내하고 적절한 자료를 선택하고 평가할 수 있도록 하며 새로운 목표를 협의하는 등 끊임없는 상호 작용을 가진다. 그러므로 교사 중심 평가에서보다 교사는 더 철저한 준비와 노력이 필요하다. 교사가 안내하는 평가는 학습자의 자기 주도 평가의 시발점이 된다. 교사는 가능한 학습자가 잘 하고 있는 것을 볼 수 있도록 하고 자신의 학습에 대하여 초점을 가지고 통제할 수 있도록 도와주는 역할을 수행해야 할 것이다.

하지만 자기 평가에서는 자칫 활동의 방향이나 과제 수행 자체를 잃어버릴 정도로 반성하는 상황도 일어날 수 있다. 타이핑을 하는 동안 타이핑 자체를 지나치게 의식하다 보면 손가락이 엉뚱한 곳을 자꾸 누르게 되는 경향이 있듯이 읽기나 쓰기와 같은 복잡한 활동에서 지나친 의식은 오히려 활동을 방해하는 수가 있다. 따라서 교수-학습 활동과 자기 점검이나 평가가 적절히 조화와 균형을 이루는 것이 필요하다.

2. 교사 평가

가. 교사 평가의 의의

교육 현장에서 교사가 행하는 평가는 그 기준에 따라 여러 가지 유형으로 나누어 볼 수 있지만, 주된 평가 수단이 무엇인가에 따라 크게 텍스트 분석법, 초인지 보고법, 관찰법의 세 가지로 나누어 볼 수 있다. 이러한 세 가지 방법은 평가 목적에 따라 그 활용 범주나 가치가 달라진다. 경우에 따라서 평가의 타당성을 확보하기 위하여 세 가지 방법을 보완적으로 활용하는 이른 바 '삼각법'(triangulation)을 적용하는데, 이는 텍스트 분석, 면담, 관찰로부터 나온 자료를 상호 교차시켜 일치된 결론을 이끌어 내는 방법이다. 이는 한 가지 방법만 사용함으로써 야기될 수 있는 해석에서의 결점과 판단 오류를 보완할 수 있고, 상이한 두 가지 방법으로부터 일치된 양상을 끌어냈을 때 평가 정보에 대한 타당성과 신뢰성을 확보할 수 있다. 이러한 삼각법을 모형으로 제시하여 보면 그림 <4-1>과 같이 나타내 볼 수 있다. 평가에 작용하는 인간 변인, 자료 변인, 맥락 변인은 실제 평가 상황에서 별개로 존재하는 것이 아니라 끊임없는 영향 관계 속에 놓여 있고, 텍스트 분석, 초인지 보고, 관찰은 이러한 세 변인을 탐구할 수 있는 핵심적인 방법들이다. 평가자는 일치하는 정보를 바탕으로 평가 정보의 의미를 구성하는데, 이 의미는 고정된 것이 아니라 지속적으로 수집되는 평가 정보와 만나면서 끊임없이 재구성된다. 모형의 가운데 원은 바로 그러한 과정을 나타낸 것이다.

그림. <4-1>. <u>교사 평가의 삼각법 모형</u>

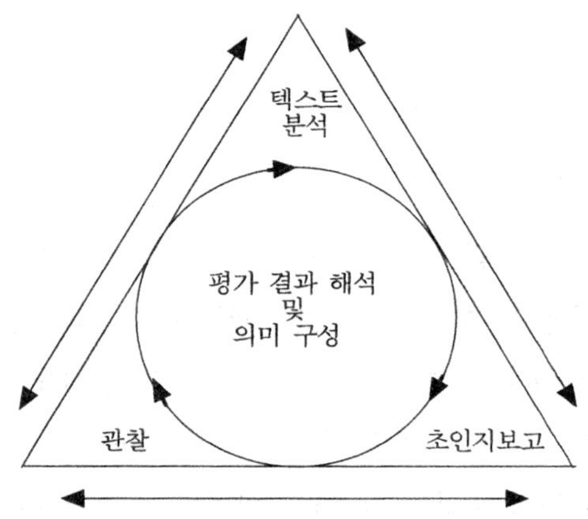

나. 교사 평가 방법

(1) 텍스트 분석법

텍스트 분석은 평가 자료가 함축하고 있는 의미를 특정한 분석 준거나 관점에 근거하여 재해석함으로써 양상을 발견하거나 의미를 추론하는 방법이다. 언어 사용의 결과는 담화나 텍스트로 나타나며, 이는 최종적으로 소통되는 매체라는 점에서 중요하다. 그리고 이러한 결과물은 단지 지식의 표출이 아니라 전략과 기능이 복합적으로 작용하여 구성된 구성체이다. 학생들의 언어 사용 능력은 이러한 구성 결과로 나타나는 담화나 텍스트로서 평가받는 것이다. 텍스트 분석의 대상은 주로 말하기, 듣기, 읽기, 쓰기 등의 결과물이다. 이러한 결과물은 음성이나 문자로 나타나며 이를 분석하고 평가하는 교사는 '2차 텍스트'를 읽는 독자로서, 학습 과정이나 결과에 대한 의미 구성을 시도한다. 전통적인 텍스트 분석법은 구조주의 언어학이나 형식주의 언어학의 영향으로 텍스트의 표면적 구조 분석이나 형식, 어휘 등에 초점을 두어 왔지만, 학습자 중심의 국어과 평가는 특정한 상황 맥락에 근거하여 텍스트를 재해석하는 교사의 노력과 능력을 요구한다.

(2) 초인지 보고법

텍스트 분석법이 결과로 나타난 텍스트를 미시적으로 분석하는 결과 중심의 평가인 반면에, 초인지적 분석법은 주로 텍스트를 생산하는 인지 과정을 평가하는 과정 중심의 평가이다. 이 과정에 관여하는 초인지 지식이나 전략, 기능 등은 가시적으로 드러날 수 있는 성질의 것이 아니므로 주로 자기 보고법을 통하여 수집된 자료에서 추론된다.

초인지 보고법의 대표적인 방법이 언어 사용 과정에서 사고하는 모든 것을 학습자가 말이나 글로 표현하는 프로토콜(protocol)을 분석하는 것이다. 프로토콜은 오랫동안 예술이나 쓰기와 같은 창의적인 분야의 연구나 평가에 사용되어 왔다. 예를 들면, 시인과 예술가 등이 작업하는 동안 작업 과정에서 일어나는 사고를 이와 같은 방법으로 수집. 분석하여 창의적 사고의 단계를 밝히기도 한다. 장기나 바둑을 잘 두는 사람들의 전략을 실제 수행 과정에서 프로토콜을 통하여 알아볼 수도 있다.

초인지 보고법의 또 다른 방법은 면담이나 설문을 통한 평가이다. 관찰처럼 면담은 비형식적 평가의 중요한 도구이다. 면담은 참여자와의 대화를 통하여 그들의 행동을 유발시킨다는 점에서 심층적 정보와 이해를 획득하기 위한 적극적인 평가 방법이라고 할 수 있다. 면담에서 교사들은 독자와 필자로서 자신의 인식과 읽기와 쓰기에 대한 인식, 이해와 표현 전략에 대한 인식 등을 알아볼 수 있다. 교사는 면담을 통하여 언어 사용에 대하여 반성적으로 검토하고 사고를 자극하고 전략을 암시해 주고 기능을 설명해 줄 수 있다. 면담은 질문의 형태에 따라 구조적 면담, 반구조적 면담, 비구조적 면담으로 나누고, 참여자의 수에 따라 개인 면담, 집단 면담으로 나눈다.

구조화된 면담은 평가자가 체계적으로 계획한 면담으로, 평가자는 미리 계획된 질문 항목과 순서에 따라 면담을 진행한다. 학습자는 자유로운 의사 표현이 불가능하며, 주어진 기준이나 문항에 정확한 답을 해야 한다. 이러한 형식의 면담에 쓰이는 자료로는 질문지, 체크리스트(checklist), 각종 검사지 등이 있다. 반구조화된 면담은 구조화된 면담에 비하여 면담 과정에서 유연성과 융통성이 허용되며, 학습자가 개방적인 방식으로 응답할 수 있는 형식의 질문들이 주어진다. 예를 들면 '자기의 작문에서 개선할 점은 무엇인지 말하여 보세요'와 같은 식의 질문이다. 평가 상황이나 학습자의 특성에 따라 질문의 순서나 속도, 질문의 폭과 범위 등을 조정할 수 있고, 면담자의 편견 작용을 줄일 수 있다는 장점이 있다. 비구조화된 면담은 자연스러운 대화의 형태로 나타난다. 이 면담이 가지는 장점은 형식적인 상황에서 얻기 어려운 심층 자료를 얻을 수 있다는 점이다. 평가와 교수를 동시에 할 수 있는 면담의 한 방법은 "돌아다니며" 2분 정도 잠깐 하는 미니 면담이다. 학생들이 읽기와 쓰기를 할 때 교사는 학생들 곁에서 "어떻게 되어 가니?" "그 책은 무엇에 관한 거니?" "어떤 점이 잘 안 되니?" 와 같은 질문으로 적절한 도움을 제공하고 성장의 증거가 되는 평가 자료를 수집한다. 개인 면담은 학생이나 주변 인물을 대상으로 이루어지는데, 특히 학생들의 주변 인물에 대한 면담은 왜 그러한 언어 사용 양상이 나타나는가에 대한 타당한 증거나 설명을 제공해 준다는 점에서 가치가 있다. 집단 면담은 개인 면담에 비하여 동일한 주제에 대하여 다양한 관점을 가진 학습자가 참여함으로써 풍부한 정보를 획득하고 시간을 절약할 수 있는 장점이 있는데, 이것은 평가자의 능숙한 운영 능력을 필요로 한다.

(3) 관찰법

텍스트 분석법과 초인지 보고법이 특정 과제의 결과나 과정을 평가하는 것이라면, 관찰법은 일정한 기간을 두고 전개되는 일련의 언어 발달 과정을 평가하는 발달 중심의 평가라고 할 수 있다. 국어과 평가에서 관찰을 시도하고자 하는 평가자는 다음과 같은 점을 고려해 보아야 한다. 첫째, 왜 평가가 관찰이어야 하는가에 관한 타당한 설명을 할 수 있어야 한다. 이러한 문제는 국어과 평가에서 의미와 이해라는 측면에서 살펴볼 수 있는데, 관찰법은 엄격히 통제된 평가 결과로부터 얻을 수 없는 언어 맥락과 구성에 대한 이해의 관점을 가지게 해 준다. 둘째, 국어과 평가에서 수업 실제에 대한 심층적 탐구의 중요성이다. 국어과 평가의 궁극적 목적이 학생들의 언어 능력을 개선하는 데 있다면 새로운 국어과 교육 과정과 수업 프로그램의 개발과 실행에 영향을 미치게 될 평가의 일차적 관심은 당연히 교수-학습 실제가 되어야 한다. 셋째, 발견과 의미 탐구를 위한 현상 관찰과 기술의 중요성이다. 언어 사용 결과는 단지 하나의 독립 변인과 종속 변인에 기인한다기보다는 다양한 관계 요소들이 상호 작용한 결과이기 때문에 현상의 복잡성과 다차원성을 근접하여 표현하고 이해하기 위해서는 초점화된 관찰과 기술이 필요하다. 넷째, 의미의 탐구와 일반화이다. 관찰의 특징이 어떤 양상의 '발견'에 있는 것처럼, 평가자의 중요한 목적은 평가하고 있는 초점에 대하여 새로운 관점이나 의미를 생성할 수 있어야 한다. 관찰법에서 주로 사용되는 평가 자료는 다음과 같다.

> ○ 각 교실에서의 광범위한 관찰로부터 나온 기록들(일화 기록물, 목록, 체크리스트 등)
> ○ 교실의 일상생활을 담은 매체(비디오, 녹음 테이프, 사진 등)
> ○ 특정 기간의 언어 사용 자료(수집 자료철, 기획 자료철, 일기장, 쓰기 책 등)

교사들은 관찰을 통하여 학생들이 어떻게 학습에 참여하고, 반응하고, 무엇을 수정하고 다시 생각하는가를 살피게 된다. 이를 정상적인 수업 활동으로 인정하는 것은 교사로 하여금 좀더 잘 관찰할 수 있게 하고, 교사와 학생이 무엇을 하고 있는가를 좀더 통찰력 있게 살필 수 있도록 해 준다. 교사들은 학생들이 집단 토의에 참여할 때, 책을 읽거나 글을 쓰고 일상적인 대화를 나눌 때 언제 어디서나 학생들을 관찰하고 기록할 수 있다.

관찰은 평가자의 참여 정도에 따라 참여 관찰, 제한된 참여 관찰, 비참여 관찰로 나누어 볼 수 있다. '참여 관찰'은 평가자가 직접 국어과 수업에 참여하면서 학습자의 행위나 말, 참여자로서 경험한 것이나 느낀 것, 학습자와의 상호 작용 결과 등을 살피는 것이다. '제한된 참여 관찰'은 보다 객관적이고 자세한 정보 수집을 위하여 평가 대상과 일정한 거리를 유지한 채 참여하면서 관찰하는 것을 말한다. 이는 내부자적 관점과 외부자적 관점을 보완적으로 활용하여 자연스런 교수-학습 상황을 깊이 있고 현실에 가깝게 기술할 수 있다는 장점이 있다. 평가자는 상황에 따라 제한된 참여 관찰과 참여 관찰을 병행할 수도 있다. 예를 들면 교사가 반 학생들의 쓰기 수업을 지도하면서 참여 관찰을 하다가도 동료 교사나 보조 교사의 도움을 얻어 제한된 참여 관찰을 함으로써 참여 관찰에서 얻을 수 없었던 정보를 얻을 수 있다. '비참여 관찰'이란 참여 관찰이 불가능한 상황이나 필요에 의하여 연구자가 관찰 대상자의 행위에 일체 간섭하지 않고 관찰하고 기록하는 것을 말한다. 이러한 관찰은 구체적인 정보 수집을 위하여 전체 관찰→ 집중 관찰→선택 관찰의 순서로 진행하면서 평가의 초점을 좁혀간다.

한편 관찰하는 방법에 따라 기술법, 체크리스트법, 촬영 및 녹음법이 있다. 기술법은 관찰 내용을 기술하면서 관찰하는 방법으로 자연적 기술법과 체계적 기술법으로 세분할 수 있다. 자연적 기술법은 때와 장소에 관계없이 특정 언어 사용 상황이나 눈에 띌 만한 성장 특성이 나타날 때 수시로 관찰하는 것이다. 체계적 관찰법은 전기적 관찰법, 일화 기록법, 행동 요약법, 시간 표본법, 상황 표본법 등이 있다.

'전기적 관찰법'은 소수 학생들의 언어 사용 특성이나 발달 과정을 장기간에 걸쳐 지속적으로 관찰하는 '종단적 방법', 짧은 시간에 다양한 집단을 동시에 관찰하는 '횡단적 방법'이 있다. 전자는 언어 능력 성취도 수준을 평가하거나 발달 과정을 단계화 하는 데 유용하며, 후자는 짧은 시간 안에 특정 집단 내의 언어 사용 양상이나 흥미 등을 평가하는 데 유용하다.

'일화 기록법'은 학습자 개개인의 특성을 이해하기 위하여 특정 언어 사용 국면에 관련된 구체적인 행동 사례를 그 때 그 때 상세히 기록하는 방법이다. 어떤 행동이 언제, 어떤 조건 하에서 일어났는지가 명료하게 드러나므로 그 학생의 언어 발달과 성장을 알아보는 데 적합하다. 하지만 기록에 상당한 시간과 노력을 요한다는 점, 결과 분석이나 처리에 대한 부담이 따른다는 점에서 다인수 학급에서 모든 학생들에게 이를 적용하는 것은 무리라고 생각된다. 그러나 특정 학생을 깊이 있게 탐구하는 데 유용한 방법이다. 또는 학생들 스스로 기록하거나 상호 기록하는 방식으로 활용할 수도 있다. 이 때는 관찰자로서 객관성을 유지하고, 행동이 관찰된 조건과 상황에 관심을 가지도록 하며, 단점보다는 장점에 보다 주의를 기울이도록 한다.

'행동 요약법'은 개인의 행동 범주를 신체적, 정서적, 사회적 영역으로 나누고, 이 중에서 특정 활동만을 오랫동안 관찰하면서 행동을 누가 기록하는 방법이다. 예를 들어 사회적 영역의 활동으로서 모둠 활동을 지속적으로 관찰하는 것은 유용한 평가 자료가 될 수 있다. '시간 표본법'은 관찰 장면을 제한하지 않고 정해진 시간이나 기간에 특정한 행동의 빈도가 얼마나 나타나는지를 양적으로 측정하는 방법으로, '빈도 기록법'이라고도 한다. 예를 들어 말하기 평가에서 하루 수업 중의 발표 횟수나 질문 횟수, 한 단위의 토의에서 총 발언 시간 등을 기록함으로써 말하기 참여 정도와 말하기의 태도를 추론해 볼 수 있다.

'체크리스트법'은 관찰하려는 항목을 미리 자세히 분류하고, 이를 토대로 그 행동이 나타났을 때 빈도나 등급을 표시하는 방법이다. 이는 새로운 사실을 알아내거나 기술하기보다는, 평가하려고 하는 항목을 미리 정해 놓고 그 빈도나 유무를 표시하는 방법으로 태도나 단편적인 기능 및 전략 적용을 알아보는 데 적절하다. 예를 들어 평가 목적 상, 구체적인 교수-학습 정보를 얻기 위해 말하기에서 유창성, 강세, 문법, 어휘, 내용, 적절한 반응 등의 개별 요소들을 평가하고자 한다면, 동일한 내용을 녹음해서 반복하여 듣거나, 평가를 많이 하는 수밖에 없다. 이 때는 시간 운용상 그 항목을 개별 항목으로 작성하여 점검하는 체크리스트를 활용할 수 있다. 이 방식은 비교적 간편하면서도 효율성과 실용성이 높아 관찰 보조 도구로 사용되거나 평가 참고 자료로 활용된다. 체크리스트에 제시된 항목에 익숙하게 되면 교사는 이후부터 체크리스트를 가지지 않고도 자동적으로 관찰할 수 있게 된다. 하지만 체크리스트는 복잡한 사고 과정이나 언어 사용을 전반적으로 평가할 수 없다는 점, 실제 언어 사용 장면에서 각 항목을 뚜렷이 구분하기 힘들다는 점, 평가 결과를 언어 사용에 영향을 미치는 제 요소와 관련지어 설명할 수 없다는 점이 단점이다.

촬영 및 녹음법은 언어적 기술이나 진술이 제공할 수 없는 언어 사용 실제에 대한 보다 명확한 증거를 제공한다. 수업 장면에서 실제로 교사와 학생을 동시에 관찰할 수 없는 것과 같은 순간적인 상황 관찰의 단점을 극복할 수 있게 해 준다. 예를 들어 토의 상황과 같이 한꺼번에 전체적인 언어 사용 맥락을 파악해야 할 때 적합한 자료 수집 도구이다. 이를 통하여 토의 활동에 대한 전반적인 상황을 파악할 수 있고, 학생들이 드러내는 언어 사용 과정을 살필 수 있고, 다양한 집단 내에서 학습자간의 언어적 상호작용 양상을 탐구할 수 있다. 그리고 학생들의 적극적인 참여를 유도하는 요소와 장애물을 발견할 수 있고, 이러한 것들이 학습에 어떠한 영향을 미치는가를 살펴볼 수 있다. 그러나 이 방법은 비용이 많이 들고, 기기 조작이 능숙해야 하고, 전사 작업에 엄청난 노력과 시간이 필요하다는 점이 단점이다.

3. 협의 평가

가. 협의 평가의 의의

협의 평가는 학습자 상호간, 또는 교사와 학습자간의 협의에 의한 평가를 말한다. 협의 평가는 비고츠키(Vygosky)의 발달 심리에 이론적 근거를 두고 있다. 비고츠키(Vygosky)는 개인의 정신 세계는 사회적 경험의 영향을 받는다고 한다. 즉, 특정 사고 기능은 사회적 수준에서 먼저 나타나고, 그런 다음 개인의 심리 내적 수준에서 나타난다는 것이다. 심리간 수준에서 심리 내 수준으로의 내면화된다는 학습이 외부와의 사회적 상호 작용을 통한 경험에서 나오고 시작된다는 의미이다.

하나의 평가 상황을 생각해 보자. 교사는 음독 능력이 떨어지는 저학년 학생의 수준을 알아보기 위하여 평가를 한다. 교사가 질문과 답을 볼 수 있는 반면에 학생은 문제만 볼 수 있다. 평가 후 교사는 학생이 겹받침이 있는 낱말 읽기가 잘 안 된다는 결론을 내렸다. 이 상황에서 교사가 구성한 이해는 무엇인가? 교사는 학생이 대부분 잘 읽지만, 겹받침이 들어 있는 글자를 잘 읽지 못한다는 결론을 내렸다. 이러한 이해는 곧 교수로 이어진다. 교사는 이러한 평가에 기초하여 의도적으로 겹받침이 들어있는 글자 읽기 프로그램을 계획함으로써 정말로 학생이 필요로 하는 도움을 줄 수 있다. 학생에 대하여 좀더 잘 알게 되었고 그에게 필요한 정보를 주었다. 학생은 학생대로 그 상황에 대한 의미를 구성하고 있다. 학생은 이 상황에서 그가 힘이 없고 생각했던 것보다 모르는 것이 많다는 것을 느낀다. 그리고 잘 아는 사람으로부터 지식을 받아들일 준비를 한다. 교사는 학생이 문식성 사용에 대하여 동기화 되지 않았다는 판단을 내리기도 하고, 한편으로는 교사로서의 자기 능력을 되짚어 보기도 한다.

국어과 평가에서 협의의 목표는 독립적인 학습자로의 발달, 독자나 필자, 또는 화자나 청자와의 상호 작용 증진, 개별화 학습, 특정한 전략의 지도에 있다. 그 장점으로는 언어 능력 증진, 시간 절약, 송환(feedback)의 제공, 인간 관계 개선, 학습자의 비판적 사고 활성화 등을 들 수 있다. 이러한 협의 평가가 국어과 평가에 미치는 영향을 살펴보면 다음과 같다. 첫째, 평가를 일방적이고 순차적인 관점으로 파악하는 것이 아니라 사회적 상호 작용으로 인식하는 이론적 근거를 마련해 주었다는 점이다. 전통적인 국어과 평가 장면을 보면 교사와 학생, 또는 학생 상호간에 의미 있는 대화의 기회가 적고, 단지 교사가 제시한 문항에 학습자가 반응하는 형식이었다. 그러나 실제로 학습자의 의미 구성이 한 단위의 텍스트를 다 읽고 난 후 교사(또는 교과서)의 질문에 하나하나 반응함으로써 의미를 구성하지는 않는다. 평가 또한 하나 하나의 문항에 대한 반응으로 교수-학습 양상을 파악하거나 평가 정보를 구성하지는 않는다. 평가자는 자신이 가진 사전 지식과 새로운 평가 자료와의 관련성에 근거하여 평가 정보를 구성하며, 이는 사회적인 상호 작용을 통하여 다시 재구성된다. 둘째, 협의 평가는 평가 결과에 대한 해석에 있어서 학습자보다는 평가 맥락에 더 초점을 둔다. 독자나 필자가 글을 읽고 쓰는 것은 개인적인 행위이지만, 어디까지나 소속된 담화 공동체의 담화 관습에 따라 의미를 구성한다. 평가 또한 그러한 맥락에 근거할 때 타당성을 확보할 수 있다. 따라서 평가 결과 정보는 맥락에 따라 변화한다. 셋째, 상호 의사 소통의 기제가 되는 평가 담화를 중요시하게 되었다. 의미가 상호 작용을 통하여 구성된다면 언어 사용을 통해서 자기 정체성을 드러내고 의미를 구성할 수 있는 다양한 맥락을 조성해야 할 것이다. 이러한 맥락은 바로 대화와 토론을 통한 사회적 중재에서 비롯된다. 따라서 상호 작용의 촉진을 위한 담화에도 평가의 초점이 맞추어져야 한다. 교사는 학생들이 학급 공동체 내에서 의미를 구성하고 소통하는 도구로서 평가 언어를 사용할 수 있도록 다양한 기회를 제공할 필요가 있다고 본다. 특히 평가 담화 패턴이 생소한 초등 학생들에게는 내면화 수준에 이를 때까지 명시적인 지도가 지속적으로 이루어져야 한다.

나. 협의 평가의 방법

언어 교육자들은 학생들이 상호 작용을 통하여 언어 사용 능력을 발달시킬 수 있다는 사실에 의견을 같이 한다. 협의 평가의 전제는 첫째, 평가는 학습자와 좀더 나은 사람 사이에 협동적으로 이루어져야 하며, 둘째, 협의는 학습자의 문제 해결을 증진시키거나 또는 혼자서 해결하기 힘든 문제를 도와주는 방향으로 전개되어야 하며, 셋째, 독립적인 문제 해결을 할 수 있도록 유도해야 한다는 것이다. 평가는 어떻게든 학생들에게 통제를 가하여 차이가 나는 점수를 산출하기 위한 것만은 아니기 때문이다. 협의 평가는 이해나 표현 과정 및 결과에 대하여 학습자가 비판적으로 점검할 수 있도록 장려하고 지도하는 효율적인 교수-학습 전략이기도 하다. 학생들은 협의 평가를 통하여 독자나 필자, 또는 화자나 청자로서의 자신을 점검해 보고, 이를 바탕으로 목표를 설정한다. 역시 다른 사람과 공동으로 평가를 하는 과정은 자신의 학습 과정과 결과에 대한 통찰력을 가질 수 있도록 해 준다. 협의 중에 학생들은 특정 자료를 제시하여 보여주기도 하고, 그들이 직면한 문제를 해결하기 위하여 학습 과정이나 방법을 설명하기도 한다. 학생들은 듣고, 질문하고, 논평하고, 설명함으로써 스스로를 학습의 주체로 인식해 간다.

협의를 효율적으로 운영하기 위하여 교사는 학습자의 발달이나 흥미에 대한 일반적인 지식, 장기적인 교육 목표, 특정 언어 사용 맥락의 제 변인에 대하여 알고 있어야 한다. 협의 중에 교사는 학생들에 대한 문제 지적보다 유용한 정보를 도출해 내는 데 역점을 두는데, 교사의 기준으로 학생들을 판단하기보다는 학생들의 반응에 좀더 주의를 기울이면 문식성 발달에 대한 유용한 정보를 얻을 수 있다. 협의 중에 나타나는 학습자의 반응은 쓰기 지식, 전략, 기능에 대한 이해와 적용 능력에 대한 정보를 포함하고 있다. 따라서 협의는 문제 해결이나 새로운 전략에 대한 개별화 지도의 기회가 되기도 한다. 교사와 학습자의 평가 상호 작용은 교사가 학습자를 어떻게 인식하고 있는지, 학습자가 해야 한다고 생각하는 것이 무엇인가에 대한 생각을 학생들에게 전달하는 것이기도 하다. 칼킨스(Calkins, 1986)는 상호작용 경험을 통하여 학생들이 동료 협의에서 유사한 문제를 제기하고 자기 평가에서도 이것을 활용한다는 것을 발견했다. 이러한 모방과 내면화 과정은 학생들의 협의 기능도 함께 증진시킨다. 학생들도 협의 시에 교사의 도움을 받고 싶은 질문 목록을 제시할 수 있다. 협의를 통하여 학생들은 교사와 함께 언어 능력의 성장, 성취도, 그리고 앞으로의 학습 목표를 파다 한다.

 협의 평가의 하나로 최근에 '역동적 평가(dynamic assessment)'[4]라는 새로운 개념이 대두되었다. 역동적 평가는 비고츠키의 근접 발달 영역(zone of proximal development; ZPD)으로부터 나왔다. '근접 발달 영역'이란 아동의 독립적인 문제 해결로 정해지는 실제 발달 수준과 성인이나 더 유능한 타자와의 협력을 통하여 문제를 해결하는 잠재적 발달 수준과의 거리이다 (Moll, 1990:155-172). 실제 발달 수준(actual development level)이란 독립적인 문제 해결을 할 수 있는 수준이고, 잠재적 발달 수준(potential development level)은 성인의 안내나 유능한 동료의 협력을 통하여 문제를 해결하는 수준이다. 교수-학습은 바로 이 근접 발달 영역 내에서 발생하므로 교수 활동

---

4) 역동적 평가와 대비되는 개념으로 정적(static)인 평가를 들 수 있다. 정적인 평가는 교사의 입장에서 평가하는 평가 맥락과 학습자가 수용하는 평가 맥락이 동일한 것으로 간주하고 상호 작용을 허용하지 않는다. 이러한 가정에 근거한 평가는 오류를 낳기 쉽다. 왜냐하면 학습자의 과제 이해와 평가자의 과제 이해는 다를 수 있기 때문이다. 예를 들어 지필 평가에서 '일을 하고 있는 사람에 동그라미를 치시오'라고 했을 때, 땅을 일구는 것과 책을 읽는 것 중 어떤 사람이 일을 하고 있는가에 대한 판단은 사람에 따라 다를 수 있기 때문이다.

은 두 수준 사이의 거리를 좁히는 활동에 초점을 두어야 한다. 여기에서 브루너(Bruner)는 성공적인 학습을 위해서 반드시 필요한 두 가지 조건을 제시하고 있다(McMahon & Raphael, 1997). 첫째는 학습자가 하려고 하는 의지가 있어야 한다는 것이다. 이는 대화나 토의에 참여하고, 반응하고, 동료의 참여를 권유하는 행위들이 적극적으로 이루어져야 함을 의미한다. 둘째, 교사가 학생들에게 과제와의 거리를 좁혀 줄 수 있는 비계를 제공해야 한다. 따라서 교사는 학생의 발달 정도를 정확히 알고 있어야 한다. 이미 알고 있거나 지나치게 높은 수준의 지도는 교수-학습 효과가 떨어지게 마련이다. 이러한 점에서 역동적인 평가는 교수의 의사 결정 측면에서 중요한 가치를 지니는 평가이다. 학습자는 평가에서 과제의 수행이 성공적으로 이루어질 때까지 주어진 문제와 관련한 단서를 제공받는다. 역동적 평가는 학생의 학습 욕구나 학습 잠재력을 키워갈 수 있는 발판을 마련해 주는 데 그 목적이 있다. 교사는 학생들의 과제 수행에서 독립적으로 할 수 있는 부분, 도움이 필요한 부분에 평가의 초점을 둔다.

읽기에 역동적 평가를 적용할 경우, 평가 절차는 우선 상호 작용을 통한 평가하기, 부족한 부분 보충하기, 상호 작용 없이 평가하기의 과정을 거친다. 교사는 우선 학습자와 평가 대화를 주고받으며 현재의 읽기 능력을 사전 평가한다. 평가 과제 해결 과정에서 학생들은 교사에게 질문을 할 수도 있고, 학생들이 그렇게 하지 못한다면 평가자는 적절한 질문 시범을 보일 수도 있다. 교사는 평가 과정에서 학습자가 어떤 도움을 필요로 하는가를 파악해야 한다. 역동적 평가는 학생들이 독립적으로 할 수 있는 것과 상호 작용을 통하여 할 수 있는 것이 무엇인가를 탐구하므로, 학습을 저해하는 요인과 학습을 촉진하는 요인을 밝혀낼 수 있다. 이를 바탕으로 교수 처치가 이루어지고 나면 학습자가 독립적으로 수행할 수 있는가를 알아보기 위하여 사후 평가를 실시한다. 이리하여 역동적 평가는 현재의 읽기 능력과 상호 작용 후의 독자의 읽기 능력을 파악하게 해 주고, 독자의 성장 과정을 살필 수 있게 한다.

제5장. 국어과 평가 결과 해석과 활용

1. 평가 척도표의 기능과 구성

가. 평가 척도표의 기능

평가에서 문제가 되는 것 중의 하나는 다양한 평가 맥락에서 얻은 평가 결과를 어떠한 기준에 따라 해석하고 종합하여 판단하느냐 하는 것이다. 수행 평가가 현장 적용 과정에서 비판을 받는 이유 중의 하나도 다양한 평가 기법에만 초점을 맞추고 평가 정보를 타당하게 해석하고 판단할 수 있는 장치를 제공하지 못했다는 점이다. 언어 사용 능력을 평가할 기준이 제대로 갖추어지지 않았다는 것은 학생들의 통지표나 생활 기록부의 기록 내용에서도 잘 드러난다. '읽은 글의 내용을 잘 발표하며 느낌을 몸짓이나 표정으로 잘 표현함'(1학년), '책 읽기를 좋아하고 어휘력과 상상력이 풍부함'(2학년), '남의 의견을 잘 듣기는 하나 말하려는 의욕과 태도가 부족함'(3학년), '읽기 능력은 있으나 쓰기 능력이 부족함'(4학년), '발표를 잘하고 동시를 잘 지음'(5학년), '표현력이 뛰어나고 이해력도 좋음'(6학년). 이것은 실제 한 초등학생의 1학년에서 6학년까지의 국어과 생활 기록부 기술 내용이다. 동일한 학습자를 두고도 상황이나 평가자에 따라 국어 사용 능력이 마치 '판도라의 상자'처럼 다양하게 들쭉날쭉 해석되고 있다. 학습자의 언어 사용 능력과 성장 정도, 그리고 무엇을 도와주어야 할지 알고자 하는 경우, 이러한 평가 정보만으로는 어떠한 판단을 내리거나 도움을 줄 만한 단서를 발견하기 어렵다. 이러한 점에서 일관성 있고 객관적인 정보 해석을 위하여 평가 척도표의 구성이 요구된다고 하겠다.

언어 사용 결과물은 개인의 경험이나 흥미, 또는 언어 사용 능력 등에 따라서 대단히 다양하게 나타난다. 따라서 이러한 다양한 답안에 대한 평가는 선다형 평가나 단답형 평가에 비하여 다분히 주관적인 작업이 될 수밖에 없다. 따라서 수행 평가에서 중요하게 부각되는 것은 이러한 다양한 요인을 어떻게 종합 요약하여 평가의 신뢰도와 타당도를 확보하느냐 하는 것이다. 이러한 평가 정보를 분석하고 판단하는 데 필요한 것이 평가 척도표이다. 평가 척도표의 기능을 보다 구체적으로 살펴보면 다음과 같다. 첫째, 평가 척도표는 교육 과정 변인을 포함하여 학생들이 알고 있거나 할 수 있는 것을 총체적으로 요약, 기술함으로써 학습자의 언어 능력을 종합적으로 판별할 수 있게 해 준다. 둘째, 평가 척도표는 교사에게 방대하고 산만한 평가 정보의 양을 압축하여 유용하게 활용할 수 있도록 해 준다. 셋째, 평가 척도표는 평가 정보 수요자간의 의사 소통을 촉진하는 연결 고리 역할을 한다.

나. 평가 척도표 구성의 일반적 절차

평가 척도표는 평가 목적이나 평가 목표에 따라 다양한 형태를 가진다. 예를 들어 특정 학년의 학업 성취도를 평가하는 평가 척도표는 국가 수준에서 제시한 성취 기준이나 평가 기준에 근거하여 평가 요소나 평가 기준을 마련한다. 교수-학습 정보 수집을 목적으로 하는 경우에도 평가 척도표가 필요한데, 이 때는 개별 학습자나 개별 교수-학습 사태에서 공통적으로 나타나는 정보를 요약하고 송환 내용을 초점화하는 데 필요하다. 평가 척도표가 어떠한 목적으로 사용되든 신뢰도와 타당도는 평가 척도표가 갖추어야 할 기본 요건이다. 신뢰도와 타당도 확보를 위한 평가 척도표의 구성 절차를 개략적으로 살펴보면 다음과 같다.

① 자료의 개략적인 분류
② 점수 범위 정하기
③ 평가 요소 정하기
④ 평가 기준 설정
⑤ 예시 자료 선정
⑥ 예시 자료에 설명 붙이기
⑦. 예비 평가 후 기준 수정

① 자료의 개략적인 분류

평가 자료를 읽고 대충 인상적인 평가를 통하여 자료를 분류하는 단계이다. 만약 평가가 대단위 평가라면 적절한 인원수가 참여해야 한다. 각 평가자는 표집 학생들의 답지 사본이 필요하고, 기본적으로 "우수함" "보통임" "부족함" 등의 세 단계로 나눈다. 이러한 작업은 우선 자료의 수준을 주관적으로 크게 나누어 보는 작업이며, 본격적인 평가 작업은 아니다. 이러한 평가를 실시한 후에 다음과 같은 질문을 제기해 본다.

ㅇ 이 자료를 '우수하게' 만든 요인이 무엇인가?
ㅇ 이 자료에서 어떤 점을 높이 평가했는가?
ㅇ 이 자료는 다른 자료에 비하여 어떤 특성을 가지고 있는가?
ㅇ 이 자료가 부족하다고 생각하는 이유가 무엇인가?
ㅇ 왜 이 자료를 '우수함'이나 '부족함'으로 분류하지 못하고 '보통' 수준에 두는가?

질문 과정에서 이미 분류한 자료를 재배열할 수도 있다. 그리고 장점이나 단점이라고 생각하는 내용에 대하여 별도의 기록지를 활용하여 기록해 둔다. 다른 평가자들도 동일한 작업을 하여 그러한 기록들을 모아 우수한 자료와 부족한 자료, 그리고 보통 수준의 자료를 구분한 각자의 기준들을 서로 논의한다. 논의 과정에서 필요할 때는 많은 사람이 동시에 들을 수 있도록 자료를 소리내어 읽어보는 것도 좋은 방법이다. 이 때 각자가 미처 발견하지 못했던 점을 찾아낼 수도 있다.

② 점수 범위 정하기

자료의 개략적인 분류가 끝나면 점수의 범위를 어떻게 해야 한지에 대하여 결정해야 한다. 각 척도간에는 장단점이 있다. 평정 척도의 범위를 정할 때에는 다음과 같은 점을 고려하여야 한다.

○ 평가 과제가 확실한 단계를 구분할 수 있는 과제인가? 또는 6단계까지 세분화할 수 있는 과제인가?
○ 1-3척도로 했을 경우, 많은 학생들을 중간 단계에 둘 염려는 없는가?
○ 1-3척도로 했을 경우, 1, 2 사이의 점수 차이를 명확하게 보여줄 수 있는가?
○ 1-6척도로 했을 경우, 1-3 척도보다 좀더 구체적인 내용을 제시할 수 있는가?
○ 1-6척도로 했을 경우, 3, 4 척도의 점수 차이를 확실하게 구분할 수 있는가?
○ 척도를 세분화하는 것이 언어 사용에 대한 총체적인 파악을 어렵게 하지는 않는가?
○ 다른 채점자가 그 기준으로 평가해도 같은 결과를 도출할 수 있는 범위인가?

③ 평가 요소 정하기

'평가 요소'란 '내용, 조직, 맞춤법'이나, 또는 '내용의 적절성, 조직의 일관성' 같은 평가 항목을 말한다. 평가 요소는 교육 과정이나 교수-학습 초점을 반영할 수 있어야 한다. 특정 부분의 내용이나 대상에 관한 과제인 경우에는 일반적인 평가 요소와 맞지 않을 수도 있다. 이 때는 과제 상황에 적절한 요소를 별도로 마련해야 한다. 이는 비교적 언어 사용 능력에 대한 구체적 정보를 얻기 위하여 평가 자료를 분석적으로 평가하고자 할 때 유용하게 활용할 수 있다.

④ 예시 자료 선정 및 기준 설정

'평가 기준'이란 '표현이 개성적이고 적절한 대화를 사용했다' '구체적인 자기 주장의 이유를 명확하게 제시했다'와 같은 각 평가 요소에 대한 세부적인 진술을 의미한다. 즉, 성취 단계에 해당하는 구체적인 행동 표지이다. 실제 언어 사용 맥락이 곧 평가 맥락이 된다는 점을 감안한다면, 교사가 수집할 수 있는 평가 정보는 가시적으로 드러나는 자료나 행동 특성들에 의존할 수밖에 없다. 따라서 평가 기준은 성취 정도를 판단할 수 있는 행동 특성으로 진술되어야 한다. 이러한 행동 특성은 그 질이나 양에 근거하여 세분할 수 있다. 예를 들어 그 단계의 행위를 대부분 일관되게 보인다면 '상'으로, 일부만을 보여주고 있다면 '중', 단지 적은 양상을 보이거나 이제 막 보이기 시작한다면 '하'로 판단할 수 있을 것이다.

평가 기준의 설정을 위해서 평가자는 먼저 평가 요소에 적합한 예시 자료를 선택해야 한다. 이러한 예시 자료는 평가 기준 설정에 도움을 준다. 각 평가자가 이러한 예시 자료를 선정하고 그것을 모아서 결과를 비교하고 토의하여 적절한 기준을 도출한다. 그리고 기준에 맞는 두 개 정도의 자료를 대표적으로 선정한다. 가장 부적절한 두 개의 자료를 선정할 수도 있다. 이것을 "4a", "4b"식으로 "문법적 오류는 있으나 표현이 잘된", "문법적 오류는 없으나 표현이 부족한"과 같은 식으로 분류해 두면 채점 시에 융요하게 활용할 수 있다. 예시 자료는 새로운 기준 설정에 도움이 될 수 있으므로 다음의 평가를 위해 복사를 해 둔다. 대단위 평가일 경우에는 단위 학교에 이러한 예시 자료를 제공해 주는 것도 좋을 것이다.

⑤ 예시 자료에 주석 달기

주석은 신뢰성 있는 점수 산출을 위해 필요한 과정이다. 그것은 평가 자료에 대한 평가 요소와 평가 기준의 실제적인 적용이다. 각 평가 요소의 기준에 맞게 표집한 자료를 점수화 해 보고, 왜 그러한 점수를 받았는가에 대한 일종의 설명인 셈이다. 2점이라면 왜 3점이나 1점이 주어지지 않았는가에 대한 언급이 있어야 한다. 그러나 그것이 평가 요소의 기준과 꼭 같은 말로 기술된다면 주석을 굳이 달아야 할 이유가 없다. 좋은 주석은 평가 기준과는 다르게 왜 그 자료가 잘 되었는지, 또는 잘 되지 않았는지를 구체적으로 설명해 주는 것이어야 한다.

⑥. 평가 기준 수정

주석을 검토해 보고 필요할 경우 기준을 덧붙이거나 바꾸거나 정교화하거나 두 개의 평가 기준을 하나로 합친다.

2. 국가 수준의 성취 기준 및 평가 기준 활용

학생들의 언어 사용 능력을 평가하기 위하여 많은 국가에서는 국가 수준의 성취 기준과 평가 기준을 제시하고 있다. 우리 나라에서도 7차 교육 과정부터 국가 수준에서 성취 기준과 평가 기준을 제시하고 있다. 여기에서 성취 기준은 '교수-학습 활동의 실질적인 기준으로서 각 교과목별로 가르치고 배워야 할 내용과 그러한 내용 학습을 통해 학생들이 성취해야 할 능력 및 특성을 명료하게 진술한 것'으로 정의하였다(한국교육과정평가원, 1999). 이러한 정의를 빌리면 성취 기준은 학생들이 반드시 배워야 할 내용, 교사가 반드시 가르쳐야 할 내용의 지침으로도 볼 수 있다. 현장에서 이루어지는 평가의 대부분은 성취 기준을 대부분 차시 목표나 소단원 목표 중에서 골라잡는다. 이러한 기준은 해당 단원의 교수-학습 성취 정도를 알아보는 데는 타당할 수 있지만, 일정 기간 동안의 언어 능력 성장이나 일정 시점의 성취도를 판단하는 데는 한계가 있다. 따라서 적어도 한 학년의 언어 능력을 알아보기 위해서는 타당하고 신뢰할 만한 기준이 마련되어야 한다는 점에서 국가 수준에서 제시한 성취 기준과 평가 기준은 의미가 있다고 하겠다. 그러나 이러한 성취 기준과 평가 기준은 실제 활용에서는 다음과 같은 문제점이 있다.

첫째, 각 영역별 교육 과정 내용마다 한두 항목씩 성취 기준을 제시함으로써 학년 당 성취 기준이 보통 40여 개가 넘는다. 이러한 성취 기준들을 어떤 방법으로 어떻게 통합하여 평가해야 하는가에 대한 문제가 대두된다. 교사가 그러한 성취 기준을 일일이 확인하기도 힘들뿐더러, 방대한 양의 평가 정보를 종합하고 논평, 기술해야 하는데, 어떤 부분에 초점을 두고 해석하고 판단하고 보고해야 하는가에 대한 딜레마에 빠지게 된다. 또한 성취 기준 마련의 근거가 된 교육 과정 내용 요소가 몇 개의 단원에 분산되어 있다는 점을 감안한다면 평가가 학기말에 집중될 수밖에 없다는 문제점도 있다. 특정 교육 과정 내용의 학습 결과 판단은 그 내용에 대한 학습이 완료되는 시점에 이루어져야 하기 때문이다. 또한 언어 발달이란 점진적으로 발달하는 것이지, 교육 과정에 배치된 단원에서 학습했다고 해서

곧바로 드러나는 것은 아니다. 따라서 특정 성취 기준에 대한 즉각적이고 일회적인 평가가 타당한 평가 정보가 될 수 있는가에 대한 문제를 제기할 수 있다. 그것은 자연스러운 언어 능력이라기보다는 기계적인 암기 능력일 수도 있는 것이다.

둘째, 성취 기준 체제나 평가 체제가 학년의 한계를 벗어나지 못한다는 측면이 있다. 언어 사용 능력의 발달 단계 구분 기준이 학년으로 설정되어 있다. 하지만 학생들의 언어 발달은 학년에 근거해서 발달하지는 않는다. 5학년 수준의 언어 능력을 갖추고 있는 3학년 학생이 있는가 하면, 3학년 수준의 언어 능력에 머물러 있는 5학년 학생도 많다. 학년이란 연령에 따라 집단을 나눈 교육 제도적인 측면에서의 구분이지, 언어 능력에 따른 구분은 아닌 것이다. 또 하나의 문제는 학생들이 가르친 것을 모두 받아들이거나 또는 가르친 것만 배우는 것은 아니라는 점이다. 학생들은 교사가 가르치는 것뿐만 아니라 책을 읽고 일상 생활의 경험을 통하여 학교에서 배운 것들을 변형하고 심화시키기도 하며, 새로운 지식과 기능을 습득하기도 한다. 교육 과정 구조나 내용에 따라 성취 기준이나 평가 기준을 마련하다 보면 제도적인 교육 과정 이외의 요인으로 인한 발달이나 실제 생활과의 상호 작용으로 인한 성장 효과를 살필 수가 없다. 평가는 학습자의 실질적인 언어 능력을 점진적으로 고찰할 수 있어야 하고 이에 근거하여 교육 과정을 재구성할 수 있는 근거가 되어야 한다는 점에서 교육 과정의 틀 속에 갇힌 성취 기준이나 평가 기준은 그 자체의 한계를 지닐 수밖에 없다. 신발에 발을 맞추어야 할 것이 아니라 발에 신발을 맞추는 성취 기준과 평가 기준이 필요하다. 교육 과정 중심의 성취 기준 및 평가 기준이 당해 학년의 교육 과정 적용 효과는 제대로 살필 수 있을지 모르나 그 학생이 1학년에서 6학년까지 어떻게 성장해 왔는지에 대한 일관된 정보를 얻기는 어렵다.

성취 기준이나 평가 기준이 보다 실용성을 가지려면 좀더 간단하면서도 통합적이고 체계화된 평정 척도표가 영역별로 만들어져야 한다. 우선 일반적인 수준에서 평가 목표를 진술하고, 그 진술된 목표를 세분함으로써 평가 기준을 설정하는 방법을 생각해 볼 수 있다. 예를 들면 학년별로 성취 목표를 한 두 문장으로 진술하거나, 본질, 원리, 태도로 삼분하여 진술하고, 이를 판단하는 평가 요소나 기준을 구체화할 수 있을 것이다. 또는 학년 구분 없이 성취 수준을 8-10단계 정도로 잡아 본질, 원리, 태도를 통합하여 진술하거나 본질, 원리, 태도로 구체화시키는 방안도 상정해 볼 수 있다. 그리핀(Griffin, 1995: 67)등이 문식성 판단을 위해 만든 말하기 평정 척도표를 예로 들어 살펴보면, 우선 말하기 성취 수준을 학년에 관계 없이 9단계로 나누고, 각 단계별로 성취도 판단을 위한 두 세 문장의 평가 진술을 제시하고 있다. 그리고 이에 알맞은 평가 맥락을 제시하고 있다. 다음은 9단계 중 4단계의 예시이다.

> **성취 기준**: 논리적으로 토론할 수 있으며, 생각을 확인하기 위해 질문하고, 청자와 목적의 인식 결과를 말하기에 적용할 수 있다.
>
> **언어 사용의 특성**: 논의할 문제를 자기의 경험과 관련지어 이야기한다. 스스로 이야기를 해 주거나 노래를 따라 부른다. 영화나 드라마에서 본 장면을 이야기한다. 다음에 올 내용에 대하여 예상한다. 시를 암송한다. 대화에서 질문을 한다. 내용이 좀더 명확해지도록 한번 더 말한다. 형식적인 표현 활동에서 청중을 자각하고 지속적으로 청중을 의식한다.
>
> **언어 요소의 특성**: 특정 화제에 대하여 폭넓은 어휘를 사용한다. 대화에서 수용적인 입장을 취한다. 표현을 통하여 감정을 전달한다.
>
> **평가 맥락**: 특정한 목적을 가진 소집단 활동에서 의사 소통을 할 때 관찰을 통하여 평가할 수 있다. 어떤 교과 수업이든지 학생들이 소집단 활동에 참여하여 제시된 문제에 대하여 질문하고, 토의하고 논쟁하는 모습을 관찰할 수 있다. 전체 활동에서 학생들은 보다 명료한 언어 사용과 자기 조절 능력을 보여줄 수 있을

것이다.

이러한 평가 체제에서 교사들은 평가 맥락에서 얻은 정보를 언어 사용 특성과 언어 요소의 특성에 비추어 성취 정도를 판단한다. 이는 일회적인 평가로 단번에 판단하기보다는 지속적이고 다양한 평가를 바탕으로 판단함으로써 좀더 타당성을 가질 수 있다. 학습자의 성취도가 결정되면, 해당 단계의 성취도 진술과 평가 기준을 고려해서 최종적인 논평을 기록하고 보고하는데, 이 때 교사가 필요한 정보를 추가할 수도 있다. 이러한 평가 운영을 위해서는 학년별 교육 과정 내용과 언어 발달에 대한 연구, 그리고 교사나 전문가의 견해, 국가 차원에서의 정교한 연구를 통하여 단계 설정에 대한 합의를 도출하는 작업이 선행되어야 한다.

3. 평가 결과 해석

평가 결과 해석은 평가 척도표를 토대로 하여 학습자의 성장과 성취도를 종합하고 판단하는 것이다. 해석에서 중요한 것은 어떤 범주 내에서 결과를 정리하고 판단할 것인가 하는 문제이다. 만약 해당 학년의 성취도를 판단하는 평가라면 해당 학년 수준에서 요구되는 언어 능력이 해석의 기준이 되고, 특정 단원의 교수-학습 목표 도달 정도를 알아보기 위한 것이라면 단원 목표에서 제시된 특정 지식이나 전략이 해석의 기준이 될 것이다. 가치 판단의 준거도 결정해야 한다. 준거로는 특정 집단이나 집단 내의 구성원들과 비교하고 판단하는 상대적 준거, 성취 기준에 준거를 두는 절대적 준거, 학급 내의 교사와 학생간의 상호 작용을 통하여 설정하는 준거 등이 있다. 각 가치 판단 준거는 평가 목적에 따라 각기 다른 의미를 지니는데, 상대적 준거는 비교나 배치를 위한 평가에 적합하다. 절대적 준거는 언어 발달이나 교육 과정 및 교수-학습에 대한 판단 기준으로 성취도 평가에 적합하다. 교사와 학생간의 상호 작용 준거는 교수-학습 평가에 적합하며, 교사의 전문적인 판단에 의존하고 학생들에게 즉각적인 송환(feedback)을 제공할 수 있고, 학생들의 관심을 유발할 수 있는 장점이 있다. 반면에 적용 범위가 학급으로 한정된다는 단점이 있다.

　평가 척도표에 근거하여 성취도를 판단할 때, 모든 학생들이 그 수준 내에 있는 행위만을 보여주거나, 또는 그 수준에 있는 행위를 모두 보여주는 것은 아니라는 것을 알아야 한다. 예를 들어 교사가 갑이라는 학생을 학기 초에 국가에서 제시한 성취 기준을 토대로 읽기 능력을 평가하였다고 하자. 갑의 행동 특성 대부분이 성취 단계상으로 4단계에 위치해 있다는 판단을 내렸으나, 성취 수준 3단계와 5단계에 해당되는 특성도 일부 있었다. 갑은 읽기 전략 부분에서는 4단계의 행동 특성인 텍스트에서 주요 아이디어를 찾을 수 있었고, 읽기 목적에 부합하는 책을 선택할 수 있었다. 하지만 갑은 읽기 반응이나 태도 부분에서는 낮은 수행 수준을 보였다. 이는 앞으로 갑이 노력해야 할 부분이자, 교사가 초점을 두어야 할 부분이었다. 하지만 교사는 그 성취 수준을 판단함에 있어서는 전체적인 인상으로 판단하여 갑을 4단계에 두었다. 이는 모든 학생이 반드시 발달의 단계적 순서를 밟거나 모든 평가 요소가 동일한 수준으로 나타나는 것은 아니므로 교사에게 성취 기준의 융통성 있는 운용 능력이 필요함을 의미한다. 이는 교사가 진보의 결과로써 한 가지 유형에 모든 특성을 귀결시키려고 해서는 안 되며, 평가 척도표 자체보다는 학생들의 언어 사용 특성을 우선 고려해야 한다는 의미이기도 하다.

만약 교사가 학급에서 간단히 평가 척도표를 구성하여 평가에 **활용**하고자 한다면 다음과 같은 절차로 진행할 수 있다.

- 학급에서 언어 능력 수준이 다른 세 명의 학생을 선정한다.
- 세 학생을 근접 관찰하고, 언어 사용에 관한 논평을 써 본다.
- 학생들이 일관되게 드러내는 언어 사용 행위를 찾는다.
- 행위 특성에 비추어 적절한 성취 단계를 결정한다.
- 성취 단계에 해당하는 기준에 완전히 도달했는지, 그러한 것들을 보여주기 시작하는지, 아직도 발달 중인지, 그 단계를 이미 넘어섰는지를 판단한다.
- 평가 척도표의 내용에 비추어 논평하고 그러한 판단의 근거가 된 특정 과제나 관찰 맥락을 기록한다.
- 필요할 경우 학생들의 자기 평가 결과나 학부모에게 두움이 될 만한 정보 등을 추가로 포함한다.
- 이를 근거로 그 학급의 다른 학생들에 대해서도 관찰하고 어떠한 범주와 수준에 있는지를 판단하여 논평한다.

평가 해석과 관련하여 또 하나 고려해야 할 점은 평가 대상이 되는 언어 사용과 평가 수단이 되는 언어 사용간의 상호 간섭 현상이다. 평가는 어떤 형태로든 그 결과가 언어적 반응으로 나타나게 되는데, 이 때 평가 대상이 되는 언어 영역과 평가 수단이 되는 언어 영역간의 간섭이 일어나는 것이다. 예를 들면 이야기를 듣고 줄거리를 요약하는 과제의 경우 이해 영역과 표현 영역이 겹치는 경우가 그러하다. 이 때는 평가 정보를 추가로 수집함으로써 그 정보의 타당성을 확보할 수 있어야 한다.

4. 평가 결과의 활용

　교사는 학생들에게 언어 사용 능력의 성장을 점검하고 보고하며, 앞으로 더 필요한 것이 무엇인가를 판단해서 알려주어야 할 책임을 가지고 있다. 평가 정보는 교수-학습 시간 중에도 학습자나 학부모에게 송환될 수 있지만, 최종적인 보고는 학기말이나 학년말에 이루어진다. 평가 결과 보고는 학생들의 성장과 발달에 초점을 두어야 한다. 교사가 학생들의 언어 발달을 평가하기 위해서는 어떻게 언어 작용하고 그것을 설명할 수 있는 방법이 무엇인가를 인식할 수 있어야 하고, 평가 정보를 표현하고 소통하는 능력을 가져야 한다. 이러한 과정 없이 교사가 학습자의 개별적인 요구에 반응하기란 어렵다.

　결과 보고는 종합적이어야 한다. 그것은 단지 교사 기록의 종합이 아니라 그러한 기록에 대한 해석이어야 한다. 교사의 해석 방식에는 다양한 관점의 차이를 나타내는데, 예를 들면 아동 문학에 대하여 잘 아는 교사와 그렇지 않은 교사의 평가 해석이 다르다는 것은 그리 놀랄 만한 일은 아니다. 그러나 염두에 두어야 할 것은 교사의 평가 언어가 학급 공동체의 평가 언어가 되고, 개별 학생들이 자신의 읽기와 쓰기를 평가하는 언어가 된다는 사실이다. 만약 교사가 특정 결과물에 대하여 다양한 평가 관점을 보여주고 나름대로의 의미와 가치를 부여한다면 학생들은 자신의 언어 사용 결과물에 대하여 자신감을 얻고 다양성의 가치를 인정하게 될 것이다. 그리고 평가 기록은 당해 학기나 학년 동안 기록한 평가 정보가 포괄적으로 반영할 수 있어야 한다. 때때로 통지표를 기록할 때 교사는 용어 선정에 어려움을 겪기도 한다. 복잡한 언어 사용 현상과 언어 사용 능력의 발달을 가장 잘 드러낼 수 있는 낱말을 찾아야 하고, 때로는 그것을 읽게 될 사람들을 생각하며 도덕적 갈등을 겪기도 한다. 그러나 무엇보다 우선되어야 할 것은 평가 정보가 학습자가에 학습 동기를 심어주고 교수-학습을 개선할 수 있는 단서의 제공이다. 이를 위해서는 현재의 평가 결과 제시 방법을 기록 및 보관 중심에서 진단 및 활용 중심으로, 숫자나 등급의 기록에서 개인의 특성 중심 기록으로 그 방향을 전환하고, 평가 요소나 기준이 보다 구체적으로 진술되어야 할 것이다.

평가 결과 보고서는 개방적인 체제를 가져야한다. 에를 들면 정보를 공유하는 방식이 지금의 단순한 기술 체제에서 벗어나 학생들의 진보를 그래프로 제시하고, 이를 설명하고 기술하는 식의 다양한 방식을 활용하는 것도 좋을 것이다. 보고 내용은 단점보다는 학생들의 성취도와 지속적인 학습 목표에 초점을 두어야 하며, 가능한 양적 점수나 논평 뿐만 아니라 평가 척도표를 제공함으로써 '독자'가 평가 정보를 전체적인 맥락 속에서 이해하고 활용할 수 있도록 해야 할 것이다. 언어 발달에 대한 명확한 체계나 기준을 함께 제시함으로써 학생들의 장점을 확인하고, 성장한 점을 주목하고, 발달 양상을 분석할 수 있다. 교사가 왜 그러한 요소들이 성취 기준이나 평가 기준으로 선정되었는가에 대하여 설명을 덧붙이는 것도 도움이 될 수 있다.

결과 보고서에는 교사가 논평하고 평가하는 공간 뿐만 아니라 학부모나 학생이 논평하고 정리할 수 있는 공간도 필요하다. 학부모는 초등학교 단계에서 학생들의 언어 경험과 발달에 큰 영향을 미치며, 학생들의 언어 경험과 발달에 대하여 교사가 잘 알지 못하는 교수-학습 정보나 평가 정보를 제공해 줄 수 있다는 점에서 학부모와의 의사 소통과 정보 공유는 필수적이다. 학습자가 평가 결과에 대하여 반응하는 공간도 필요한데, 교사나 학부모의 평가에 대한 논평과 자기 평가 결과와의 비교, 이후의 목표 설정에 관련된 내용이 포함될 수 있다. 이러한 정보는 다음에 국어과 지도를 맡을 선생님이 참고할 수 있어야 한다. 언어 발달은 서서히 나타나며, 표면적으로 두드러지게 드러나지 않는 특성이 있다. 장기간을 두고 서서히 학습 결과가 나타나는 특성이 있으므로 지속적으로 관찰하고 지도해야 할 요소가 많다. 따라서 학습자의 언어 사용 과정이나 능력에 대한 정보를 다음의 교사가 유용하게 활용할 수 있을 때 보다 적절한 교수-학습을 기대할 수 있다.

5. 평가의 타당도와 신뢰도

평가의 타당도란 평가 정보로부터 도출하는 결론의 합리성으로 생각할 수도 있고, 그 정보에 근거하여 취하는 행동의 합리성으로 생각할 수도 있다. 국어과 평가에서 타당도는 내용 타당도, 준거 타당도, 안면 타당도, 결과 타당도로 나누어 볼 수 있다.

내용 타당도란 성취 기준이나 평가 기준이 언어 능력을 얼마나 잘 측정할 수 있는가에 관련된 문제이다. 하지만 평가자가 언어 사용의 어떤 측면에 초점을 두고 있느냐에 따라 타당도가 달라질 수 있다. 예를 들면 읽기 지도에서 글자를 바르게 읽는 능력에 초점을 두었고, 평가 기준으로 글자를 바르게 읽는 능력이 제시되었다면 타당성을 가졌다고 할 수 있을 것이다. 반대로 읽기 지도에서 글자를 바르게 읽는 능력보다는 의미 이해 능력에 초점을 두었다면 글자를 바르게 읽는 평가 기준의 타당성을 인정할 수 없을 것이다. 이는 바꾸어 말하면 모든 상황에 부합되는 성취도 판단 기준을 구성한다는 것이 어렵다는 것을 뜻한다.

준거 타당도는 전통적으로 표준적인 시험 점수와 현재의 학생 능력에 대한 교사 판단간의 상관 계수로 따져왔다. 하지만 이는 하나의 상관 관계 계수로 표현되기보다는 다양한 평가 맥락이나 도구를 통해 도출되는 정보들간의 해석을 통합하여 진술하는 형식이어야 한다. 그러한 진술이 대부분의 평가 맥락에서 일관된 추론을 할 수 있도록 해 준다면 우리는 그 판단 기준에 대하여 자신감을 가질 수 있을 것이다.

안면 타당도는 일반적으로 알려진 언어 발달과 성취 기준이 어느 정도 일치하는가와 관련된 문제와, 그러한 추론이 타당한가에 관한 문제를 포괄하고 있다. 전자는 전문가의 식견이나 관련 문헌에 비추어 결정되며, 후자는 적절한 평가 맥락의 설정, 알맞은 정보의 도출, 그리고 평가 정보로부터 타당한 추론을 이끌어 내는 교사의 능력에 좌우된다고 볼 수 있다. 언어 사용 맥락은 평가 정보를 형성하는 상황이라는 점에서 그 맥락 내에서 교사의 정확한 정보 수집, 해석, 분석 능력은 평가의 타당도를 확보하는 데 매우 중요한 관건이다.

결과 타당도란 성취 기준에 근거한 평가 추론이 학습을 개선시키는 교수 행위로 귀결되는 정도이다. 즉 평가 정보가 교수-학습에 긍정적인 영향을 미칠 수 있는 잠재적인 힘이다. 예를 들어 초등학생이 과학 영역의 '우주 행성'에 관한 글을 읽고 몇 가지 평가 질문에 답했다고 가정해 보자. 열 문제 중에 여섯 문제를 답했을 경우, 교사 1은 그 학생이 텍스트를 이해하지 못했다고 결론지었다. 교사 2는 학생이 텍스트의 구조를 잘 모른다고 판단하여 설명문의 구조에 대하여 지도했다. 하지만 시험에서의 정답률만을 토대로 이러한 추론을 구성한다면 그것은 타당성을 결여할 가능성이 높다. 이에 비하여 교사 3은 정확하게 답하지 못한 문제에 대하여 텍스트를 다시 읽어보고 찾으라고 하였다. 그러자 학생이 쉽게 그 문제에 답할 수 있는 것을 보고, 교재를 이해하고 있으나 정보를 기억하는 능력이 부족하다고 판단하였다. 그래서 더 많은 정보를 기억할 수 있는 메모하기 전략을 가르친 결과 그 문제를 쉽게 해결할 수 있었다는 것을 알았다. 교사 4는 배경 지식에 대한 것이 부족하다고 판단하여 배경 지식을 가르쳤더니 그 문제를 쉽게 풀 수 있었다는 것을 알게 되었다. 교사 1, 2에 비하여 교사 3, 4의 추론이 타당한 이유는 그 추론들이 학생 학습을 향상시키는 교수로 이어졌다는 점이다. 많은 지필 시험에서 보듯이 성취도 판단 기준이 자연스러운 읽기 맥락을 벗어나거나 일회적인 평가를 통하여 정보를 산출할 때 타당성이 없는 추론이 일어날 가능성이 높다.

교사는 평가를 통하여 무엇을 추론하며, 그 추론은 얼마나 타당하며, 추론 뒤에 따르는 교수는 과연 적절한가를 생각해 보아야 한다. 우리는 실제의 언어 사용 맥락에서 이루어지는 다양한 평가가 전통적인 시험보다 정보가 풍부하고 실제의 읽기 상황과 평가 상황이 동일하기 때문에 더 타당한 추론으로 이끌 수 있을 것이라고 믿는다. 교사는 다양한 평가를 통하여 읽기에 영향을 미치는 다양한 요소들을 확인함으로써 더 다양한 추론을 할 수 있고, 이는 다시 타당한 성취도 판단 기준을 구성하는 원동력이 된다.

타당도 이외에도 실제 평가 정보를 해석하고 판단할 때는 평정 시의 신뢰도 문제, 평가 실시의 용이성이나 실행 가능성의 문제 등이 고려되어야 한다. 신뢰도는 언어 능력을 얼마나 정확하게 측정하고, 일관성 있게 예언해 줄 수 있느냐의 문제이다. 신뢰도 확보를 위해서는 평가 과제 제시에서 다양한 상황 변인의 통제와 평가자의 주관적인 판단을 최대한 방지할 수 있는 평가 기준 마련이 중요하다.

제3부. 국어과 평가 실제론

구성주의자들은 이해와 표현 활동을 언어 사용자의 의미 구성 활동으로 간주한다. 학습자는 자신의 행동을 스스로 생각하고 통제하며 능동적으로 학습과 평가 과정에 참여하는 주체이다. 이는 전통적으로 교사의 업무로 인식되어 온 기존의 평가 관점에 대해서도 변화를 요구한다. 평가가 교수-학습을 모형화하는 경향이 있음을 고려하면, 평가의 변화는 현장 교육 변화를 주도할 수 있을 것이다. 이러한 변화를 기대하며 여기에서는 말하기, 듣기, 읽기, 쓰기의 네 가지 영역에 대한 평가 원리와 방법을 살펴보기로 한다. 언어 사용이란 언어 사용 행위로 드러내는 것을 말하며, 그것을 소통하는 수단과 방식에 따라 네 가지로 나눌 수 있다. 문학이나 국어 지식 영역은 네 가지 언어 사용 영역에 녹아서 드러난다. 예를 들어 문학 영역은 동화 구연하기, 감상적 듣기, 문학 텍스트 읽기, 정서적인 글 쓰기로, 국어 지식 영역은 발음, 의미 단위로 끊어 말하기나 듣기, 낱말의 뜻을 알고 의미 파악하기, 언어 규칙에 맞게 쓰기 등으로 네 가지 언어 사용에 포함되어 있다. 따라서 문학 영역과 국어 지식 영역의 평가를 언어 사용 영역의 평가와 통합하는 것은 오히려 자연스럽다.

제6장. 말하기 평가

현대 사회에서 개인의 의사를 충분히 표현하고 어떤 학문적 영역의 성취를 위하여 가장 필수적인 의사 소통 수단은 말하기이다. 읽기와 쓰기는 언어 현상의 작은 한 부분으로 설명할 수 있다. 역사로 보나 발달로 보나 말하기는 양으로 따지자면 읽기나 쓰기에 앞선다. 말하기는 의사 소통의 가장 직접적인 수단이며, 그 사람의 성격이나 인격 등 '모든 것'을 나타내는 수단이기도 하다.

말하기 학습은 발달 지향적인 하나의 과정이다. 그것은 아기가 태어나서 처음 내는 소리부터 시작하여 초등학교 이후까지 계속된다. 어린이들은 학교에 입학하기 전에 이미 언어에 대한 상당한 양의 어휘와 기초적인 음성, 문법적 체계를 획득하게 된다. 그렇지만 언어 전반에 관한 규칙을 아직 완전하게는 인식하지 못한다. 그러나 대부분의 어린이들이 취학 이전에 유창하게 말을 할 수 있다는 가정에 근거하여 말하기는 국어과 교육에서 중요한 영역으로 간주되지 않았다. 이러한 인식은 평가에도 반영되어, 말하기 평가는 간단한 말하기 지식이나 발표 참여도 정도만 고려되어 왔을 뿐, 실제 언어 능력 평가로는 비중 있게 다루어지지 않았다. 말하기 평가가 이렇게 제한적으로 전개되어 온 또 하나의 이유는 음성 언어라는 특성으로 인한 평가 기법 상의 어려움 때문이다. 말하기는 일회적이고 순간적으로 나타나는 언어 현상이므로 평가를 위해서는 기억이나 전사를 하거나, 녹음을 해야 하는 부담이 따른다. 또한 주관적 판단이 개입할 소지가 높아 결과에 대한 확신을 가지기 어렵고, 전체를 대상으로 동시다발적으로 실시하기 어렵기 때문에 교사의 과중한 시간 부담도 평가를 어렵게 하는 원인이 되었다. 아울러 평가 도구 및 방법에 관한 충분한 뒷받침이 없었다는 데도 원인의 일단이 있다.

말하기 능력은 초등학교 과정 동안 계속적으로 성장하고 발달해 간다. 말하기 평가는 이러한 성장과 발달 과정을 나타내 주고 개선을 위한 정보를 제공해 줄 수 있어야 한다. 물론 말하기 평가가 말하기 자체의 특성으로 인하여 쓰기나 읽기 평가에 비하여 많은 어려움을 가지고 있는 것은 사실이지만, 일상의 언어 생활에서 평가 상황에 대한 선택의 폭이 넓다는 점에서 다양하고 일관성 있는 평가로 그 한계를 극복할 수 있도록 노력해야 한다. 올바른 말하기 평가를 위해서는 거시적으로는 교육 제도 차원에서 평가관의 확대와 전환이 요구됨과 동시에, 미시적으로는 말하기 능력 판단과 교수-학습 개선에 도움을 줄 수 있는 알맞은 평가 도구가 개발되어야 한다.

1. 말하기 평가의 기초

가. 말하기의 특성

말하기는 일상 생활에서 화자와 청자, 언어, 규칙과 상황 맥락에 의하여 구현되는 의사 소통 구조인데, 말하기는 화자가 머리 속에 구성한 심리 내용을 언어 기호를 통하여 음성으로 실체화하는 행위이다. 우리는 평소 일상 생활에서 자주 친구와 대화를 나누기도 하고 여러 사람 앞에서 자신의 주장을 펴기도 하며, 감명 깊게 읽은 책이나 텔레비전 프로그램에 대해서 이야기를 주고받기도 한다. 여기에는 실제적인 의사 소통 상황 맥락이 작용하고 있으며 진정으로 화자의 말을 들어주고 적절한 반응을 보이는 청자가 있다는 사실을 기억할 필요가 있다.

말하기는 직접성, 일시성, 상황성, 선조성, 상호 작용성의 특성을 지닌다. 직접성이란 청중을 직접 대면하여 의사 소통을 수행한다는 것을 말하는데, 이는 화자가 발화 행위나 의미를 조정하는 데 필요한 단서를 제공하고 적극적인 발화 태도를 가지게 해 준다는 장점이 있지만 말하기 불안을 불러일으키는 요인으로 작용하기도 한다. 일시성이란 한 번 발화된 것은 적어도 물리적으로는 금새 사라진다는 것인데, 이러한 특성으로 인하여 읽기에 비하여 기억 부담이 훨씬 많으며 필요할 경우 별도로 메모하거나 녹음한다. 상황성이란 구체적인 상황이 전제된다는 점인데, 이러한 상황성은 쓰기와 달리 표현 효과를 높이기 위한 괘도, 사진이나 그림, 시청각 매체 등의 자료를 다양하게 활용하게 해 준다. 그러나 화자의 적극적인 발화 행위를 제한하고 자유로운 상상이나 표현을 방해하기도 한다. 선조성은 발화 행위가 시간 순서로 진행된다는 점이며, 이는 텍스트 감각을 떨어뜨려 전체적인 의미 이해에 어려움을 초래하기도 한다. 상호 작용성이란 말하기가 청중과 상호 작용하는 행위라는 것이다. 화자는 청중과의 상호 적응이 필요하다. 예를 들어 학급 회의에서 의견을 제시할 때는 지켜야 할 몇 가지 규칙이 있는데, 청중들은 화자가 그러한 규칙을 지킬 것으로 기대하게 되므로, 화자는 이러한 규칙을 알고 있어야 청중들을 효과적으로 설득할 수 있다. 읽기나 쓰기에도 독자와 필자간의 상호 작용이 있지만 말하기나 듣기의 경우처럼 그렇게 빈번한 것은 아니다.

말하기는 화자의 배경 지식을 근거로 주어진 상황 맥락에 따라 의미를 구성하고 표현한다는 점에서는 쓰기와 동일한 의사 소통 방식이지만, 음성적 기제를 중심으로 의사를 소통한다는 점과 이에 수반하여 일시성과 직접성을 특징으로 한다는 점, 그리고 선조성의 특성 때문에 '되돌아가기'가 불리하다는 점에서 구분되는 영역이다.

듣기와 말하기는 대체로 동일한 상황 맥락을 공유하고, 직접성과 일시성, 선조성의 특징 외에, 음성적 기제를 사용하고 빈번한 역할 교대가 일어난다는 공통점이 있다. 하지만 듣기는 청각 기능을 사용하고, 말하기는 발성에 관련되는 근육 기능을 주로 사용한다. 또한 말하기가 계획하기, 생성하기, 표현하기 기능을 강조한다면, 듣기는 변별하기, 분석하기, 평가하기, 공감하기, 감상하기 기능을 강조한다. 또한 동일한 발화 시점에서 화자와 청자의 역할 구분이 명확하며, 정보 생성 및 조직, 인지적 처리 과정도 다르다. 따라서 말하기가 듣기와 상호 작용하는 현상인 것은 틀림없지만, 말하기와 듣기는 구분된다. 말하기 평가는 말하기의 이러한 특성을 반영할 수 있어야 한다. 예를 들면 읽기나 쓰기와 같은 문자 사용 영역에 비하여 말하기 듣기 현상은 일시적인 현상이므로 말하기 듣기 평가 스키마는 하나의 단일한 평가나 상황으로 형성되는 것이 아니라 많은 개별 상황들의 총합으로 형성된다는 점에서 다양한 상황에서의 평가가 요구된다고 하겠다.

나. 말하기 능력의 정의

말하기 평가가 타당성을 확보하기 위해서는 말하기 능력이 무엇인가에 대한 정확한 합의가 있어야 한다. 능력이란 특정 문제를 해결할 수 있는 지식이나 기능의 존재, 또는 부재를 말한다. 촘스키(chomsky)는 인간의 언어 사용을 언어 능력과 언어 수행으로 나누었는데, 여기에서 언어 능력은 인간의 내재적인 언어 지식이고, 언어 수행은 구체적인 실현을 뜻한다. 반대로 힘즈(Hymes)는 '능력'의 개념을 확장하여 '언어 지식 영역과 언어 수행을 포함하여, 언어를 주어진 상황에서 적절하게 사용할 수 있는 힘'으로 보았다(천경록, 1995). 이는 능력이 단순한 하위 기능에 머물지 않는다는 것을 암시하고 있다.

말하기 능력의 초기 정의는 웅변술이었다. 따라서 이 때의 말하기는 상대방을 설득하는 것을 주요한 목적으로 삼았는데 청자가 어떻게 받아들이느냐 보다는 화자의 명쾌한 발음과 논리 정연한 내용 구성을 중요시하였다. 1940년대에 접어들면서 말하기를 의사 소통의 관점에서 설명하려는 주장들이 제기되었다. 즉 전달자가 전달할 내용을 부호화하고 이것을 수용자가 해석함으로써 의사 소통이 이루어진다는 것이다. 따라서 화자의 의사가 청자에게 충분히 전달되느냐에 따라 말하기 능력 판단의 관건이었다. 그러나 이것은 의사 소통 행위를 화자가 표현하고 청자가 이를 수용하는 순차적인 의미 전달 구조로 본다는 점에서 비판이 제기되었다. 라도(Lado, 1961)는 말하기 능력을 언어적인 요소와 언어 외적인 요소로 나누어 정의하였다. 언어적인 요소는 말하기 상황에서 어휘, 발음, 억양, 문법 구조 등을 사용할 수 있는 능력이며, 언어 외적인 요소는 실제 의사 소통 상황에서 자신의 생각을 적절한 말로 표현할 수 있는 능력이라고 하였다. 이는 화자의 일방적인 전달의 관점에서 화자의 지식과 수행을 모두 강조한 것으로 보인다.

1960년대 이후부터는 의사 소통 행위를 하나의 화자와 청자, 또는 화자와 상황 맥락과의 상호 작용으로 본다. 이러한 관점에서는 의사 소통은 반드시 화자와 청자와의 관계 속에서 의미를 가질 수 있으므로 화자와 청자를 독립된 존재로 보지 않는다. 발레트(Valette, 1977)는 유사한 관점에서 말하기 능력을 언어 능력과 의사 소통 능력으로 나누었는데, 의사 소통 능력에 청자와 청자의 말에 대한 이해 능력까지 포함하고 있다는 점이 주목할 만하다. 위도우슨(Widdowson, 1978)은 말하기 능력을 말로 표현하는 능력뿐 아니라, 표정, 몸짓 등의 비언어적 표현은 물론이고, 청자와의 의사 소통을 원활하게 할 수 있는 청각적, 시각적 방법을 모두 사용할 수 있는 능력으로 정의하고 있다. 이는 지식뿐만 아니라, 실제 수행에서 효과적으로 표현할 수 있는 자기 조절 능력이나 자료 통합 능력도 말하기의 능력에 포함시킨 것으로 볼 수 있다. 피노샤로(Finocchiarom 1983)은 말하기 능력을 듣기와의 상호 관계 속에서 파악하고 있으며, 사회·문화적 지식을 말하기 능력에 포함함으로써 의사 소통 맥락을 중시하였다. 크라센과 테렐(Krashen & Terrel, 1983)은 말하기 기능을 가르치는 최선의 방법은, 듣기를 강조함으로서 말하기 능력이 자연스럽게 향상될 수 있도록 해야 한다고 주장하였다. 민병곤(1996: 19)은 말하기 기능을 배경 지식과 언어 지식, 그리고 지능 및 상황 맥락을 바탕으로 하여 판단하고 계획하며 표현하는 과정으로 구성된 정신 능력으로서 일종의 전략적 능력이라고 하였다.

이러한 논의를 종합하여 보면 말하기를 일방적인 화자의 표현 및 전달로 보느냐 청자와의 상호 작용으로 보느냐의 문제, 말하기 능력의 범주를 화자의 지식 측면으로 볼 것인가, 실제 수행의 측면으로 볼 것인가, 아니면 이 둘을 포괄할 것인가의 문제가 말하기 능력을 규정하는 데 중요한 변인이 되고 있음을 알 수 있다. 여기에서 말하기는 상황에 따라 그 정도의 차이는 있지만 대체로 일방적인 전달이 아니라 청자와의 상호 작용이라는 점, 화자가 가진 지식뿐만 아니라 실제 수행 맥락에서 목적에 맞게 이러한 지식을 적절히 활용하여 의사 소통할 수 있는 능력을 포함한다는 점, 단지 말을 유창하게 하는 것뿐만 아니라 몸짓이나 동작, 기타 자료를 활용하여 효과적으로 표현할 수 있는 능력이라는 점에는 어느 정도 합의가 된 문제라고 보여진다. 이를 종합하여 말하기 능력을 정의하여 보자면 '의사 소통 능력의 한 부분이 되는 음성적 표현 능력으로, 청중에 알맞게 의미를 구성하고 공유하는 능력'이라고 할 수 있다.

　다. 말하기에 영향을 미치는 요소

　말하기에 영향을 미치는 요소란 말하기 수행에 있어서 제약을 가하는 일종의 환경 요건이다.　말하기에 영향을 미치는 제 요소들의 특성을 인식하고 있을 때 교사는 학생들의 발달과 성장에 대하여 보다 타당하게 해석하고 평가할 수 있다. 말하기 상황 맥락을 구성하는 요소는 말하기의 직접 대면성, 선조성, 일시성이라는 특성으로 인하여 문자 언어 사용 영역에 비하여 미치는 영향이 더 크다. 말하기에서의 상황 맥락은 화자, 청자, 화제, 과제, 집단의 크기, 시공간적·물리적 환경, 심리적 분위기 등의 개별 요소들이 상호 유기적인 관계를 맺음으로써 생성된다. 말하기 평가에서 평가자가 통제할 수 있는 것은 상황 맥락 자체가 아니라, 개별 상황 요소들이다. 이는 상황 맥락이 발화의 초기에는 조작적인 과제 요소의 영향을 많이 받지만 발화가 진행됨에 따라 화자와 청자와의 상호 작용 속에서 역동적으로 재구성되는 것이기 때문이다. 평가 과제의 설계 시에는 이러한 요소들을 얼마나 적절히 통제하느냐가 중요한 문제가 되므로, 말하기에 영향을 미치는 요소는 평가 과제 설계 시에 통제해야 할 주요 변인이기도 하다. 막연히 어떤 화제에 대하여 말해보라는 식의 과제는 과제 파악을 힘들게 하고, 말하기의 초점을 어디에 두어야 할지 모호하게 만든다. 말하기에 영향을 미치는 요소는 화자 요소, 청자나 참여자 요소, 화제 요소, 과제 요소,

환경 요소로 나누어 볼 수 있다.

화자 요소는 화자가 지닌 말하기 능력을 포함하여 사회·문화적 배경, 청자에 대한 인식, 화제에 대한 흥미나 태도, 언어 경험, 자아 개념 등을 포함한다. 과제 설계 시 화자 요소에서 고려할 점은 지나치게 제한적인 과제 설정으로 인하여 특정한 학생들에게만 유리하거나 불리하게 작용하지 않도록 해야 한다는 점이다. 예를 들어 특정 집단에게만 유리하게 작용할 수 있는 과제일 경우에는 화자의 배경 지식의 차이 변인을 통제하기 위하여 화제에 대한 일정 양의 지식을 참고 텍스트로 제시할 수 있다. 말하기의 목적은 청자에게 영향을 미치기 위한 의도적인 화자의 선택이다. 이러한 목적이나 의도에 따라 화자가 동원하는 담화 지식, 청자와의 관계 설정, 화자의 태도나 흥미가 달리 나타나는데, 평가 과제에서 이를 분명하게 드러내 주어야 의미를 분명히 전달할 수 있게 된다. 예를 들어 정보 전달의 말하기에는 주관적인 감정이나 판단을 배제하고, 청자보다는 말하기 내용에 초점을 두게 된다. 설득적인 말하기는 청자에 좀더 초점을 두게 되고, 표현적인 말하기는 화자에 초점이 놓여진다.

청자 요소는 화제에 대한 관심이나 앎의 정도, 청자의 나이, 성별, 직업이나 사회적 위치, 청자의 언어 능력이나 경험, 화자와의 관계 등이다. 청자의 특성이나 반응에 따라 어떻게 언어를 조정하느냐 하는 것은 말하기에서 중요한 문제이다. 청자에 대한 지각은 말하기를 쉽게 할 수 있게 하는 적절한 전략의 선택을 가능하게 한다. 화자가 청자 요소를 제대로 파악하지 못할 경우 말하기에 어려움을 겪는다. 예를 들면 지나치게 어려운 내용을 자기의 수준에 맞추어 대강 설명한다거나, 친구들이 다 알고 있는 정보를 새로운 정보로 착각하여 장황하게 설명할 경우 불안정한 상황 맥락을 조성하게 된다. 학급에서 청자는 주로 학생들이나 교사로 가정되어 평가 과제에서 청자 요소를 배제하는 경우가 많은데, 학급에서도 청중의 규모나 성별 등을 다양하게 조작할 수 있는 가능성은 얼마든지 있으므로, 청자 인식 능력을 길러주려면 집단 구성원을 다양하게 조직하여 평가하는 방안을 고려해 봄직하다.

화제 요소는 화자가 청자에게 표현하고자 하는 내용이다. 화자의 화제에 대한 배경 지식이나 흥미나 관심에 따라 말하기 양상이나 능력이 달리 나타난다. 평가 과제 설계 시에는 화제 선정보다 목적이 우위에 놓인다. 하지만 평가 과제 진술에서는 차시 활동처럼 보통 목적과 화제를 함께 드러낸다. 예를 들어 '개에 대하여 설명하시오'는 목적과 화제가 동시에 드러난 경우이다. 말하기 평가에서 설정하는 목적과 화제는 일반적인 것이어야 말하기 능력을 보다 타당하게 평가할 수 있을 것이다.

말하기 상황(지시, 낭독이나 구연, 발표, 질문, 보고, 대화, 토의 등)과 과제 수행 상황(공식적/비공식적, 청자나 참여자의 규모, 교수-학습 상황/평가 상황/가정)도 평가 과제 설계 시에 고려해야 할 요소들이다. 두 사람이 대화를 주고받는 상황인지, 소집단에서 몇 명이 토의를 하는 상황인지에 따라 말하기 지식이나 기능 요소의 동원과 양상이 달라진다. 또 혼자서 말하는 일방적인 말하기에서도 듣는 사람이 한 사람이냐, 다수이냐, 공식적인 상황이냐, 비공식적인 상황이냐에 따라 목소리의 크기나 어투가 달라진다. 하지만 이러한 요소들은 보통 과제 수행 상황에 이미 전제되어 있는 경우가 많으며, 가상적인 상황 설정이 아니라면(예를 들면 역할극과 같은), 과제에 이러한 상황들을 제시할 필요는 없으며, 화자의 상황 파악 능력으로 미루는 것이 좋다.

심리적 요소이나 물리적인 환경 요소는 평가를 위한 예비 조건이다. 말하기의 실행에 영향을 줄 수 있는 불안이나 근심, 소란스러운 상태 등은 의사 소통을 어렵게 할 뿐만 아니라, 평가 자체에 방해가 되기도 한다. 하지만 실제 상황에 벗어날 정도의 지나친 편안함의 부여는 오히려 평가의 타당성을 해친다. 실제 말하기 상황에서 심리적 불안 요소는 항시 잠재되어 있기 때문이다.

이러한 영향 요소들에 덧붙여 말하기 평가 시간을 제한하는 것이 필요하다. 물론 경우에 따라 차이는 있겠지만, 다인수 학급의 특성과 평가 시간의 절대적 부족이라는 현실적인 문제를 감안하고, 초등학생들의 말하기 지속 시간 등을 고려해 볼 때, 과제 수행 시간은 대체로 2-3분 정도가 적당하다고 본다.

말하기에 영향을 미치는 요소는 평가에 영향을 주는 변인이므로 평가 지시문에 반영되어야 한다. 평가 지시문은 구술이나 서술로 나타내는데, 지시문의 양이 많을 경우에는 학생들의 이해를 고려하여 서술로 제시해 주는 것이 좋다. 지시문이 애매하거나 파악하기 힘들 경우 평가의 타당도를 떨어뜨리는 원인이 되므로, 지시문은 명쾌하면서도 구체적이어야 한다. 반면에 지나친 제한은 실제의 말하기 상황과는 동떨어진 또 다른 '모형화'의 위험성이 있으므로 어느 정도 융통성을 부여해야 한다는 점도 간과해서는 안 된다. . 평가 문항의 진술에 포함되어야 할 요소는 평가 상황이나 목적에 따라 다르겠지만, 일반적으로 '어떤 목적으로 어떤 화제에 대해서 어떤 상황에서 어떤 청자를 대상으로 어떤 방법으로 말할 것인가'가 드러나야 한다. 예를 들어 '토의에 참여하여 문제를 도출하고 해결 방안을 제시할 수 있다'라는 평가 목표에 근거하여 '어린이 게임방 이용에 대한 문제점과 해결 방안을 조별로 토의하시오'라는 과제를 설정할 수 있을 것이다. 이를 분석하여 보면 '어린이 게임방 이용'이라는 화제, '문제점과 해결 방안 탐구'라는 목적, '토의'라는 말하기 형식, '조별'이라는 청자 집단의 규모가 표면적으로 드러나 있고, '공식적인 상황'이 암시되어 있다. 과제가 정해지고 나면 과제 분석을 통하여 이러한 요소가 제대로 드러나 있는지 꼼꼼하게 따져보아야 한다.

이러한 요소들은 말하기의 양과 질은 물론이고, 표현 방식 등을 결정하는 중요한 변인이 된다. 이러한 과제 설계에서 가장 핵심적인 것은 평가 맥락이 최대한 실제 맥락에 근접해야 평가의 타당성을 확보할 수 있다는 점이다. 교사는 방언이나 문체, 억양 등에 대한 편견을 배제하고 객관적인 평가자가 되어야 한다.

라. 말하기 평가의 전개 과정

말하기 능력에 대한 평가 이론의 역사적 추이는 언어학, 심리학, 언어 교육 이론의 흐름과 관련이 깊다. 1950년대 이전에는 주로 발음의 정확성이나 문법에 대한 것들이 주요 관심사였으므로 평가도 말하기의 본질인 의사 소통 능력을 다루는 데는 극히 소홀하였고, 이러한 사정은 우리나라도 크게 다르지 않다. 평가 방법 또한 지필 평가나 교사의 주관적인 판단에 의한 인상 평가가 주류를 이루었다.

하지만 1950년대 이후 1960년대에 이르기까지 구조주의 언어학과 행동주의 심리학의 영향으로 평가에 대한 관점은 좀더 정교한 체계를 가지게 되었다. 구조주의 언어학에서는 언어는 작은 단위로 분해되어 과학적으로 비교 분석이 가능하며, 다시 합쳐지면 원래의 큰 단위로 환원할 수 있다는 관점을 가졌다. 행동주의 심리학은 외적으로 관찰 가능한 행동과 반응을 객관적으로 인지하고 양적으로 평가할 수 있다는 가정으로 교수-학습에서 언어의 표층 구조에 대한 기계적인 모방과 암기를 강조하였다. 따라서 평가에서는 구체적으로 관찰 가능한 행동이나 현상만을 대상으로 하였으며, 정확성을 유지하기 위하여 기능을 분리하여 평가하는 방법을 선호하였다. 즉, 말하기 능력은 발음, 목소리, 어휘, 문법 등의 요소들로 분리할 수 있고, 서로 독립적인 측정이 가능하다는 것이다. 이러한 평가 관점은 신뢰도가 높고 결과 처리가 용이한 객관식 평가 방식과 맞물려 상당히 오랜 기간 국어과 교육에 영향을 미친 것이 사실이다. 하지만 이러한 관점은 실제적인 언어 능력을 제대로 반영해 주지 못하고, 말하기가 지식과 기능과 다양한 상황 요소의 상호 작용현상이라는 사실을 무시한 것이다. 즉, 분리된 기능 간의 상호 작용양상, 평가 맥락, 과제의 난이도 등 말하기 능력과 평가에 영향을 미치는 제 요소를 고려하지 못함으로써 타당성을 결여한 평가라고 할 수 있다. 이러한 단점에도 불구하고 그것은 객관적인 측정이 가능하다는 장점으로 최근까지도 말하기 능력을 평가하는 데 강력한 영향을 미치고 있다.

1970년대에 이르러 영어권에서는 사회 언어학과 화용론의 연구 결과를 바탕으로 단편적인 기능 위주의 교수-학습과 평가 방식에서 벗어나 의사 소통 중심의 교수-학습과 평가 방식을 강조하였다. 분리된 기능을 합쳐도 완전한 전체가 되지 않는다는 인식을 전제로 실제 의사 소통 능력을 평가해야 한다는 것이다. 하지만 우리 나라에서는 이러한 관점의 수용이 점수 위주의 입학 제도와 평가 체제로 인하여 상당 기간 지연되어 오다가, 근래에 초등학교에서 평가의 기록 및 보고 방식이 양적 체제에서 기술이나 논평 방식으로 바뀌고, 수행 중심의 평가 방식 도입으로 실제적인 의사 소통 능력을 중시하는 쪽으로 인식의 전환이 이루어지고 있다. 하지만 아직까지는 정보 전달이나 설득과 같은 영역에서 평가 가능한 기초적인 의사 소통 기능에 한정되어 있음을 볼 수 있다.

이상에서 보듯이 말하기 평가는 크게 분리된 기능 평가에서 통합된 기능 평가, 즉, 말하기 의사 소통 능력 평가로 전개되어 왔음을 알 수 있다. 하지만 의사 소통 능력은 개별 기능을 바탕으로 한다는 점, 그리고 이는 실제 말하기 수행에서는 통합되어 나타난다는 점, 실제 교수-학습에서는 구체적인 기능이나 지식에 초점을 두고 있다는 점을 고려한다면, 이러한 두 갈래 물줄기는 평가 상황이나 목적에 따라 한 쪽을 선택하거나, 또는 적절하게 병행하여 실시될 필요가 있다. 그리고 어떠한 평가 관점을 선택하든 그것은 말하기가 실제로 이루어지는 상황에서 평가되어야 좀더 타당성을 확보할 수 있을 것이다.

2. 말하기 평가 내용

가. 평가 내용 범주 구분

말하기 평가 내용의 가장 큰 단위는 물론 말하기 능력이며, 이는 존재하는 지식을 의미하는 것이 아니라 실제 사용 국면에서의 문제 해결 능력을 의미한다. 하지만 말하기 능력을 판단할 수 있는 구체적인 근거 정보를 찾기 위해서는 말하기 능력의 구성 요소들을 세분화하여 살펴볼 필요가 있다. 이는 평가 결과물을 분석하여 구체적인 교수-학습 정보를 제공한다는 측면에서도 의미가 있다. 가네(Gagne, 1993)에 따르면 문제 해결 능력이 있는 사람은 개념적 이해, 자동화된 기초 기능, 구체적인 전략의 세 가지 측면에서 우수함을 보인다고 한다. 바흐만(Bachman, 1990)은 의사 소통 능력이 언어 능력, 전략적 능력, 심리 생리적 기제로 구성되어 있다고 하였다.

그리고 언어 능력을 다시 조직 능력과 화용 능력으로 나누었다. 조직 능력은 텍스트나 구문을 문법적으로 바르게 구성하거나 인식할 수 있는 지식이며, 화용 능력은 주어진 과제 조건의 인식과 사회 언어적 관습의 적응에 관련된 지식이다. 반면에 전략적 능력은 실제 의사 소통 맥락에서 판단하고, 계획하고, 실행하는 능력이다. 심리-생리적 기제는 표현과 수용 과정에 관련되는 청각, 시각, 그리고 신체 근육상의 기능이다. 이는 말하기 능력이 지식, 기능, 전략의 세 가지 측면으로 구성되어 있음을 암시하고 있다. 7차 교육 과정에서 말하기 내용 요소를 지식 범주인 본질 영역, 기능 및 전략 범주인 원리 영역, 그리고 태도 영역으로 나누고 있는 것도 같은 맥락에서 이해할 수 있다.

이러한 논의들을 참고하여 말하기 평가 내용의 범주를 설정하여 보면 ① 말하기의 정보 처리 과정인 '계획, 생성 및 조직, 표현 및 전달'과 '태도'로 범주화하는 방법 ② 교육 과정의 내용 범주 구분을 근거로 '지식, 기능 및 전략, 태도'로 범주화하는 방법 ③ 말하기의 진행 과정에 따른 '도입, 본론, 정리'와 '태도'로 범주화하는 방법 ④ 수사적인 요소를 토대로 한 '언어 기능(발음, 억양), 내용, 비언어적 소통, 청자 인식, 어휘'로 범주화하는 방법 ⑤ 특정 과제 중심으로 '주장, 논리성, 청자 반응, 논거'와 '태도'로 범주화하는 방법 등을 생각해 볼 수 있다. 이 외에도 7차 교육 과정에 제시된 언어 사용 목적별로 따져서 그것에 알맞은 평가 내용 범주를 정해볼 수도 있다. 예를 들어 정보적인 말하기에서는 '정보 전달의 목적, 정확성과 풍부성, 예시나 비교와 같은 적절한 전달 방법'이 주된 평가 내용 범주가 될 것이다.

1991년의 한국교육개발원 보고서(한국교육개발원, 1991: 18)에 따르면 우리 나라 교사들은 '말하기 활동 참여도, 효과적인 표현 및 전달, 말할 내용의 선정과 조직'을 주요한 평가 범주로 삼고 있는 것으로 나타났는데, 이는 주로 말하기의 정보 처리 과정과 태도를 중시한 것이다. 수행 평가 도입 이후 최근의 우리 나라 초등학교 현장에서 이루어지고 있는 말하기 수행 평가 자료를 일부 검토한 결과 '유창성, 명료성, 발음의 정확성, 말하기 참여도, 자세'를 주된 평가 기준으로 삼고 있음을 알 수 있었는데, 이는 지식, 기능 및 전략, 태도에 근거한 범주화의 양상으로 볼 수 있다. 그리고 과제 지향적인 평가 범주의 설정보다는 일반적인 말하기 능력 지향의 평가 범주를 설정하고 있음을 알 수 있다. 이는 현재의 수행 평가가 평가 목표를 단원이나 차시 중심으로 설정하면서도, 정작 평가 기준은 일반적인 범주 요소들로 구성함으로써, 교수-학습에 대한 정보 추출에 목적을 두기보다는 제한적인 평가를 통하여 말하기 능력을 판단하는 데 초점을 두고 있다는 것을 반증하는 것이다.

모렐(Moreale)은 공식적인 말하기에서 8개의 평가 범주를 제시하고 있다; 화제를 고르고 좁히기, 청중이나 경우에 알맞은 목적을 선택하기, 상황적으로 적절하게 뒷받침할 수 있는 자료나 근거 선택하기, 상황에 알맞게 적당한 자료 조직하기, 상황에 적절한 언어 사용하기, 관심을 높이고 유지하기 위해 목소리를 다양하게 하기, 발음과 문법을 바르게 하기, 메시지를 뒷받침하는 신체적 표현 사용하기(Rubin & Schramn, 1994: 31). 이는 일반적인 말하기 능력을 고려한 것으로 수사학적인 측면을 보다 강조한 평가 범주이다. 루빈(Rubin)은 대학생들의 말하기 유창성을 평가하기 위하여 설득하는 말하기, 강연 듣기, 그리고 면담하기의 세 가지 과제를 세트화 시켜 제시하고, 이를 평가하는 기준으로 '발음/조음, 설득성, 명료성, 표현 및 방어 능력, 의견 차의 인식, 사실과 의견의 구분, 대안 제시 기능, 확인, 요약, 자기 소개, 정보 획득, 응답, 감정의 표현, 타인의 관점 기술, 의견 차이 진술'을 제시하고 있다. 이는 과제 지향적 평가 범주이다. 이러한 범주 구분에 대해서 어느 것이 타당하다고 단언하기는 어렵지만, 그것은 평가 목적에 부합되어야 하며, 평가 도구 자체 뿐만 아니라 정보의 활용도 면에서 유용한 시사점을 줄 수 있어야 한다. 여기에서는 교육 과정을 토대로 한 내용 범주와 수사적 요소를 토대로 한 내용 범주에 대하여 살펴보기로 한다.

나. 교육 과정 평가 범주

(1) 지식

말하기에서 입술, 혀, 이와 같은 조음 기관이 영향을 주며, 말할 내용을 다른 사람이 잘 이해하기 위해서는 발음을 분명히 해야 하고, 말하기와 듣기의 상호 관계를 인식하는 것 등은 말하기 능력에서 '지식'과 관련된 요소이다. 말하기 지식은 일반적인 의사 소통 지식과 내용상으로는 크게 다르지 않지만, 그 지식의 작용 범주나 비중은 쓰기나 듣기와는 다른 양상을 보인다. 말하기 지식을 쓰기 지식의 분류법을 참고하여 분류하여 보자면 크게 사회·문화적 지식, 개념적 지식, 전략적 지식으로 나누어 볼 수 있다[5]. 사회. 문화적 지식이란 사회 공동체가 공유하고 있는 신념이나 가치로서 내재된 믿음을 말한다. 이는 화자와 청자가 담화를 시작하기 전에 공유하고 있는 지식이며, 청자와 화자가 공유하고 있다고 믿음으로써 담화의

---

5) Faigley & Skinner는 쓰기 지식을 전략적 지식, 서술적 지식으로, Alexander는 사회·문화적 지식, 개념적 지식, 초인지 지식으로, Applebee는 화제 지식, 언어 지식, 독자 지식으로 나눈다(조은수, 1997: 20에서 재인용). 본고에서의 지식 분류는 이러한 논의들에 토대를 둔 것이다. 7차 교육 과정에서는 말하기 지식의 내용으로, 말하기의 '필요성, 목적, 개념, 방법, 상황, 특성'의 범주로 나누고 있다. 이는 국민 공통 교육 과정에서 가르치고 배워야 할 내용 요소를 제시한 것으로, 말하기 능력을 구성하는 지식 요소의 총체로 보기는 힘들다.

예비 조건이 되는 지식이다. 이는 담화 규칙을 지배할 뿐만 아니라 은유, 전제, 암시, 풍자 등의 다양한 표현을 가능할 수 있게 해 줌으로써 담화의 효율성을 높여주고, 담화를 경제적으로 운용할 수 있게 해 준다. 이 지식은 말하기 수행 과정에서 가시적으로 드러나는 지식이라기보다는 암시된 지식으로, 평가 맥락에서는 '표현력'이나 '전달 능력', '명료성'과 같은 평가 요소에 잠재되어 나타난다.

개념적 지식은 보다 직접적으로 드러나는 지식이다. 이는 내용 지식과 담화 지식으로 세분해 볼 수 있다. 내용 지식은 경험을 통하여 축적된 지식인데, 화자가 화제(topic)와 관련된 지식을 얼마나 가지고 있느냐의 문제이다. 내용 지식은 말하기에서 말하기의 양이나 질에 영향을 미치는 중요한 요소로서, 평가 맥락에서 '내용의 유창성', '내용의 적합성'과 같은 평가 요소로 평가되어 왔다. 하지만 내용 지식 자체에 대한 직접적인 평가는 국어 교과와 내용 교과의 변별성이라는 제약 때문에 그 동안 많이 배제되어 온 것이 사실이다. 담화 지식은 언어 체계와 언어의 활용에 관련된 지식인데, 이것은 다시 언어 지식과 과제 지식으로 나누어진다. 언어 지식은 문법, 어휘, 발음이나 억양, 강세, 몸짓이나 표정에 관련된 지식으로, 국어과가 언어를 다루는 교과라는 선언적 의미와, 이러한 요소들이 표면적으로 명료하게 드러난다는 특성 때문에 지필 평가나 수행 평가 모두에서 가장 비중 있게 평가되어온 지식이다. 과제 지식은 특정 과제의 상황과 관련된 지식으로 말하기의 목적, 청자나 참여자, 말하기 형식, 과제 수행 상황에 대한 지식을 포함하는데, 지필 평가(예를 들면, '친구에게 알리는 말을 할 때의 내용으로 적합하지 않은 것은?')나, 수행 평가 맥락에서 '목적', '청자 인식', '조직'의 요소로 평가되어 왔다.

전략적 지식은 말하기 절차나 상황에 대한 인식, 그리고 과제와 화자 자신에 대한 인식이나 조정에 관한 지식이라고 할 수 있다. 이러한 지식은 지필 평가나 면담, 설문지(예를 들면, '말하기 내용을 생성하는 방법을 모두 쓰시오/말해 보시오', '자기의 말하기에서 잘하는 점은 무엇이라고 생각하는가?')를 통하여 평가하여 왔다.

그 동안의 말하기 지식 평가는 주로 언어 지식에 치우쳐 왔다. 물론 사회·문화적 지식은 말하기뿐만 아니라 모든 교과 영역에 걸친 포괄적인 지식이며, 내용 지식은 특정 과제에 해당되는 지식이기 때문에 전이도가 낮아 말하기 지식의 본질적인 영역으로 보기 힘든 점은 있다. 하지만 말하기 평가를 통하여 교수-학습으로의 송환에 대한 구체적인 단서를 발견하려면, 그 과제 수행에 영향을 미치는 사회·문화적 지식이나 내용 지식 또한 소홀히 다룰 것은 아니라고 본다. 이러한 지식 요소는 실제 말하기를 수행하는 과정에서 엄격히 분리하여 평가하기 힘든 점이 있다. 예를 들어 '표현력'이라는 말하기 평가 항목은 사회·문화적 지식, 개념적 지식, 전략적 지식을 모두 포함한다. 이는 말하기 과정에서 각 지식 요소들이 유연하게 작용하기 때문이다. 따라서 각각의 지식 요소들은 수행 평가보다는 지필 평가가 더 유용할 수 있다.

(2) 전략 및 기능

말하기에서 의미 전달의 효과를 높이기 위하여 감정을 넣어 말하거나 차례대로 내용을 조직하여 말하거나 다양한 상황에서 목소리를 적절하게 조정하여 효과적으로 말하는 것 등의 말하기에는 말하기 지식 뿐만 아니라 전략이나 기능이 직접적인 영향을 미친다. 알고는 있으나 효과적으로 수행하지 못하는 것은 전략이나 기능의 문제와 관련이 있다. 즉, 말하기를 수행하기 위해서는 필요한 지식과 하위 기능들을 도출해 내고, 통합·조정하는 것이 필요하다. 말하기 과정에서 이러한 역할을 담당하는 것이 전략인데, 이는 말하기 과정을 의식적으로 조절하고 통제하는 기제이다. 전략은 정신적인 과정이기 때문에 외형적인 관찰로는 드러나지 않으며, 문제에 대한 반응이나 수행 과정을 통하여 드러난다. 인지 심리학자들은 전략의 반복적 연습을 통하여 자동화되거나 하나의 고정된 구조를 갖게 되면 기능이 될 수 있음을 논의하였다6). 초보적인 화자는 발음, 문법 구조, 형식 등을 일일이 고려하며 말하기를 수행해야 하지만, 능숙한 화자는 이러한 것들이 자동화되어 무의식적으로 나타나기 때문에 기능으로 볼 수 있다. 7차 교육 과정에서는 말하기의 원리 영역에 발성과 발음, 내용 생성, 내용 조직, 표현과 전달로 구분해 놓고 있다. 여기에서 발성과 발음 영역은 자동화시켜야 할 기능 영역이다. 일반적으로 조음 기능과 구어 표상 기능이 자동화되어 있는 화자는 좀더 구조적이거나 의미적인 면에 중점을 둘 수 있게 된다. 내용 생성과 내용 조직, 표현과 전달은 일련의 말하기 과정에서 추출한 내용 요소이다.

말하기나 쓰기와 같은 표현 과정은 주로 정보 처리 과정 모형에 근거하여 설명하여 왔다. 초기에는 말하기나 쓰기 과정을 이해하기, 계획하기, 표현하기의 선조적인 과정으로 이해하였으나, 보그랑데(Beaugrande, 1984)는 언어 표현에서의 정보 처리 과정을 선조적이면서도 인접한 단계들이 상호 작용

---

6) 기능(skill)의 사전적 의미에는 '지식(knowledge)'의 의미와 무엇인가를 잘할 수 있는 '능력(ability)'의 의미가 있다. 천경록(1995)은 '기능'은 내용에 관한 문제가 아니라 내용을 추구하는 방법이며, '기능'의 개념은 언어 능력과 같은 '종합적인 능력의 한 부분을 이루는 하위 능력'를 의미하는 협의의 개념과, '고등 정보 처리 능력'을 의미하는 광의의 개념으로 정리하고 있다. 그리고 기능을 연산 규칙과 같은 규칙 지배적인 문제 해결의 논리로, 전략을 애매한 정보 처리 과정에서의 의사 결정 논리로 설명하고 있다. 본고에서는 이러한 관점에서 기능(skill)의 의미를 '고정성과 자동성의 특성을 지닌 능력을 이루는 하위 요소'로 간주한다. 반면에 전략은 '문제 해결을 요하는 특정 상황에서 유연성, 통합성, 발견성의 특성을 지니는 목적 지향적인 행위'로 규정한다.

하는 평행적 과정으로 이해하고 그 단계를 계획하기, 사고 생성하기, 아이디어 생성하기, 표현하기(아이디어를 언어적 표현으로 전환하는 단계), 구문으로 배열하기(구두 표현 양식에 맞추어 내용을 배열하기), 음성이나 문자로 선조화하기(실제의 발화 행위)로 나누었다. 플라워와 헤이즈(Flower & Hayes, 1984)는 작문 과정을 계획하기, 전사하기, 고쳐 쓰기로 삼분하고, 이러한 과정에 필자의 장기 기억과 과제 환경이 역동적으로 개입하고, 필자의 자기 조정하기를 통하여 이러한 과정이 순환되는 것으로 파악하고 있다.

하지만 쓰기에서는 거시적 차원의 과정이 강조되지만, 청자나 상황 맥락과의 직접적인 상호 작용을 전제로 하는 말하기에서는 미시적 차원의 과정이 좀더 강조된다7). 예를 들어 하나의 문제를 해결하기 위한 토의 상황에서 말하기는 쓰기에서처럼 거시적인 차원의 계획하기, 생성하기, 정리하기의 과정을 상정해 볼 수 있지만, 청자와의 상호 작용 속에서 이루어지는 계획하기, 생성하기, 전달하기가 역동적으로 반복되는 미시적 차원의 과정이 보다 중요하다. 말하기의 선조성이라는 특성을 감안한다면, 평행적 모형은 미시적 차원의 말하기 과정을 설명해 주는 것으로 일면 타당한 점이 있다. 본고에서는 하나의 목표를 향해 가는 거시적 차원의 말하기 과정이 미시적 차원의 작동으로 완성되어 간다는 점을 염두에 두고, 말하기 과정을 크게 계획하기, 생성하기, 전달하기로 나누어 살피고자 한다.

계획하기 단계는 과제 환경을 인식하고, 이에 필요한 정신적이고 물리적인 자료를 준비하고, 하위 단계들에 대한 계획을 세우는 단계이다. 말하기에서 계획하기의 비중은 과제에 따라 큰 차이를 보인다. 예를 들어 일방

---

7) 물론 이는 말하기의 유형에 따라 다를 수 있다. 일방적인 연설이나 계획된 면담의 경우에는 거시적인 과정이 중요시될 수 있다.

적인 연설이나 계획된 면담의 경우에는 쓰기에서처럼 체계적인 계획하기가 가능하지만 토론이나 대화의 경우에는 계획하기가 매우 즉흥적이고 순간적으로 이루어진다. 하지만 그것이 어떠한 경우에 이루어지든 대체로 능숙한 화자는 계획하기 단계에서 해결해야 할 문제를 정확하게 규정짓고, 목적을 분명히 하며, 화제를 초점화시키고, 목적에 맞는 자료를 탐색하며, 하위 요소의 조직에 대한 전체 구도를 세운다.

생성 및 조직하기 단계는 기억이나 외부 자료로부터 적절한 내용을 도출하고, 통사적 지식과 화용적 지식을 동원하여 배열하고, 구어의 규칙대로 조직하고, 정교화하는 전략이다. 능숙한 화자는 상황 맥락이나 청자의 반응에 근거하여 그 때 그 때 전략을 적절하게 조정해 가면서 아이디어를 산출할 수 있는 단서를 계속적으로 확보하는 반면 이러한 전략을 가지지 못한 화자는 정보가 기억나지 않으면 말하기를 멈추거나 내용 구조가 산만해지고, 심리 상태가 불안정해지게 된다.

표현 및 전달하기 단계는 언어적 처리를 통하여 실제 음성으로 발화하는 단계이다. 이는 청자나 상황 맥락에 근거하여 계획을 점검하고, 새로운 아이디어를 생성하고, 말한 내용을 수정하는 활동이 반복적으로 일어나는 복잡한 과정이다. 도입하기 전략, 비언어적 표현 전략, 점검 및 조정하기 전략, 언어 조절 전략, 질문하기 전략, 화제 전환 전략, 입장 지지하기나 방어하기 전략 등이 모두 이에 해당한다.

초인지는 이러한 일련의 과정 속에서 직면하는 문제 해결을 위하여 필요한 지식을 동원하고, 전략을 선택하고, 그 전략을 수행하기 위해 요구되는 기능을 적절하게 통합하여 운용할 수 있게 한다. 따라서 말하기 과정은 곧 사고의 과정이며, 화자는 자기 조정 행위를 통하여 문제 해결을 시도하게 된다. 따라서 화자가 어떠한 말하기 전략을 사용하는지, 또는 초인지적 지식을 얼마나 잘 동원할 수 있는지가 말하기 능력의 중요한 변인이 된다.

(3) 태도

7차 국어과 교육 과정의 내용 영역으로 자리하고 있는 '태도'는 말하기에 대한 '동기, 흥미, 습관, 자세, 태도, 가치'를 포함한, 정의적 영역을 나타내는 포괄적인 범주 이름이다. '동기'는 사람으로 하여금 행동을 일으키게 하는 심리적 요소이며, '습관'은 반복의 결과로 굳어진 심리적, 신체적 경향이나 버릇이다. '흥미'란 말하기 영역이나 특정 말하기 과제에 대한 일종의 관심이며, '자세'란 학습자가 가지는 외적 몸가짐이며, '태도'란 내적인 마음가짐이다8). '가치'는 두 가지의 의미를 지니고 있는데, 하나는 주체가 가진 속성의 의미이고, 다른 하나는 어떤 사물에 대하여 주체가 판단하는 일종의 신념이다. 태도를 구성하는 이러한 요소들이 가르치고 학습할 수 있는 대상이 되는지에 대한 논의와 상관없이 말하기 행동의 변화를 가져온다는 측면에서 중요한 말하기 평가 요소가 된다9). 예를 들어서 평소 준비하여 말하는 습관을 가지거나 자신의 감정을 자주 나누는 습관을 가진 학생은 말하기 능력의 향상을 가져올 수 있다. 공손한 자세로 말하는 것은 상대방의 주의 집중과 호감을 유발하여 의사 소통 목적을 보다 용이하게

---

8) 박민수(1999: 61)는 '자세'의 개념에서, 특히 '마음가짐'을 정의 학습 목표 요소로서의 '태도'로 간주하고 있다. 하지만 김은성(1999)은 범주명으로서의 '태도' 개념과는 별도로, '국어에 대한 태도' 정의에서 가치의 측면까지 포함하는 광의의 태도 개념으로 보아야 온전한 의미 전달이 가능하다고 하였다. 하지만 본고에서는 평가 요소의 범주화와 평가 가능성이라는 측면에서, 학습 목표 요소로서의 '태도'를 지지하며, 이 때의 '태도'는 '내적인 마음가짐'을 뜻한다. 이하 태도는 범주명을 의미하고, '태도'는 학습 목표 요소를 의미한다.

9) 타일러(Tyler)는 정의적 학습의 요소 분류에서 학습의 수단이 되는 요소로 흥미, 불안, 자기 존중, 통제 요소로 들고 있고, 학습의 목표가 되는 요소로서 태도와 가치를 들고 있다(박민수(1994: 58에서 재인용). 이러한 관점에서 보면 태도, 자세, 습관, 가치는 교육의 대상이 된다고 볼 수 있으나, 흥미나 동기가 교육의 대상이 될 수 있는 지에 대해서는 추가 논의가 필요하다.

달성할 수 있게 해 준다. 역으로 말하기 능력이 우수한 학생은 자신감 있게 말할 수 있고, 말하기에 더욱 흥미를 가질 수도 있다. 따라서 말하기 교육에서 태도 영역은 중요한 교수-학습 내용이자 평가 요소이다. 이는 말하기가 직접 대면성을 전제로 하고 있고, 인간 관계를 형성하는 가장 직접적인 수단이라는 점에서 더욱 그러하다.

태도는 말하기 수행을 관찰하거나 면담, 체크리스, 자기 보고 등을 통하여 평가가 가능하다. 태도 영역은 따로 평가하기 보다는 실제 말하기 수행 맥락에서 이루어지는 것이 보다 타당할 것이다. 지적 행동 특성과 정의적 행동 특성은 배타적으로 변화하는 것이 아니라 서로 인과적인 역동 관계 속에서 변하며, 한 쪽의 변화는 다른 쪽의 변화에 영향을 미친다(황정규, 1984: 51). 태도 평가는 개별 활동을 관찰하여 평가할 수도 있겠지만, 소집단 활동 맥락에서 보다 용이하게 평가를 할 수 있다. '듣는 사람을 바라보며 분명한 목소리로 말할 수 있다'라는 평가 목표에서 평가할 수 있는 태도 요소를 추출해 보기로 하자. 화자가 고개를 숙이고 말한다면 이는 말하기 '자세'의 문제이며, 다른 사람이 말하는 도중에 끼어 든다면, 이는 말하기 '태도'의 문제이다. 말투나 말하는 내용의 관찰을 통하여 역시 내면의 가치나 태도, 신념을 추론해 볼 수 있다. 화자의 말은 청자에게 전하는 메시지뿐만 아니라 청자에 대한 태도, 가치, 신념을 포함하고 있기 때문이다. 그리고 말하기에 대한 적극적인 참여와 노력 정도를 보고 '흥미'나 '동기'를 추론할 수 있으며, 지속적인 관찰을 통하여 '습관' 요소를 평가할 수 있다.

다. 수사적 요소 평가 범주

말을 잘한다는 것은 결국 생각을 명확하고 재미있고, 적절하게 표현하는 것을 말한다. 따라서 말을 잘하려면 목소리, 청자 인식, 비언어적 요소, 말하기의 내용, 어휘 등이 말하기 상황에 적절해야 한다. 따라서 여기에서는 말하기 행위를 구성하는 이러한 제 요소를 평가 내용으로 보고 각각에 대하여 살펴보기로 한다.

(1) 내용 요소

말하기는 내용을 항상 수반한다. 말하기의 목적을 명확히 제시하는가, 주제를 초점화시키는가, 내용이 조직적인가 하는 것이 내용 측면에서의 평가 초점이다. 따라서 말을 할 때 주제를 전개하거나 하나의 화제에 대하여 정해진 시간 안에 말하려고 할 때는 철저한 계획이 필요하다. 화자가 농담으로 하든, 진지한 이야기를 하든, 청자는 일단 그것을 주의 깊게 들을 만한 가치가 있는 것으로 간주하기 때문에 말한 내용에 대하여 책임감을 가져야 한다. 내용 요소에 대한 송환 방법은 평가 시의 대화나 발표를 녹음해서 그것을 다시 학생들에게 들려줌으로써 자신의 내용과 내용 조직을 살필 수 있도록 도와주는 것이다. 생각 그물과 같은 간단한 도식으로 칠판에 나타내어 주는 것도 말하기의 내용의 조직이나 차례를 반성적으로 검토하는 데 도움이 될 수 있다.

말하는 내용과 관련지어 어휘는 정확하고 다양한 의사 소통을 할 수 있도록 해 주기 때문에 중요한 평가 요소이다. 낱말은 사물에 대한 상징 기호이면서 개념을 포함하고 있다. 말하기에서 풍부한 어휘 구사력은 다양한 언어 경험의 영향을 받는다. 보고, 듣고, 느끼고, 만지고, 맛보고, 냄새를 맡는 감각적 경험들은 개념 형성을 자극한다. 어린이들은 풍부한 경험을 바탕으로 하여 낱말을 연상할 수 있어야 한다. 또 지각한 것을 분석하고 그것을 언어적 기호를 표현하는 데 익숙해져야 한다. 예를 들면 어린이들은 개구리를 보자마자 그것의 크기나 모양, 껍질, 움직이는 방법, 사는 곳, 먹이를 먹는 모습 등에 관하여 말할 수 있다. 이러한 경험은 단순히 개구리를 바라보는 것 이상의 의미 있는 경험을 줄 수 있다. 어휘력이 부족한 학생의 경우 풍부한 직접 경험도 필요하지만 문학 작품 읽기도 어휘 확장에 긍정적인 효과를 주므로 독서를 장려한다. 이를 통하여 어린이들은 어휘의 확장을 이해하고 어휘를 통하여 함축된 의미를 표현하는 방법을 학습할 수 있다. 낱말들로 수수께끼, 퀴즈, 말놀이를 하는 것도 낱말에 대한 관심을 자극하고 어휘력 발달에 도움이 된다.

(2) 발음과 목소리

좋은 말하기는 또렷하고 분명하게 말하는 것이고, 여기에는 발음, 억양, 음색, 빠르기와 같은 것들이 포함된다. 말을 할 때는 발음이 분명해야 하고, 목소리는 밝은 소리를 만들어 내도록 조절할 수 있어야 하며, 빠르기는 말하기 수행 상황에 따라 다르지만 너무 급하게 서두르거나 지나치게 느슨해지지 않도록 해야 한다. 대부분의 학생들은 자신의 발음이나 목소리를 그렇게 의식하지 않는다. 발음이나 목소리를 개선하고자 하는 의지는 자신의 말하기 습관을 반성적으로 돌아보는 데서 생긴다. 다양한 말하기 유형을 경험하고 어떤 음성이 듣기 좋은가에 대하여 브레인스토밍을 해 보게 하는 것은 자신의 발음이나 목소리를 반성적으로 돌아보는 데 도움이 된다. 또한 텔레비전이나 라디오에 등장하는 배우나 아나운서의 말, 또는 어린이 프로그램 녹화 자료들은 자신의 발음이나 목소리에서 부족한 부분을 개선할 수 있는 시사점이나 단서를 줄 수 있으므로 적절히 활용한다.

평가를 통하여 학생들이 말하기에 대하여 부담을 가지고 말을 더듬거리거나 불안함을 보일 경우 우선 자신을 정상적이고 긍정적으로 수용할 수 있도록 격려하는 것이 필요하다. 교사가 일방적으로 말을 자꾸 가르치려고 한다거나 더듬거리지 않음을 칭찬하는 것은 별로 도움이 되지 않는다. 이러한 행동은 교사가 더듬거리지 않는 것을 더 좋아한다는 인식을 심어 주게 되고, 이것은 학생들의 두려움을 오히려 증가시키는 결과를 가져올 수도 있다.

(3) 비언어적 의사 소통

비언어적 표현의 평가도 말하기에서는 매우 중요하다. 예를 들면 모욕적이거나 지나치게 겸손한 말투는 청자에게 부정적인 태도를 형성시키며, 화자를 불신하게 만들고, 또 쓸데없는 잔소리로 들리게 하며, 지시적이고 단호한 말하기는 자신감을 나타내고, 청유형의 말투는 개방성의 표시이며 논쟁거리를 불러일으키기도 한다. 어린이들은 말하기에서 비언어적 의사 소통 요소를 인식하고, 말할 때 비언어적 표현을 효과적으로 사용하는 방법을 학습해야 한다. 말하기에서 비언어적 의사 소통 요소로는 태도나 말투, 얼굴 표정, 눈빛, 몸짓 등이 있다.

말하기 태도나 말투는 상황과 밀접한 관계가 있다. 어린이가 학급 전체를 대상을 발표를 할 때는 공손한 태도로 말하고, 전체 급우들 앞에서 발표를 할 때는 똑바로 서서 발표한다. 의논을 할 때에는 책상 주위에 모여서 할 수도 있고 바닥에 앉아서 할 수도 있다. 얼굴 표정은 비언어적 요소의 중요한 한 측면이다. 그것은 화자가 말하고 있는 내용에 대하여 청자가 어떻게 느끼고 있는가를 나타내어 주고, 화자가 다른 사람들에게 어떤 태도로 이야기하고 있는가를 나타내어 준다. 눈빛을 보는 것은 청자로 하여금 화자의 본래 의도를 알 수 있게 해 주고, 화자가 청자에게 개인적으로 표현하는 것을 알 수 있게 해 준다. 그리고 생동감 있는 표현은 적극적인 관심과 참여를 유도할 수 있다. 어린이들은 비언어적인 의사 소통의 방법으로 특별히 강조하고 싶은 부분이 있을 때에는 자주 몸짓을 사용하게 된다. 이러한 비언어적 요소의 사용이 부족할 경우, 그것이 이야기 내용에 대한 의미를 효과적으로 전달하는 데 도움이 된다는 사실을 인식시키고, 말하기에 자신감을 가질 수 있도록 해 주어야 한다. 그러나 그것이 말하는 내용을 흐리게 하거나 불필요한 습관이 되지 않도록 유의한다.

(4) 청자 인식

말하기에서는 청자의 입장을 항상 고려할 수 있어야 하고 정보나 생각을 자세하게 표현하는 방법을 알고 있어야 한다. 능숙한 화자는 말하기의 목적에 대해서 인식하고 있고 청자를 고려하면서 그들의 생각을 효과적으로 나타내는 방법을 알고 있다. 즉, 청자의 반응이나 상황에 따라 융통성 있게 말할 수 있고, 상황에 맞게 자신의 말투와 어조를 조정할 수 있다. 그리고 말한 내용이 청자에게 유익했는가를 검증할 수 있다. 자기 중심적인 사고를 많이 하는 초등학교 단계에서는 학생들의 청자 인식 능력이 부족하다. 따라서 말하기를 정보 전달보다는 오히려 자기 표현의 수단으로 삼게 된다. 청자의 인식 능력이 부족한 학생은 청자의 반응을 살피는 훈련이 필요하다. 그리고 청자 집단의 크기에 따라 학생들은 실내 또는 실외에 따라 목소리를 부드럽게 또는 더 크게 조정하는 학습이 필요하다.

3. 말하기 평가 방법

가. 평가 상황

말하기나 듣기는 읽기나 쓰기에 비하여 상황성이 중요시된다. 일시성과 소멸성이라는 특성 때문에 말하기 상황은 곧 평가 상황이라는 점에서 말하기나 듣기 평가에서는 평가 상황을 설정하는 것이 중요하다. 말하기 평가 상황은 곧 듣기 평가 상황이 되기도 하는데, 여기에서는 말하기 중심의 평가 상황만 살펴보기로 한다.

(1) 광고나 설명

광고나 설명은 명확하고 간결한 언어 사용을 요구하며 사실에 근거해야 한다. 광고는 다양한 내용을 가질 수 있는데, 예를 들면 분실물 찾는 광고, 공익 광고, 상품 선전 광고 등이 있다. 학생들은 각각의 상황에서 어떤 정보들이 필요한가를 우선 잘 살펴야 한다. 모의 광고 방송은 말하기 평가 상황이 된다. 만약 전자 방송 기기가 있다면 좀더 실제적인 상황에서 평가할 수 있을 것이다.

설명은 생활에서 사용하는 말하기 상황이므로 평가 상황으로도 중요한 비중을 차지한다. 설명의 대상으로는 녹음기나 컴퓨터의 조작 방법, 바람개비나 문집과 같은 물건의 제작 방법, 바둑이나 축구와 같은 게임 방법, 시청각실이나 급식실을 이용하는 방법, 사육 동물을 돌보는 방법 등을 포함하고 있다. 설명은 광고와 비슷하지만 광고보다는 더 많은 해설을 필요로 한다.

(2) 이야기 구연

동화 구연은 동작이나 표정보다는 주로 목소리를 통해서 잘 전달하는 것이기 때문에 극 활동과는 구분된다. 이야기 구연을 통한 평가는 평가 목적이나 상황에 따라 이미 존재하는 이야기나 에피소드를 대상으로 할 수도 있고 지어내서 할 수도 있으며, 공동 구연의 방법으로 할 수도 있고 혼자서 할 수도 있다. 학생들은 이야기의 내용과 주인공의 성격을 잘 이해하고 있을 때 목소리를 효과적으로 사용할 수 있게 되고 똑똑하게 발음할 수 있으므로 문학과 말하기를 통합적으로 평가할 수도 있을 것이다. 만약 말하기와 문학 창작 영역과 통합 평가를 하는 측면에서 학생들 스스로 이야기를 지어서 구연하게 할 경우에는 주인공은 누구로 할 것이며, 일이 일어난 장소는 어디로 할 것이며, 플롯은 어떻게 구성하고, 결말은 어떻게 맺을 것인가에 대한 안내가 필요하다. 그리고 사전에 구연 연습을 한 후에 평가를 실시하는 것이 좋다. 학생들이 이야기에 대한 내용을 충분히 생각을 하고 난 다음 그것을 다른 사람에게 이야기를 해야 원하는 반응을 얻고 자기 성취감도 느낄 수 있을 것이다. 그리고 학생들의 구연 결과를 테이프에 녹음해 두었다가 그것을 다시 들어보게 함으로써 자기 평가의 기회를 주는 것도 좋다. 가능하면 이야기를 소집단에서 함께 들어보고 플롯을 좀더 잘 구성할 수 있는 방법, 감정을 좀더 풍부하게 넣어 목소리를 내는 방법, 짜임새 있게 사건을 구연하는 방법, 그리고 좀더 알맞은 낱말을 구사하는 방법들을 모색해 보는 것도 평가 결과를 송환하는 하나의 방법이다.

(3) 발표

발표는 학생들이 학교에서 가장 흔히 경험하는 말하기 상황이다. 발표 상황에서 평가할 수 있는 요소로는 목적 설정과 화제 선정 능력, 주제와 관련된 예시나 근거 자료의 제시, 효과적인 도입과 결론, 청중에 호소할 수 있는 언어와 어휘 사용, 청중의 관심을 끌고 신뢰성을 주기 위한 비언어적 표현의 사용 등이 있다.

학교에서의 발표 시간을 말하기 평가와 학생들의 바람직한 말하기, 듣기 습관을 형성시키는 기회로 활용한다면 말하기 듣기 능력 신장에 도움이 될 것이다. 그렇지만 발표는 청중을 항상 전제하고 있으므로 말하기 평가에서 좀더 재미있고 적극적인 발표를 유도하려면 별도의 계획이 필요하다. 학생들의 말하는 내용이 별 의미를 가지지 못하거나 쓸데없이 동일한 내용을 반복할 우려가 있을 때는 교사가 다양한 주제를 미리 제시해 줄 수도 있다. 발표 시간에 교사는 화자에게 세심한 주의와 관심을 기울임으로써 바람직한 청자의 본보기가 될 수 있어야 한다.

사회과나 과학과 같은 내용 교과 수업에서 조사 발표 등은 좀더 형식적인 상황에서 평가할 수 있는 상황이다. 이리한 형식의 발표는 먼저 말할 내용에 대한 자료를 수집하고 내용을 마련하고 보고 방법에 대한 의논과 연습을 거쳐 최종적으로 발표가 이루어지므로 쓰기나 읽기와 같은 영역과 통합적으로 평가할 수도 있을 것이다. 이러한 발표는 삽화, 차트, 그래프, 지도 등의 보조 자료나 실물 화상기나 비디오와 같은 학습 도구를 사용할 수도 있고, 하나의 주제를 분담하여 자기가 맡은 부분을 발표할 수도 있다. 이러한 과정에서 학생들은 요약하고 분류하고 정보를 관련짓는 사고 경험을 가진다.

(4) 회의

대부분의 학급에서는 학급 내의 문제를 다루는 회의를 일주일에 한두 번 개최한다. 정기적으로 개최되는 회의를 통하여 학생들은 민주적인 절차에 참여할 수 있고 간단한 회의 규칙을 학습할 수 있다. 교사에게는 공식적인 상황에서 학생들의 말하기 능력을 평가할 수 있는 적절한 기회이기도 하다. 발음, 내용, 청자 인식과 같은 일반적인 말하기 요소 뿐만 아니라 상대방을 설득하기, 타당한 근거나 이유를 제시하기, 상대방의 발언을 존중하기, 자발적으로 말하기에 참여하는 태도, 회의 규칙과 회의 형식에 맞게 말하기 등도 평가할 수 있다.

(5) 역할극

역할극은 의식적인 말하기를 평가할 수 있는 상황이다. 즉, 역할극은 학생들이 학습하는 언어를 실제로 사용할 수 있는 기회를 주므로 유의미한 평가 상황이 될 수 있다. 역할극의 장면이나 대사를 직접 만들 경우, 말할 내용을 준비하면서 장면이나 분위기를 연상하게 되고, 말하는 내용이나 상황을 보다 정교화하고, 그 상황에서 어떠한 내용을 어떤 방식으로 전달해야 보다 효과적인가에 대한 방법적인 측면도 탐구할 수 있다. 실제 역할 수행 과정에서 학습자의 그러한 탐구 결과들이 드러나므로 교사는 자연스럽게 내용 생성이나 표현 및 전달과 관련한 말하기 기능을 평가할 수 있다.

나. 말하기 평가 방법

국어과 평가에서 평가 방법 자체에 대한 논의는 다른 부분에 비해서 비교적 꾸준히 논의되어 왔다고 보고, 본고에서는 말하기 평가에서 중요하다고 여겨지는 자기 평가, 상호 평가, 관찰 평가, 면담 평가, 포트폴리오 평가에 대해서만 살펴보기로 한다. 말하기 능력은 다양한 의사 소통 상황에서 각기 달리 나타날 수 있으므로 하나의 평가로 그것을 완벽하게 판단한다는 것은 불가능하다. 따라서 다양하면서도 보편성이 있는 말하기 과제를 얼마나 잘 수행하느냐를 다양한 방법으로 평가해야 한다.

(1) 관찰 평가

말하기 수행 평가는 설계하고 실행하는 데 따른 어려움 때문에 소외되어 온 것이 사실이다. 이러한 어려움을 감안한다면, 말하기 평가에서 관찰은 실제적인 상황에서 지식, 태도, 기능이나 전략을 평가함으로써 인위적인 평가 과정에서 나타나지 않는 정보를 얻을 수 있고, 관찰 결과를 즉시 송환해 줄 수 있는 이점이 있다. 교사는 교실이나 운동장, 강당 등에서 짝 활동, 소집단 활동, 학급 전체 활동의 관찰을 통하여 말하기를 평가하고 송환할 수 있는 다양한 기회를 가질 수 있다. 말하기는 일시적이므로 결과물의 녹음이나 전사에 따르는 엄청난 부담을 줄이려면 관찰 평가 중에서도 체크리스트를 유용하게 활용할 필요가 있다. 다음은 관찰 시에 활용할 수 있는 체크리스트 항목의 예시이다.

> ○ 화자가 청자의 주의를 집중시킬 수 있는가?
> ○ 화자가 명확한 주제를 가지고 있는가?
> ○ 화자가 주제의 핵심을 바르게 표현하는가?
> ○ 화자가 요점을 알고 그 근거를 바르게 제시하는가?
> ○ 화자가 정보나 생각을 명확히 하기 위하여 예를 들어가며 설명하는가?
> ○ 화자가 말했던 내용의 가치를 떨어뜨리는 좋지 못한 말하기 습관을 가지고 있는가?

각 문항의 답에 대해서 분석해 보고 그 원인을 찾아보는 것이 중요하다. 예를 들면 첫 번째 항목에 대해서 '아니오'라고 답했다면 어린이들은 왜 청자가 흥미를 잃었는지 그 이유를 발견할 수 있도록 노력해야 할 것이다.

그것이 흥미 없는 주제였는지, 아니면 이야기가 너무 길지는 않았는지, 목소리가 너무 단조롭지는 않았는지 생각해 볼 일이다.

(2) 자기 평가

구성주의 관점이 대두되면서 최근에는 학습자의 주도성 증진이 중요한 평가 목적의 하나로 떠오르고 있다. 자기 주도성이란 스스로 학습 과정이나 결과를 점검하고, 평가하여 이를 더 나은 방향으로 통제하고 조정해 나가는 것인데, 이러한 자기 주도성을 증진시킬 수 있는 가장 효과적인 방법이 바로 자기 평가이다.

말하기에서 자기 평가 능력을 길러줄 수 있는 방법은 다음과 같다. 첫째, 말하기는 읽기나 쓰기에 비하여 직접적이고, 행위적이며, 그 반응이 즉각적이다. 이는 말하기 평가가 학습자에게 심리적으로 미치는 영향이 크다는 것을 의미한다. 따라서 어떤 오류를 직접적으로 지적하기보다는 간접적으로 암시함으로써 스스로 문제를 발견할 수 있도록 해 주는 것이 자기 평가 능력을 기르는 데 보다 도움이 된다. 교사가 다음과 같은 자기 평가 질문을 안내하는 것은 학습자에게 간접적인 송환을 줄 수 있다.

○ 말하기의 목적은 무엇이었는가?
○ 목적을 달성하였다고 생각하는가?
○ 말하고자 하는 내용을 분명히 전달하였다고 생각하는가?
○ 말한 내용과 요점을 청자가 잘 이해하였다고 생각하는가?
○ 알맞은 높낮이와 빠르기로 말하고 바르게 발음하였는가?
○ 얼굴 표정, 손짓, 몸짓 등 비언어적 표현을 적절히 사용하였는가?
○ 말하기에서 가장 잘된 점은 무엇인가?
○ 다음의 말하기에서 개선할 점은 무엇인가?

둘째, 동료 관찰, 녹음된 말하기 결과 공유하기, 교사의 말하기 평가 질문을 사용하기, 자기 평가 질문 생성하기와 같은 자기 평가 방법들을 스스로 터득할 수 있도록 안내한다. 말하기 평가에서는 단순히 자신의 말하기를 재생하여 들어보는 것만으로도 자기 평가가 될 수 있다. 셋째, '네 말하기에서 장점은 무엇이라고 생각하니?'와 같은 질문을 제기함으로써, 자기 평가를 도울 수 있다. 넷째, 말하기에서 자기 평가의 중요성과 스스로를 좋은 평가자로 인식하게 함으로써 자기 평가를 강화할 수 있다. 자기 평가는 유능한 화자 특성 중의 하나라는 사실을 알게 될 때, 학습자는 보다 적극적인 자기 평가자가 될 수 있다.

자기 평가 방법은 교사가 인식하지 못했던 학생들의 말하기 특성이나 양상을 파악할 수 있다는 점, 말하기 학습에 대한 동기를 유발할 수 있다는 점, 교사의 측면에서 시행 및 결과 분석이 쉽다는 점, 점수로 환산되지 않아 심적 부담을 적게 가진다는 장점이 있다. 하지만 즉흥적인 반응이 나타날 수 있다는 점, 교사의 평가 의도를 충분히 만족시킬 수 없다는 점, 반응의 진실성을 보장하지 못한다는 점을 문제점으로 지적해 볼 수 있다. 이러한 문제들을 해결하기 위해서는 자기 평가 요소나 관점을 교사가 미리 제시해 주고, 자기 평가를 할 수 있는 시간을 부여하고, 학습자 스스로 목표를 설정하고, 이를 근거로 평가해 보게 한다.

말하기에서의 자기 평가는 즉각적으로 이루어질 수도 있지만, 초등학교 학생들은 과제 수행 자체에 상당한 인지적 부담을 가지기 때문에 수행한 과제를 녹음하고, 이를 다시 재생하여 점검하는 과정에서 이루어져야 한다. 이를 위해서는 녹음기나 비디오가 갖추어져야 하고, 학생들의 기계 조작 능력이 필요하다는 점에서 다소 어려운 점이 있다. 따라서 학급에서 일제히 자기 평가 경험을 제공하기보다는 몇 명씩 분산하여 평가해 보게 하거나 가정과 연계한 평가 방안을 모색해야 한다.

(3) 상호 평가

상호 평가는 협의 평가의 일종으로 학습자끼리의 평가를 말한다. 말하기 상호 평가는 말하기 과정 및 결과에 대하여 학습자가 비판적으로 점검할 수 있도록 장려하고 지도하는 효율적인 전략이 된다. 상호 평가 중에 학생들은 말하기 시범을 보이기도 하고, 그들이 직면한 문제를 해결하기 위하여 학습 과정이나 방법을 설명하기도 한다. 학생들은 듣고, 질문하고, 논평하고, 설명함으로써 스스로를 학습의 주체로 인식해 간다.

말하기에서 상호 평가의 장점은 음성적 상호 작용자체가 의사 소통 활동이면서 평가 도구라는 점, 상대방의 시선을 의식하여 말하기 수업에 적극적으로 임할 수 있다는 점이다. 하지만 특별한 경우를 제외하고는 대부분 전사나 녹음을 해서 평가해야 한다는 점, 동료에 대한 선입견이 말한 결과에 대한 기억보다는 더 크게 작용할 수 있다는 점이다. 또한 말하기 상호 평가에서는 물리적인 소음이 평가를 방해하는 경우가 많다. 하지만 더 문제가 되는 것은 동일한 현상을 두고 서로 다른 해석을 끌어내는 동료 평가자의 이른 바 '심리적 소음'이다. 이는 과제 수행 결과에 대한 지각의 문제이다. 지각이란 '어떤 사실, 대상, 현상을 인식하는 것'이다. 오히려 물리적인 소음은 쉽게 통제가 되지만, 이러한 지각은 쉽게 통제하기 어렵다는 점에서 상호 평가는 근원적으로 신뢰도의 문제를 야기한다. 평가자는 말하기를 실제 그대로 감지하지 않고 자기의 기대나 욕구, 가치, 또는 특정 맥락에 따라 왜곡하여 해석할 우려가 많은데, 이럴 경우 타당도와 신뢰도가 떨어진다. 또 개인적 친분에 따라 일방적으로 긍정적이거나 부정적인 반응을 보일 수 있고, 경쟁이나 감시의 분위기를 조성할 수 있다는 단점도 있다. 모둠별 상호 평가는 주관성의 개입이 우려되는 말하기 평가에서 보다 유용하게 활용될 수 있다. 그리고 필요할 경우 교사가 평가 초점을 미리 제시해 주고 이를 표시하도록 하는 방법, 교사가 평가 방법을 미리 시범 보이는 방법으로 이러한 문제점을 보완할 수 있을 것이다.

(4) 면담 평가

면담 평가는 평가자와 학생이 얼굴을 맞대고 대화 형식으로 나누는 평가 기법이다. 말하기 평가에서 면담법의 적용을 위해서는 평가자와 학생간에 신뢰감이 형성되어야 하고, 알맞은 상황과 분위기가 전제되어야 한다. 말하기에서 면담 평가는 그것이 정보를 추출하기 위한 평가 도구이면서 동시에 평가를 위한 하나의 상황을 제공해 준다는 점에서 읽기나 쓰기에서의 면담 평가와는 차이가 있다. 따라서 말하기에서 면담 평가는 질문을 통하여 말하기 지식과 태도를 알아볼 수 있을 뿐만 아니라, 질문에 정확히 반응하는 능력, 발음, 강세, 억양, 문법 구조를 활용하는 능력, 관습에 적합한 예법 등을 직접 평가할 수 있다. 따라서 면담 평가는 말하기 평가로 매우 유용한 방법이다. 예를 들면 다음과 같은 과제를 면담 평가에서 활용해 볼 수 있을 것이다.

> o 1단계: 각자의 가족, 학교 생활 및 일상 생활 등에 관하여 자유롭게 말하여 보게 한다.
> o 2단계: 자신의 생활, 가정, 공부, 그리고 관심 분야에 대하여 간단하게 말하여 보게 한다.
> o 3단계: 한 두 가지의 익숙한 화제를 초점화시켜 이야기를 나눈다.
> o 4단계: 실제로 평가하고자 하는 화제에 대하여 이야기를 나눈다.
> o 5단계: 특정 화제에 대하여 해결 방안과 앞으로의 전망을 말하여 보게 한다.

이렇게 세트화 된 평가 과제는 하나의 평가 맥락에서 단편적으로 이루어지는 말하기 평가를 보완할 수 있고, 화자의 말하기 능력을 명확하게 드러내 줄 수 있으며, 화자의 지식, 기능이나 전략, 태도에 대하여 보다 풍부한 정보를 제공해 줄 수 있다. 저학년 수준에서는 '1. 좋아하는 음식은 무엇인가? 그것을 좋아하는 이유는 무엇인가?,' '2. 가장 좋아하는 운동 경기는 무엇인가? 그 경기를 좋아하는 이유는 무엇인가?'등과 같은 문항을 제시할 수도 있다. 이를 통하여 질문에 알맞은 내용으로 반응하는 능력, 타당하고 구체적인 이유를 제시하는 능력, 목소리의 크기나 빠르기를 적당하게 조절하는 능력, 분명한 발음과 적절한 어휘를 사용하는 능력, 의미 단위로 끊어 말하는 능력, 말 끝을 분명히 맺는 태도, 비언어적 표현을 적절하게 사용하는 능력 등을 평가할 수 있다.

그러나 말하기 면담 평가에서는 언어 형식에만 초점을 둔 평가가 되지 않도록 유의해야 하며, 간단한 정답 말하기 식의 평가가 되어서는 곤란하다. 그리고 의미가 잘 전달되지 못했을 때 이를 조정하여 명확하게 하는 것도 말하기 능력 중의 하나라는 것을 염두에 두어야 한다.

다. 평정 방법

말하기 평가 목적과 목표, 내용, 평가 방법의 선정과 과제 설계가 끝나면 평정 척도표를 작성해야 한다. 평정 척도표의 구성은 등급이나 점수, 평가 범주, 평가 범주에 대한 세부 진술로 이루어져 있는데, 여기에서 중요한 것이 평정 방법에 대한 것이다. 음성 담화로 나타나는 말하기 수행 결과에 대한 평정 방법으로는 총체적 접근(holistic approach)과 분리적 접근(atomistic approach)이 있다[10].

(1) 총체적 접근

총체적 접근은 분리적 접근에 대비되는 개념으로 말하기 담화의 결과물을 통일되고 일관성을 갖춘 전체로서 보는 입장을 취하는 평정 방법이다. 이것은 평가 척도를 어떻게 구조화하느냐에 따라 총체적 평정법, 인상적 평정법, 분석적 평정법으로 나누어진다.

총체적 평정법은 말하기 수행 결과를 하나의 전체로서 평정하고, 평가자는 오직 하나의 평가 점수만을 기록한다. 평가 기준과 평가 지침을 미리 설정하지만, 이러한 것들은 수행에 대한 전반적인 인상을 형성하는 간접적인 준거로만 작용한다. 따라서 평가자간 신뢰도가 문제가 될 수 있는데, 객관적인 평가 지침의 마련과 평가자의 훈련이 신뢰도의 약점을 극복할 수 있는 관건이다. 일정 시기의 말하기 능력을 종합적으로 판단해야 하는 총괄 평가에 적합한 평정법이라고 할 수 있다. 총체적 평정법은 평정 척도를 '우수함, 잘함, 보통'의 3단계나 5단계로 설정하고, 그 단계의 특성에 대하여 대강의 진술을 하는 형식으로 구조화되어 있는데, 다음은 발표 상황에서의 총체적 평가 기준 예시이다.

> 우수함 : '잘함'의 기준에 덧붙여 유창하고 세련된 방식으로 전달하며, 청자들의 흥미를 끌었다.
> 잘 함 : 정해진 시간 내에 과제를 완성하고, 말하기의 목적이 분명하고 주제 진술

---

10) Chaney & Burk(1998)는 말하기 결과물에 대한 평정 방법으로 총체적 접근(holistic approach)과 분리적 접근(atomistic approach)을 들고 있다. 그리고 총체적 접근을 평정 척도의 구조에 따라 총체적 평정법(holictic scoring), 일반적 인상 평정법(general impression scoring), 분석적 평정법(analytic scoring)으로 나누고, 분리적 접근을 분석적 평정법(analytic scoring)과 특정 요소만 평가하는 분리적 평정법(atomistic scoring)으로 나누고 있다. 이는 Cooper가 제안한 총체적 평정법(holictic scoring)의 7 가지 유형이나, Huot가 제안안 총체적 평정, 분석적 평정, 주요 특징 평정의 3 가지 유형과 유사하다(이에 대해서는 배향란, 1994: 20을 참고할 것). 본고는 교육 현장에 비교적 적용 가능성이 높은 Chaney & Burk의 제안을 토대로 한다.

이 있으며, 도입, 전개 정리의 구조를 가지고 있고, 청자를 고려하며, 비언
어적 표현을 적절히 사용한다.
　보　통: 말하기의 목적과 주제가 분명하고 도입, 전개, 정리의 구조를 갖추고 있다.

　인상적 평정법은 학생들이 어느 정도 말을 잘 하느냐 하는 것을 순전히
평가자의 주관적인 인상에 의하여 평정하는 방법이다. 흔히 교사가 학급에
서 학생들의 말하기 참여도를 관찰하고 말하기 능력을 주관적으로 판단하
는 경우나, 학생들의 토의를 관찰하고 그 집단의 학생들을 서열화하는 경
우가 이에 해당한다. 이는 평가자마다 중요시하는 기준이 다를 수 있다는
점에서 평가자간 신뢰도가 현저히 떨어지는 측면이 있지만, 학습자의 말하
기 특성이나 능력을 가장 정확하게 알고 있는 사람이 비로 학습자나 교사
라는 점을 감안한다면, 교사 관찰이나 상호 평가, 자기 평가에 적당한 평정
법이다.
　분석적 평정법은 전통적으로 쓰기나 말하기 수행 평가에 많이 활용해
온 방법이다. 이는 평가자의 주관적인 판단을 최소화하기 위하여 말하기
능력을 내용, 조직, 전달, 청자 인식, 목소리와 발음 등의 하위 요소로 나누
어 평정하고, 이를 합산하여 전체적인 말하기 능력을 판단한다. 비유적으
로 표현하자면 '자동차를 만드는데 필요한 부속품을 하나하나 평가해서
자동차의 성능을 판단하는 것'이다. 다음은 알리는 말하기에서 분석적 평
정법의 예이다.

내용 측면
서론: 화제와 말하기의 목적을 분명히 밝힌다. 주의를 끈다.
본론: 강조점이 분명하고 뚜렷하다. 내용이 체계적이고 일관성이 있다. 근거 자
　　　료와 인용이 적절하다. 선택한 내용이 청자 수준에 맞다.
결론: 주요 내용을 요약하고 결론을 맺는다. 청자를 심리적으로 자극한다.

전달 측면

청자 측면: 청자의 배경 지식, 입장, 심리적 상황을 고려하였다. 청자를 고려하여 어휘나 언어를 선택하고 사용하였다. 청자에 대한 예의를 갖추어 표현하였다.

목소리 측면: 적절한 크기, 속도, 억양으로 말하였다. 불필요한 잡음이나 더듬거림이 없이 분명하게 말하였다. 말하는 중에 일시 정지나 침묵의 효과를 잘 살렸다.

비언어적 의사 소통: 몸을 산만하게 움직이거나 허리를 꼬거나 연단에 기대지 않는다. 제스처나 얼굴 표정이 자연스럽다. 시선의 움직임을 말하는 상황에 적절하게 하고 있다.

이 평정법은 말하기 능력을 하위 요소들로 나눔으로써 평가의 신뢰도를 높일 수 있으며, 구체적인 말하기 요소들을 지적함으로써 송환(feedback)을 위한 구체적인 정보를 수집할 수 있어 형성 평가에 유용하다. 하지만 이러한 단순한 요소별 특성을 모은 진술이나 점수의 합산이 말하기 능력을 타당하게 나타내 줄 수 없다는 점, 평가 요소에 대한 구체적인 합의가 없다는 점, 각 요소간의 상호 작용으로 인하여 한 가지 요소가 다른 요소의 평가에 영향을 미치거나 중복 평가할 수 있다는 점, 요소별로 평가를 해야 하기 때문에 시간이 많이 걸린다는 점, 그리고 결정적으로 자동차처럼 말하기 담화에 있는 모든 부속품을 빠뜨리지 않고 모조리 분해해 낼 수 없다는 점이 단점이다.

(2) 분리적 접근

분리적 접근은 전체적인 수행보다는 개별 요소들의 탐구에 관심을 둔다. 즉 점수를 합산하거나 개별 요소들의 평가에 근거하여 종합적인 말하기 능력을 추론하지 않고 다만 평가한 개별 요소 자체에만 관심을 둔다. 비유적으로 표현하자면 '코끼리 코를 만지고 코끼리 코가 길다'는 평가는 하지만, '코끼리가 어떠하다'라는 평가는 하지 않는다. 다음은 분리적 접근에 대한 평가 기준 예시이다.

평가 요소: 말의 더듬거림

5점: 더듬거리지 않고 잘 말한다.
4점: 가끔씩 더듬거리기는 하나 대체로 말은 분명하다.
3점: 말을 하는 중에 산발적으로 더듬거린다.
2점: 상당히 자주 더듬거린다.
1점: 더듬거림으로 인하여 말의 의미가 불분명하다.

위와 같은 접근은 전체적인 말하기 수행에서 특정 지식이나 기능 및 전략, 태도 요소를 분리하여 평정하므로, 단원이나 차시 목표 중심의 평가에 유리하고, 결과를 교수-학습 상황으로 즉각 송환할 수 있다는 점에서 형성 평가에 유리하다. 하지만 전체적인 말하기 능력을 판단하는 데는 한계를 지닌다.

이상에서 각각의 평정 방법은 그 나름대로 장단점을 지니고 있으므로 평가 목적이나 상황에 맞게 수용할 수 있어야 한다. 예를 들어 형성 평가의 성격을 지니는 '되돌아보기'나 지식 영역을 평가하는 데는 총체적 접근의 분석적 평정 방법이나 분리적 접근법이 유용하고, 말하기 성취도 판단이나 정기적으로 말하기 능력의 성장 정도를 평가하기 위해서는 총체적 접근의 총체적 평정법이나 인상적 평정법이 유용하다.

4. 말하기 평가의 실제

가. 예시 <1>

- **평가 활동명**: 파트너 연기
- **평가 수준**: 상황에 맞게 말하기
- **평가 목표**: 상황에 맞는 목소리와 행동으로 나타낼 수 있다.
- **평가 과정**
  ① 연기할 파트너를 정한다.
  ② 두 사람이 다양한 상황을 설정한다.
  ③ 설정한 상황에 맞게 간단한 극본을 만든다.
  ④ 분위기와 맡은 인물의 성격을 살려 알맞은 목소리와 행동으로 표현한다.
  ⑤ 가장 효과적으로 표현한 조를 선정해서 다시 보여준다.
  ⑥ 어떤 점이 특히 효과적이었는지 그 이유를 발표한다.
- **평가 상의 유의점**
  - 너무 복잡한 상황 설정이나 극본이 지나치게 길어지지 않도록 지도한다.
  - 학생들 스스로 상황 설정에 어려움을 겪을 수 있으므로 교사가 미리 상황 설정과 관련되는 몇 가지의 아이디어를 준비한다.

말하기 자료<상황 설정 예시>

o**종업원과 불쾌한 손님**
짜장면을 먹던 손님이 그릇 속에서 머리카락을 발견하였다. 그래서 아주 불쾌한 표정으로 종업원을 불렀다. 손님은 무슨 말을 하고 종업원은 이 상황을 어떻게 해결할까?

o**버스 운전사와 승객**
한 시내 버스에서 종점까지 다 온 운전사는 손님 중 한 사람이 내리지 않고 잠들어 있는 것을 발견하였다. 운전사와 승객은 무슨 말을 하고 어떤 행동을 할까? 연기해 보아라.

o**신문 배달부와 고객**
한 고객이 신문이 배달되지 않았다고 신문 보급소로 전화를 했다. 신문 배달부는 분명히 배달한 것을 기억한다. 과연 어떻게 될까? 고객은 배달부의 말을 믿을까?

나. 예시 <2>

- **평가 활동명**: 책 광고
- **평가 수준**: 효과적으로 광고하기
- **평가 목표**: 재미있게 읽었던 책을 여러 사람에게 효과적으로 소개할 수 있다.
- **평가 과정**
  ① 학생들이 잘 알고 있는 책을 소개한 광고 자료를 가지고 직접 교사가 시범 활동을 해본다.
  ② 재미있게 읽었던 책이나 다른 사람에게 권하고 싶은 책을 소개하는 광고문을 작성한다.
  ③ 광고문의 내용을 살릴 수 있는 광고를 디자인한다.
  ④ 광고문을 여러 사람 앞에서 효과적으로 전달하는 방법을 생각한다.
  ⑤ 작성한 광고를 실물 화상기에 놓고 친구들이 책을 사고 싶은 마음이 들도록 광고 말을 한다.
- **평가 상의 유의점**
  - 2-3 시간 정도의 충분한 시간이 필요하다.
  - 비슷한 유형의 책보다는 다양한 유형의 책을 광고할 수 있도록 사전 지도가 필요하다.
  - 광고하기 단계에서 배경 음악 등을 적절히 활용하면 더욱 실감나는 활동이 된다.

다. 말하기 요소별 평가 활동의 예시

말하기를 구성하는 세부적인 요소에 초점을 맞춘 평가 활동을 예시하면 표 <6-1>와 같다. 이러한 평가 활동은 보다 구체적인 교수-학습 정보를 제공해 줄 수 있을 것이다.

표 <6-1>. <u>말하기 요소별 평가 활동 예시</u>

평가 요소	평가 활동
어휘	**장면 묘사**: 어린이들에게 시간을 주고 그들이 보았거나 책에서 읽었던 좋아하는 장면에 대해서 생각하게 한다. 그들은 눈을 감고 마음속에 그 장면을 생생하게 그려보려고 노력하게 된다. 그런 다음 소집단에서 그들은 그 장면을 자세히 묘사하여 말하게 한다. 평가는 듣는 사람이 장면을 잘 떠올릴 수 있도록 중요한 부분을 자세하게 묘사할 수 있는가에 둔다.
내용 (화제, 조직)	**인물 비교**: 학생들에게 책이나 이야기에 등장하는 두 인물(흥부와 놀부, 콩쥐와 팥쥐)에 대해서 생각하게 하고 두 인물을 비교하게 한다. 그리고 같은 점과 다른 점을 말하여 보게 한다. 평가는 같은 점과 차이점을 알아듣기 쉽게 정리하여 말할 수 있는가에 초점을 둔다. **타임머신을 타고**: 소집단별로 유명한 역사적 위인들을 선택하여 그 사람과 면담 계획을 세우게 한다. 그 사람이 살았던 시대와 업적, 그 사람의 소원 및 마지막 운명 등을 생각해 보게 된다. 면담이 끝나고 나면 어린이들은 그 당시에 어떤 일이 있었고, 그 사람이 어떤 업적을 남겼는지 설명한다. **도깨비 이야기**: 학생들에게 도깨비를 상상하여 보게 하고 그것을 묘사하게 한다. 도깨비의 생김새, 소리, 살아가는 방법, 습성에 대하여 생각한 것을 발표하게 한다. 평가는 상상한 대상을 잘 묘사할 수 있는가에 초점을 둔다.
발음	**발음 거울**: 두 명의 어린이가 마주보고 앉는다. 한 사람이 입으로 소리내지 않고 문장을 만든다. 그러면 다른 한 어린이는 똑같이 입 모양을 따라 하면서 소리를 낸다. 만약 틀리면 그 어린이가 정확하게 발음할 때까지 되풀이한다. 그런 다음 서로 역할을 바꾸어 한다. 평가는 정확하게 발음을 되풀이하는가에 초점을 맞춘다.
목소리	**나는 관제사**: 조종사가 사고 없이 무사히 착륙할 수 있도록 지시를 해 주는 관제사의 역할을 응용한 것이다. 복도에 '활주로'를 만들고 활주로 중간 중간에 책이나 의자 등으로 장애물을 만든다. 한 어린이가 눈을 가리고 조종사가 되고, 나머지 한 어린이는 관제사의 역할을 맡는데, 조종사가 장애물을 비켜 갈 수 있도록 복도 끝에서 말로 지시를 내려 준다. **조종사의 꿈**: 어린이들이 비행기 조종사가 되어 지방의 어느 도시나 마을, 또는 국경을 통과하고 있다고 상상하게 한다. 그들은 하늘에서 본 것을 감정을 살려 말하여 보게 한다. 학생들이 어려움을 가질 경우 혼자서 말하는 연습 시간을 주거나 소집단별로 이야기를 나누어 볼 수 있는 시간을 준다. 평가는 상황에 따라 목소리를 적절히 변화시킬 수 있는가에 초점을 둔다. **아나운서가 되어**: 학생들에게 방송에 나오는 '뉴스'나 '광고' 중 청자가 관심을 가질 만한 것을 하나 골라 말하게 한다.

비언어 적소통	* 지시한 비언어적 방법으로 내용을 표현하여 보게 한다. **거미의 여행**: 제멋대로 기어다니는 거미 배수관으로 기어오르지만(엄지와 집게손가락을 마주보게 해서 기어오르는 동작을 한다)/ 비가 내리면 (양손을 들고 쓸어 내린다)/ 다시 쓸려 내려오는 거미(양손으로 미끄러지는 시늉을 한다) /햇살이 비치면 젖은 땅은 마르고 (양팔을 머리 위로 올려 둥근 원을 만든다) / 제멋대로 기어다니는 거미 다시 배수관으로 기어오른다((엄지와 집게손가락을 마주보게 해서 기어오르는 동작을 한다) **나는 주전자**: 나는 작지만 튼튼한 주전자 이것은 내 손잡이 (한 팔을 구부려 엉덩이 위에 얹는다) / 이것은 나의 꼭지 (다른 한 팔을 앞쪽으로 약간 구부려 뻗는다) / 끓을 때 나는 소리를 내지요(입술을 내밀고 한 손을 입에 대고 물이 끓는 소리를 낸다) / 끓고 나면 내 몸을 기울여 쏟아 붓지요 (꼭지 팔 쪽으로 몸을 구부린다)

제7장. 듣기 평가

멀티미디어 시대를 맞아 듣기 교육에 대한 중요성이 날로 증대되고 있다. 일상 생활에서 듣기를 많이 하기 때문에 성인이 되었을 때는 듣기 능력이 상당한 수준에 이를 것이라는 논리적인 추측이 가능하다. 하지만 그렇지 않다. 초등학생은 자기 중심적이고 제한적이며 일순간에 관심이 있는 대상에만 귀를 기울이게 된다. 그리고 듣는 내용이 많을 경우 듣고자 하는 말 중에 일부만 알아듣고, 많은 정보들을 놓치는 경우가 많다. 학생들에게는 많이 듣는 것이 필요한 것이 아니라 더 잘 듣는 능력이 필요하다. 따라서 듣기 능력의 향상을 위한 지도가 필요하다. 학생들이 듣기 기능을 통하여 가장 많은 것들을 얻는다면 그것은 분명 지도되어야 마땅하다. 예를 들어 텔레비전과 같은 미디어를 통한 학생들의 듣기 경험은 매우 수동적인 듣기이다. 텔레비전은 학생들로 하여금 의미를 반성적으로 검토할 수 있는 경험을 제공해 주지 못한다. 이는 좋지 못한 듣기 습관을 형성하게 되고 오히려 듣기 능력을 떨어뜨리는 요인이 되기도 한다. 이러한 환경에 노출된 학생들은 들은 내용을 배열하고, 조직하고, 평가할 수 있는 듣기 학습을 필요로 한다. 귀에 그저 맴도는 메시지를 수동적으로 받아들이는 것이 아니라 합리적으로 수용하고 분별 있게 사용할 수 있는 능력을 길러주어야 한다.

그 동안 듣기 능력을 판단하는 평가는 많아도 듣기 능력을 길러주기 위한 평가는 그리 많지 않았다. 단지 만족할 만한 수준의 듣기가 이루어지지 않을 때 교사나 학부모들이 일방적으로 듣기를 요구하는 경우만 많았을 뿐이다. 전통적인 듣기 평가는 받아쓰기를 통한 듣기 이해력이나 들은 내용에 대한 사실적인 정보를 확인하는 검사였다. 그리고 실제적인 듣기 상황보다는 평가를 위하여 주로 인위적으로 조작한 듣기 상황이 많았다. 이러한 평가는 듣기 능력을 대변해 주지 못한다. 바람직한 듣기 평가는 유의미한 의사 소통 맥락에서 실제 듣는 능력을 평가할 수 있어야 한다. 그리고 학습자가 듣기에 필요한 지식과 기능을 인식하고 자신의 듣기 습관을 반성적으로 돌아볼 수 있도록 도와주어야 한다. 이를 통하여 유의미한 듣기 상황에서 다양한 기능을 연습하고 내면화할 수 있는 기회를 제공해야 한다.

1. 듣기 평가의 기초

가. 듣기의 특성

소리는 늘 우리 주위를 둘러싸고 있다. 청각적인 장애가 없는 상태라면 우리는 항상 듣고 산다. 듣기는 일상 생활에서 언어 활동 중 가장 많은 비중을 지닌다. 학교에서 듣기 활동이 많이 이루어지는 것은 물론이고, 학교 밖에서의 텔레비전 시청을 포함한 대부분의 활동도 말하기. 듣기 활동이다. 그리고 듣기는 언어 능력 중 가장 먼저 형성되며, 사고와 다른 언어 기능 발달의 기초가 된다는 점에서 중요하다. 언어는 귀를 통해 가장 먼저 전해지게 된다. 어린이는 듣고 나서 말하고, 그 이후에 읽고 쓴다. 또한 듣기는 모든 학습의 기초가 되며, 모든 언어 활동을 통합하는 활동이다. 학생들은 학교에 입학하게 되면 불과 몇 년 사이에 귀를 통하여 많은 것을 배우게 된다. 과학적 사실을 배울 때도, 사회 현상을 이해할 때도 듣기를 한다. 그리고 말하기, 읽기, 쓰기 활동은 어떠한 식으로든 듣기 활동과 관련되어 있다. 예를 들면 쓰기는 다시 귀나 마음속으로 들었던 낱말을 언어적 기호로 재생시키는 과정이다.

진정한 듣기란 정신적인 사고 과정을 포함한다. 듣기를 잘한다는 것은 청각적 기호를 듣고, 이를 저장하고 해석한 후 화자에게 적절히 반응할 수 있다는 것이다. 여기에는 비판적인 사고 능력과 의사 소통에 대한 적극적인 태도가 필요하며, 청자의 자기 의식과 화자에 대한 적절한 반응 방법을 선택할 수 있어야 한다. 듣기는 읽기와 비교하여 볼 때 우선 청각 기관을 활용하며, 청각적 인상은 시각에 비하여 짧게 유지되기 때문에, 독자는 자신의 속도로 읽을 수 있고 원하는 시간 동안 볼 수 있지만 청자는 받아들이는 정보를 들려오는 속도에 맞추어 빨리 처리해야 한다는 어려움이 있다. 그리고 듣기 자료는 읽기 자료에 비하여 불완전하고, 중복 요소가 많으며, 자기 중심적이다. 따라서 독자에 비하여 인지적 사고와 비판적 처리 능력이 더 요구된다고 하겠다.

나. 듣기 능력의 정의

듣기는 1950년을 기준으로 그 이전에는 주로 기억 작용으로 인식되어 왔으므로 많은 내용을 기억하는 데 그 목적을 두었다. 그러나 인지 심리학의 발달로 이러한 관점은 비판을 받았다. 즉, 듣기는 단순한 기억 행위가 아니라 배경 지식을 바탕으로 하여 들려오는 정보를 분석, 종합, 비판하면서 이해하는 인지적 사고 과정이라는 것이다. 테일로(Taylo)는 청자의 의지에 따라 듣기의 수준을 들리기(heariig), 듣기(listening), 청취하기(auding)의 세 단계로 나누고 있다. '들리기(Hearing)'는 신체적으로 소리를 수용하거나 제한하는 것이다. 그것은 개개인의 음성에 대한 수용 능력과 계속 집중하여 들을 수 있는 능력에 의존하게 된다. '듣기(Listening)'는 들리는 소리에 대한 인식을 하여 그것을 의미 단위로 나누는 것을 말한다. 그것은 청자의 경험이나 또는 듣는 상황과 관련을 가지며 분석하고, 조직하고, 소리를 의미적으로 결합하는 것을 포함한다. '청취하기(Auding)'는 느낌이나 이해력에 의한 정신적인 작용을 가리키는 좀더 높은 수준의 듣기를 말한다. 청취 단계는 비판적인 사고나 심미적인 경험에 비추어 그 의미를 변형하거나 전이시킨다.

테일로(Taylo)의 논의는 듣기 능력을 정의하는 데 도움을 준다. 우선 듣기는 청각적 기호를 인식하는 행위라는 점에서 다른 언어 영역과 구분된다. 그러나 듣기는 목적을 가진 행위이므로 단지 '소리로만 존재하는' '들리기'는 듣기 능력의 범주로 볼 수 없다. 그리고 기억 능력은 듣기 능력과 밀접한 관련이 있는 것은 틀림없지만 그것이 듣기의 궁극적 목적이 아니라는 점에서 듣기 능력으로 간주하기에는 무리가 있다. 모든 듣기는 유의미한 청각적 기호를 변별하고, 기억하는 능력을 필수적으로 요구하지만 기호를 변별하고 기억하는 능력은 듣기의 궁극적인 목적에 수반되는 요소이다. 듣기의 궁극적인 목적은 필요한 정보를 수집하고, 활용하는 데 있다. 이러한 점에서 '듣기'와 '청취하기'는 목적을 가진 행위라고 할 수 있다. 그러나 이 두 가지는 문학 텍스트 읽기에서 이해와 감상의 관계와 마찬가지로 배타적인 관계에 있는 것이 아니라 연속선상에 있다고 보아야 할 것이다. 즉, '청취하기'는 '듣기'를 바탕으로 한다는 것이다. 이 점에서 듣기를 '이해'만으로 간주하는 것도 무리가 있다. 듣기 목적에 따라 '이해', '평가', '감상' 능력을 요구하기도 한다. 그러나 모든 듣기가 '이해', '평가', '감상'을 필요로 하는 것은 아니다. 듣기 목적에 따라 청자는 정보를 수집하고 요약하는 것으로 만족할 수도 있다.

그러나 청자는 단지 화자의 말을 듣기만 하는 것은 아니다. 기존의 전통적인 접근은 화자가 의미를 생산하여 전달하면, 청자는 이를 받아들이기만 하는 것으로 인식하였다는 점에서 문제가 있다. 본질적으로 청자는 화자와 의미를 협상하고 상황을 구성하는 능동적인 존재이다. 비록 그것이 표면적으로 수동적인 듣기 상황(연설, 연장자의 훈계를 들을 때, 라디오 청취나 텔레비전 시청 등)이라 할지라도 어떠한 형태로든 청자나 청자 집단은 반응을 보이며, 화자는 이러한 청자의 반응에 민감하다. 그러므로 화자에게 영향을 미칠 목적으로 화자나 화자의 말에 대하여 반응을 보이는 것이나, 매체 듣기에서 개인적으로나 집단적으로 반응을 보이는 것도 듣기 능력의 구성 요소라고 할 수 있다.

이상의 논의를 토대로 듣기 능력의 정의를 내려보자면 듣기 능력은 '유의미한 청각적 기호를 목적에 맞게 이해하고, 평가하고, 감상하고, 반응하는 능력'으로 규정해 볼 수 있다.

다. 듣기에 영향을 미치는 요소

듣기는 읽기에 비하여 훨씬 많은 변인들의 영향을 받는다. 화자를 이해하는 데 따른 어려움, 불안의 가중, 말하기의 속도나 부적절한 발음, 주의력의 지속적 유지가 힘든 점이다. 그리고 소음이나 학급 분위기 등도 많은 영향을 미친다. 듣기에 영향을 미치는 요소를 세분하여 보면 청자, 화자, 화제, 듣기 상황, 환경 요소 등을 들 수 있다.

(1) 청자 요소

청자의 인지적, 정의적 요소는 듣기에 영향을 미친다. 청자는 듣기 전에 듣기 목적을 가진다. 목적을 가지고 들으면 좀더 적극적으로 들을 수 있고, 적절한 듣기 전략을 사전에 준비할 수 있다. 그리고 청자가 주제와 화자에 대해서 잘 알고 있을 때 좀더 효과적으로 들을 수 있게 된다. 정보에 대한 간단한 소개는 청자의 배경 지식을 활성화시키고, 듣기 방향을 잡는 데 도움을 주고, 추가로 정보를 수집하는 데 참고가 될 수 있다. 예를 들면 유명한 과학자에 대하여 학생들이 귀를 기울여 들어야 할 서지학적인 정보를 교사가 미리 질문해 보는 것은 듣기 목적이 무엇이며, 어떠한 정보들에 유의하여 들어야 하는지를 암시해 줄 수 있다. 그리고 듣기에서는 무엇보다도 듣기를 적극적으로 수행하고자 하는 의욕을 가지는 것이 중요하다. 듣기 동기와 적극적인 참여 태도는 듣기 교수-학습에서만 필요한 것이 아니라 평가에서도 청자가 사전에 갖추어야 할 중요한 조건이다. 청자는 듣기 학습의 필요성을 느끼고, 듣기를 통하여 무엇인가를 얻을 수 있다는 기대를 가지고 들을 때 좀더 관심을 가지고 적극적으로 들을 수 있다. 이는 역시 평가 자체가 유의미한 언어 경험이 될 수 있음을 의미한다. 흥미 있는 평가 제재를 선정하는 것도 듣기에 대한 관심을 지속시킬 수 있는 방법이다.

(2) 화자 요소

듣기에서 화자 요소는 직접적인 발화를 담당하는 화자 요소와 전달 매체가 되는 매체 요소가 있다. 화자 요소는 화자의 발음이나 목소리, 억양, 비언어적 요소도 듣기에 영향을 준다. 화자의 발음이 분명치 못하거나 억양이나 빠르기가 담화 공동체의 보편적인 억양이나 빠르기와 다를 경우 역시 청자의 듣기 이해력은 떨어진다. 화자의 목소리와 말투는 적당한 변화를 가지면서도 생동감이 있어야 한다. 생동감 있고 적당한 변화를 가지는 목소리는 화자 자신이 말하는 내용에 흥미를 가지고 있다는 것을 나타내 주고 이는 적극적인 듣기를 유도하게 된다. 더듬거림, 반복, 불필요한 습관, 단조로운 목소리, 그리고 공손하지 못한 태도는 효과적인 듣기에 모두 장애가 되는 요소들이다. 화자는 청자에 대한 책임감을 항상 명심해야 한다. 교사의 목소리는 교실에서 보통 권위적이기가 쉽다. 교사는 자신의 목소리를 녹음시켜 두었다가 그것을 분석해 봄으로써 듣기 행위에 어떤 영향을 미쳤는가를 반성적으로 검토할 수 있다. 청자는 명쾌하지 못한 요소에 대하여 화자에게 언어적·비언어적으로 명확한 진술을 요구할 수도 있다. 화자가 사용하는 비언어적 요소는 듣는 내용의 이해를 쉽게 해 주고, 흥미를 가지고 지속적으로 들을 수 있도록 하는 '청자 유인'의 효과를 가진다.

전달 매체는 의미를 소통시키는 '통로'이다. 듣기에서 전달 매체는 음성뿐만 아니라 공기, 전파/오디오테이프, CD-ROM/신문, 텔레비전, 컴퓨터와 같은 것들로 이루어져 있다. 이러한 매체는 각기 다른 듣기 상황을 모형화한다. 예를 들어 라디오나 텔레비전 같은 매체는 동일한 공간을 공유하기 힘들고, 청자의 영향이 극히 제한적이라는 점에서 표면적으로는 일방적인 '전달'의 성격을 가진다. 반면에 직접 대면을 전제로 한 구두 대화는 상황이나 화자와의 상호 작용요소가 의미에 개입하고 청자는 화자에 직접적인 영향을 미칠 수 있다.

(3) 화제 요소

화제 요소도 듣기에 영향을 미치는 요소 중의 하나이다. 듣는 내용이 생

소하거나 길고 복잡한 것, 또는 흥미가 없거나 감정적인 거부 반응을 불러
일으킬 수 있는 화제에 대하여 청자의 이해력이나 집중력은 떨어질 수 있
다. 따라서 화제 선정에서 유의할 점은 과제의 난이도와 학습자의 감정에
대한 고려가 필요하다. 지나치게 쉬운 듣기 제재는 청자의 도전 의식을 약
화시킨다. 새로운 생각이나 새로운 내용이 없다면 듣는 내용에 지속적인
관심을 가질 수 없게 된다. 반대로 이해의 수준을 넘어서 지나치게 어려운
과제를 선정해서도 곤란하다. 효과적인 듣기를 위해서는 과제가 학생들의
경험적 배경과 지적 발달 단계에 맞아야 타당한 평가 정보를 얻을 수 있다.
그리고 학생들의 감정을 일방적으로 자극하거나 선입견이나 편견이 작용
할 우려가 많은 제재는 학생들이 외부 자극에 적극적이고 자유로운 반응
을 보이기 어렵다는 점에서 지양되어야 한다. 심리적으로 편안한 제재를
선택해야 듣기 수행을 방해하는 감정의 혼란을 제어하고 보다 타당한 반
응을 보일 수 있을 것이다.

(4) 환경 요소

환경 요소는 듣기 활동을 성공적으로 수행할 수 있도록 도울 뿐만 아니
라 올바른 듣기 태도를 가지게 해 준다는 점에서 중요하다. 환경 요소는
외적인 요소와 내적인 요소가 있다. 외적인 요소에는 듣기를 방해하는 외
부의 물리적인 요소를 포괄하고, 내적인 요소는 분위기나 문화적 신념, 가
치, 태도와 같이 수신자의 주의를 집중하게 하거나 산만하게 하는 심리적
인 자극을 말한다. 듣기를 위하여 물리적인 환경을 알맞게 조성하는 것은
학습자가 듣기 수행 과정에서 사고에 좀더 주의를 기울일 수 있게 해 준다.
듣기에 있어서 갖추어야 할 물리적인 조건으로는 적당한 환경과 편안한
분위기이다. 편안하고 안정된 분위기는 계속 주의를 기울여 들을 수 있도

록 도움을 주므로, 듣기 전에 이러한 환경을 조성하는 것이 중요하다. 소음, 고함이나 소곤거림은 음성을 인지하는 데 장애 요소로 작용한다. 서투른 학습자는 그 혼돈 속에 말려들거나 원하는 내용을 알아차리는 데 어려움을 겪을 수 있다. 잘 정리된 친숙한 교실 분위기는 효율적으로 들을 수 있게 해 줄 것이다. 그러나 환경 요소가 듣기에 어떤 영향을 미쳤는가에 대해서는 표면적으로 잘 드러나지 않기 때문에 관찰만으로는 타당하게 평가하기 힘든 점이 있다. 따라서 녹음이나 녹화 자료를 보조 도구로 활용함으로써 특정 상황에서 나타난 문제가 환경 요소의 영향인지, 청자 요소의 영향인지를 알아볼 수 있을 것이다.

2. 듣기 평가 내용

듣기 평가의 내용은 듣기 능력이나 듣기에 영향을 미치는 요인의 탐구로부터 나온다. 평가 목적이 무엇이냐에 따라 평가 내용은 달라질 수 있는데, 예를 들어 듣기 능력의 확인을 목적으로 할 때는 듣기 능력의 구성 요소나 최종적인 듣기 결과가 평가 내용이 되겠지만, 교수-학습 개선을 위한 정보 수집에 목적이 있을 때는 최종적인 듣기 결과 뿐만 아니라 듣기 과정 평가나 태도 평가가 필요하다.

가. 듣기 과정

음성은 고막과 귓속 청각 기관을 자극하는 음파로 전달되며, 청자는 신체적, 감각적 조직을 이용하여 이러한 음성을 감지한다. 청자가 이러한 음성에 의미를 부여하면 그 음성은 청각적 기호로 인식된다. 청자는 단지 소리를 막연하게 인식하는 수준에 그칠 뿐이고 소리에 포함된 메시지를 생각하지 않는 경우가 많다. 예를 들어 음악을 켜 놓고 공부하고 있다면 음악 소리가 흘러나온다는 사실은 알고 있지만, 지금 나오는 노래 제목이 무어냐고 묻는다면 잠시라도 그 노래에 귀를 기울이고 의미 단위로 분별할 수 있어야 적절한 답을 할 수 있다. 교사는 흔히 학습자가 조용히 앉아 있으면 말을 경청하고 있다고 착각하기 쉽다. 그러나 그것은 인지적인 노력이 거의 없는 수동적인 듣기일 수도 있다. 이 때는 수동적인 청자가 적극적으로 들을 수 있도록 질문을 하거나 가볍게 소리를 내면서 주의를 환기시키고 사고를 자극하는 활동이 필요하다. 침묵도 그 자체가 음성 기호는 아니지만 종종 의미를 전달할 수 있으므로 중요한 청각적 기호이다. 청각적 기호에 대한 인식이 이루어지고 나면 청각적 기호에 대한 저장과 해석이 일어난다. 저장과 해석은 순차적으로 일어날 수도 있고 비순차적으로 일어날 수도 있다. 즉, 경우에 따라서 청자는 메시지의 저장보다는 청각적 기호에 대한 해석과 평가에 집중할 수도 있다는 것이다.

이러한 듣기 과정에는 다양한 듣기 기능과 전략이 개입한다. 청자는 듣기 과정에 필요한 듣기 기능이나 전략을 가져야 듣기 목적에 도달할 수 있다. 이러한 기능이나 전략은 듣기 과정 평가의 내용이 된다. 우선 듣기 전 단계의 전략으로는 듣기의 목적을 인식하고, 화자의 목적을 추론하며, 배경 지식을 활성화하는 전략 등이 있다. 평가자는 이러한 전략을 화자가 제대로 적용하고 있는가를 질문지나 관찰을 통하여 평가할 수 있다. 듣기 중 단계의 전략으로는 정보를 변별하고, 기억하고, 회상하고, 이해하고, 평가하고, 감상하는 전략이 있다. 이를 효율적으로 수행하기 위하여 청자는 자기 질문하기, 언어적 · 비언어적으로 반응 보이기, 메모하기, 추론하기, 범주화하기, 몸짓 언어 감지하기, 중심 내용 찾기 등의 전략을 적용한다. 듣기 중의 전략에서 중요한 것 중의 하나가 화자나 화자의 말에 대한 청자의 언어적 · 비언어적 반응이다. 화자의 메시지에 대하여 "응", "맞아!", "그런가?"나 요약, 재진술, 질문과 같은 언어적 반응을 포함하여, 미소짓기, 고개 끄덕이기, 눈 크게 뜨기와 같은 비언어적 반응을 함으로써 화자에게 안정감을 심어주고 이해하고 있음을 표시하거나 의미의 조정을 요구한다. 능숙한 청자는 화자에게 감정을 표현하거나 공감한다는 의미의 반응을 드러낼 기회를 잘 포착한다. 반응에 대한 평가는 들은 내용에 대한 반응의 적절성에 초점을 둔다. 이는 듣기를 제대로 했다면 반응도 적절할 것이라는 가정이 가능하기 때문이다. 듣기 중에서 또 하나 중요한 요소는 청각적 기호를 수용한 다음 이를 구조화하거나 해석하고 평가하는 시간의 포착이다. 청자는 화자가 발화하는 동안 정보를 해석하고 평가하는 데 일정 시간을 투자하는데, 능숙한 청자는 주의를 기울이지 않아도 될 때를 잘 판단하여 정보 해석과 평가를 시도한다. 해석과 평가 시점을 잘못 판단할 경우 중요한 정보를 놓칠 때가 많기 때문이다. 듣기 후 단계의 전략으로는 중심 내용 간추리기, 요약하기, 결론 도출하기, 자신의 삶과 관련짓기, 사용한 전략의 적절성 판단하기 등의 전략이 있다.

나. 듣기 결과

듣기 결과 평가는 특정 듣기 상황에서 목적에 비추어 듣기를 제대로 했는가를 알아보는 평가이다. 듣기 결과 평가에서 중요한 것은 결과로서 화제나 언어 지식 평가에 치우치지 말고 그러한 결과를 도출한 사고 능력의 평가에 초점을 두어야 한다는 것이다. 화제나 언어 지식 평가에 치우치게 되면 단순 암기 능력의 평가로 떨어질 우려가 있다. 듣기 결과를 통하여 평가할 수 있는 사고 기능은 기억 및 회상 기능, 이해 기능, 평가 기능, 감상 기능이 있다. 이러한 평가 내용은 듣기 목적에 따라 그 초점이 달라질 수 있다. 예를 들어 화자의 메시지나 지시를 빠짐없이 정확히 기억하거나 수행하는 것이 듣기 목적인 경우, 평가 내용은 기억 및 회상 기능에 초점이 두어진다. 즐거움이나 감동을 얻기 위한 것이 듣기의 목적이라면 평가 내용은 평가 기능이나 감상 기능에 초점이 두어진다.

기억 및 회상 기능은 청자가 정보에 귀를 기울이고 말한 것을 기억하고 필요할 때 회상할 수 있는 기능이다. 말을 듣고 특정 정보를 기억하거나, 일이 일어난 차례를 살피거나 듣고 지시에 따르는 것 등을 포함한다. 일반적으로 기억이란 감각과 사고 활동을 통하여 추출한 정보를 저장하는 인간의 두뇌 기능이다. 단기 기억은 그 용량이 제한되어 있어서 필요한 정보만을 일정 시간만큼 저장한다. 듣기에서 중요한 것은 바로 이러한 단기 기억 기능이다. 청자는 들으면서 많은 정보들을 기억 속에 계속 축적해 가지만, 이는 단지 들은 대로 쌓아 가는 것이 아니라 화자의 말에서 무엇이 중요하고 유용한가를 청자가 결정하고 선택적으로 기억한다. 이러한 선택적 기억은 청자가 인지적 과부하를 느끼지 않고 내용을 기억하고, 회상할 수 있도록 해 준다. 화자의 말이 길고 복잡할수록 청자의 능숙한 기억과 회상 기능의 필요성이 커진다.

이해 기능은 들은 내용에 대한 의미를 이해하고 자신이 경험과 관련지어 새로운 구성할 수 있는 기능이다. 여기에는 낱말의 의미를 알고 모르는 낱말의 의미를 추론하고, 낱말의 관계를 이해하여 발화된 문장의 의미를 파악하며, 중요한 정보를 기억하고, 정보를 요약하거나 부연하고, 들은 내용에서 원인과 결과를 파악하고, 발화 내용에 대하여 이미지를 형성하고,

결론을 도출하고, 두 가지 이상의 정보를 분류, 조직, 비교하는 것을 포함한다. 그리고 들은 내용을 바탕으로 내용을 정교화하고, 이어질 내용을 생각하고, 결과를 예상하고, 함축 의미를 알고, 화자의 의도를 파악하는 능력도 여기에 해당한다.

평가 기능은 정보를 있는 그대로 받아들이기 보다는 정보의 이면에 내재되어 의미를 분석하고, 의견과 사실, 논리와 비논리, 정보 전달과 설득, 의미 있는 말과 불필요한 말을 구분하고, 서로 다른 관점을 인식하고 가치를 판단하며, 선전물 등에 대한 정보의 타당성과 일반화 가능성을 검증할 수 있는 기능이다. 말을 하는 화자는 종종 감정적인 접근을 시도하고 청자의 자의식을 자극하기 위하여 호소한다. 따라서 이 수준의 청자는 화자의 목적과 의도를 파악하고 자신의 입장과 비교하며, 청자가 객관적으로 말의 진의를 파악하고 화자가 전달하는 메시지로부터 일정한 거리를 유지할 수 있다. 또한 내용에 대한 평가를 통하여 선택적 인식을 효율적으로 할 수 있게 된다. 그러나 무조건적 비판이나 지나치게 제한된 선택적 인식은 오히려 정확한 내용을 이해하고 평가하는 데 방해가 될 수 있음에 유의한다.

감상 기능은 모든 지적, 정의적 요소를 포함한다. 청자는 듣기를 통하여 직접적으로 삶의 질을 고양시킬 수 있다. 감상 기능에는 새로운 듣기 경험을 통하여 가치 있는 정보를 찾거나 정서적 경험을 하려는 욕구가 결부되어 있다. 이러한 듣기는 문학과 삶에 대한 긍정적 태도와 가치를 형성하는 데 도움을 준다. 그리고 이 수준은 들은 것에 대한 개개인의 반응을 포함하므로 감상적 듣기는 청자와 상황에 따라 아주 다양하게 나타날 것이다. 간단하게 멜로디와 음량이 풍부한 사람의 목소리를 감상할 수도 있고, 오페라를 감상할 수도 있다. 왜냐하면 우리는 악곡과 무대, 조명, 의상, 무용, 배우의 음악적 능력, 그리고 오케스트라를 평가할 수 있는 감상 능력을 가지고 있기 때문이다. 감상적 듣기의 결과는 그 사람의 듣는 이유, 듣기 경험, 듣기 기능을 잘 나타내어 줄 수 있다.

다. 듣기 태도

듣기 태도에 대한 평가는 두 가지 측면에서 강조된다. 하나는 화자에게 직접적인 영향을 미친다는 점에서 그러하고 다른 하나는 바람직한 언어 문화의 형성이라는 점에서 그러하다. 청자의 태도는 화자의 의미 구성 및 조정, 그리고 화자의 태도에 영향을 미친다. 예를 들어 청자가 의아해 하거나 질문을 하면 화자는 보다 말한 내용을 반복하거나 정교화하려고 노력한다. 그리고 청자의 적극적인 듣기 의욕이나 관심은 화자의 발화 의지나 욕구를 북돋워주기도 한다. 자기 주장이나 입장을 강변하면서 다른 사람의 말을 무시하거나 무조건 비판하는 것들이 공식적인 의사 소통 상황에서 문제가 되기도 한다.

듣기 태도의 평가 요소는 말하기의 태도 평가 요소와 유사한 범주에서 이해할 수 있지만, 대체로 듣기에 대한 긍정적이고 적극적인 태도, 화자에 대한 태도, 듣기 결과의 적극적 활용의 세 측면에서 살펴볼 수 있다. 듣기에 대한 긍정적이고 적극적인 태도는 다양하고 듣고, 즐겨 듣고, 비판적으로 듣는 태도를 가리킨다. 화자에 대한 태도는 화자에 긍정적인 영향을 미치는 반응이나 화자에 대한 수용적인 자세를 가리킨다. 그리고 듣기 결과의 활용과 관련한 태도는 내용을 정확하고 객관적으로 이해하는 데 필요한 메모 습관, 자신의 듣기를 반성적으로 검토하고 적극적으로 개선하려는 노력 등을 가리킨다. 듣기 태도 평가는 듣기 과정이나 결과 평가에 비하여 객관적이고 명시적으로 접근하기 어렵지만 평가 결과의 송환을 통한 내면화의 가능성은 가장 높은 영역이라고 할 수 있다.

3. 듣기 평가 방법

가. 평가 상황

듣기는 발화가 있을 때 나타난다. 일상 생활에서도 듣기와 말하기가 단독으로 나타나기보다는 듣기와 말하기가 동시에 나타나는 경우가 대부분이다. 따라서 듣기 평가 상황은 곧 말하기 평가 상황이 될 수 있다. 대화, 토의, 토론, 면담 등과 같은 듣기 평가 상황은 듣기와 말하기의 통합적 평가를 실현할 수 있는 의사 소통 상황들이다. 여기에서는 가능한 듣기 지향적인 의사 소통 상황을 중심으로 살펴보기로 한다.

(1) 일방적인 듣기

일방적인 듣기 상황은 발표나 강의를 듣거나 대중 매체를 듣는 상황이다. 학생들은 일상 생활에서도 일방적인 듣기를 많이 한다. 예를 들면 텔레비전을 시청하거나 학교에서 다른 사람의 발표를 듣거나 교사의 설명을 듣는 것 등이 이에 해당한다. 듣기 평가도 이러한 듣기의 특성을 많이 반영하고 있다. 일방적인 듣기 평가는 듣기 자료를 필요로 한다. 교과서는 듣기 평가 제재로서의 한계를 지니고 있다. 학습자들이 이미 교과 시간을 통하여 알고 있는 제재이고, 자료 형식이나 내용이 매우 단순하게 되어 있어 다양한 듣기 능력을 평가할 수 없다.

텔레비전, 라디오, 전화, 인터넷, 컴퓨터, 영화와 같은 대중 매체 시청은 그것이 정보 메시지나 설득적인 메시지를 담고 있다는 점에서 적절한 듣기 평가 자료가 될 수 있다. 대중 매체 듣기에서 중요한 평가 요소로는 설득과 전달의 차이 알기, 설득과 광고 비판하기, 청중 분석하기, 목소리나 비언어적 표현을 사용하여 매체의 메시지를 효과적으로 전달하기, 의견과 사실 구분하기, 상상과 사실 구분하기 등이 있다.

각종 동영상 자료, 다양한 노래와 이야기를 수록한 녹음 자료, 인터넷이나 학교 도서관에 있는 책도 좋은 듣기 자료이다. 예를 들어 꿀벌, 거미, 뱀과 같은 곤충이나 동물 이야기, 장난감 조립이나 새로 나온 게임기 사용에 관한 녹음 자료 등은 학습자의 흥미를 불러일으킬 수 있는 좋은 평가 제재가 된다. 아동 문학 도서나 일상 생활의 에피소드도 듣기에 대한 흥미나 관심을 불러일으키는 데 효과적이다. 이러한 자료들은 학급에 비치해 두고 공동으로 활용하면 좋다. 텔레비전과 라디오의 시청각 자료도 듣기 평가에 유용한 자료가 될 수 있다. 학생들이 좋아하는 프로그램은 특정한 듣기 기능을 발달시킬 뿐만 아니라 학생들로 하여금 그러한 것을 듣고 보는 경험이 생활에 도움이 된다는 것을 인식할 수 있도록 해 준다. 예를 들면 학생들은 듣기를 통하여 현명한 소비자가 되는 것을 배울 수도 있다. 특히 광고는 비판적인 듣기 기능을 발달시키는 데 좋은 제재가 된다. 광고의 목적과 상품에 관심을 끌게 하는 기술을 살피는 것은 특히 중요하다. 학생들은 상품 선전을 듣고 그것들이 사실에 근거한 것인지, 아니면 의견이나 추론에 근거한 것인지를 탐구하게 된다. 다른 교과의 자료도 듣기 평가 자료로 유용하게 활용할 수 있다. 음악 시간에 노래를 듣고 가사에 담겨 있는 생각이나 분위기를 알아 볼 수도 있고, 미술 시간에 교사의 설명을 듣고 작품을 만들거나 붓을 사용하는 방법을 듣고 붓을 바로 잡는 자세를 익힐 수도 있다. 또는 사회 시간에 시청각 매체를 이용하여 둘 이상의 대상이나 사건을 비교하거나 분류하거나 통합할 목적으로 들을 수도 있다. 또한 학교 생활의 많은 부분에 듣기가 필요하다고 할 때, 일상 생활에서 얻을 수 있는 듣기 평가 자료도 많다.

(2) 대화

요즈음 사람들은 미디어 매체의 시청에 많은 시간을 소모하기 때문에 대화는 많이 줄어들고 있지만 대화는 여전히 말하기의 대부분을 차지한다. 대화 능력은 사람이 살아가면서 배워야 할 필수 요소 중의 하나이다. 대화는 시간이나 화자 순서가 정해져 있지 않다는 점, 청자와 화자가 상호 교대로 역할을 바꾼다는 점, 말하기와 듣기가 매우 짧은 시간 내에 연결된다는 점이 특징이다. 저학년 단계에서는 어린이들이 대화에 적극 참여하고, 자기 역할을 인식하고, 상대방을 공경하는 태도를 가지도록 함으로써 대화 참여자로서, 공동체의 한 구성원으로서 다양한 관점이나 입장을 이해하고, 수용하고, 비판할 수 있는 능력을 길러주어야 한다. 따라서 평가 내용도 이러한 요소에 초점을 두어야 하는데, 예를 들면 말을 할 시점과 들을 시점을 정확히 구분하는 능력, 말하기와 듣기를 교대로 하는 능력, 질문하거나 대화를 이어지게 하는 말을 사용하는 능력, 대화 시의 예절 등이 있다.

대화 상황의 평가에서 중요한 것은 듣기와 말하기의 상호성이다. 좋은 대화란 한 사람이 일방적으로 모든 이야기를 다할 때가 아니라 집단의 구성원이 다 같이 듣고 생각을 서로 주고받을 때이다. 학생들은 다른 사람의 이야기에 귀를 기울이고, 대화를 나누고, 다른 사람의 이야기가 끝날 때까지 기다림으로써 상대방의 입장을 생각해 주는 태도가 필요하다. 대화가 끝난 후에 학생들 스스로 대화를 점검하고 평가해 볼 수 있도록 질문지나 학습지를 제공하는 것도 좋다. 이러한 것들은 학생들에게 대화 기술과 사회적 책임감을 심어 주는 데 도움이 된다.

(3) 토의

토의는 공동 문제를 해결하거나 주어진 주제에 대하여 정보를 모으고 종합하는 형식이다. 우리 생활 주변의 많은 일들이 토의에 의해서 이루어진다고 볼 때, 토의는 말하기 듣기 교육에서 중요한 비중을 차지한다. 토의는 대화와 유사하지만 좀더 구조화되어 있고, 명확한 목표를 가지고 있다.

토의를 평가 상황으로 설정할 경우 교사는 토의 초점을 이해시키고, 필요한 정보를 제공하며, 토의 참여를 격려하고 평가해야 한다. 정보는 합리적인 토의에 있어서 필수적이다. 참가자들은 기초 자료로서 적절한 정보를 활용할 수 있어야 토의에 좀더 적극적으로 참여할 수 있다. 평가자인 교사를 포함하여 토의 참여자들이 문제를 명확히 인식하고 있어야 토의 진행을 보다 효율적으로 할 수 있고, 평가 또한 타당성을 지닐 수 있다. 평가할 수 있는 토의 상황은 소집단 토의와 대집단 토의가 있지만, 실질적인 토의 능력 향상에 초점을 두고 평가를 한다면 학생들이 더 많은 참여 기회를 가지고 참여하고 구체적인 송환을 받을 수 있는 소집단 토의가 보다 적절할 것이다.

토의에 대한 학생들의 자기 평가는 중요한 학습 수단이 된다. 평가는 어린이들이 효과적인 토의 기능을 발견하고 토의 목표를 적절하게 설정할 수 있도록 알맞은 모델을 시사해 줄 수 있다. 학생들은 자신의 행위가 궁극적으로 토의 결과에 어떤 영향을 미치는가를 인식하는 능력이 요구된다. 다음은 토의에 대한 자기 평가를 촉진하기 위하여 교사가 제시할 수 있는 점검 항목의 예시이다.

○ 주제를 명확히 파악하고 있었는가? 만약 아니라면 어떤 점에서 주제에 벗어났
다고 생각하는가?
○ 토의를 가장 열심히 잘한 친구는 누구인가? 토의에 참여하지 않는 친구들을 도
울 수 있는 방법은 무엇인가?
○ 좋은 토의를 하기 위해서 다음 토의 때에서 노력해야 할 점은 무엇인가?

역시 학생들의 토의 과정을 녹음해 두었다가 그것을 나중에 함께 들어
보고 분석해 보는 것은 토의 상황에서의 듣기와 말하기를 반성적으로 돌
아보게 하는 데 도움이 된다. 어떤 어린이는 주제에 벗어나는 의견을 제안
했을 수도 있고, 또 어떤 어린이는 불필요한 말을 많이 하여 토의의 진행을
방해했을 수도 있고, 토의에 무관심한 학생들도 있을 것이다. 교사는 장단
점을 확인하고 조정 방안을 강구하는 것이 필요하다.

(4) 토론

토론은 청중이나 다른 입장을 가진 사람들을 설득하거나 주장을 강조하
기 위하여 생각을 구조화하여 표현하는 행위이다. 토론 참가자들은 찬성하
는 쪽과 반대하는 쪽으로 나뉜다. 논쟁을 통하여 상대방의 입장을 약화시
키고 자신의 입장을 강력하게 주장하고 방어하는 것이 토론이다. 사회자가
토론을 붙이지만, 때로는 직접적인 상호 작용을 할 수 있는 기회도 주고,
청중에게 질문을 허락하기도 한다. 논쟁은 주장, 자료, 근거가 있어야 한
다. 주장은 토론자가 옹호하는 입장이나 사실에 대한 진술이나 단언으로
예를 들면 '학교 운동장을 넓혀야 한다'이다. 자료는 주장을 뒷받침하는 데
사용되는 정보로서 '운동장이 좁아서 축구나 야구를 하기가 힘들다.'나 '운
동장 옆에 넓은 화단이 있다.'와 같은 것이다. 근거는 자료를 주장에 연결
시키는 논리적인 연결 고리나 추론으로 '화단을 없애고 운동장을 넓히는

것은 어렵지 않은 일이고, 많은 학생들과 동네 주민들이 매우 유용하게 활용할 수 있으므로 운동장을 넓혀야 한다,'와 같은 것이다.

공식적인 토론에서는 각각의 토론자에게 시간 제한을 하는 것이 보통이지만, 초등학생의 경우 그러한 논리적인 주장을 펴는 시간이 길어야 3-5분에 불과하므로 제한을 두지 않는 것이 좋다. 토론에서 평가의 초점은 상대방의 주장을 비판적으로 듣고 일반 청중이 공감하도록 명백한 논리를 내세울 수 있는가 하는 것이다. 주관적인 판단이 힘들 경우 투표나 찬반 표지판을 이용하여 알아볼 수도 있다. 설득적인 논리를 주장하기 위해서는 주제에 대한 풍부한 지식과 논리적인 사고력이 필요하다. 상대측 논리에 대한 반론을 펴기 위하여 비판적 듣기 기능이 요구된다. 토론은 토론에 참가하니 않는 사람들의 듣기 기능도 역시 신장시킨다. 청자는 참가자들이 무슨 이야기를 하는지 관심을 가지고 주의 깊게 듣게 된다. 토론 상황에서 평가할 수 있는 요소는 표 <7-1>과 같다.

표 <7-1>. <u>토론의 의사 소통 평가 요소</u>

평가 항목	평가 기준	구체적인 반응
지식	토론의 목적 인식, 화제에 대한 이해, 두 가지 상반된 입장의 이해 정도	화제에 대한 주장을 소개할 때 특정 기능을 보여줌
듣기	토론 흐름과 다른 사람의 논평을 파악함	토론과 무관한 내용은 언급하지 않음
말하기	생각을 분명하게 표현함, 효과적인 목소리의 변화와 분명한 발음	복잡한 내용을 핵심이 잘 드러나게 말하거나 불분명한 내용을 재진술하여 명확하게 나타냄
사고력	토론 내용을 잘 분석하고 논리적 오류를 발견함	각 주장들의 관계를 잘 파악함

태도	다른 사람에 대하여 예의를 갖춤, 말하기를 독점하지 않음, 열린 마음을 가짐	새로운 주장이나 근거가 제시되었을 경우 관점을 수정하려는 의지를 보임, 공감하는 주장에 대하여 이유나 근거를 추가로 제시함으로써 도움
재치 및 임기응변 능력	상대방의 주장이나 반박에 대하여 반응함	미리 준비된 원고나 자료에 근거하지 않고, 상대방의 주장이나 반박에 대하여 재치 있게 대응하거나 적절히 반응함

(5) 면담

말하기・듣기에서 면담은 평가 방법의 하나이기도 하지만, 그 자체가 하나의 평가 상황이기도 하다. 면담의 목적은 정보를 얻는 데 있으므로 듣기 평가에 적절한 의사 소통 상황이라고 할 수 있다. 면담을 계획할 때는 먼저 알아보고자 하는 내용이 무엇이며, 원하는 면담 대상이 누구인가를 결정해야 한다. 그런 다음 원하는 정보를 수집하기 위하여 질문지를 만든다. 이 때 질문의 내용이 면담 목적과 관심 분야에 부합하는지, 학습자가 제공할 수 있는 정보인지를 고려해 보아야 한다.

학습자가 제공하는 정보를 듣고 설명이 필요할 때는 추가 질문을 하고, 계획 단계에서 미처 고려하지 못한 것은 추가 질문을 할 수 있다. 면담을 하는 학생들은 들은 정보를 요약해 주면서 학습자가 덧붙일 말이 있는가를 확인한다. 면담을 마친 다음에는 면담 내용을 바탕으로 유용한 정보를 요약하고 정리하여 발표한다. 교사는 면담 상황을 관찰하고, 내용을 듣고 요약하는 능력, 적절한 추가 질문을 제기하는 능력, 필요한 정보를 초점화시켜 정리하는 능력을 평가하고, 잘된 점과 부족한 점을 지적해 보게 함으로써 발전이나 개선의 단서를 발견할 수 있도록 해 준다.

(6) 역할극

역할극은 유의미한 듣기를 할 수 있는 적절한 상황이다. 역할극을 이용하여 듣기를 평가할 수 있는 방법은 다양하다. 예를 들어 역할극을 보고 어떤 사건이 있었는지, 그 사건의 원인과 결과는 무엇인지, 주인공은 누구인지를 말하여 보게 하거나, 역할극이 끝난 후에 평가하는 활동을 통해서 학생들의 듣기 능력을 알아볼 수 있다. 또는 역할극에 직접 참여하여 다른 연기자들의 말이나 행동에 주의를 기울이고, 자기 차례에 맞게 반응하는 기능도 평가할 수 있다.

나. 평가 방법

듣기 평가는 이해라는 측면에서 읽기와 공통점이 많으므로 읽기 평가 방법을 적절히 활용할 수 있다. 그러나 평가 내용과 평가 상황의 차이는 고려되어야 할 것이다. 듣기는 일시적이고 선조적인 음성을 의미로 바꾸어야 하고 화자나 말하기 상황을 읽고 판단할 수 있는 능력이 있어야 한다. 또한 듣기는 정지한 텍스트를 단순히 이해하는 것이 아니라 화자와 상호작용하는 특성을 가지고 있다. 또한 듣기와 다른 영역(이를테면 말하기나 쓰기)를 함께 평가할 것인지 분리하여 평가할 것인지를 결정해야 하며, 일방적인 듣기 상황을 평가 상황으로 선택할 것인지, 대화 상황을 평가 상황으로 선택할 것인지도 결정해야 한다.

(1) 반응 분석법

반응 분석법은 내용을 듣고 반응하게 함으로써 듣기 능력을 평가하는 방법이다. 여기에는 요약 분석법, 자유회상법, 오류 수정법, 빈칸 메우기법,

질문 반응법 등이 있다. 요약 분석법은 일방적인 듣기 상황에서 듣고 요약한 내용을 분석하는 방법이다. 이는 동일한 시점과 공간에서 동일한 기준으로 많은 학생들을 동시에 평가할 수 있다는 장점이 있다. 요약 분석법과 유사한 방식으로 자유 회상법이 있다. 이는 특정 정보에 초점을 두기보다는 생각나는 것을 의미가 통하게 학습자의 듣기 전략, 주의 집중력 등을 평가할 수 있다. 요약 분석법에 비하여 인지 조작의 부담이 적으므로 저학년 단계의 평가에 알맞다. 오류 수정법은 의도적으로 오류를 만들어 놓고 들은 내용을 바탕으로 하여 그 오류를 바로 잡아보도록 하는 방법이다. 오류 수정 유형은 바른 내용으로 바꾸어 넣기, 빠진 내용 삽입하기, 순서 조정하기, 추가된 내용 찾아서 삭제하기 등이 있다. 빈칸 메우기법은 들려준 내용을 전체 텍스트로 제공하고 중간 중간에 중요한 어휘, 문장, 문단을 빈칸으로 두고 채워 넣게 하는 방법이다. 질문 반응법은 내용을 들려주고, 제시한 질문에 적절한 반응을 하는 방법이다. 이 외에도 들은 내용을 바탕으로 지시에 따르거나 그림을 찾아내거나 표시하게 하는 방법도 있다. 반응 분석법은 주로 매체를 이용하여 일방적인 듣기 상황으로 설정되는 경우가 많다. 다음은 반응 분석법의 평가 과제 및 기준의 예시이다.

<평가 지침>
　5분 내외의 듣기 자료를 준비한다. 그것은 학생의 발표나 비디오 테이프가 될 수도 있다. 자료의 내용은 두세 가지 정도 중요한 강조점이 분명하게 제시된 것이 좋은데, 능숙한 화자의 말하기 내용이나 TV 뉴스 프로그램 같은 것이 적절할 것이다. 학생들은 들으면서 중요한 내용을 메모하면서 듣고, 적은 내용을 바탕으로 교사가 제시하는 문항에 반응한다.

<평가 문항 예시>
들은 내용에서 각각의 강조점을 밝히고 간단히 설명하라.

<평가 기준>

5점: 중요한 내용을 모두 밝히고 자세히 설명하였다.

4점: 중요한 내용을 모두 밝혔으나 정교화가 필요하다.

또는 중요한 내용을 한두 가지 빠뜨렸으나 그에 대하여 자세히 설명하였다.

3점: 중요한 내용을 모두 밝혔으나 설명이 부족하다.

2점: 중요한 내용을 모두 밝혔으나 설명이 없다.

1점: 일부 부분적으로 내용을 나열하였다.

(2) 과정 보고법

학생들은 다른 부분에서와 마찬가지로 듣기 능력에 있어서도 큰 차이를 보인다. 국어과 평가는 개별 학습자의 능력과 욕구를 고려할 수 있어야 하는데, 말하기에서는 관찰법을 통하여 개별 학습자의 특성을 쉽게 파악할 수 있다. 그러나 말하기가 겉으로 드러나는 표현 행위인데 비하여, 듣기는 청자의 비가시적인 인지적 이해 행위이므로 '듣기 태도' 요소를 제외하고는 관찰법으로 그 평가할 수 있는 요소가 그리 많지 않다. 특히 일방적인 듣기가 평가 상황인 경우에 청자의 반응은 거의 드러나지 않으므로 듣기 과정이나 결과를 제대로 파악하기 힘들다. 이 때의 평가 방법은 듣기 과정에 대한 학습자의 보고를 통해서 추론할 수밖에 없다. 다음 질문은 학생들의 자기 보고를 촉진하기 위하여 교사가 제시할 수 있는 질문이다. 이러한 질문 항목에 대하여 학습자가 '아니오' 라고 대답했다면 왜 그 항목에 대하여 '예' 라고 대답할 수 없었는가에 대하여 교사나 학습자는 생각해 보아야 한다.

<저학년의 경우>

ㅇ 들을 준비를 한 후에 들었는가?

ㅇ 들을 때 화자를 바라보았는가?

○ 화자가 말하는 것에 귀를 기울였다고 생각하는가?
○ 화자가 말하는 것에 대하여 생각하면서 들었는가?
○ 들은 내용을 다른 사람에게 이야기 해 줄 수 있는가?

<고학년의 경우>
○ 들을 준비가 되어 있는가?
  - 보고들을 수 있는 자리에 바르게 앉아 있는가?
  - 화자를 똑바로 쳐다보는가?
○ 듣기에 집중하고 있었는가?
  - 화자가 말하는 동안 다른 잡념을 가지지 않았는가?
  - 그 주제에 대하여 이미 알고 있는 내용을 떠올려 보았는가?
○ 사전에 듣기 상황을 파악하였는가?
  - 화자가 이야기하는 상황을 사전에 인식하였는가?
  - 내용의 전체적인 방향을 잡을 수 있는 중심 생각을 찾았는가?
○ 주제를 뒷받침하는 생각들을 골라낼 수 있는가?
  - 마음속으로 내용을 조직하기 위해 화자의 단서(첫째로, 다음으로 등)에 대한
    이점을 최대한 이용하는가?
  - 듣는 중에 가끔씩 요약하고 정리해 보는 시간을 가졌는가?
○ 듣기가 끝난 후 말한 내용에 대하여 되새겨 보았는가?
  - 이전에 알고 있었던 내용에 비추어 볼 때 새로운 내용은 타당성이 있는가?
  - 들은 내용의 사실 여부를 알기 위하여 노력하였는가?

(3) 과제 수행을 통한 추론

다른 사람에게 듣기 경험을 주기 위해 계획을 세워 보는 것도 자신의
듣기 습관을 좀더 의식적으로 발견할 수 있는 좋은 평가 방법이다. 다른
사람에게 듣기를 경험시켜주고자 할 때 학생들은 청자가 소리를 알아들을
수 있도록 이야기를 녹음할 때에 적절한 목소리나 어투로 녹음되어 있는
가를 확인하면서 알맞게 맞추어 간다. 교사는 듣기 자료를 개발하기 위한
노력들을 관찰함으로써 학생들의 듣기 인식이나 듣기 태도를 알 수 있고,

학습자는 그러한 과정을 통하여 자연적으로 듣기 기능 논의를 하고, 듣기 기능을 발달시켜 나간다.

　유사한 방식으로 바람직한 듣기에 관한 목록을 작성하게 해 보거나 바람직한 듣기에 관한 목록은 자신의 듣기를 점검하고 새로운 목표를 설정할 때 기준이 될 수 있다. 목록의 내용은 듣기 기능과 모범적 듣기 행위에 대한 브레인스토밍을 통하여 이끌어 낼 수 있다.

(4) 체크리스트

　듣기가 일시성, 소멸성의 특징을 갖는 다는 점을 감안하면 체크리스트는 듣기 평가에서 유용한 평가 도구가 될 수 있다. 체크리스트의 유형은 활용 주체에 따라 교사 체크리스트와 자기 평가 체크리스트로 나누어 볼 수 있다. 교사 체크리스트는 가능한 듣기 과정, 결과, 태도의 제 요소를 하나의 체크리스트에 담을 수 있어야 평가에 따른 시간적 부담을 최소화할 수 있다. 표 <7-2>는 이러한 체크리스트의 점검 항목들이다.

표 <7-2> 교사용 듣기 체크리스트

번호	이름	듣기 과정			듣기 결과			태도		
		듣기 목적 설정, 배경지식 활성화, 화자 목적 탐구	적절한 반응 보이기, 메모 하기, 질문하기 등	요약하기, 중심내용 찾기, 결론 도출하기 등	사실적 이해	추론적 이해	평가 및 감상	듣기에 대한 태도	화자에 대한 태도	결과 활용 태도

　자기 평가 체크리스트는 청자의 듣기 태도나 습관을 알아보는 데 적절

한 방법이다. 이는 질문에 대한 반응 형식이 될 수도 있고, 일정한 척도를 제시하고 해당되는 수준을 학습자 스스로 표시하게 하는 형식이 될 수도 있다. 이러한 방법은 결과에 대한 신뢰도의 문제와 중간 척도에 집중하는 문제점이 있다. 또한 학습자에 따라 각자의 기대 수준이 다르므로 지나치게 낮게 평가하거나 높게 평가하는 경향이 나타난다는 것도 문제이다. 관찰이나 다른 평가 도구와 함께 사용하거나, 자기 평가와 협의 평가를 병행하여 실시함으로써 이러한 문제점을 어느 정도 극복할 수 있다. 다음은 듣기에서 활용할 수 있는 자기 체크리스트 형식들이다.

〈자기 평가 점검 항목(질문-반응 형식)〉
○ 다른 사람의 듣기를 좋아하는가?
○ 다른 사람이 말하도록 격려하거나 북돋워주는가?
○ 말하고 있는 사람을 싫어하더라도 말을 잘 들어주는가?
○ 말하는 사람을 남녀노소 구분 없이 잘 대하는가?
○ 말을 잘 듣기 위하여 하던 일을 중단하는가?
○ 말을 들을 때 화자를 바라보는가?
○ 말을 들을 때 미소를 지으며 가끔씩 고개를 끄덕이는가?
○ 화자의 의도가 무엇인지를 생각하면서 말을 듣는가?
○ 화자가 말하는 내용을 이해하려고 노력하는가?
○ 화자의 말을 끝까지 듣는 편인가?
○ 내성적이거나 부끄러워하는 화자를 격려하여 말할 수 있도록 하는가?
○ 화자의 말이 이해가 잘 되지 않을 때 설명을 요청하거나 질문을 하는가?

〈자기 평가 점검 항목(척도 사용)〉 척도: 거의 아님/드물게/보통/자주/매우 자주
○ 다른 사람의 말을 들을 때 주의를 집중하는 편이다.
○ 내용이 어렵거나 복잡할 때 들으려고 하지 않는다.
○ 말하는 의도나 요점보다는 단편적인 사실을 듣기를 좋아한다.
○ 싫어하는 사람의 말을 듣지 않는다.
○ 화자가 천천히 말할 때 말하는 내용에 귀를 기울이기보다는 말할 내용을 예측

하려고 한다.
o 다른 사람이 말할 때 중간에 끼어 든다.
o 다른 사람의 강연이나 말을 들을 때 뒷자리에 앉는다.
o 다른 사람이 나에게 충고할 때 그것을 받아들이기보다는 듣는 척만 한다.
o 화자가 말하는 내용보다는 화자의 외모에 초점을 둔다.

<토의 점검 항목(척도 사용)> 거의 아님/드물게/보통/자주/매우 자주

o 토의 문제를 합의하였을 때 만족하였다.
o 토의는 새롭고 흥미로운 경험이었다.
o 토의 참여자들이 타당한 근거와 논리를 가지고 자신의 의견을 주장하였다.
o 토의 집단은 토의를 잘할 수 있도록 조직되었다.
o 모두 구성원들이 토의에 참여하였다.
o 토의 진행은 서로 번갈아 가면서 하였다.
o 구성원들은 토의 화제에 대하여 흥미를 가졌다.

다. 듣기 평가 정보와 송환

국어과 평가의 최종적인 목적은 학습자의 언어 능력 신장에 있다. 따라
서 평가의 최종 지향점은 항상 어떻게 하면 학습자를 도울 수 있을 것인가
에 있다. 이를 위해서는 학생들의 듣기 양상을 정확히 파악하고 원인을 분
석하여 적절한 송환을 제공해 줄 수 있어야 한다. 표 <7-3>에서 제시한
니콜스(Nichols)가 확인한 소극적인 듣기의 몇 가지 유형과 원인 분석 및
송환의 예시[11]는 교사들이 듣기 평가를 통하여 특정 양상을 발견하고 구
체적인 송환 단서를 발견하는 데 도움을 줄 수 있을 것이다.

---

11) 본 예시는 필자가 수정하여 제시한 것이다.

표 <7-3>. 듣기 양상에 대한 원인 분석과 송환 예시

듣기 양상	원인	송환의 예
주제에 대한 무관심	들은 내용에 대한 배경 지식이 부족할 때, 화자의 말에 대한 섣부른 결론을 가정할 때	듣기 준비 갖추기, 주제에 대한 배경 지식 활성화하기, 학습자의 발달 수준에 맞는 과제 제시하기, 열린 마음으로 주제를 탐색할 수 있도록 격려하기
무조건적 화자 비판	들은 내용에 대한 관심이 부족할 때, 주변적 사실이나 외형적 측면을 중시할 때	화자와 청자의 책임성 및 상호간의 특성을 이해할 수 있도록 지도, 화자에 대한 청자의 영향 알려주기, 화자로부터 무엇인가를 얻으려고 하는 수용적이고 성실한 태도 갖기
생각하지 않고 듣기	듣기 목적에 대한 인식 부족, 비판적 사고 기능의 부족	말하기와 사고 속도와의 차이에 대해 알려주고 그 차이에서 오는 시간을 잘 활용하여 배경 지식을 상기해 가며 관련지어 생각하고 일반화 사항이나 문제점을 찾을 수 있도록 지도하기
단편적인 사실만 듣기	주제나 요점을 파악하는 데 어려움이 있을 때, 의미 단위나 관계에 대한 분석 능력이 떨어질 때, 끝까지 듣는 태도와 듣기 집중력이 부족할 때	의미의 결합과 관계에 대한 지도, 정보의 재조직에 대한 지도, 들은 내용에 대한 비교, 대조 연습, 들은 내용을 부연하여 말하기
모든 것을 다 간추리려고 시도하는 것	과제 파악이 정교하지 못할 때, 주제나 요점을 파악하는 데 어려움이 있을 때, 의미 단위나 관계에 대한 분석 능력이 떨어질 때	과제를 명확히 인식시켜 주기, 요점만 잡아서 기록하면서 듣기, 메모하며 듣는 습관 기르기, 듣기 전략 지도하기, 내용을 평가하며 듣기
형식적인 듣기	주의 집중력 부족	중간 중간에 듣기 활동을 멈추고 그 때까지 들은 내용을 요약하고 논의하고 질문하는 시간 가지기
집중력이 부족한 듣기(산만한 듣기)	환경 요소로 인하여 듣기가 장애를 받을 때	산만한 환경 무시하기, 주의 산만 요소를 인정하기, 듣기 장애 요소를 표현할 수 있는 기회 제공하기
쉬운 내용만 선택하기	자신감의 부족, 듣기 동기의 부족, 제재에 대한 무관심	흥미 있는 듣기 제재 제공하기, 도전할 만한 동기 부여나 보상하기
함축된 의미의 이해 부족	문학적 경험 부족, 배경 지식의 부족, 수사적 기법에 대한 이해 부족	외연적 의미와 내연적 의미에는 차이가 있고, 사람마다 경험이 다르기 때문에 받아들이는 의미는 약간 차이가 있음을 알려주기, 문맥에 맞게 다른 말로 바꾸어 보기
감정적 반응	제재나 화자에 대하여 감정적으로 반응할 때, 특정 사실이나 정보에만 초점을 두게 될 때	내용별로 나누어 듣기, 사실과 의견을 구분하여 듣기, 섣부른 평가 자제하기, 다양한 관점에서 논의할 수 있는 기회 제공하기

평가를 통한 송환은 교사가 직접 그 송환 정보를 학생들에게 제공하기도 하지만, 교사의 직접적인 행동이나 시범으로 송환할 수도 있다. 많은 학생들은 진정으로 듣는 청중으로서의 경험이 거의 없다. 그들의 듣기 경험은 주로 수업 시간이나 텔레비전 시청 시간에 수동적으로 듣는 경우가 대부분이다. 어떤 학생들은 개인에 대한 관심을 거의 보이지 않는 군중 속에서 소외된 채로 생활하기도 하고, 또 어떤 학생들은 인간적인 대화가 거의 없는 과보호 상태에서 생활하기도 한다. 경우에 따라서는 학생들의 의견이 아예 무시되기도 한다. 이러한 상황에서 교사는 학습자의 듣기 행위의 시범자이며, 학생들은 곧잘 그것을 모방한다. 따라서 교사는 평가를 통하여 나타난 듣기 양상들을 교사의 행동으로 송환할 수 있는데, 이를 위해서는 교사 자신의 듣기 행동에 대한 점검이 선행되어야 한다. 다음은 이러한 점검 질문의 예시이다.

  o 학생들이 이야기 할 때 나는 충분한 관심을 가져다주었는가?
  o 학생들이 이야기 할 때 나는 그들의 눈을 마주보고 있었는가?
  o 학생들의 이야기에 대하여 반응을 보이거나 질문을 함으로써 내가 그들의 이야기에 대하여 관심을 가지고 있다는 것을 보여주었는가?
  o 학생들이 재미있는 이야기나 특별한 언어적 표현을 할 때 즐거운 표정을 짓거나 깊이 감상하는 모습을 보여주었는가?

4. 듣기 평가의 실제

가. 예시 <1>

  o **평가 활동명**: 탐정의 추리

○ **평가 수준**: 이해 수준의 듣기
○ **평가 목표**: 이야기를 듣고 원인과 결과를 추론할 수 있다.
○ **평가 과정**
  ① 훌륭한 탐정은 발자국이나 지문 같은 미세한 증거 뿐만 아니라 목격자의 사소한 진술에도 주요한 단서가 있다는 것을 인식하고 주의 깊게 듣는다는 점을 사례를 들어 설명한다.
  ② 논리적으로 사고할 수 있는 기본 예시문을 녹음기나 육성으로 들려준다.
  ③ 문제에 대한 자신의 결론을 발표하게 하고 그 이유를 설명하게 한다.
  ④ 보충 질문을 제시한다.
  ⑤ 예시문을 다시 한 번 들려주고 결정적인 단서가 될 수 있었던 부분을 정확히 인식한다.
  ⑥ 주의 깊게 듣기 위해서는 어떠한 태도를 가져야 하는지 발표한다.
  ⑦ 심화 예시문을 들려주고 결정적인 단서를 발견하여 정확한 추리를 한다.
○ **평가 상 유의점**
  – 사전에 단서가 될 만한 것을 주의 깊게 듣도록 주의를 환기시킨다.
  – 게임으로 운영하여 단서를 먼저 발견하여 정확한 결론을 내리는 팀에 가산점을 부여하고 틀리면 감산한다.
  – 단서와 관련이 없는 단순한 추정 결론을 내리지 않도록 한다.

<u>듣기 자료 <기본 예시문></u>
물어 뜯겨져 있는 슬리퍼의 비밀

민식이의 형은 털털이라는 이름을 가진 개를 한 마리 가지고 있었다. 민식이도 늘 그의 개를 한 마리 갖고 싶었다. 마침내 그의 어머니가 또록이라는 작은 강아지 한 마리를 구해 왔다. 또록이는 아직 어려 고기를 먹을 수 없어서 민식이는 그에게 우유를 먹였다. 털털이를 제외하고는 모두 또록이를 좋아했다. 털털이는 집안에 개는 한 마리로 충분하다고 생각했다.

어느 날 민식이와 어머니는 부엌에서 다음과 같은 광경을 목격했다.

또록이는 자기 집에서 평화롭게 자고 있었다. 그러나 그의 옆에는 집안의 모든 슬리퍼들이 몽땅 놓여 있었다. 아버지의 갈색 가죽 슬리퍼, 어머니의 작은 분홍색 솜털 슬리퍼, 격자 무늬가 있는 민식이의 슬리퍼, 형의 초록색 슬리퍼. 그런데 슬리퍼들은 하나같이 모두 물어뜯은 자국으로 보이는 커다란 구멍이 나 있었다.

"또록아!" 어머니는 고함을 질렀다. "도대체 이게 무슨 짓이야! 강아지가 슬리퍼를 물어뜯는 걸 좋아하는 줄은 알지만 집안의 모든 슬리퍼를 몽땅 이 꼴로 만들어 놓다니...!"

"엄마, 또록이를 야단치지 마세요. 그가 그것을 물어뜯은 게 아니에요 틀림없이 털털이의 짓일 거예요."

민식이가 어떻게 그 사실을 알았을까?

듣기 자료 〈심화 예시문1〉

어느 농장의 비밀

주은이와 주영이는 농장에 살고 있는 자매였다. 그들에게는 주미라고 부르는 갓난 여동생이 한 명 있었다. 주미는 비록 걸을 수는 없었지만 기어서 온갖 짓을 다하며 농장을 돌아다니곤 했다. 암탉이나 고양이를 따라다니기도 하고 때로는 소 다리를 만지작거리기도 하고, 포장이 안된 흙길을 가로질러 길 건너편의 채소밭에서 당근을 뽑기도 하였다.

어느 날 어머니가 채소를 팔기 위해 시내로 차를 몰고 나가야 했다.

"얘들아, 내가 없는 동안 주미를 잘 돌보거라. 잠시도 주미에게서 눈을 떼지 말아라. 안 그 러면 먼지투성이 길을 또 건너갈 지도 모른다."

어머니는 주은이와 주영이에게 몇 번이고 다짐을 받아두었다. 그러나 잠시 후에 주은이와 주영이는 인형을 갖고 노는 데 정신이 팔려 주미에 대한 생각을 잊고 있었다. 마침내 주미가 생각났을 때 주미는 이미 그들의 눈앞에 보이지 않았다.

주은이는 무척 걱정이 되었다.

"주영아, 넌 주미가 어디로 갔을 거라고 생각하니?"

"잠시 갔을 만한 곳을 둘러보아야겠어."

그들은 사방을 둘러보았지만 농장에는 온통 초록빛 채소와 풀들만 짙게 깔려 있었다. 다만 근처의 일부 잔디가 깔아뭉개져 있었고 포장이 안된 흙길에는 몇 개의 발자국이 띄엄띄엄 나 있었다.

"언니, 저것 봐, 발자국이야!" 하고 주영이가 소리쳤다.

"주미는 틀림없이 저 길을 건너 또 당근을 뽑고 있을 거야.."

"아니야." 주은이는 대답했다. "주미는 소를 보러 갔어."

과연 누가 옳을까?

듣기 자료 〈심화 예시문2〉

잃어버린 안경의 비밀

대필이는 안경을 하나 가지고 있었다. 그는 책을 읽을 때나 글자를 볼 때는 항상 안경을 써야만 했다. 그런데 그는 그만 그것을 잃어버렸다. 그는 학교 분실물을 보관하고 있는 방송실로 가서 그 곳에 있는 6학년 누나에게 말했다.

"누나, 갈색 테로 된 안경 하나 없어요?"

그러자, 그 누나는 인상을 찌푸리며 서랍을 뒤적거려 보았다.

"미안하지만 없어. 언제 그 안경을 잃어버렸니?"

"기억이 잘 안나요" 대필이는 말했다.

"네가 그것을 마지막으로 사용한 게 언제였니?"

"수업을 마친 후에 야구를 할 때 난 안경을 사용했기 때문에 그것을 가지고 있었다. 그리고 야구를 마치고 나서 그것을 벗어서 잠바 안쪽 주머니에 넣었다고 생각한다. 그리고 다시 저녁 식사 후에 텔레비전을 보기 위해 그것을 사용했다. 그런 다음 내가 목욕을 할 때 안경이 없으면 더러운 곳을 볼 수 없어 때를 제대로 벗기지 않는다며 어머니께서 안경을 가지고 와서 나에게 씌워 주었던 기억이 난다. 안경을 본 게 그것이 마지막이었다.

"목욕 후에 다른 일은 하지 않았니?"
"글쎄요, 잠을 자야 할 시간에 침대에서 탐정 이야기를 읽고 있었다. 내 방에 불이 켜져 있는 걸 어머니가 알지 못하도록 손전등을 사용했다. 그런데 정말로 재미있는 부분을 읽으려고 하는데 어머니가 위층으로 올라왔고, 나는 재빨리 모든 것을 베개 밑에 넣고 자는 척 했다."
그 누나는 미소를 지으며 말했다.
"만약 네가 훌륭한 탐정처럼 무엇인가를 조금이라도 배웠더라면 네 안경이 어디 있는지 찾을 수 있었을 거야."
대필이의 안경은 어디 있을까?

....

1. 또록이는 고기를 씹을 수 없었으므로 그는 슬리퍼를 물어뜯을 수도 없었다.
2. 주은이가 옳다. 주미는 걸을 수 없었으므로 발자국을 남길 수 없다. 그러나 그녀는 기어가면서 잔디를 깔아뭉개었을 것이다.
3. 안경은 베개 아래에 틀림없이 있을 것이다. 대필이는 안경 없이는 침대에서 책을 읽을 수 없기 때문이다.

* 만약 평가 문제를 제대로 해결하지 못할 경우 이야기를 다시 한 번 더 들려준다. 그 때는 이미 문제를 알고 있는 상태이므로 단서를 쉽게 찾을 수 있게 된다. 그렇지만 다음과 같은 질문으로 필요로 하는 정확한 정보에 관심을 가지게 할 수도 있다.

○또록이는 무엇을 먹었고 왜 그것을 먹었는가?
○주미는 어떻게 돌아다녔는가?
○대필이가 마지막으로 그의 안경을 쓴 것은 언제였는가?

나. 예시 <2>

○**평가 활동명**: 착륙 계기
○**평가 수준** : 이해 수준의 듣기
○**평가 목표**: 지시 내용을 주의 깊게 듣고 행동으로 표현할 수 있다.
○**평가 과정**
  ① 간단한 지시문을 잘 듣고 정확하게 행동하도록 주의를 환기시킨다.
  ② 학생들의 수준에 맞게 지시 내용의 길이를 조정하여 지시를 내린다.
  ③ 다른 학생들은 지시대로 정확하게 행동이 이루어지는지 관찰하고 빠진 부분을 지적한다.
  ④ 지시를 정확하게 하지 못했을 경우 다른 사람이 나와서 다시 수행해 본다.
  ⑤ 복도나 강당에 매트나 옷, 걸상 등의 장애물을 여기저기에 설치한다.

⑥ 한 사람은 눈을 가리고 조종사가 되고 한 사람은 반대편에서 지시를 내리는 관제사가 된다. 이 때 지시문의 길이는 수준에 따라 다르게 할 수 있다.

○ **평가 상 유의점**
- 위험한 장애물은 안전을 위하여 가급적 피한다.
- 지시문의 길이는 반드시 학생의 수준이 고려되어야 한다.
- 그냥 눈을 감게 하는 것보다는 눈가리개 등의 도구를 활용하는 것이 좋다.

듣기 자료<기본 지시문>

· **저학년의 경우**
"문 쪽으로 걸어와서 세 번을 돌고 네 자리로 다시 돌아가 앉아라.

· **고학년의 경우**
"칠판으로 나와서 빨간 분필로 원을 그린 다음 파란 분필로 색칠을 하고 왼손으로 '원'이라는 글자를 그림의 밑에 적고 선생님 수학책을 교탁 위에 올려놓고 자리로 돌아가거라"

· **관제사의 지시문**
○ 앞쪽으로 세 걸음 걸어서 왼쪽으로 두 걸음 걸어라.
○ 앞으로 30센티 정도 뛰어 넘어라.
○ 왼쪽으로 두 걸음 가서 다시 앞쪽으로 세 걸음 걸어라.
○ 오른쪽으로 세 걸음 걸어서 앞쪽으로 50센티 정도를 뛰어 넘어라.
○ 앉아서 앞쪽의 장애물과 장애물의 사이를 두 손으로 더듬어 짚고 옆으로 두 장애물을 동시에 뛰어 넘어라.
○ 일어서서 오른쪽으로 두 걸음, 앞쪽으로 2미터를 더 와서 그 자리에 멈추어라.

다. 수준별 듣기 평가 활동

듣기 수준에 따른 평가 활동을 예시하면 표 <7-4>와 같다. 이러한 평가 활동은 듣기의 어떠한 과정을 교사가 도와주어야 할 지를 쉽게 알 수 있게 해 준다.

표 <7-4> <u>수준별 듣기 평가 활동 예시</u>

듣기 수준	평가 활동
기억 수준의 듣기	**통신원**: 틈틈이 어린이들에게 다른 사람에게 구두 메시지를 전달하는 임무를 맡긴다. 듣기의 중요성과 정보를 정확하게 전달하는 것에 중점을 두어라. **듣고 행동하기**: 책이나 이야기에서 대화가 나오는 부분을 골라 큰 소리로 읽어 준다. 그런 다음 학급을 적당한 규모의 소집단으로 나누어 들은 것을 행동으로 나타내어 보게 한다. 모든 그룹이 연출한 내용의 차이점을 이야기 해 보게 한다. **친구 취재하기**: 어린이들이 짝을 지어 상대방의 취미나 특기에 대하여 면담을 하게 한다. 그런 다음 각자 취재한 친구의 취미나 특기에 관하여 쓰거나 말하여 보도록 한다. **노래**: 어린이들에게 노래를 들려주고 가사를 쓰게 하거나 무엇을 노래한 내용인지 말하여 보게 한다 **그림에서 틀린 것은 무엇일까요?**: 캔디 가게나 빵집, 또는 잡화점의 그림을 바로 잡아라. 어린이들에게 그림을 보여 주지 않고 그 가게 안에 무엇이 있는지 설명해 주되 몇 가지를 틀리게 말해 준다. 예를 들면 이 가게에 있는 물건을 다른 가게에 있다고 한다거나 색깔이나 모양을 틀리게 말할 수도 있고, 없는 물건을 있다고 말할 수도 있을 것이다. 그림에 대한 설명이 끝나면 그림을 어린이들에게 보여 주고 틀린 부분을 바로 잡도록 해 본다. **그것은 누가 한 말일까요?**: 많은 희곡이나 대화가 많은 이야기를 읽어 준다. 다 읽고 나면 다시 돌아가서 어느 한 부분의 대화를 읽어 주고 누가 한 이야기인지 알아맞히게 한다.
이해 수준의 듣기	**머리말**: 어린이들에게 신문 기사를 읽어 주고 그 기사의 요점을 가장 잘 나타낼 수 있는 머리 기사를 생각해 보게 한다 **이름 없는 전기**: 학생들이 잘 알고 있는 두 가지 이상의 위인전에서 공통점을 가지는 한 토막을 읽어주고 각 인물의 공통점을 찾아보게 한다. **짝 짓기**: 이야기를 들려주고 그것이 나타내는 알맞은 그림짝을 찾아보게 한다. **제목 바꾸기**: 어린이들에게 짤막한 이야기의 제목을 말해 주고 그 이야기를 큰소리로 읽어 준다. 그런 다음 그 이야기의 제목을 가능한 다르게 붙여 보도록 한다. 처음의 제목과 어린이들이 지은 제목을 칠판에 적는다. 여러 가지 제목들의 타당성을 비교해 보고 가장 좋은 제목을 골라 보게 하고 왜 그 제목이 가장 적절한지 이야기 해 보게 한다. **토막 그림 그리기**: 이야기를 들려줄 때 어린이들이 주요 사건의 순서를 잘 생각해 보도록 미리 주지시킨다. 소집단 학습이라면 각자가 생각한 순서를 비교해 보면 어느 정도 서로 일치한다는 것을 알 수 있게 된다. 그렇게 한 다음 주요 사건의 각 장면을 간단한 몇 장의 토막 그림으로 그려보게 한다.

추론 수준의 듣기	**전체 내용을 통하여 의미 파악하기**: 어린이들이 모르는 낱말들이 포함된 읽기 자료를 선택한다. 낱말에 대한 어떠한 설명도 하지 않고 그냥 칠판 위에 새로운 낱말을 써 준다. 그런 다음 읽기 자료를 읽어 주고, 전체 내용 속에서 각 낱말의 의미를 파악해 보도록 한다. **미리 들춰보기**: 이야기나 역사적 사건의 일부를 이야기해 주거나 읽어 준다. 어린이들에게 들은 내용에서 어떤 일이 있었는지 생각해 보게 하고 다음 장면을 그림으로 나타내어 보게 한다. 그리고 그림을 서로 바꾸어 보고 비교하면서 왜 그런 일이 일어났을 거라고 생각했는지 설명해 보게 한다. **마음 속의 그림**: 놀이나 해변 풍경, 또는 소풍 같은 주제들 중에서 하나의 주제를 선택하여 관련 있는 대여섯 장의 그림을 준비한다. 학생들에게는 그림을 보여주지 말고 교사가 하나의 그림을 정하여 그 그림에 대하여 이야기를 해 준다. 그런 다음 그림들을 전부 보여 주고 교사가 이야기한 그림을 골라 보게 한다.
비판 수준의 듣기	**새 기사**: 어린이들에게 뉴스나 잡지 기사를 읽어 주고 육하 원칙에 유의해서 듣게 하고 사실과 자기 의견을 넣어 기사를 다시 써 보게 한다. **불공평한 논쟁**: 어린이들이 흥미나 관심을 가질 만한 논쟁거리(예를 들면 점심 메뉴, 방학)를 선택하여 특정 주장과 그 이유를 들려주고 그것을 객관적으로 비판해 보게 한다.
감상 수준의 듣기	**시 낭독**: 어린이들에게 알맞은 감정, 분위기, 정서를 유발할 수 있는 시를 낭독한다. 그리고 어린이들에게 그 시가 주는 느낌을 이야기해 보게 하고 왜 그런 느낌을 주는지 알아보게 한다(감상)

제8장. 읽기 평가

읽기 교육의 변화를 주도하고 있는 구성주의 관점이나 독자 반응, 총체적 언어 교육의 관점은 읽기를 이해의 차원에서 다룰 것이 아니라 구성의 차원에서 다루어야 한다고 주장하고 있다. 읽기 교육의 최종적인 목표는 학생들이 스스로 읽기 능력을 갖출 수 있는 수준에 도달하도록 돕는 것이다. 이를 위해서 교사는 학생들의 읽기 수준과 장단점을 정확히 파악하여 그들에게 평생 독자로 발달해 갈 수 있는 도움을 제공해야 한다. 하지만 전통적인 읽기나 문학 평가 방식은 지식이나 기초적인 기능을 평가해 왔고 이는 교수-학습을 이러한 식으로 몰아가는 원인이 되기도 하였다. 모형화된 평가 상황에서 학생들은 늘 평가 대상으로만 취급받아 왔다. 따라서 읽기를 언어 기능간의 상호 작용 속에서 발달하는 다차원적인 의미 형성 과정으로 간주할 때 이에 적절한 평가 방안의 모색이 필요한 시점이다.

학생들의 읽기 능력은 형식적인 맥락에서보다 자연스러운 수업 맥락이나 비형식적인 읽기 상황에서 훨씬 잘 나타난다. 평가를 위한 맥락은 모든 학급에 존재하며 그것은 다양한 유형의 평가 기회를 제공해 준다. 예를 들면 학생들은 혼자서 책을 읽는 맥락, 교수-학습 맥락, 텍스트를 공유하는 소집단 토의에서 텍스트에 대한 느낌이나 사고를 표현하는 맥락 등이 있다. 이러한 맥락에서 독자는 텍스트의 문자 관습이나 조직에 대한 이해를 보여주며, 읽기 전략의 전개, 통합, 적용 양상과 읽기 목적이나 흥미, 태도를 드러내고, 경험 관련 정보, 어휘나 개념에 대한 이해, 저자의 의도 확인 및 추론, 사전 지식이나 경험에 근거한 텍스트의 가치 평가 등을 보여준다.

이러한 평가 과정에서 교사는 읽기에 필요한 지식과 전략을 안내하고, 텍스트의 의미에 대하여 토의하고, 학습 과정과 결과를 협의하고 지원하는 역할을 수행할 수 있다.

여기에서의 주된 평가 관점도 읽기 교수-학습을 개선하는 데 초점을 두고 있으며, 논의하는 제 문제는 읽기나 문학 영역 평가의 지향점으로서 현장 교사들이 읽기 교수-학습 설계나 평가를 계획하는 데 도움을 줄 수 있을 것이다. 그러나 여기에서 제시하는 것들은 하나의 예시에 불과하며 이를 토대로 현장 적용 가능성이 끊임없이 탐구되고 재구성되어야 한다.

1. 읽기 평가의 기초

가. 읽기의 특성

읽기는 의미 구성 행위이다. 읽기의 시각적인 부호는 주로 문자 기호가 되겠지만 때로는 그림이나 특정한 편집 체제 등도 의미 구성에 영향을 미친다. 그러나 텍스트의 부호 자체는 아무런 의미를 지니지 못한다. 그것이 의미를 지니기 위해서는 독자가 부호를 소리 부호로 번역해야 하고, 배경 지식을 동원하여 텍스트의 부호를 재구성할 수 있어야 한다.

읽기는 선택적이다. 독자는 단지 텍스트를 그대로 복사하는 것이 아니라 선택한다는 점에 유의할 필요가 있다. 많은 대화가 전개되는 공간에서 우리는 어느 하나에 초점을 두게 되고 나머지 사람들은 배경음이 되듯이, 특정 부분에 대한 선택적 주의는 의미 구성 과정에서 중요한 단서로 작용한다. 또한 독자는 글을 읽으면서 필요한 것만 선택하거나 매우 적은 양의 문자만 한꺼번에 볼 수 있다. 인간의 눈은 하나의 고정된 시점에서 순간적으로 일정한 공간만 볼 수 있으므로, 독자가 모든 것을 살펴볼 수 있는 시간을 가진다고 하더라도 의미는 드러나지 않을 수도 있다. 따라서 모든 문자가 다 같이 중요한 것처럼 그 페이지에 있는 모든 글자나 내용에 관심을 기울이는 것은 비효율적이다. 선택적 주의의 초점이 어디에 두어지느냐에 따라 의미가 달라지는데 선택적 주의는 의미를 구성할 수 있는 방향으로 움직이는 경향이 있고, 독자의 언어 능력, 경험, 태도에 따라서도 독자가 선택하는 문자나 정보의 양은 달라진다. 읽기 과정은 회귀적이다. 읽기에서 의미를 구성하는 것은 한 문장씩 읽고 이해하는 선형적인 과정이나, 의미가 계속 덧붙여지는 순차적인 과정은 아니다. 독자는 일시적으로 형성된 의미를 추가 정보를 통하여 반복적으로 수정하거나 재생산하고 필요한 경우 이미 읽은 내용을 반복하여 다시 읽기도 한다. 읽기의 결과로 나타나는 의미는 독자에 따라 다양하게 나타난다. 읽기는 독자가 배경 지식에 비추어 적합한 것을 유지하는 과정과 새로운 것을 자기의 경험에 맞게 조정하고 정교화하는 과정이다. 독자가 구성한 의미를 보면 텍스트의 내용 가운데서 본문 그대로 유지되어 나타나는 내용이 있는 반면, 수정되거나 재조직되는 것이 있는데, 이는 독자에 따라 다양하게 나타난다. 이것은 독자가 각자의 독특한 스키마를 이용해서 자기의 경험을 인식하고, 이해하고, 기억하기 때문이다. 이러한 스키마 구조들은 서로 다른 독자들이 동일한 텍스트를 읽더라도 인식, 이해, 그리고 회상하는 과정에서 서로 다른 의미를 구성하는 요인으로 작용하는 것이다.

나. 읽기 능력의 정의

읽기 능력의 초기 개념은 단순히 글을 읽을 수 있느냐 하는 것이었다.

그 이후 1920년대에 행동주의 심리학이 등장하면서 독자는 철자에서부터 시작하여 점차 단어, 구, 문장, 문단, 글 전체로 의미를 이해하는 과정으로 설명되었다. 즉, 독자는 일단 주어진 글에 포함되어 있는 하위 영역의 과정을 정확하게 이해할 수 있으면 독해는 저절로 일어난다는 것이다. 이후 형태 심리학자들에 의하여 읽기는 스키마 수준에서 시작하여 점차 하위 단계인 문자 수준으로 나간다는 이른 바 하향식 모형이 제기되었다. 그러나 단어의 의미를 정확히 알고 있더라도 의미를 획득하지 못하거나 스키마가 있더라도 특정 어휘의 의미를 모른다면 정확한 의미 구성이 어려워진다. 이러한 문제점을 극복하고자 상향식 모형과 하향식 모형을 절충한 상호 작용모형이 제기되었다. 이러한 과정에서 독자, 텍스트, 맥락은 의미 구성 과정에서 개별적으로 작용하는 요소가 아니라 유기적으로 관련된 하나의 전체로서 작용한다.

 독자는 텍스트에 제시된 패턴이나 특정 내용을 단서로 추론하기도 하며 다른 텍스트의 내용을 끌어와서 문맥에 '적합한' 구성을 하려고 노력한다. 이 때 텍스트는 언어적 양상으로 구조화되어 있는 의미의 일부로서 그 자체로는 불완전하거나 무의미한 기호에 지나지 않는다. 따라서 의미는 텍스트나 독자 내에 있는 것이 아니라 독자와 텍스트의 교류 중에 일어난다고 보아야 한다. 역시 읽기는 언어적, 사회적, 문화적 맥락이나 특정 상황에서의 독서 맥락에 따라서도 의미 구성의 차이를 드러내며 이러한 것들은 과제 수행 방식, 반응 양식, 그리고 자아에 대한 태도에까지도 영향을 미치게 된다. 독자는 동일한 사회와 문화 집단, 동일 교육 수준, 그리고 문학이나 과학과 같은 동일 담화 공동체의 유사성에 근거하여 좀더 적합한 사전 지식을 끌어오고, 내포나 함축된 의미를 이해하고, 어조나 사고의 뉘앙스를 인식하는 데 필요한 사회적 상황을 가정할 수 있게 된다. 이러한 다차원적인 공간 안에서 독자는 선택하기, 추론하기, 요약하기, 조정하기, 평가하기 등의 인지적·초인지적 전략을 동원하여 '타당한' 의미를 구성해 낼 수 있을 것이다. '타당한 의미'란 독서 목적과 배경 지식에 적합하며, 텍스트적, 상호 텍스트적, 맥락적 단서들에 비추어 그 의미가 적합함을 가리킨다. 텍스트에서 하나의 절대적인 의미를 찾는다는 것이 불가능하다는 것이 최근 이론가들의 공통적인 인식이다. 하지만 우리가 상정해 볼 수 있는 의미의 타당성은 상황이나 독서 목적에 부합되는 구성, 전체 텍스트의 의미에 위배되지 않는 구성, 그리고 사회·문화적 맥락과 상황 맥락에 적절한 구성이라는 세 층위에서 그 합의점을 찾아볼 수 있다.

이상의 논의를 통하여 읽기 능력이란 독특한 배경 지식과 경험을 가진 독자가 텍스트를 읽고 주어진 맥락에 적합한 의미를 구성할 수 있는 능력이라고 규정해 볼 수 있다. 이는 읽기 능력에 배경 지식의 문제, 과제의 문제, 흥미나 태도의 문제, 텍스트의 기호 해독력의 문제 등이 복합적으로 개입되어 있음을 의미한다. 따라서 전통적인 평가 방식으로는 이러한 능력을 타당하게 평가할 수 없다.

다. 읽기에 영향을 미치는 요소

읽기 능력을 '독자가 텍스트를 읽고 맥락에 타당한 의미를 구성할 수 있는 능력'이라는 정의에서 우리는 읽기나 읽기 능력에 영향을 미칠 만한 요소를 추출할 수 있다. 즉, 독자 요소, 텍스트 요소, 맥락 요소가 그것이다. 읽기는 독자, 텍스트, 그리고 맥락 사이의 상호 작용이다. 독자, 텍스트, 맥락은 각각 이해를 촉진시킬 수도 있고 저해할 수도 있다. 즉, 독자가 텍스트를 읽기 위한 적절한 배경 지식을 가지고 있지 않다면 텍스트를 제대로 이해할 수 없을 것이다. 혹은 교사가 부적절한 읽기 목적을 설정함으로써 학생들을 잘못 이끈다면 학생들의 초점은 중요하지 않은 부분에 주어질 것이다. 따라서 읽기 평가 설계에서는 이러한 영향 요소에 대한 탐구가 전제되어야 한다.

(1) 독자 요소

독자 요소로는 지식 요소, 기능이나 전략 요소, 태도 요소 등이 있다. 능숙한 독자가 유의미한 상황에서 적절한 추론을 할 수 있는 배경 지식을 가지고 있다면, 그 의미를 쉽게 찾아낼 수 있을 것이다. 독자가 가진 지식으로는 담화 공동체가 공유하는 사회·문화적 지식, 텍스트의 내용에 대한 내용 지식, 읽기의 목적이나 과제의 특성에 대한 과제 지식, 그리고 과제를 해결하기 위한 전략이나 기능에 대한 지식, 어휘나 문장 구조 또는 음성이나 문자에 대한 일반적 언어 지식, 독자로서의 자기 인식이나 과제 조정 지식 같은 초인지 지식이 있다. 독자가 추론을 할 수 있는 배경 지식을 가지지 못했다면 의미 구성이 어렵거나 단편적인 의미만을 확인하게 될 것이다. 독자가 읽은 것을 거의 기억하지 못한다는 것은 단순히 기억력의 문제나 특정 어휘에 대한 이해 부족에서가 아니라, 내용과 관련시킬만한 특정 배경 지식을 가지지 못한 데 기인할 수도 있다. 지식을 가지고 있더라도 실제 읽기 상황에 적용할 수 있는 기능이나 전략을 가지지 못한다면 의미를 구성할 수 없게 된다. 읽기는 지적인 과정으로 독자와 텍스트가 상호작용하는 행위이다. 독자는 회상하기, 해석하기, 분석하기, 종합하기, 추론하기, 평가하기와 같은 지적인 기능과 전략이 필요하다. 독자의 신념과 기대, 사회·경제적 상황, 문화적 배경, 인성, 인지 발달, 나이, 성별, 태도나 흥미와 같은 개인적 성향 등도 의미 구성에 영향을 미친다. 예를 들면 학생이 모험 이야기를 좋아해서 걸리버 여행기를 읽는다면 좀더 빨리 읽고 요점을 오래 간직할 수 있을 것이다. 그리고 성숙한 독자라면 글의 구성과 작가의 스타일까지 감상할 수도 있을 것이다.

(2) 텍스트 요소

텍스트 요소로는 구성 요소, 내용 요소, 조직 요소가 있다. 구성 요소는 언어 부호, 활자 크기, 삽화, 편집 체제 등에 관련된 요소이다. 내용 요소는 주제나 화제의 내용적 측면이나 그것을 드러내는 어휘에 관련된 요소이다. 학생들은 자신이 잘 알고 있는 화제나 어휘로 된 텍스트를 더 쉽게 이해할 수 있다. '잘 아는 화제나 어휘'라는 것은 텍스트의 화제나 어휘가 독자의 배경 지식에 비추어 밀접하다는 의미이다. 조직 요소는 텍스트의 구조(중심 문장과 보조 문장의 명료성, 문장이나 문단의 길이, 문장과 문단의 세부 구조, 텍스트의 장르 구조)와 관련된 요인이다. 예를 들어 텍스트의 위계성이나 연결성은 독자의 내용 선택에 영향을 미치는데, 독자는 낮은 위계에 있거나 연결이 잘 형성되지 않는 단위들은 기억하지 않는 경향이 있다. 반면에 중요한 표지(예를 들면 '유의할 점은', '첫째'같은 것들)가 들어 있는 것들은 잘 기억하려고 노력한다. 또는 설명문 텍스트에서 단락이 주제문과 그 주제에 적절한 뒷받침 문장이 제시된다면 이해하기가 쉬울 것이지만, 문장들이 서로 관련이 없고 주제문이 표면적으로 나타나지 않는 경우에는 이해하기 어렵다.

(3) 맥락 요소

읽기에 작용하는 맥락은 크게 두 층위로 나누어 볼 수 있다. 하나는 특정 시간과 공간에서 읽기가 이루어지기 전에 이미 존재하는 맥락이다. 예를 들면 특정 지역의 한 초등학교 교실에서 텍스트를 읽는 경우 이미 국가의 문화, 지역 문화, 교육 문화, 학급 문화, 교과 문화 같은 나름의 역사와 행동 방식이 규정되어 있고 이러한 관습들은 읽기 맥락을 규정짓는 한 축이 된다. 이것은 사회·문화적 맥락으로서 서로 다른 사회적·문화적 맥락에 있는 사람들은 서로 다른 의미를 생성한다고 볼 수 있다. 읽기에는 이처럼 다차원적인 사회·문화적인 맥락 뿐만 아니라 좀더 직접적이고 구체적인 맥락이 작용하는데 이를 상황 맥락이라고 한다. 예를 들면 지하철에서 소설책을 대강 읽는 맥락, 시험 상황에서 지문으로 제시된 소설의 일부분을 반복하여 읽는 맥락, 과제 해결을 위하여 도서관에서 필요한 책의 일부분을 복사하여 읽는 맥락 등은 상황 맥락이라고 할 수 있을 것이다. 그리고 환경 요인도 읽기에 영향을 미칠 수 있는데 학급의 물리적 환경, 학급 분위기, 교사나 동료의 특성, 교사와 학생간의 상호 작용 특성, 독자가 느끼는 심리적 환경 등이 여기에 포함된다. 예를 들면 학급 문고의 상태나 독서 코너의 환경, 또는 독서 모임 활동의 운영 방식, 또는 특정 과제에 대한 보상 효과 등이 읽기에 영향을 미칠 수 있다.

라. 읽기 평가의 지향

(1) 구성주의 교육관

구성주의 교육관에 근거하면 학습자는 자신의 행동을 스스로 통제하고 능동적으로 학습 과정에 참여하며, 단순히 지식을 수용하기보다는 직접적인 대화와 경험을 통하여 의미를 구성한다. 교사의 역할은 배경 지식이나 학습자의 개별적 특성을 이해하고 사회적 행위의 일부로서 학습을 이해함으로써 학습자가 지속적이고 독립적으로 성장할 수 있도록 지원하는 것이다. 이러한 관점에서의 읽기 능력은 단지 고립된 기능이 아니라 언어를 사용하는 인간과 세계가 상호 작용하는 매우 복잡한 양상을 나타낸다. 즉, 읽기 행위가 인지적인 특성을 지니고 있는 것은 사실이지만, 그것은 사회적이고 상황적인 속성도 함께 가지고 있다. 읽기 교육에서 구성주의 관점은 의미 구성 주체를 무엇으로 보느냐에 따라 인지 구성주의와 사회구성주의로 나누어 볼 수 있다.

인지 구성주의 관점에서는 개별 독자를 행위의 주체로 보고 개인을 의미 구성 주체로 파악하여 학습자의 인지 과정에 관심을 갖는다. 여기서 개인이란 대상을 보고 생각하고 인식하는 활동을 통해서 자신의 경험에 접근하는 존재라고 볼 수 있다. 이러한 관점의 이론적 기반을 제공한 사람 중의 하나는 삐아제(Piaget)이다. 삐아제는 인간의 지식은 개인과 환경 간의 상호 작용을 통하여 그 개인 내부에서 점차적으로 구성된다는 입장을 취한다. 여기에서 인지 발달은 환경 적응을 통하여 새로운 인지 구조를 형성해 나가는 과정인데, 이것이 동화와 조절의 연속적인 반복을 통하여 평형화에 이르게 되면 서로 다른 새로운 인지 구조가 형성된다는 것이다. 즉, 개인은 기존 구조들의 변형과 통합을 통하여 상위 구조를 형성한다는 것이다. 여기에서 삐아제(Piaget)는 인간의 지식 획득 과정이 외부에서 제공되는 지식을 수동적으로 받아들이는 것이 아니라 학습자의 능동적인 활동을 통하여 외부 대상을 변형하고 재구성해 나가는 과정으로 설명하고 있다. 이러한 관점은 읽기 교육에 다음과 같은 시사점을 준다. 첫째, 읽기 과정을 규명함으로써 의미 구성의 회귀적인 처리 과정을 설명해 준다. 둘째, 독자가 다양한 텍스트와 과제에 적용하는 의식적이고, 순간적이며, 유연성 있는 인지 전략과 상황 맥락에 적절한 인지 전략을 언제, 어디서, 어떻게 사용할 것인가를 보여준다(이경화, 1998:370). 셋째, 의미 구성의 주체인 독자의 주도성과 정체성을 강조한다. 이들은 동일한 텍스트에 대해서도 서로 다른 의미가 존재할 수 있다는 가능성을 허용하는데, 그 이유로 관련 지식, 입장, 목적 등에 대해 각 개인들이 가지고 있는 개인차나 각 개인들이 의미를 만들어내는 상황이 다르다는 것을 들고 있다. 독자를 더 이상 수동적인 지식의 습득자가 아닌 적극적이며 자율적인 의미 구성자로 인정함으로써 개인의 독특한 경험과 창의적인 발상을 존중한다.

사회 구성주의 관점에서는 의미 구성에서 사회적 요인의 영향을 중요시한다. 이러한 관점은 비고츠키(Vygotsky)의 연구에 기반을 두고 있다. 지식은 사회적으로 협상되어 구성된다는 비고츠키의 관점에 근거하면 읽기 과정에서의 의미도 항상 논의되고, 해석되고, 변화될 수 있다는 가정이 가능하다. 그러나 이러한 관점은 완전히 인지적 요소를 배제한다는 측면에서 이해하기보다는 사회적인 요인들을 좀더 중시한다는 것으로 이해해야 할 것이다. 즉, 이러한 관점은 의미 구성 주체로서 담화 공동체를 강조하지만, 그것은 그 사회를 구성하고 있는 구성원들의 상호 작용을 통한 합의 결과로서의 의미 구성이지, 개별 주체의 역할이 약화된 개념은 아닌 것이다. 다만 의미 구성에 사회적 요인의 영향을 중시하고 그 집단의 구성원들에 의하여 공유된 의미를 의미 구성의 산물로 본다는 점에서, 개별 독자를 의미 구성 주체로 보는 인지 구성주의 관점과는 차별성을 가진다.

구성주의 관점에서 본다면 평가는 많은 점에서 이해나 표현 행위와 유사하다. 예를 들어 훌륭한 필자는 마음속으로 독자를 생각하며 쓰고, 독자는 필자를 생각하면서 읽는다. 그들은 역시 구성하는 의미 결과에 대한 관심을 가지고 쓰고 읽는다. 평가 과정 역시 하나의 의미 구성 과정이다. 훌륭한 평가자는 마음속으로 학습자의 수준을 추론하고, 학습자의 수준에 맞는 평가 언어를 구사하며, 평가 및 송환(feedback)을 통하여 성장 할 수 있는 잠재적 언어 능력에 대한 가정을 하게 된다. 학습자는 역시 평가 진술에서 평가자의 의도나 태도를 파악하게 된다. 이러한 점에서 새로운 평가는 구성주의 관점과 맥이 닿아있다고 할 수 있다.

(2) 독자 반응 이론

로젠블렛은 읽기에서 심미적(aesthetic)읽기와 원심적(efferent)읽기의 두 가지 교류 양상이 존재한다고 보고 의미의 구성은 독자와 텍스트의 상호 교류를 통해서 이루어진다고 보았다. (Rosenblatt, 1994). 원심적 읽기는 읽기 후에 얻게 될 정보에 관심을 두는데, 보통 정보 전달을 목적으로 하는 텍스트를 읽을 때 사실과 의견의 구분, 주요 아이디어 요약, 자료 검토와 같은 상황에서 나타난다. 이러한 읽기에서 독자의 반응이나 해석 양상은 비슷하게 나타난다. 심미적 읽기는 읽기를 하면서 가지게 될 즐거움이나 감동에 그 초점이 놓여지는데 문학 작품 읽기가 대표적이다. 이러한 작품을 읽으면서 등장 인물과 동일시하고, 그들의 경험을 즐기고, 작품 속의 배경과 시간을 공유하기도 하며, 작품의 다양한 형식과 특성을 학습하기도 한다. 이러한 읽기에서의 반응은 독자의 사전 지식이나 경험, 그리고 상황 맥락에 따라 매우 다양하게 나타난다.

이 두 가지 유형의 구분은 텍스트에 의하여 규정된다기보다는 독자의 읽기 목적과 읽기 상황에 따라 달라질 수 있다. 만약 교사가 학생들에게 작품을 읽어주거나 들려 준 후 질문을 한다면 학생들에게 원심적인 읽기를 유도할 것이다. 학생들은 요약하기나 교사가 나중에 질문할지도 모르는 정보를 기억하기 위해 읽게 된다. 하지만 교사가 읽기 경험의 즐거움을 강조하고 개인적 반응을 격려하면서 생각이나 느낌 쓰기 등을 통한 살아있는 읽기 경험을 강조한다면 심미적인 자세를 증진시킬 것이다. 하지만 두

가지 유형의 읽기는 이원적이고 대립적인 것이 아니라 역동적으로 상호
작용한다는 점을 고려해야 한다. 예를 들어 신문을 읽으면서 우리는 적절
한 정보를 얻기도 하면서 슬픔이나 기쁨 등의 감정을 경험하기도 한다. 보
통 처음 텍스트를 접할 때 읽기 목적이나 상황에 관계없이 무의식적으로
묻게 되는 것은 '이 텍스트가 나에게 무엇을 말하고 있으며, 나는 무엇을
느끼고 생각하는가?'에 관한 것이다. 그런 다음 자연히 '그러한 결과의 근
거는 무엇인가?'에 대한 의문을 갖게 된다. 그 근거의 일부는 텍스트에 있
고 일부는 독자의 경험에 있다고 할 수 있다. 주관적 반응에서 비판적 반응
으로의 이동은 읽기 목적이나 초점의 이동을 나타낸다.

평가의 측면에서 보면 원심적 읽기는 텍스트가 나타내는 것에 초점이
맞추어지고 심미적 읽기는 텍스트의 언어가 독자를 자극하여 환기되는 반
응에 초점이 놓여있다고 할 수 있다. 지금까지의 읽기나 문학 평가는 불행
히도 원심적인 측면을 강조해 왔다고 볼 수 있다. 학생들이 문학 작품의
사실적인 측면에서만 평가받는다는 것을 인식하게 되면 심미적인 읽기는
방해를 받게 되고 원심적 읽기로 기울어지게 된다. 따라서 평가는 원심적
인 읽기와 심미적인 읽기 양자를 모두 고려할 수 있어야 한다. 또한 읽기
평가는 텍스트에 기초한 반응(예를 들면 예언이나 요약)과 독자에 기초한
반응(예를 들어 자기 상황 대입, 자기 평가 등)을 모두 강조하며 평가는 이
러한 독자의 반응 양상들을 포착할 수 있어야 한다.

(3) 총체적 언어 교육

총체적 언어 교육은 언어 교육에 있어 기능의 통합, 영역의 통합, 교과의
통합, 생활과의 통합을 표방하는 교육 관점이다. 이는 읽기 능력을 텍스트
의 단어나 문장의 의미를 하나하나 따져서 이해하는 분리된 기능으로서가

아니라 실제적인 맥락에서 텍스트와 독자의 배경지식이 통합된 의미 구성으로 간주한다. 또한 평가의 인식 면에서도 전통적인 평가 관점과는 다른 입장을 취한다. 우선 평가를 성취도를 측정하는 수단으로서 뿐만 아니라 교수를 위한 적절한 단서를 제공해 주고 학습을 개선시키고 발달시켜 나갈 수 있도록 자극하는 수단으로 간주한다. 그리고 평가는 교사에 의하여 일방적으로 이루어지는 것이 아니라 학습자의 자기 평가를 강조함으로써 학습자의 주도성과 책임감을 강조하고 있다. 전통적인 평가가 교수-학습 활동이 이루어지고 난 이후의 결과에 대한 것만을 강조했다면, 이 접근법에서는 교수-학습과 관련된 하나의 과정으로서 평가를 이해하고 있다. 이를 통하여 교육적인 판단과 송환(feedback)을 효율적으로 수행할 수 있는 타당한 정보를 얻을 수 있다. 이 관점은 읽기 활동의 다양한 평가 맥락에도 주요한 시사점을 준다. 지식은 사회적 상호 작용을 통하여 학습되며, 언어는 그러한 학습의 중심 역할을 한다. 이러한 점에서 문자 언어나 음성 언어는 모두 사고의 도구이며 학습을 중재할 뿐만 아니라 사고와 학습의 새로운 형태를 제공하면서 상호간의 발달을 돕는다. 이러한 형태로 나타나는 읽기, 쓰기, 말하기, 듣기의 통합 원리들을 평가에 반영할 수 있는데, 예를 들면 학생들은 다양한 텍스트를 읽고, 토의하며 반응 일지를 쓴다. 따라서 평가 체제는 이러한 원리에 부응할 수 있도록 설계될 것이다. 앞에서도 보았듯이 읽기를 통한 의미 형성은 인지적, 정의적, 사회적 요인의 복잡한 관계 속에서 이루어진다. 그러므로 하나의 평가 방법이나 일회적인 평가는 타당성 면에서 그 자체의 한계를 가질 수밖에 없을 것이다.

이상 세 가지 관점의 공통점은 한결같이 독자 중심 또는 학습자 중심의 주도적인 학습과 평가를 강조하고 있다는 점이다. 읽기 교육의 목적은 스스로 문제를 해결해 나갈 수 있는 평생 독자를 길러내는 것이라고 볼 때 독자는 적극적인 다양한 경험과 끊임없는 자기 반성을 통하여 학습에 대한 주도성과 책임감을 가져야 한다는 점에서 평가에서도 자기 평가는 중요한 의미를 지닌다고 할 수 있다.

2. 읽기 평가 내용

읽기 평가 내용은 읽기 과정, 읽기 결과, 태도 및 흥미로 나누어 볼 수 있다. 독자는 읽기 목적에 맞게 선택하기, 추론하기, 요약하기, 조정하기, 평가하기 등의 전략을 동원하여 배경 지식12)과 텍스트의 의미를 조정하면서 '타당한 의미'를 구성한다. 이러한 의미 구성의 결과는 가시적인 형태로 드러난다. 그러나 읽기 결과만으로는 교수-학습 개선에 대한 정보를 포착하는 데 한계가 있으므로, 관찰 등을 통한 과정 평가나 태도 평가가 필요하다. 읽기 과정이나 태도는 읽기 결과에 영향을 미친다. 교사는 과정이나 태도 평가를 통하여 독자가 보다 타당한 의미를 구성하고, 더 나은 독자가 될 수 있도록 도울 수 있다.

가. 읽기 과정

우리가 과정으로서의 읽기 행위를 평가할 때 학생들이 알고 있는 것은

---

12) '배경 지식(background knowledge)'은 '사전 지식(prior knowledge)'이라고도 한다. '배경 지식'이나 '사전 지식'이라는 말은 그 자체가 목표가 아니라 다른 목표를 위한 수단이 되는 지식을 말한다. 다른 목표라는 것은 읽기, 쓰기, 학습, 문제 해결 또는 그 외 인지적 과정이나 결과물을 말한다. 배경 지식이란 인간이 어떤 인지적 활동을 하기 이전에 존재하는 지식으로서 인지적 활동에 매우 중요한 역할을 하는 지식이다. 배경 지식은 보통 선언적 지식에 한정하여 사용하는 용어인데, 읽기 학습을 위해서는 배경 지식만으로 충분치 않으며, 수행 절차에 관한 방법적 지식이나 인지적 처리를 언제, 왜 수행하는지에 대한 상황적 지식을 추가로 필요로 한다(Cunningham, 1994: 115-116).

무엇인가와 무엇을 배워야 하는가, 그리고 무엇을 배웠는가에 대한 해답을 얻을 수 있어야 한다. 의미 구성 능력이 학생들이 얼마나 읽기를 잘할 수 있느냐를 따지는 결과 평가라고 한다면 학습자들이 이에 도달하기 위하여 적용하는 전략은 읽기 과정 평가라고 할 수 있다. 읽기 전략이란 텍스트를 읽는 독자가 문제를 해결하기 위하여 글을 읽을 때 사용하는 행동의 계획, 실행, 조정이다. 학습자는 전략이 무엇인지 아는 것 뿐만 아니라 읽기 과정 중에 언제 어떻게 전략을 이용해야 하는지를 알아야 한다. 독자가 기억하고 있는 전략을 언제 어디서 어떻게 활용할 것인지를 알 수 없다면 그 정보는 쓸모 없는 것이 되고 만다.

우선 읽기 전 과정에서 독자는 읽기의 목적을 분명하게 하고, 배경 지식을 조성하거나 활성화하고, 정서를 유발하고, 호기심과 동기를 가지게 되는 과정이다. 계획하기, 읽기 과제와 목표 분석하기, 배경 지식 통합하기, 예상하기, 미리 보기, 질문하기 등을 통하여 자신의 기존 신념을 재점검하고 책 속의 사건과 인물에 대한 이해와 감상을 확장하고, 심미적인 반응을 높일 수 있는 준비를 한다. 예를 들면 학생들은 등장 인물에 대하여 미리 생각해 봄으로써 글을 읽으면서 등장 인물과 더욱 깊이 교감을 가질 수 있게 된다.

읽기 중에는 가능한 교사는 읽기를 방해하지 않으려는 경향이 있지만 독해를 촉진하고 학생들의 주의를 집중시키며, 내용에 대한 반응을 촉진시키고, 자신의 언어 사용에 대한 점검 능력을 가질 수 있도록 해야 한다. 교사는 독자와 텍스트가 풍부한 상호 교류를 가질 수 있는 환경을 조성해야 한다. 예를 들면 학생들이 문학 작품에 개별적으로 반응하고, 반응을 탐구하고 다른 사람의 반응과 비교하는 것을 허용하는 것이다. 이를 통하여 학생들은 다른 사람의 관점에서 이야기에 대한 반응을 들어보고 자신의 반응을 되돌아보고 분석하는 기회를 가질 수 있을 것이다.

읽기 후에는 분석하고 종합하며, 정보를 조직하고 이해를 확장시키며, 반성적 사고를 촉진하는 단계이다. 독자는 주요 아이디어에 대하여 심사숙고하고 반응을 동료들과 공유하며, 학습한 내용을 의미 있는 방법으로 정리하고 활용할 수 있어야 한다. 정보 조직하기와 요약하기, 반응하기, 극화하기, 평가하기와 같은 전략을 통하여 학생들은 비로소 읽기를 즐거움이나 정보의 원천으로 생각할 수 있게 되고 이해한 내용을 오랫동안 기억할 수 있게 된다.

전략의 평가는 복잡하고 어려운 문제이다. 우선 읽기 과정의 복잡한 국면처럼 읽기 과정에서의 전략의 사용도 독자 요인이나 맥락의 영향 관계 속에 있다는 점이다. 예를 들어 과학 교재를 읽고 있는 학생은 환경 오염에 대한 정보를 요약하고 많은 추론을 하게 되지만 우주 여행에 대해서는 그렇지 못할 수도 있다. 좀더 유심히 관찰하다보면 그 학생의 아버지가 환경 오염에 대한 연구를 하고 있어 환경 오염에 대한 지식은 많으나 우주 여행에 대한 지식은 별로 없다는 게 드러날 수도 있다. 그는 우주 여행에 대해서는 알게 된 사실을 나열할 수 있을 뿐이지 배경 지식이 없을 경우 요약하거나 추론할 수 없게 된다. 따라서 배경 지식은 텍스트의 난이도와 비슷한 영향을 미친다. 이와 같이 전략은 맥락이나 상황, 독자 요인과 별개로 존재할 수 있는 것이 아니며, 학생들은 이러한 맥락과 텍스트, 독자 요인을 선택, 조정하는 전략들을 활용한다. 또 다른 문제로 전략 사용을 하나의 읽기 과정을 통하여 한꺼번에 다 포착될 수 없다는 점이다. 독자적인 인지 전략을 가진 독자라면 대개는 여러 가지 전략을 함께 사용한다. 예를 들어 그들은 모르는 단어나 내용이 나오면 이를 알기 위하여 앞부분을 다시 읽어보고, 때로는 끊임없이 배경 지식에 비추어 이해하려고 노력하기도 하고, 또 사전을 찾거나 아는 사람에게 묻기도 한다. 그러므로 학생들이 효과적으로 다루는 전략이나 또는 교수에서 초점화하고자 했던 전략에 관심을 두어야 한다. 역시 독자가 추론을 능숙하게 할 수 있는 반면에 요약하기에는 초보자 수준일 수 있다는 점도 고려해야 할 것이다.

교사는 읽기 과정에서 의미 구성 전략에 영향을 줄 수 있는 배경 지식이나 텍스트 요인에 대한 것들을 인식할 수 있어야 하고 학생들이 배경지식이나 텍스트의 특성에 적절한 전략을 얼마나 독자적으로 활용할 수 있는지를 평가할 수 있어야 한다. 또한 읽기 과정에서의 전략 사용은 인지적인 사고 과정이므로 교사는 학생들의 행동을 주의 깊게 관찰하고 결과물을 검토함으로써 타당한 추론을 할 수 있어야 한다는 부담도 따른다. 이는 물론 장기적이고 일관성 있는 관찰이 뒷받침되어야 한다. 지속적인 이해 전략의 관찰은 학생들의 전략 활용 수준을 확인하고 전반적인 사고의 수준을 탐구할 수 있게 해 주며 적절한 텍스트를 선정할 수 있게 해 준다.

나. 읽기 결과

지금까지 대부분의 텍스트 읽기는 주로 인지 심리학적·정보 처리의 관점에서 다루어졌는데 이러한 관점은 읽기 능력은 곧 '텍스트의 이해'라는 등식을 성립시켰다. 이는 '의미'가 텍스트 내에 내재되어 있어서 그 의미를 캐내어야 한다는 기존의 객관주의 관점을 반영하고 있다. 이러한 관점은 정보 습득과 문학 작품의 감상을 포괄하고 있는 읽기 능력을 포괄적으로 설명해 줄 수 없다. 이에 비해 독자의 심미적 경험에 바탕을 둔 반응이란 '텍스트와 교류하면서 독자의 마음속에 일어나는 내면적 변화와 텍스트에 대한 사고나 감정이 외부의 징표로 드러나는 것을 말한다. 종래의 읽기 교육이 텍스트의 상징 부호에 대한 독자의 인지적 처리 과정을 중요시한 이해에 초점을 두었다면, 의미 구성이나 반응은 독자의 심미적 경험에 바탕을 둔 해석학적 관점에 초점을 두고 있다고 할 수 있다. 즉, 해석학적 관점은 텍스트의 의미를 고정체로 두지 않고 의미의 누적 장소, 작품의 재구성될 수 있는 장으로 파악하는 것이다. 특히 정보 텍스트와는 달리 문학 작품에서의 이해는 언어가 하나의 사전적인 의미만을 지니고 있지 않다는 점에서 해석의 다원성에 그 초점을 둔다. 이러한 반응은 텍스트와 독자가 교류하는 읽기 과정 중에 형성되며 읽기 후에 다른 독자와의 상호 작용이나 표현 과정에서 더욱 명료화되고 확장되고 세련될 수 있다. 콕스(Cox, 1996)는 텍스트에 대한 초등학교 저학년 학생들의 심미적 반응 유형으로 질문하기, 경험과 관련짓기, 비유적으로 진술하기, 가정하기, 동작이나 몸짓으로 표현하기를, 원심적인 반응 유형으로 설명하기, 요약하기, 나열하기, 분석하기를 제시하였다. 여기에서 고려해 보아야 할 점이 바로 해석의 타당성 개념이다. 만약 반응이 텍스트에 위배되는 것이라면 그 반응은 의미가 없는 것이다. 텍스트를 잘못 이해하거나 자신의 편견이나 선입견에서 비롯된 반응, 그리고 사회공동체의 가치에 위배되는 해석은 타당한 해석이나 반응으로 볼 수 없으므로 다시 생각해 보도록 유도해야 한다.

결국 읽기의 의미 구성 결과란 독자와 텍스트의 거래 관계에서 생겨나는 타당한 이해와 반응의 결과라고 볼 수 있다. 읽기 능력은 궁극적으로 읽기의 결과로 나타난 의미 구성 능력을 평가해야 한다. 여기에는 텍스트의 구조와 조직을 인식할 수 있는 능력, 내용과 관련된 지식, 텍스트의 주제와 목적을 인식하고 전체 정보를 분석, 요약, 종합, 평가할 수 있는 능력, 자신의 읽기 과정에 대한 초인지적 이해와 점검 능력을 필요로 한다. 이는 이해나 단순한 감정적 반응을 넘어서 배경 지식을 통한 해석이 가능해야 하고, 더 나아가 평가하기와 추론적인 사고로 확장될 수 있어야 함을 의미하기도 한다. 의미 구성 능력의 평가는 의미 구성에 영향을 미치는 영향 요인 만큼이나 다양한 국면에서 접근이 이루어져야 한다. 읽기 관련 활동의 관찰, 읽기 과정에 활용된 학습지나 반응 일지의 분석, 면담법 등을 상호 보완적으로 활용함으로써 보다 타당한 정보를 얻을 수 있다. 또한 질문, 토의, 논쟁, 비판, 평가의 관찰 그리고 사고 구술법 등을 통하여 의미 구성에 대한 정보 뿐만 아니라 사고력에 대한 평가도 할 수 있다. 읽기에서의 사고력이란 간단하고 단편적인 사실의 기억 및 이해, 간단한 사실들의 분류, 아이디어의 결합과 추론, 정보의 일반화, 추상적이고 복잡한 정보의 추론 및 사고 확장 등이 이에 포함될 수 있다. 따라서 교사는 기본적인 이해 수준을 넘어서는 다양한 반응 활동과 사고 활동에 참여할 수 있는 평가 맥락을 제공해 줄 필요가 있다.

다. 읽기 태도

읽기 교육의 목적은 읽기 능력의 향상이지만 보다 궁극적인 목적은 평생 독자가 되게 하는 데 있다. 읽기 능력은 있어도 읽기를 하지 않는 경향이 점점 더 커지고 있는 현실에 비추어 볼 때 읽기를 하려는 태도와 동기는 읽기 기능이나 전략의 지도 못지 않게 중요하다.[13] 따라서 읽기 지도는 그 자체의 성장은 물론이고 읽기를 통한 성장으로 확장되어야 한다. 읽기를 통한 성장은 학생들이 읽고 싶은 마음을 가지거나 문학 작품을 감상할 수 있어야 가능하다. 따라서 읽기 기능이나 전략을 가르치는 것 못지 않게

---

13) 이러한 태도 영역은 7차 교육 과정에서 더욱 강화되었다. 읽기 교육과정은 '본질, 원리, 실제'에서 '본질, 원리, 태도'로 바뀌었고, 문학 영역은 '문학의 본질, 문학 작품의 이해, 문학 작품 감상의 실제'에서 '문학의 본질, 문학 수용과 창작, 문학에 대한 태도'로 바뀌었다.

읽기 의욕을 불러일으키는 것 또한 중요하다. 읽기 지도가 기능 훈련에 머물다면 읽기 의욕을 고취하기가 힘들 것이다. 읽기는 공부로서 인식되는 것이 아니라 새로운 앎에 대한 기쁨과 즐거움으로 인식되어야 한다. 많은 연구들에서 읽기 태도가 긍정적인 학습자는 부정적인 읽기 학습자보다 학업 성취도가 높다는 결론을 얻었다.

읽기 흥미나 동기화도 태도와 마찬가지로 텍스트의 선정, 읽기 태도, 의미 구성에 강력한 영향을 미친다. 읽기에 대한 동기화는 읽기를 지속시키는 주요한 수단 중의 하나이다. 글을 읽을 수는 있으나 글을 읽지 않는 것이 현재의 상황이다. 새로운 정보를 알게 되는 즐거움과 문학적 감동을 수반하는 읽기는 학습자를 동기화 시키기에 충분하다.

읽기의 정의적 영역에 대한 평가 요소로는 읽기 자세, 책의 검색 및 선택 능력, 읽기 흥미, 집중력, 읽기 습관 등이다. 이러한 평가의 의미는 직접적인 읽기 능력의 판단 정보로서보다는 심리적·물리적·사회적인 읽기 환경을 개선하는 정보 수집으로서 의미를 가진다.

교사는 읽기 장면, 반응일지, 토의 활동의 관찰과 학부모와의 면담, 학생들의 책의 선택, 읽기 목록, 학급 문고 활용 빈도 등의 관찰과 분석을 통하여 이와 관련된 정보를 수집할 수 있을 것이다. 역시 교사는 평가를 통하여 바람직한 읽기 태도를 지닌 모델을 선정하거나 제시함으로써 학생들의 읽기 의욕을 고취시킬 수 있을 뿐 아니라 독자의 본이 될 수 있도록 한다. 읽기 기능 지도에 시간을 투자하는 것 만큼 읽는 것을 즐기는 본을 보여주는 것은 중요하다. 또한 교사는 풍부한 읽기 자료와 정보를 제공해 주고 있는지, 자주 읽기에 대한 자극을 줌으로써 자발적인 읽기가 이루어질 수 있도록 하고 있는지를 점검할 수 있게 된다. 그리고 학습자가 자신의 읽기 태도와 흥미를 점검하는 것은 매우 중요한 일이다. 이를 통하여 자신이 좋아하는 책을 자각하게 되고, 자신이 실제적으로 관심 있는 것을 써 보게 되고, 읽기에 대한 긍정적인 태도가 긍정적인 결과를 낳는다는 것을 인식할 수 있다.

3. 읽기 평가 방법

읽기 평가에서 읽기에 영향을 미치는 요소나 읽기 능력을 구성하는 제 요소를 한꺼번에 모두 고려할 수는 없다. 이는 달리 말하면 하나의 평가로는 학생들의 읽기 능력을 완전하게 파악할 수 없다는 의미이기도 하다. 다양한 평가를 통하여 이러한 요소를 많이 파악하면 할수록 각 요소간의 상호 작용 관계를 좀더 쉽게 파악할 수 있을 것이다. 평가는 성취도 판단뿐만 아니라 교수-학습 맥락으로의 송환(feedback) 효과를 가지고 있으며, 학생들은 그러한 결과 정보에 반응하고 참여하는 것을 필요로 한다. 이를 위해서는 교사가 읽기 과정을 이해해야 하고, 학생들이 더 나은 독자가 되도록 돕기 위해 필요한 평가 맥락을 조성해야 한다. 학급에서 교사는 평가 내용과 맥락을 통제하는 위치에 있는데, 평가하고자 하는 요소에 적절한 평가 절차를 선택할 수 있어야 한다. 여기에서는 이러한 평가 방법에 대하여 살펴보기로 한다.

가. 관찰법

학생의 성장과 발달을 기술하기 위해서는 교사의 전문적인 관찰이 요구된다. 교사의 관찰 행동은 보기, 듣기, 격려, 질문과 조사, 기록, 반응과 해석 행위를 포함한다. 관찰의 핵심 초점은 학생들이 무엇을 할 수 있는가, 무엇을 읽고 있는가, 무엇을 좋아하는가에 대한 관찰이다. 하지만 동일한 문식성 장면을 관찰하고도 교사가 어떤 관점을 가지느냐에 따라 상반된 논평이 나올 수 있다는 점도 주목할 필요가 있다. 비유적으로 표현하면 컵이 반이 비었다는 논평과 컵이 반이 찼다는 논평이다. 또 '줄거리 파악 능력이 부족함'과 같은 논평은 독자 특성을 고려한 '화산에 대한 배경지식이 부족하므로 화산에 관련된 책이나 비디오 테이프의 제공이 필요하다'라는 논평과는 차이가 있다.

관찰은 교수와 평가를 통합시켜 준다. 이러한 관찰을 통해서 학생들에 대한 학습뿐만 아니라 교수에 있어서도 많은 시사점을 얻을 수 있다. 교사는 교수 접근에 있어 타당한 것을 확인하고 교수에서 더 요구되는 것을 확인하고, 학습 발달의 본질을 이해하고, 앞으로의 학습을 예견하고, 성장으로 볼 수 있는 표지들을 지적할 수 있어야 한다. 대부분의 관찰 기록지는 독서 활동 중에 완성되는데 다음과 같은 내용들이 포함될 것이다.

- ○ 전체적 전략 활용 상황
- ○ 실수와 자기 교정 내용
- ○ 읽고 있는 책의 난이도
- ○ 그룹 토의에서의 상호 작용
- ○ 독서 태도와 흥미
- ○ 그 외의 특기할 만한 사항

물론 예상치 못한 상황들은 비디오나 녹음 테이프를 사용하여 녹음할 수도 있다. 특히 책을 읽고 소집단 활동을 하는 경우에 활동이나 토의 분석을 위한 자료로 유용하게 활용할 수 있다. 읽기에서 체크리스트의 초점은 학생들이 유창한 독자의 특성을 보여주고 있는지, 자기 교정하기나 다시 읽기와 같은 읽기 전략을 활용할 수 있는지에 초점이 두어진다. 체크리스트에서 점검할 항목의 근거가 되는 것은 효율적인 독자와 비효율적인 독자의 특성이 될 것이다. 표 <8-1>은 효율적인 독자와 비효율적인 독자의 특징을 비교한 한 예시인데, 체크리스트는 이러한 항목을 포함할 수 있으며, 그 수행 정도의 차이에 따라 몇 단계로 그 등급을 나눌 수도 있을 것이다.

표<8-1>. <u>능숙한 독자와 미숙한 독자의 특성</u>

능숙한 독자	미숙한 독자
○텍스트의 의미를 구성하는 것이 읽기의 목적이라는 것을 안다. ○읽기 전에 주제에 대하여 생각하고 읽기 목표를 설정하며, 텍스트의 특성을 고려한다. ○읽는 동안에 추론하고 내용을 관련짓는다. ○구조를 인식하고 정보의 중요도를 판단할 수 있다. ○텍스트 내용에 대한 내적 일관성이나 진실성 여부를 이해하거나 판단하기 위하여 중간 중간에 멈춘다. ○자기의 읽기 능력에 대하여 긍정적인 태도를 가지고 있고 높은 기대감과 성취감을 가진다. ○소리내어 읽기에서 의미에 영향을 미치는 요소의 자기 교정율이 높다.	○읽기에서 한 문장을 해석하는 것을 과제로 인식한다. 읽기 중에 적절한 사전 지식을 끌어오지 못한다. ○텍스트의 의미를 추론하거나 정교화하지 못한다. ○주어진 문장으로만 의미를 파악하려고 한다. ○머리말이나 주제문, 헤드라인 같은 중요한 단서 구조를 인식하지 못한다. ○자기 교정, 메모하기, 밑줄 긋기, 다시 읽기, 사전 지식 등을 활용하지 못한다. ○읽기를 두려워하고 독서를 싫어한다. ○소리내어 읽기에서 의미에 영향을 미치는 요소의 자기 교정율이 낮다.

이러한 것들은 다른 관찰 기록과 병행하여 활용될 때 보조 자료로 활용할 수 있고, 학생이나 교사가 공동으로 구성하여 교수-학습을 주도적으로 점검해 볼 수 있으며, 간편하여 활용도가 높다. 특히 학급 전체의 독서 양상을 빠른 시간 내에 파악할 수 있다는 점이다.

체크리스트는 항목에 없는 독서 행위를 나타내는 경우가 많으므로 체크리스트 항목에서 모두 수렴하기에 한계가 있으며, 항목에 대한 충분한 설명이 없기 때문에 해석하는 이로 하여금 단편적인 인식을 심어줄 우려도 있다. 역시 이분법적인 관찰 평가나 체크리스트는 독자 특성을 간과할 우려가 있다. 이러한 것들은 각 점검 항목에 대하여 서술적인 설명을 첨부함으로써 일부 단점을 보완할 수 있다.

나. 오독(誤讀) 분석

읽기에서 독자가 문장이나 의미를 정확히 재생산해 낼 수 있는 것은 아니다. 독자들의 오독은 개인의 배경 지식과 전략에 따라 달라진다. 이것은 매우 자연스럽고 정상적이다. 오독은 독자가 배경지식을 적극적으로 반영하고 있음을 반증하는 것이기도 하다. 오독은 텍스트가 의미하는 것으로부터 독자가 이탈하는 현상이지만, 독자가 의미를 구성하기 위한 의식적인 노력을 반영하므로 오독의 분석은 독자가 사용하는 전략이 효율적인지, 아닌지를 판단할 수 있게 해 준다. 오독 이해와 관련지어 교사는 오독의 이면에 있는 전략을 분석해 볼 수 있고, 학생들이 전략을 더욱 효과적으로 사용하고, 새로운 전략을 개발할 수 있도록 도울 수 있다. 교사는 오독 양상을 질문을 통해서 어떤 것을 기억하고 이해하고 있는지, 어떻게 추론하고 해석하고 반응하고 평가하는지를 알아볼 수도 있다 .예를 들어 만약 제시된 글이 "동생의 머리를 쓰다듬었다"인데, 독자가 "동생의 목을 쓰다듬었다"로 잘못 인식했다면 의미는 상실된다. 그러한 독자는 '목'과 '머리'의 학습을 필요로 하는 것이 아니라, '목'과 같은 의미 없는 추론이 일어나지 않도록 '쓰다듬을' 수 있는 대상에 관하여 인식하는 능력이 필요하다. 만약 제시된 텍스트가 "택시가 빨리 달린다"이고, 독자가 "택시가 빨리 달려간다"

로 이해했을 경우 의미는 그런 대로 유지된다. 언어가 의미를 표현하기 위해서 사용될 때는 매우 개별적이고, 의미를 구성하는 독자들도 역시 의미를 나타내기 위하여 자신만의 언어를 사용하는 경우가 많기 때문이다. 오독 분석은 총체적이고 유의미한 텍스트 읽기에서 실시할 때, 보다 타당한 결과를 얻을 수 있다. 읽기에서 오류를 허용하지 않는 접근은 독자들에게 오히려 해가 된다.

오독 실시 방법은 예시문을 읽어보도록 해서 체크를 하거나 밑줄을 긋거나 괄호를 치는 방식으로 표시하게 한다. 오독 분석 방법은 녹음을 통한 분석 방법 외에도 책을 읽고 다시 이야기를 재생해 보게 하는 방법도 있다. 학생들이 직접 동료의 오독을 분석해 볼 수 있도록 하는 것도 하나의 평가 방법이 될 수 있다. 교사는 이러한 오독 분석의 경험을 축적함으로써 읽기 과정을 잘 이해하고 학생들의 의미 구성에 어려움을 가지는 현상을 보기만 해도 즉각 그 유형을 파악할 수 있게 된다. 그리고 더 적절한 오독 평가 방법을 고안할 수 있을 것이다.

다. 자기 점검법

자기 주도적인 독자로의 발달에 영향을 미칠 수 있는 것은 초인지적 능력이다. 그러한 학습자는 독서 과정에서 이해와 단어 분석, 오류를 바로 잡기 위해 선택해야 할 전략이 무엇인지를 선택하고 적용할 수 있다. 이에 대한 통찰력을 얻기 위하여 질문 목록을 활용할 수 있는데, 이러한 질문 목록은 교사의 관찰을 초점화시켜 줄 수도 있고, 학생들이 스스로를 점검할 수 있게 하는 하나의 모델로도 활용할 수도 있다. 물론 독자가 자신의 독서 과정이나 독자로서의 자신에 대하여 명쾌하게 말해야 할 필요는 없다. 실제로 학생들이나 교사는 무슨 일을 하고 있는지 인식하지 못할 정도로 그 과정을 내면화한 채 수행하고 있다. 하지만 교수-학습 활동의 일환으로 이러한 대화를 주고받는다면 전략이나 독서 과정에 대한 의식적인 인지 능력을 더 많이 발전시킬 수 있다. 하지만 정작 중요한 것은 학습자 스스로 자기의 오류를 점검하여 이를 개선함으로써 언어 활동에 자신감을 가지는 것이다. 교사는 틀린 부분을 지적하거나 붉은 펜으로 교정하기보다는 학습자 스스로 읽은 부분에서 잘못된 부분을 발견할 수 있도록 격려한다. 학습자의 자기 점검 능력을 촉진시키는 방법을 몇 가지 제시해 본다.

○ 교사가 텍스트나 짧은 그림 이야기책을 시범적으로 읽어 주거나 사고 구술법으로 의미 구성 과정을 시범보이고, 토의를 유도함으로써 학생들로 하여금 자기의 읽기를 반성적으로 검토하고 사고할 수 있는 단서를 제공한다.
○ 서로의 글에 대하여 반응하고 평가할 수 있는 기회를 많이 제공한다.
○ 자기 평가 질문지나 체크리스트를 제공하여 읽기 목록이나 읽기 과정을 점검하게 한다.
○ 학습자가 주도적으로 목표를 설정하고, 설정된 목표를 확인하고, 얼마나 목표에 접근했는지 기록하게 한다.

그러나 자기 점검 결과를 언어화하는 것은 자기 존중감과 일정한 수준의 표현력을 요구한다. 또 자신의 능력에 근거하여 구체적인 목표를 설정하는 것은 어려운 작업이 될 수 있다. 따라서 자기 평가에서도 교사나 유능한 동료와의 협의가 필수적인 전제 조건이다. 학생들은 다른 사람의 관찰을 통하여 자신의 학습에 대한 통찰력을 얻을 수도 있을 것이다. 학습자가 내적 대화를 하고 학습자로서 자신을 발견하는 것은 바로 이러한 자기 평가를 통해서이다. 자기 평가는 학생들에게 학습에 대한 탐구적 접근을 가능하게 하고 개별 학습을 증진시키며 평생 학습의 차원에서 읽기 성취도의 표지가 될 수 있으며, 교육 과정을 개별화하는 데 활용할 수 있다.

라. 프로토콜(protocols) 분석

프로토콜 분석 방법은 특정 부분을 읽으면서 머리 속에서 일어나는 사고 과정을 서술하거나 구술한 자료를 분석함으로써 평가하는 방법이다. 학생들은 읽기 전, 중, 후의 시점에서 자기 생각을 언어로 표현하는 활동에 참여하게 된다. 독자는 읽기 전에 어떤 내용이 포함되어 있는지, 또는 읽으면서 다음에 올 내용이 무엇일지, 예상이 어떻게 확인되고 변경되는지를 드러낸다. 그리고 문제에 부딪혔을 때 어떠한 지식과 전략을 활용하는지를 알 수도 있을 것이다. 학생들이 그들의 읽기 과정을 좀더 정확하고 명료하게 드러내 보일 수 있도록 교사는 먼저 이러한 과정을 시범 보여야 한다. 그러나 프로토콜은 충분한 경험이 없을 경우 사고 과정을 언어로 충분히 드러내지 못함으로써 원하는 정보를 얻지 못하며, 의식적으로 사고를 조작할 우려가 있다. 그리고 읽기 의미 구성과 사고의 표현이라는 두 가지 부담을 안게 되므로 의미 구성을 방해할 수 있다. 따라서 글을 읽으면서 생각한 내용을 문자로 표현하는 방법보다는 소리내어 읽으면서 생각나는 내용을 함께 말하여 보게 하고 이를 녹음하여 분석하는 방법이 좋다.

마. 내용 재생하기

읽은 내용을 다시 재생해 보게 함으로써 아이디어 표현, 조직, 텍스트 언어 구조의 재생산, 아이디어의 재생산과 텍스트 정보의 탐구 능력을 살필 수 있다. 그 초점은 독자가 다양한 텍스트를 얼마나 효율적으로 이해하며 어느 정도의 이해 수준을 가지고 있는지를 알아보기 위한 것이다. 내용 재생에 의한 평가 방법은 읽은 내용의 줄거리를 간추리기, 읽은 내용을 토대로 의미 구조도 그리기, 책 머리말 쓰기나 표지 만들기 등 여러 가지 형태로 구안 할 수 있다.

평가 시에는 우선 과제의 목적과 독자의 흥미나 수준에 맞는 적절한 텍스트를 선정한 다음 제목이나 관련되는 경험을 소개함으로써 읽을 텍스트에 대하여 충분한 흥미와 관심을 유발시킨다. 예를 들어, 설명문이라면 '이야기를 읽으면서 무엇을 알고 싶은가?' 와 같은 질문으로 읽기 목적을 명확히 하도록 도와준다. 텍스트를 다 읽고 나서 부여될 과제에 대해서도 미리 예고해 주는 것이 좋다. 단순히 내용을 재생할 경우 독자가 이야기를 다 읽고 나면 내용을 다시 생각할 시간을 준 다음, 내용이나 반응을 말할 때는 학생들에게 가능한 자세하게 말하도록 하고 교사는 녹음해 두거나 중요한 부분을 메모함으로써 평가 정보를 수집한다. 이해 능력을 더 명확히 알아보기 위하여 재생하기가 끝나면 부분적으로 질문을 제기할 수도 있다. 예를 들어 문학 텍스트를 읽었다면 배경, 인물, 주요 사건, 이러한 사건에 대한 반응, 갈등, 그리고 해결과 같은 요소에 관한 질문을 제기함으로써 정보의 구조화 능력을 알아볼 수 있다. 하지만 이러한 과정에서 질문하기와 이야기 재생하기가 동일한 결과로 나타나지 않을 수도 있는데 이는 질문 자체가 이야기 내용을 기억할 수 있는 단서를 제공하기 때문이다. 따라서 이야기 재생하기를 먼저하고, 다음에 부족한 부분에 대하여 질문을 제기하는 것이 좋다. 이러한 방법을 통하여 독자가 텍스트의 정보를 얼마나 잘 조직할 수 있는지, 그리고 질문에 드러난 제공 단서들을 토대로 무엇을 할 수 있는지를 알아볼 수 있다. 만약 책 표지 만들기로 평가할 경우에는 각자 읽고 싶은 책을 가져와서 줄거리를 생각하며 읽게 하고, 이야기의 내용에 맞게 책 표지와 머리말을 구성하게 한다. 그리고 책을 소개하는 머리말을 앞 표지의 안쪽에 쓰고 표지를 디자인하게 한다. 이 때 표지나 머리말이 미리 제시되어 있을 경우 영향을 받지 말고 독창적으로 표지나 머리말을 구성할 수 있도록 안내한다.

바. 반응 일지

반응 일지는 학생들이 읽고 들은 것에 대한 반응을 평가할 수 있는 가장 직접적인 방법이다. 반응 저널을 통한 평가의 초점은 독자가 다양한 활동을 통하여 읽은 텍스트에 대한 반응을 얼마나 명료하게 할 수 있느냐 하는 것이다. 이는 학생들의 읽기 전략과 성장을 평가하고, 장단점을 발견하고, 협의를 통하여 학생들의 읽기를 안내하는 데 유용한 평가 자료이다. 반응 일지의 형식으로는 감상 일지, 대화 일지, 학습 일지 등이 있다. 반응일지란 글을 읽고 반응을 기록한 개인 일지이다. 대화 일지는 텍스트의 반응을 서면으로 주고받는 식의 일지이다. 학습 일지는 과제 해결을 하면서 독서한 내용이나 필요한 정보, 또는 이에 대한 생각이나 의견, 느낌을 정리하는 일지이다.

반응 일지는 그 자체가 텍스트와 독자가 내적 대화 형식을 가지는 또 하나의 비형식적인 텍스트라고 할 수 있는데, 쓰기 유창성, 자신감, 그리고 독자의 사고와 감정을 옮겨놓은 것이기도 하다. 학생들이 그들 자신의 용어로 자유롭게 쓰는 기록장이며, 필자에 대한 격려, 불평, 논평을 쓰기도 하고, 때로는 등장 인물과 토론을 벌이기도 한다. 각 학생들의 반응 일지에 나타난 내용에 반응하고 논평하는 것은 교사의 몫이다. 좋은 반응은 내용이 풍부하고 통찰력이 있으며, 텍스트 이상의 정보를 이끌어 내고 비판적 판단과 정교화가 두드러진 반응이라고 할 수 있다. 이러한 것들은 논리적으로나 구조적으로 다듬어지지 않은 것일 수도 있는데, 교사는 평가 시에 다음과 같은 점에 초점을 두어야 한다.

- ○ 그 책이 독자에게 적절한 것이었나? (텍스트 측면)
- ○ 독자가 이 책을 즐겁게 읽었는가? (독자 측면)
- ○ 그 책은 독자에게 어떤 영향을 미쳤는가? (반응)

사. 빈칸 메우기

빈칸 메우기 평가의 초점은 저자의 메시지를 이해하기 위하여 학생들이 읽기를 할 때 맥락 단서를 얼마나 잘 활용하느냐를 알아보기 위한 것이다. 이는 읽기 이해 수준을 알아보는 데 아주 유용한 도구가 된다. 독자는 빈칸 메우기를 통하여 모든 언어 단서와 전략을 통합하면서 저자와 상호 작용할 기회를 가진다.

먼저 학생들의 수준에 적절한 텍스트를 선정하여 학생들과 예시문을 함께 읽어보는 것은 중요하다. 이는 학생들이 빈칸 메우기에 대한 경험이 없는 경우 더욱 필요하다. 그리고 일부 낱말을 빈칸으로 두고 의미를 구성할 수 있는 낱말을 빈칸에 써넣도록 한다. 시간 제한은 두지 않으며 알맞은 말을 바로 찾을 수 없다면 문장이나 문단, 또는 예시문 전체를 끝까지 읽은 다음 찾을 수도 있음을 인식시킨다. 먼저 학생들과 함께 연습 문제를 풀어보는 것도 좋다. 맞춤법에 대한 것들은 의미에 큰 혼동이 일어나지 않는 한 문제삼을 게 없으나 시제나 수(예를 들면 말한다/말했다, 그는/그들은)와 같은 중요한 오류는 점검 대상이 된다. 결과에 따라 학생들의 수준에 맞는 텍스트 선정과 평가 문항을 고려할 수 있을 것이고, 학생들이 어려움을 겪는 부분이 통사적인 것이냐, 의미적인 것이냐를 판단할 수 있다.

한편 빈칸이 없는 빈 칸 메우기를 할 수도 있는데, 이는 문장으로 나타난 표면적 구조 이면에는 다양한 의미가 '빈자리'로 남아있다는 점에 근거한 것이다. 독자는 배경 지식을 활용하거나 앞뒤 문맥으로 빈자리로 남아있는 생략된 낱말이나 문장, 또는 의미를 채워 넣을 수 있다. 교사는 앞뒤 문맥과 전체적인 의미 구조로 보아 빈자리를 채운 내용이 타당한가를 평가한다. 빈칸이나 빈자리를 만들어 내게 하는 방법도 있다. 보다 자세한 글을 제시하고 생략해도 되거나 가장 핵심이 되는 낱말, 문장, 의미를 제거해 보게 하여 학생들의 읽기 이해력을 평가할 수 있다.

아. 면담

읽기 평가에서 면담의 초점은 학생들이 스스로를 어떤 독자로 인식하는가, 읽기 과정을 어떻게 인식하고 있는가, 학생들이 어떠한 태도로 읽기에 임하는가에 관한 문제를 규명하기 위한 것이다. 일 년에 서너 번 정도 일관성 있게 실시함으로써 읽기 전략 사용이나 태도에 대한 발달이나 변화 과정을 살필 수 있다. 면담을 통해서는 대체로 다음과 같은 범주를 확인해 볼 수 있다.

- ㅇ 독자가 사용하는 전략의 종류와 활용 수준
- ㅇ 주로 읽거나 활용하는 텍스트의 수준
- ㅇ 유능한 독자로 인식하고 있는 근거
- ㅇ 읽기에서 잘하는 점과 부족한 점
- ㅇ 읽기에 대한 동기나 태도

　면담에서는 미리 체크리스트나 목록의 준비가 필요하다. 이러한 목록에서 특히 유의할 점은 학생들마다 질문에 대한 인식 수준이 다를 수 있으므로 필요할 경우 설명해 주거나 보충 질문이 필요하다. 읽기 태도나 전략에 대한 반응이 부정적으로 나타난다면 교사는 그 원인을 발견할 수 있도록 노력해야 한다. 다음은 면담에서 활용할 수 있는 질문 예시이다. 하지만 이처럼 계획된 면담 외에도 '어떻게 되어가니?', '네 책은 무엇에 대한 거니?', '뭘 좀 도와줄까?'와 같은 학생들의 활동 시간에 오가면서 제기하는 비형식적인 면담도 평가 자료 수집에 도움이 된다.

ㅇ 읽기란 무엇인가?
ㅇ 책을 읽기 전에 어떤 활동을 주로 하는가?
ㅇ 어휘나 내용의 일부를 이해할 수 없을 때 어떻게 하는가?
ㅇ 만약 바빠서 텍스트의 내용을 완전히 읽을 수 없다면 어떻게 하는가?
ㅇ 독서를 할 때 가장 어렵다고 생각하는 점은 무엇인가?
ㅇ 좀더 나은 독자가 되기 위해서 노력해야 할 점은 무엇이라고 생각하는가?
ㅇ 주위에서 가장 훌륭한 독자라고 생각하는 사람은 누구인가? 왜 그런가?
ㅇ 어떤 것을 읽는 것을 좋아하는가?
ㅇ 읽었던 것 중 특히 기억에 남는 이야기나 책은 무엇인가? 그 이유는 무엇인가?
ㅇ 앞으로 어떤 책을 읽고 싶은가?
ㅇ 누군가 책을 읽어주거나 읽었던 내용을 이야기 해 주면 어떤 느낌이 드는가?

　다음은 초등학교 2학년 학생을 대상으로 읽기와 읽기 전략에 대한 인식을 알아보기 위한 면담의 예시이다.

교사: 너는 읽기가 무엇이라고 생각하니?
학생: 글쎄요 낱말을 배울 수 있게 해 주는 것...
교사: 사람들이 읽을 때는 무엇을 할까?

학생: 책에 나와 있는 낱말들을 읽어요.

교사: 책에 나와 있는 낱말들을 읽는다? 그 밖에 무엇을 하지? 아니 됐다. 글을 읽을 때 모르는 낱말이 나오면 보통 어떻게 하니?

학생: 소리내어 읽어요.

교사: 그렇구나. 네가 생각하기에 글을 잘 읽는 친구는 누구라고 생각하니?

학생: 지연이!

교사: 지연이가 누구니?

학생: 옆반 친구입니다.

교사: 왜 지연이가 글을 잘 읽는다고 생각하니?

학생: 책을 많이 읽고, 읽은 내용을 잘 안다.

교사: 지연이는 모르는 낱말이 나오면 어떻게 한다고 생각하니?

학생: 그것을 소리내어 읽는다.

교사: 음... 지연이도 소리내어 읽는구나.
　　　만약 네가 읽기에 어려움을 가지는 누군가를 알았다면 넌 그들을 돕기 위해 무엇을 할거라고 생각하니?

학생: 소리내어 읽어보게 할 것이다.

교사: 소리내어 읽어? 만약 그들이 소리내어 읽을 수 없다면 어떻게 하겠니?

학생: 읽는 방법을 가르쳐 줄 것이다.

교사: 그래. 그 낱말을 읽어 주는 것이 좋겠구나.

자. 읽기 목록

학생들이 읽기 상황을 파악하고 그 상태를 점검할 수 있는 목록을 가지도록 함으로써 독자로서 반추할 수 있는 기회를 제공할 수 있다. 표 <8-2>는 이러한 목록 양식이다. 이러한 목록은 읽기 흥미, 읽고 있는 자료의 양, 읽기 성향 등을 알아볼 수 있게 해 준다. 이를 통하여 학생들이 다른 유형의 읽기를 해 보도록 유도함으로써 더 광범위한 읽기를 장려할 수 있고, 학급에서 책을 선택하고 추천하는 데 시사점을 얻을 수 있다.

표 <8-2>. 읽기 목록

날짜	제목(저자)	책을 읽게 된 동기	자기 평가

4. 읽기 평가의 실제

가. 텍스트 선정

평가를 위한 텍스트 선정에서 교사는 평가의 목적 및 내용, 책의 효용성, 적설한 읽기 수준, 학생들의 흥미나 관심을 고려하는 것이 필요하다.

우선 원심적인 읽기와 심미적인 읽기를 대표하는 설명문과 단편 소설 한 편씩을 선택한다. 왜냐하면 정보적인 텍스트 읽기와 서사적인 텍스트 읽기는 의미의 경험이라는 점에서는 공통점을 가지지만 읽기 목적이나 상황에 따라 다른 특성을 지니는데 특히 문학 읽기는 심미적 반응의 양상을 두드러지게 반영한다. 또한 서사 텍스트인 동화나 소설은 과학이나 정치, 역사, 사회 방면의 글보다 읽기가 쉽다. 동화나 소설 등의 이야기는 인간 삶의 한 유형이므로 경험적으로 이해하기 쉽고 어릴 때부터 듣거나 읽기 때문에 어린 독자에게는 정보적인 텍스트에 비하여 간접 경험도 풍부한 상태이다. 반면에 과학 등의 설명적 텍스트는 학교 교육이 시작된 이후에 경험하기 시작한다. 그리고 이야기 텍스트는 대부분 발단, 전개, 갈등, 절정, 결말이라는 선형적인 구조를 가지지만 설명 텍스트는 여러 가지 구조 유형(원인-결과, 비교-대조, 문제 해결, 열거 등)가지고 있다. 이야기는 이러한 선형적 구조 때문에 설명적인 글의 전개보다 예측하기가 용이하다. 읽기가 심미적인 읽기와 원심적인 읽기를 포함하고, 그러한 것들이 나름대로 차이를 가지고 있다면 그것에 대한 평가도 두 가지 수준을 모두 고려할 수 있어야 한다. 하지만 동일한 시점의 평가에서 제시되는 두 유형의 텍스트는 주제나 주요 화제 면에서 관련성을 가지는 것이 좋다. 그래야 배경 지식이나 상호 텍스트성의 활용 능력 면에서 좀더 많은 것들을 평가할 수 있고, 토의를 촉진시킬 수 있을 것이다. 예를 들어 서사적인 텍스트로서 '홍길동전'을 읽었다면 정보적인 텍스트로는 작품의 시대적 배경이 된 '조선' 시대에 대한 역사 텍스트를 선택할 수 있을 것이다. 이러한 점에서는 사회과나 자연과와 같은 내용 교과와의 통합도 평가에서 고려해 볼만하다.

텍스트의 질적 수준, 교사와 학생들의 흥미, 성별이나 계층, 그리고 교육 과정상의 필요성에 적절한 텍스트를 선정하는 것도 중요하다. 텍스트가 수준에 맞지 않을 경우 흥미나 동기화를 저하시키고, 지나치게 개별적인 흥미나 특정 문화나 사회 계층을 반영할 경우 선입견이나 편견, 또는 평가의 신뢰성을 떨어뜨리는 요인이 되기도 한다. 그리고 무엇보다 중요한 것은 텍스트가 토의를 위한 잠재적 가능성이 있어야 하고 학생들의 읽기 전략과 사고력의 활용을 요구해야 한다는 것이다. 이야기는 재미있지만 다양한 반응을 끌어낼 수 없거나 토의거리를 제공하지 못한다면 평가에 적절한 책이 되지 못한다. 훌륭한 문학 작품이란 결국 인간과 인간 삶의 반영이며, 그러한 것들은 대부분 논쟁의 여지가 있는 주제와 이슈를 담고 있는 책들이다.

평가 텍스트 선정과 관련하여 또 하나 문제가 될 수 있는 것은 모든 학생들이 동일한 텍스트를 읽어야 하느냐 하는 문제이다. 이는 평가 상황이라는 점을 고려하면 다인수 학급의 경우 한꺼번에 같은 도서를 제공해야 하는 등의 현실적인 어려움이 따른다. 결론부터 말하자면 모든 학생들이 동시에 동일한 텍스트를 읽을 필요도 없고 실제로 가능하지도 않다. 오히려 다양한 삶의 모습들을 나타내 주는 다양한 책들이 학생들의 읽기 경험을 확장시켜줄 것이다. 때로는 학생들의 읽기 흥미와 동기화를 조장하기 위하여 평가에 활용할 텍스트를 학생들이 직접 선택하게 할 수도 있지만 주제나 이슈의 관련성을 발견하기가 쉽지 않아 토의를 초점화 시키기 힘들고 평가 기준의 마련 및 채점에 상당히 부담이 된다. 따라서 적절한 합의점을 찾기 위해서는 교사가 제시하는 주제와 이슈에 적절한 책을 소집단 단위로 달리 선택하여 교사와의 협의를 거쳐 결정하는 것이 가장 적절할 것이다. 예를 들어 6개의 소집단이 '머리 아홉 달린 괴물', '연이와 버들잎 소년', '도깨비 방망이', '세 가지 보물', '효자와 불효자', '장화홍련전'을 읽는다고 가정하자. 이러한 작품들의 공통점은 주된 내용이 선과 악의 대결이라는 점과 권선징악을 주제로 한다는 점이다. 하지만 작품의 제재와 등장 인물의 성격 및 유형, 악의 결말 구조가 다르다는 점이다. 예를 들어 작품마다 괴물과 인간, 부모와 자식, 주인과 하인, 형제 자매, 연인으로 다양한 인간 관계가 설정되어 있다. 또한 '연이와 버들잎 소년'과 '세 가지 보물'에서 악을 대표하고 있는 새어머니나 두 형은 마지막까지 파멸하지 않는 반면에, 나머지 네 작품은 악이 죽음을 당하거나 파멸하는 과정을 그리고 있다. 제재 면에서는 부모에 대한 효도, 형제간의 우애, 주인에 대한 의리 등을 담고 있는 작품이 있는 반면에 단지 선과 악의 대결로만 펼치고 있는 구조도 있다. 이러한 공통점과 차이점 모두가 토의 활동과 읽기 경험을 풍부하게 해 준다.

나. 평가 과제 설정

과제 수행 평가에서 고려할 수 있는 평가 과제는 대략 다음과 같은 범주로 잡아볼 수 있을 것이다. 이러한 과제 선정은 읽기 평가에 대한 사회·문화적 관점, 독자 반응 이론, 총체적 언어 교육 관점을 반영한 것이다. 읽기 평가 맥락은 단지 책을 읽는 시간에만 한정되는 것은 아니라는 점을 다시 한번 상기해 보도록 하자.

    ○ 정해진 기간 내에 지정된 책을 읽기
    ○ 반응 일지 쓰기
    ○ 소집단 토의 및 전체 토의
    ○ 읽기, 반응 쓰기, 토의에 대한 자기 평가

통상 읽기나 문학 수업에서는 제한된 교육 과정 내용과 제도 교육의 특성 상 텍스트의 종류와 읽기 시간이 제한되어 있었다. 이에 반해 바람직한 읽기 활동 프로그램은 완전한 문학 작품의 제시와 학생들의 흥미와 사전 지식을 고려한 텍스트 선정, 그리고 일정한 읽기 시간을 제공한다. 읽기는 혼자서 소리내어 읽기, 따라 읽기, 묵독하기, 동료나 교사와 번갈아 읽기와 같이 다양한 형식으로 이루어진다. 교사는 이러한 읽기 과정의 관찰을 통하여 학생들의 읽기 전략 등을 알아볼 수 있다. 하지만 읽기 과정은 인지적 사고 과정이므로 체크리스트 등을 활용한 읽기 과정 관찰이나 오독 분석, 또는 읽기 과정에서 활용한 각종 학습지(이를테면 예측 안내표, 인물지도, 플롯 구조도, 비교 대조표, 내용 요약도, 책 개요표 등)분석을 통하여 추론해 볼 수밖에 없다.

읽기 뿐만 아니라 쓰기 활동과 그 결과물도 주요한 읽기 평가 중의 하나이다. 주로 읽은 텍스트에 대한 반응 쓰기, 텍스트 내용이나 관련 사고를 확장시키는 쓰기, 읽기 전략에 대한 자기 점검 기록 등이 이에 포함된다. 교사는 이러한 쓰기 활동을 격려함으로써 텍스트의 이해 및 감상, 사고력, 글 구조에 대한 인식, 전략에 대한 인식과 그 전략을 의미 있는 방법으로 변형하는 능력을 평가할 수 있다. 일지 쓰기는 가능한 학생들의 자율적으로 적도록 유도하는 것이 좋다. 동일한 텍스트를 읽고 반응 질문을 제기할 경우 학생들은 유사한 반응을 한다. 대부분의 학생들이 똑같은 질문에 답하기 때문에 획일적인 토론이 이루어지기 쉽지만 스스로 반응을 생성할 수 있는 기회를 제공했을 때 독자들은 훨씬 더 풍부하고 창의적인 화제들과 아이디어들로 토론에 참여할 수 있을 것이다. 반응 일지에 대한 경험이 부족한 학생들은 이야기를 요약하고 간단한 느낌을 적는 수단으로 일지를 활용하지만, 경험이 축적될수록 일지를 사고를 조직하는 수단이나 토의를 위한 발판으로 활용한다.

또한 바람직한 읽기 평가에서는 대화를 통하여 사고를 중재함으로써 전략 및 기능을 일반화하고, 의미를 심화·확장하고 협상할 수 있는 능력을 고찰한다. 여기에는 두 가지 토의 맥락이 존재하는데, 하나는 소집단 토의이고, 나머지 하나는 전체 토의이다. 소집단 토의는 개인 학생들이 개별적으로 정리한 반응 내용을 토대로 의견을 개진하고, 상대방의 논평이나 질문에 반응하면서 구성원들이 상호간의 사고를 자극하고 의미를 협상하는 과정이다. 전체 학급 토의는 학급의 모든 학생들이 하나의 담화 공동체를 형성하여 소집단별 토의 내용을 확장시키고 종합하는 맥락이다. 교사는 학생들의 토의를 보고 들음으로써 학생들의 대화 전략, 토의 기법, 의미 구성 전략을 파악하고 이를 개선시킬 수 있는 단서를 발견하거나 그 방법에 대한 통찰력을 가질 수 있게 된다. 학생들은 주도적인 토의에 익숙하지 않고 대부분 교사 주도의 토의에 익숙해 있으므로 평가를 위한 전제 조건은 학생들이 스스로 토의에 참가하고 반응하는 방법에 대하여 인식하고 있어야 한다는 것이다. 교사는 학생들을 직접 이끌기보다는 좋은 토론이 어떤 것인지 이해하고 느끼도록 돕기 위해 다양한 모델(model)을 제시해 주는 것이 필요하다. 예를 들면 읽기 일지 없이 토론하기, 다른 사람이 한 말에 대하여 반응 보이기, 질문하기, 텍스트와 관련된 개인적 경험 나누기 등이 포함될 수 있다. 또 모델링(modeling)의 방법으로 학생들이 소집단 토의에서 논의되었던 것들을 전체 토의에서 그대로 이야기해 보게 하는 것도 하나의 방법이 될 수 있다. 읽기 평가를 위한 소집단의 구성은 가능한 고정된 파벌을 형성하고 있는 집단을 해체하고 새로운 구성원으로 형성하는 것이 좋다. 왜냐하면 이미 오래 반복된 집단은 토의의 양식이나 체제를 이미 구축해버린 상태에서 새로운 구성원이 적응하기 어려운 측면이 있고 사고가 일정한 틀에 묶여 있을 가능성이 많기 때문이다. 그래서 항상 역동적으로 새로운 자극을 줄 수 있는 구성원의 변화가 필요한 것이다.

마지막 평가 과제는 읽기와 반응 일지 쓰기, 그리고 토의 활동 참여에 대한 자기 평가 보고이다. 실제로 많은 학생들이나 교사가 무슨 일을 하고 있는지 인식하지 못할 정도로 그 과정을 내면화한 채 수행하고 있다. 하지만 초인지적 인식은 자기 주도적인 평생 독자로의 발달에 영향을 미칠 수 있는 주요한 변수가 된다. 이것의 목적은 읽기 과정에 따른 전략의 인식과 활용, 반응과 토의 전략의 인식과 활용, 그리고 자기 점검 능력을 알아보기 위한 것이다. 정확한 평가 정보 수집을 위하여 교사는 사전에 자기 점검이나 평가 초점을 명확히 제시해 줄 필요가 있는데, 자기 중심적 사고가 지배적인 저학년일수록 더욱 그러하다. 다음은 자기 평가를 초점화하기 위해 교사가 사전에 제공해 줄 수 있는 질문 항목들이다.

ㅇ 책을 읽기 전에 어떤 활동을 주로 하였는가?
ㅇ 모르는 어휘나 이해할 수 없는 내용이 나왔을 때 어떻게 하였는가?
ㅇ 내용을 정리하는 데 어떤 전략이 가장 도움이 되었는가?
ㅇ 반응 쓰기에서 잘된 점과 보충할 점은 무엇인가?

○ 반응 일지가 토의에 어떤 도움을 주었는가?
○ 책을 가장 잘 읽은 사람은 누구라고 생각하는가? 왜 그런가?
○ 내용을 이해하는 데 나에게 도움을 준 의견이나 내용은 무엇인가?
○ 다른 사람이 내용을 이해하는 데 나는 어떤 도움을 주었다고 생각하는가?
○ 토의 활동에서 내가 개선할 점은 무엇인가?

이는 평가 중인 교사에게는 관찰 초점이 되기도 하고 과제 수행 중인 독자에게는 스스로를 점검할 수 있게 하는 하나의 모델로 작용할 수도 있다. 이러한 자기 평가 보고는 단순히 질문에 대한 응답 형식으로 작성하는 것보다는 편지나 다른 서술 형식을 갖추도록 하고 이 외에도 다른 것들이 자기 점검 항목이 될 수 있음을 알려준다.

다. 과제 수행 및 자료 수집 절차

과제 해결 순서는 먼저 서사적인 텍스트 과제를 해결한 다음 정보적인 텍스트로 이어지는 것이 좋다. 왜냐하면 서사적인 작품의 읽기는 낯설고 지루해지기 쉬운 정보 텍스트를 읽는 데 도움을 주거나 동기를 제공해 줄 것이기 때문이다. 책을 읽고, 자기의 반응을 쓰고 소집단 토의와 전체 토의까지의 활동 시간은 학년에 따라 차이가 있을 수 있지만 전래 동화 정도라면 하루에 1-2시간으로 해서 2-3일 내에 해결할 수 있을 것이다.

우선 과제 해결을 돕기 위해 교사는 필요한 참고 자료나 학습지나 연습장을 언제든지 활용할 수 있도록 비치해 두어야 한다. 평가 첫날에는 평가 전반에 관한 안내를 한다. 평가의 목적과 과제, 그리고 읽기를 위한 자료 안내와 활용 방법을 설명해 준다. 그런 다음 먼저 서사적인 과제를 해결하기 위한 읽기 방법과 반응 쓰기에 대한 안내가 필요할 것이다. 또한 학생들이 읽기에 적극적으로 참여할 수 있도록 텍스트와 관련된 사전 활동으로 배경 지식을 활성화 시켜주고 독자를 동기화 시키는 노력도 필요하다. 학생들이 읽고 반응을 쓰는 동안 교사는 학생들이 잘 읽고 있는지를 점검하고, 격려하며, 자유로운 관찰 기록을 통하여 읽기 과정 및 반응 쓰기에 대한 정보를 수집한다. 다음 날은 반응 일지를 토대로 소집단 토의와 전체 토의를 가진다. 이 때 교사는 소집단을 조직하고 반응 일지를 토의에 활용하도록 장려하고, 토의 집단을 구성하고 토의를 촉진시키는 역할을 한다. 그리고 활발한 토의가 조장되었을 때 교사는 토의 내용을 녹음하고, 토론에 참여하여 관찰할 수 있어야 한다. 이러한 과정이 끝나고 나면 토의 결과를 바탕으로 반응 일지를 다시 정리하고 교사가 제공하는 자기 평가 질문을 토대로 자기 평가 보고서를 작성한다. 정보적인 텍스트의 평가 절차도 대체로 이와 유사한 절차로 이루어지게 된다. 다만 교사는 이미 읽었던 서사적인 텍스트나 준비된 자료가 글을 이해하는 데 도움이 될 수 있음을 인식시켜 주어야 한다.

이러한 과제 수행 중심의 평가를 통하여 최종적으로 교사가 수집하게 되는 평가 자료는 교사의 관찰 기록이나 체크리스트, 학생들의 초기 반응과 토의 후의 반응이 기록된 반응 일지, 그리고 토의 녹음 기록과 학생들의 자기 평가 보고서 등이다. 여기에서 학생들의 이해나 감상 결과를 직접적으로 나타내 주는 것은 반응 일지나 토의 녹음 내용이 될 것이다. 관찰 기록이나 체크리스트, 그리고 자기 평가 보고서는 읽기 활동 과정에 대한 점검과 평가 기준의 설정에 도움을 줄 수 있다. 또한 이러한 부가적인 자료들은 평가의 타당성 확보를 위한 보조적인 판단 자료로 활용할 수 있으며, 평가 결과를 논평하거나 기술할 때 주요한 근거 정보가 될 수 있다.

라. 평가 기준 설정

평가 기준의 마련은 타당성과 신뢰성이라는 두 마리 토끼를 잡아야 하는 과제 수행 평가에서는 매우 중요한 부분이다. 과제 수행 평가에서 직접적인 평가 자료가 될 수 있는 것은 반응 일지나 토의 녹음 내용이다. 두 가지 내용의 평가가 중요한 것은 개인적 반응에 대한 표출 능력과 의미 협상 능력, 이를 통한 의미의 조정 능력, 사고의 확산 등에 대하여 하나의 평가 반응에서 보여줄 수 없는 것들을 상호 보완적으로 볼 수 있게 해 준다는 점이다. 예를 들면 토의의 녹음 기록은 텍스트 이해에 대하여 반응 일지나 읽기 과정에서 관찰할 수 없었던 부분들을 나타내 줄 수 있고 학생들의 구두 언어 사용에 대한 발달 능력과 토의 기능 및 전략을 알아볼 수 있도록 해 준다. 그리고 토의 참여 정도를 통하여 읽기 흥미를 추정해 볼 수도 있다.

평가 기준 마련을 위해서는 우선 반응 일지나 토의 내용을 빠르게 읽거나 듣고 몇 단계로 분류하는 작업이다. 그리고 각 단계를 대표하는 반응을 서너 개씩 골라 왜 그러한 반응들이 그 단계로 분류되었는지에 대하여 해석을 붙인다. 그런 다음 이러한 해석들을 정리하여 단계별 평가 기준을 만든다. 그리고 그 기준에 가장 적절한 본보기 반응을 하나씩 선정한다. 그리고 다시 기준에 맞게 반응을 재분류하고 이 기준에 적절치 않는 반응이 많을 경우 더 세분화된 평가 기준을 만든다. 표 <8-3>는 반응일지와 토의 반응에 대한 평가 기준을 3단계로 분류해 놓은 것이다.

표 <8-3>. 읽기 반응 및 토의 반응의 평가 기준

수준	반응일지 평가 기준	토의 반응 평가 기준
상	○중요한 사건이나 문제에 초점을 둔다. ○내용을 자기의 경험과 관련짓는다. ○텍스트의 내용을 근거로 들어 자기의 견해를 나타낸다. ○비판적인 반응을 한다. ○다양한 측면에서 반응하며, 일관성이나 긴밀한 연관성을 가진다. ○텍스트에 나타나지 않은 새로운 생각을 끌어와서 텍스트의 내용과 관련짓는다.	○중요한 사건이나 문제에 초점을 둔다. ○반응의 초점이 명확하고 일관성을 가진다. ○내용을 자기의 경험과 관련짓는다. ○텍스트의 내용을 근거로 들어 자기의 견해를 나타낸다. ○비판적인 반응을 한다. ○다른 사람의 반응에 대하여 새로운 관점에서 접근하고자 한다. ○다른 사람의 반응을 듣고 이를 재해석하거나 자기의 반응과 비교하며 말한다. ○전체적인 반응을 종합하고 분석한다. ○소극적인 참여자를 적절히 끌어들인다.
중	○부차적인 사건이나 문제, 논점에 초점을 둔다. ○반응 초점이 있고 이에 대한 설명이 있으나 긴밀한 연관 관계를 형성하지는 못한다. ○해석적인 반응을 한다. ○텍스트의 내용과 자기의 경험을 관련시키나 효과적이지 못하다. ○새로운 사고를 제한적으로 끌어온다.	○부차적인 사건이나 문제, 논점에 초점을 둔다. ○해석적인 반응을 한다. ○텍스트의 내용과 자기의 경험을 관련시키나 효과적이지 못하다. ○다른 사람의 생각에 의지하는 면이 많다. ○새로운 사고를 제한적으로 끌어온다.
하	○축어적인 내용의 기술이 많다. ○인상적이거나 피상적인 반응이 많다. ○초점이 불분명하고 반응의 연관성이 없으며 때로는 모순이 드러나기도 한다.	○인상적이거나 피상적인 반응으로 일관한다. ○내용의 기억에 의존한 축어적 반응이 주를 이룬다. ○전적으로 다른 사람의 의견이나 주장에 의존한다. ○토의 참여가 소극적이다.

예를 들어 주제에 초점을 두고, 텍스트로부터 반응을 지지하는 근거를 이끌어내고, 다른 텍스트의 내용을 적절한 방법으로 결합하고, 초점화되고 일관성 있는 반응이라면 '상' 수준에 둘 수 있을 것이다. 반대로 '하' 수준에 머무르는 학생들은 텍스트와 거의 관계가 없는 피상적인 반응, 불필요한 설명, 일관성의 부족을 보이는 것들이다. 하나의 수준에 다양한 항목들을 나열하는 것은 평가자로 하여금 판단의 융통성을 부여하기 위한 것이

다. 왜냐하면 해석학적 관점에서 보면 의미 구성 행위는 독자에 따라 다양하게 나타날 수 있기 때문에 평가 기준을 하나의 진술로 제한할 경우 많은 학생들의 다양한 반응을 포괄할 수 없게 된다.

이러한 평가 기준들은 반응을 평가할 수 있는 토대가 될 뿐 아니라 교사나 학습자로 하여금 텍스트의 반응과 관련 전략 및 사고에 대한 통찰력을 제공해 주는 단서가 되기도 한다. 또한 학생들의 성장에 대해 학부모와 의사 소통할 수 있는 자료로서 뿐만 아니라 통지표를 기록하는 수단이 되기도 한다.

표 <8-4>은 '머리 아홉 달린 도둑'의 전래 동화와 '조선 시대의 신분제도'라는 정보적인 텍스트에 대한 학생들의 반응을 기준에 따라 나눈 예시이다. 학생들에게는 먼저 이야기 텍스트를 읽고 평가 과제를 수행하도록 하고, 그런 다음 정보적인 텍스트를 읽도록 하였고, 가능하면 이야기 텍스트와 관련지어 생각을 정리해 보도록 하였다.

표 <8-4>. 반응 평가 기준의 적용 예시

수준	텍스트	평가 기준 적용 예시
3	서사적 텍스트	남편을 배신한 아내의 행동은 결코 옳은 행동이라고 할 수 없다. 아무리 도둑이 돈이 많고 힘이 세다고 하더라도 한 사람의 아내로써 남편을 배신하는 것은 나쁜 일이다. 내가 남편이라고 해도 아내를 용서하기는 힘들었을 것이다. 하지만 홧김에 아내를 칼로 죽이는 행동은 용서받지 못할 일이다. 아내는 대항할 힘이 없고 용서해 주었더라면 오히려 자신의 잘못을 뉘우칠 수도 있었을 텐데 남편이 너무 성급했다는 생각이 든다. 싫으면 그냥 이혼을 해도 되는데 죽일 필요까지 있었을까?
	정보적 텍스트	옛날에는 신분에 따라 사람을 차별했다. 만화에 나오는 홍길동도 그러한 신분 때문에 집을 나가 활빈당의 두목이 되었다. 양반들은 일도 하지 않고 평민이나 노비들이 주로 일을 해서 양반들을 먹여 살렸다. 그리고 남자와 여자의 차별도 심해서 여자들은 마음대로 밖에 나 다닐 수도 없었고 남자들 앞에서 함부로 큰 소리도 칠 수도 없었다. 옛날은 오늘날에 비하여 평등하지 못한 사회였다고 할 수 있다. 그런데 아내가 남편을 배신하고 돈 많은 괴물을 좋아했다. 또 양반이 몸종과 결혼했다. 그래서 나는 이야기가 거짓말이라고 생각한다.

2	서사적 텍스트	아내는 남편을 배신했고 몸종은 끝까지 주인을 배신하지 않아서 주인의 아내가 되어 행복하게 살았다는 내용인 것 같다. 아내가 죽는 장면에서는 조금 슬픈 생각이 들기도 하지만, 자신을 구하러 온 남편을 배신했으니 당연하다는 생각이 든다. 괴물 때문에 고생한 사람들이 풀려났을 때는 내 기분도 좋아졌다. 나도 사람을 함부로 배신하지 말아야겠다는 생각을 했다.
	정보적 텍스트	나는 옛날 노비나 백성들의 생활이 참 불편했을 것이라고 생각한다. 양반들은 잘 살았지만 평민들이나 노비들은 인간답게 살지 못했다. 양반들이 시키는 대로만 해야하고 양반과 노비는 신분이 달라 서로 좋아해도 마음대로 결혼을 할 수도 없었다. 그리고 남자와 여자의 차별도 심했는데 오늘날은 어림도 없다. 남자와 여자를 차별하고 사람과 사람을 공평하게 대하지 않는 것은 좋지 않다고 생각한다.
1	서사적 텍스트	남편이 몸종의 도움으로 도둑의 집에 숨어들어 갔을 때는 아슬아슬했다. 하지만 남편과 도둑이 싸워서 남편이 이겼다. 배신한 아내를 죽이고 갇혀있던 사람들도 구했다. 몸종과 선비는 부부가 되었다. 나도 앞으로는 착한 일을 많이 해야겠다.
	정보적 텍스트	조선시대에는 신분 제도가 있어 신분에 따라 사람들의 생활모습이 많이 달랐고 적서 차별이나 남녀 차별도 심하였다. 양반들은 노비를 거느릴 수 있었고 노비 문서라는 것이 있어서 노비를 마음대로 부리면서 사고 팔기도 하였다. 이러한 신분은 대를 이어 계속 세습되었다. 아버지가 노비이면 자식도 노비가 되고, 심지어 서자들은 자식 낳기를 꺼렸다. 나는 옛날에 태어나지 않아서 행운아라고 생각한다.

여기에서 가장 상위 단계인 3단계는 주제에 초점을 두면서 자기의 입장에서 생각해 보고, 정반대의 관점에서 비판적인 입장을 견지하기도 한다. 또한 상상하기를 통하여 창의적으로 새로운 이야기의 전개 가능성을 보여주고 있다. 이것은 논점을 보다 설득력 있게 제시하고, 등장 인물의 분석을 통한 이해력과 정보의 분석, 관점에 대한 분명한 이해를 암시해 주고 있다. 2단계는 텍스트의 표면적인 내용을 요약하거나, 텍스트의 내용을 근거로 자기의 주관적인 판단을 내리고 있다. 그리고 표면적으로 드러난 내용과 자신의 입장을 피상적으로나마 관련짓고 있다. 이는 내용에 대한 이해력, 의미를 이루기 위해 생각을 조직하는 능력, 그리고 개인적 반응 및 비판적 사고력을 부분적으로 보여준다고 할 수 있다. 1단계는 축어적인 기억에 의존하고 있거나, 단편적인 사실에 대한 피상적인 개인 반응으로 일관하고 있다. 그리고 주제를 초점화시키지 못하고 자기 입장에 대한 근거나 증거

를 제시하지 못하고 있음을 알 수 있다. 다음은 '세 가지 보물'이라는 텍스트의 소집단 토의 반응에 대한 평가 적용 예시이다.

　　독자 1: 두 형이 나빴어.
　　독자 2: 그래 형제는 다 같이 재산을 나누어 가져야 하는데...나 같으면 아마 벌을
　　　　　　받은 형들을 끝까지 용서하지 않았을 거야.
　　독자 1: 형들이 그래도 불쌍하긴 해.
　　독자 3: 그렇긴 하지만 형들의 욕심이 지나쳤어. 착한 일은 대가를 바래서는 안
　　　　　　되는 것 같아. 진정한 마음에서 우러나오는 것이어야 한다고 생각해.
　　독자 2: 잘못을 뉘우쳐야 죄를 용서받을 수 있어. 여기에는 뉘우쳤다는 이야기도
　　　　　　없는데 동생이 도와주었다는 것은 잘못되었다고 생각해.
　　독자 3: 맞아, 형들이 놀부 심보를 버리지 못했다면 언제 또 동생의 재산을 빼앗을
　　　　　　지 모르는 일이야.
　　독자 1: 그래.

　여기에서 독자 1은 이야기의 단편적인 사실에 계속 초점을 맞추며 반응에서도 일관성을 보여주지 못하고 있으며, 반응에 대한 근거를 텍스트 내용을 끌어와서 제시하지 못하고 있다. 이에 비해 독자 2는 반응에 일관성을 보이고 있으며 표면적인 내용에 역시 초점을 맞추고 있다. 나름대로 텍스트의 근거를 제시하며 새로운 사고를 끌어내고 있다는 점은 주목할 만하다. 독자 3은 텍스트의 이해와 그것을 기반으로 한 확산적 사고와 상호 텍스트성을 보여주고 있다.

제9장. 쓰기 평가

쓰기는 일상 생활의 한 부분이다. 우리는 일상 생활에서 메모를 하고, 메일을 쓴다. 만약 쓰기를 하지 않고 있다면 아마도 다른 사람의 쓰기를 읽고 있을 것이다. 그리고 우리는 자신도 모르게 그 글을 평가하기도 한다. 점수를 매기는 평가가 아니라, 특정 내용을 간추리고, 생각이나 느낌을 표현하고, 다른 사람과 이야기를 나누면서 자연스럽게 평가한다. 평가는 모형화된 상황에서 문제를 제시하고 답을 구함으로써 이루어지는 것은 아니다. 그러한 과정에서 좋은 글의 조건과 바람직한 필자의 지식이나 전략이 무엇인가를 내면화하고 이를 자신의 쓰기에 반영할 수 있다면 그 평가는 학습자의 쓰기에 진정한 도움을 준 평가라고 할 수 있을 것이다.

그러나 전통적인 쓰기 평가 체제는 평가의 내용, 방법, 역할이라는 측면에서 심각한 한계를 가지고 있다. 대부분의 쓰기 평가는 시험이라는 단편적인 평가 수단에 의존함으로써 학생들에게 다양한 쓰기 경험과 자기 평가 기회를 제공하지 못할 뿐만 아니라 과제 상황 인식, 아이디어 생성, 텍스트 구성, 교정하기로 이어지는 일련의 쓰기 과정과 관련된 고등 사고 기능을 측정하지 못하고 있다. 평가는 수량적 점수를 산출하기 위한 절차나 도구에 불과하였으며, 쓰기 능력 신장에는 별로 도움을 주지 못하였다. 그리고 평가자들은 필자가 어떻게 쓰기를 인식하고 구성하는지 또는 쓰기 기능이 어떻게 발달하는지를 모르고, 수치적 결과만을 가지고 교육 과정과 교수 방법의 효율성을 검증해 왔다고 할 수 있다. 이러한 평가는 행동주의

심리학이나 정보처리 중심의 인지 심리학에 근거를 둔 암기나 지식의 숙
달을 강조하는 수업을 조장해 왔을 뿐만 아니라 객체로서의 수동적인 학
습자를 양산하는 결과를 초래하였다.

쓰기 평가는 단지 학생들의 글을 수량화하는 것이 목표가 아니라 특정
상황에서 학생들의 쓰기 기능, 지식, 전략에 대한 습득과 성장 과정을 설명
할 수 있어야 한다. 따라서 평가 상황은 필자가 참여하고 있는 담화 공동체
이어야 하며, 고립된 기능에 초점을 두는 것보다는 학생들의 직접적인 문
제 해결 과정을 통하여 가장 타당성 있게 이루질 수 있다. 또한 쓰기 평가
는 사고 작용에 대한 평가여야 하며, 그 목적은 쓰기 능력과 사고의 발달을
촉진시키는 데 있다. 따라서 쓰기 수업에서의 평가의 목적도 쓰기 능력과
사고의 발달을 촉진시키는 데 두어야 한다. 그러한 목적 달성을 위한 하나
의 과정이요, 수단이 되는 평가를 통하여 학생은 자신의 학습 행위에 대한
정당한 평가를 통하여 학습 동기를 가지게 되고, 학습에 대한 적절한 정보
를 얻을 수 있으며, 교사는 이를 토대로 학생과 함께 문제를 해결해 나갈
수 있을 것이다. 여기에서는, 이러한 인식을 바탕으로 하여 쓰기 평가와 관
련한 제 문제를 논의하고 다양한 평가 방안을 모색하여 보고자 한다.

1. 쓰기 평가의 기초

가. 쓰기의 특성

쓰기는 생각이나 정보를 기록하고 전달하는 수단이라고 할 수 있다. 쓰
기는 우리의 생각을 종합하여 정리할 수 있도록 해 주고, 학습이나 평가의

도구가 되기도 한다. 쓰기는 자기 자신과의 대화일 수도 있다. 즉, 삶과 세계에 대한 개인의 생각을 표현할 수 있게 해 주는 도구가 되기도 한다. 그것은 삶과 세계에 대해 깊이 이해하게 하며, 정서적으로 자신을 다듬고 다스리는 도구가 되기도 한다. 다양한 공간에 있는 사람들, 또 과거와 현재와 미래를 사는 사람들의 연결 고리 역할을 한다.

우리는 가끔 쓰기 학습을 단지 학생들이 담화 양식(설명이나 논증과 같은)을 익히는 것이라는 단순한 논리로 접근하기 쉽다. 하지만 쓰기는 필자가 독자를 대상으로 일정한 목적을 성취하는 고도의 사고력과 상상력을 요구하는 역동적, 의사 소통적, 구성적, 맥락적, 협력적 활동이다. 필자가 쓰기를 통하여 독자에게 정보를 제공하기도 하고, 통찰력을 자극하여 새로운 관점을 가지게 하기도 하며, 독자를 설득하거나 독자로 하여금 특정한 이미지를 불러일으키게 한다는 점에서 쓰기는 역동적이라고 할 수 있다. 역시 필자의 쓰기 행위는 표현하고자 하는 메시지를 담고 있으며, 이러한 메시지는 텍스트를 매개로 하여 독자에게 소통된다는 점에서는 의사 소통적인 성격을 가진다. 또한 필자가 언어 부호에 전적으로 의존하는 것이 아니라 역사적·문화적 배경에 따라 공유하고 있는 관습, 텍스트간의 관련성, 배경 지식, 독자에 대한 인식 등을 바탕으로 지속적으로 의미를 재생산한다는 측면에서 쓰기는 구성적이라고 할 수 있다. 쓰기는 말하기처럼 구체적인 상황이나 비언어적 요소가 존재하지 않기 때문에 고도의 사고력과 상상력을 요구하기도 한다. 그리고 쓰기는 맥락에 따라 다양한 형식과 목적과 독자를 가지며, 의미나 해석은 맥락에 따라 달리 구성되거나 해석되므로 역시 맥락적이라고 볼 수 있다. 끝으로 학습 필자는 특정한 담화 공동체 내에서 다른 사람과의 상호 작용을 통하여 사고를 활성화하고, 아이디어를 생성하고, 텍스트를 조정한다는 점에서는 협력적인 특성을 지닌다고 할 수 있다.

쓰기에서 의미 구성 과정은 회귀적이다. 쓰기는 어떠한 목적을 가지고 있으며, 단순히 문자를 쓰는 것이 아니라 의미를 옮기는 행위이므로 필자는 생각을 생성하고 선택하고 조직하고 확장시키며, 그것을 가장 잘 나타내어 줄 수 있는 언어로, 정해진 규칙에 따라 알맞은 글씨로 그것을 배열해 나간다. 이러한 과정은 순차적으로 이루어지는 것이 아니라 반복적이고 불규칙적으로 이루어진다.

나. 쓰기 능력의 정의

쓰기 평가의 타당성을 확보하기 위해서는 무엇을 평가할 것인가 하는 문제가 명백히 규명되어야 한다. 쓰기 수행 평가는 학습자의 쓰기 능력을 평가하는 데 일차적인 주안점을 두고 있다. 쓰기 능력이란 쓰기에 대하여 아는 것뿐만 아니라 실제 상황에서 쓰기를 통하여 자신을 표현하고 의사를 소통할 수 있는 능력을 포함한다. 즉, 쓰기 능력은 과제에 대한 수사적인 상황을 인식하고 적절한 지식과 전략을 활용함으로써 주어진 문제를 해결하는 문제 해결 능력으로서 고도의 사고 과정에 의존하게 된다. 쓰기 평가는 바로 이러한 사고 작용에 대한 평가이며, 그것의 근본적인 목적은 쓰기 능력과 사고의 발달을 촉진시키는 데 있다. 학습자는 자신의 학습에 대한 정확한 평가를 통하여 학습 동기를 가지게 되고, 자신의 학습에 대한 정보를 얻을 수 있으며, 교사는 이를 토대로 학습자와 함께 문제를 해결해 나갈 수 있을 것이다. 능숙한 필자와 미숙한 필자의 쓰기 활동을 인지적으로 분석한 것을 보면, 능숙한 필자들은 일반적으로 두 가지 특성을 가지고 있는 것으로 나타났다. 첫째, 전형적으로 관련 문제에 대한 충분한 양의 지식을 가지고 있으며, 둘째, 문제를 해결하는 데 다양한 전략과 기능을 많이 가지고 있다고 한다(Flower, 1993:3).

쓰기 과정은 이러한 지식, 전략, 기능의 역동적인 상호 작용 과정이며, 이것을 수행할 수 있는 능력이 바로 쓰기 능력이라고 정의할 수 있다.

다. 쓰기에 영향을 미치는 요인

쓰기에 영향을 미치는 요인은 여러 가지가 있겠지만, 교육이라는 맥락에서 크게 범주화해 보면 과제 요인, 필자 요인, 환경 요인으로 나눌 수 있다. 이러한 요인들은 필자의 쓰기에 영향을 주는 요인이므로 평가 과제 설계시에 반드시 고려되어야 할 요인이다.

(1) 과제 요인

과제는 필자 스스로 설정하는 경우도 있지만 외부에서 주어지기도 한다. 과제 요인은 필자에게 쓸 내용과 방법을 암시하는 단서가 된다는 점에서 쓰기의 과정 뿐만 아니라 쓰기에 영향을 미치는 제 요인들을 조정하고 통제하는 핵심 변인이다. 이러한 과제 요인에는 목적, 형식, 화제, 독자가 있다. 목적이란 필자가 글을 쓰는 이유이다. 쓰기는 그 목적에 따라 다양한 유형이 있는데, 이는 각기 다양한 수준과 종류의 지식과 기능을 요구한다. 예를 들어 일기 쓰기, 친구나 친척에게 이메일 쓰기와 같은 쓰기 유형은 청중보다는 필자 개인의 개성이나 입장을 중요시하는 유형이다. 반면에 관찰 보고서, 견학 기록문, 주장하는 글, 광고와 쓰기 유형은 상대방을 설득하거나 정보를 전달하는데 초점을 두므로 정확성과 명료성을 요구하는 유형이다. 동시나 이야기 글 쓰기와 같은 문학적인 글 쓰기 유형은 고도의 심미적 사고를 요구하는 유형인데, 필자는 끊임없이 독자와 대화하며 독자를 정서적으로 환기시킬 수 있는 내용과 표현 방법을 탐구하게 된다. 그러나 이러한 쓰기 유형을 그렇게 엄밀히 구분할 수 있는 것은 아니다. 표현적인 글에도 정보적인 내용을 일부 포함할 수 있고, 또한 표현적인 글을 쓰는 필자도 문학적인 글을 쓰는 필자처럼 심미적 경험을 할 수 있기 때문이다. 그러나 그것이 각기 다른 요구를 가진다는 것을 이해하는 것은 쓰기 교수-학습이나 평가에서 중요한 문제이다. 교수-학습이나 평가에서는 이러한 점을 고려하여 다양한 목적과 다양한 유형의 쓰기 경험을 학생들에게 제공할 수 있어야 하기 때문이다. 화제란 쓰고자 하는 현상이나 대상을 말한다. 독자의 범주는 다양하다. 실제로 텍스트를 읽게 되는 독자, 텍스트에 암시되어 있는 독자, 필자가 생각하는 독자, 필자의 의식 속에 일반적이고 관념적으로 존재하는 독자 등이 그것이다. 과제에서 제시하는 독자는 대부분 실제로 텍스트를 읽을 독자인데, 이러한 독자가 누구냐에 따라 쓰기의 내용이 달라지게 된다. 형식이란 내용을 목적, 독자, 화제에 맞게 어떻게 표현하느냐의 문제이며, 주로 쓰기 목적에 따라 독특한 형식이 존재한다. 동일한 내용이라고 하더라도 그것을 어떠한 틀 속에서 어떠한 방식으로 조직하느냐에 따라 각기 다른 의미가 생성된다. 이러한 과제 요인들은 실제 쓰기에서 각각 독립 단위로 존재하는 것이 아니라 상호 긴밀한 관계를 맺고 있다.

(2) 필자 요인

개별 필자는 의미 구성의 주체라는 점에서 중요한 요인이다. 필자 요인으로는 나이, 성, 지능, 읽기 능력, 학문적 능력, 사전 지식, 태도 등의 여러 가지가 있다. 하지만 보다 중요한 의미를 지니는 것은 필자의 사전 지식이나 인지 전략과 같은 인지적 요인과 동기, 태도, 흥미, 습관, 가치와 같은 정의적 요인이라고 할 수 있다. 사전 지식은 스키마의 형태로 필자의 머리 속에 존재한다. 인지 전략에는 쓰기를 수행하고 조절하는 것과 관련된 전략, 구성한 의미를 표상하는 것과 관련된 전략이 있다. 정의적인 요소도 쓰기에 영향을 주는 주요 변인 중의 하나이다. 평소 관련 자료를 준비하여 쓰거나, 자신의 생각을 다른 사람과 자주 공유하는 습관을 가진 학생은 보다 나은 글을 쓸 수 있다. 또 상대방의 입장을 배려하는 태도로 쓰는 것은 상대방의 주의 집중과 호감을 불러일으킬 수 있으므로 의사 소통을 보다 쉽게 할 수 있다. 역으로 쓰기 능력이 우수한 학생은 자신감 있게 쓸 수 있고, 쓰기에 더욱 흥미를 가질 수도 있다. 따라서 쓰기에서 정의적 요인은 쓰기 과정에 영향을 미치는 중요한 변인 중의 하나라고 볼 수 있다.[14]

(3) 환경 요인

환경 요인은 필자에게 영향을 미치는 인적·물적 환경을 포괄한다. 필자는 글을 쓸 때 주변의 다양한 인적·물적 자료를 활용하게 되는데, 학급은 쓰기에 필요한 자료나 사회적 상호 작용을 지원할 수 있는 환경이다. 타자와의 사회적 상호 작용 결과로 얻은 논평이나 조언은 의미 구성에 직접적인 영향을 미치는 '반응 텍스트'라고 할 수 있다. 이러한 것들을 필자는 재구성하여 반영할 수도 있고, 타자가 직접 필자의 텍스트를 조작함으로써 반영할 수도 있다. 학급은 정지된 공간이 아니라 교사와 학습자, 텍스트와 학습자, 학습자 상호간, 학습자와 다양한 텍스트간의 상호 작용을 통

---

14) 김정자(2001: 140)는 필자가 표현 태도의 다양한 유형과 효과를 안다면 자신의 표현 목적, 표현 상황, 표현 과제 등에 적절하고 효과적인 태도를 취해서 자신의 글 쓰기 과정과 결과를 조절할 수 있다고 하였다. 즉 필자의 표현 태도는 표현할 대상과 독자를 대하는 입장이나 관점이라고 할 수 있는데, 이것은 텍스트의 표현이나 이해에 영향을 미친다는 것이다.

하여 의미가 재생산되는 역동적인 공간이다. 학습자는 상호 작용을 통하여 다른 사람과 담화 관습을 이해함으로써 독자를 가정할 수 있다. 예를 들면 논문을 쓰는 사람이 특정 개념에 대하여 논란이 있거나 심사 위원이 강조할 것으로 예상되는 내용에 더 관심을 가지듯이, 학습자는 글 구조상 별로 중요하지 않더라도 동료나 교사가 토론이나 질문에서 강조하거나 중요하게 생각하는 내용에 초점을 두기 쉽다. 필자는 이러한 상호 작용을 통하여 보다 실질적인 독자로부터 적절한 송환을 받아가며 의미를 구성한다. 그리고 필자는 독자와의 역동적인 상호 작용을 통하여 보다 정교한 의미를 구성할 수 있음을 인식하게 된다.

라. 쓰기 평가의 전개 과정

쓰기 평가의 초기 형태는 웅변술이었다. 그러나 인쇄술의 발달로 인하여 말하기 시험의 주관성보다는 쓰기 시험의 객관성과 공평성에 관심을 갖게 되었다. 이러한 관심은 쓰기 평가에서 내용과 형식을 분리하는 결과를 가져왔고, 다른 교과는 내용을, 언어 교과는 형식을 중시함으로써 쓰기는 고립적인 기능으로 간주되었다(Belanoff, 1994). 이러한 인식은 신비평의 영향을 받은 형식주의 문학 이론이나 구조주의 언어학의 영향을 받아 더욱 발달하였으며, 의미를 오로지 텍스트 내에서만 찾으면서 필자와 독자를 고립적으로 인식함으로써 표면적인 구조나 형식에 대한 탐구를 주요한 평가 요소로 삼았다고 한다. 최근까지도 이러한 평가 요소의 흔적은 강하게 남아 있다. 이것은 쓰기 평가의 형식주의적 관점을 형성하게 되었고 주로 선다형 평가나 텍스트 분석을 통한 단편적인 기능 중심 평가 방식을 취하게 되었다. 전통적인 텍스트 분석법은 제한된 영역의 쓰기 과제를 제시하고 그 결과를 채점하여 통계적인 수치를 산출하는데 많은 연구자들이 대표적인 예로 총체적 평가 방법(holistic scoring), 주요 특질 평가 방법(primary trait scoring), 분석적 평가 방법(analytics scoring)을 들고 있다(배향란, 1994; Gearhart et al., 1992; Faigely et al., 1985; Cooper et al., 1977). 하지만 텍스트 분석법은 몇 가지 측면에서 그 한계가 있다. 즉, 형식적인 언어 체계에 대한 관심은 언어 사용 기능이나 상황을 설명하지 못하므로 작문 과정에 대한 직접적인 증거를 제공해 주지 못한다. 또한 텍스트에서 의미의 많은 부분은 주어진 상황 맥락 자체의 재인식과 독자와의 관련성으로부터 나오는데 엄격히 모형화된 평가 상황은 주제에 관하여 자료를 찾아 읽거나, 다른 사람과 토의하거나 생각할 수 있는 여유를 주지 않는다. 벨라노프(Belanoff, 1994:16)는 주어진 과제의 수사적 상황이나 필자 요인에 의하여 쓰기 능력이 수시로 변화한다고 밝혔다. 따라서 쓰기 평가는 단편적인 과제 제시를 통한 고립적 기능이나 내용 지식보다는 전략을 적용하는 쓰기 과정에 보다 중점을 두게 되었다.

쓰기 과정에 대한 관심은 1970년대부터 부각되었다. 프로토콜(protocol)15), 면담(interview), 직접 관찰을 통하여 필자의 전략과 쓰기 과정을 기술하고 평가함으로써 쓰기의 인지적 관점을 형성하게 되었다. 특히 플라워와 헤이즈(Flower & Hays, 1983)는 쓰기 과정에서 일어나는 사고 과정의 계속적인 관찰을 통하여 순환적 쓰기 과정 모형을 제시함으로써 인지적 쓰기 모형의 전형적인 틀을 제시하였다. 이 때를 기점으로 결과 중심의 통계적

---

15) 프로토콜(protocol)이란 사고가 외형적으로 드러나도록 어떠한 행위 과정에서 일어나는 사고를 문자나 음성으로 언어화하는 것으로, 사고 구술법(thinking-aloud)이 대표적인 방법이다. 프로토콜은 오랫동안 예술 분야와 같은 창의적인 활동 과정의 연구에 사용되어 왔다. 예를 들면, 시인이나 화가가 작업하는 동안 일어나는 사고를 이와 같은 방법으로 수집·분석하여 창의적 사고의 단계를 밝히기도 한다.

인 평가 방법은 좀더 수사적으로 정의되고 과정 지향적인 방향으로 전환
하였다. 이 단계에서의 연구들은 필자의 지식이나 전략, 기능 등의 인지적,
초인지적 정보를 탐구하는 것을 목적으로 하였는데, 이러한 것들은 가시적
으로 드러나는 것이 아니므로 주로 프로토콜을 통한 자기 보고법을 활용
하였다. 그러나 필자의 인지적 과정을 탐구하는 것은 앞에서도 언급했듯이
주관적 추론에 따른 신뢰도의 문제를 제기할 수 있다. 또한 지나치게 개인
학습자의 관점을 강조한 나머지 왜 쓰느냐에 대한 것보다는 어떻게 쓰느
냐에 더 중점을 둠으로써 상호 작용에 의한 텍스트의 구성 과정이나 쓰기
의 사회적 가치를 설명해 주지 못하였다.

1980년대에는 평가가 실질적인 인간의 사고와 언어 행위를 나타내어 주
지 못하고 시험이라는 도구로 모형화되어 있다는 점을 비판하면서 사회적
관점에 기반을 둔 평가 방법이 대두된다. 인간 경험과 행위는 상황 의존적
이므로, 엄격히 통제된 상황으로 접어드는 순간 정상적인 쓰기 능력을 발
휘하기 힘들고 실질적인 목적을 가진 쓰기 경험을 가지기 어렵다는 것이
다. 또한 쓰기는 학급과 같은 담화 공동체의 지배를 받는다고 주장하면서
인지적 관점에서의 필자 중심을 반대하고, 필자와 텍스트, 필자와 교사 및
동료, 그리고 필자와 문화와의 상호 작용으로 이루어지는 사회적 행위로서
쓰기를 간주하고 평가한다. 이러한 사회적 관점에서 제기된 평가 방법이
관찰법이다. 관찰법의 핵심적인 평가 수단은 바로 관찰이며 쓰기 능력의
습득 과정을 평가하는 가장 좋은 방법은 그들이 쓰기에 대하여 말하는 것
을 관찰하고, 기술하고, 들으면서 그 과정에서 의미를 발견하는 것이라고
하였다.

관찰법은 다양한 자료를 통하여 종래의 텍스트 분석법이나 초인지 보고
법이 갖는 한계를 극복하고 쓰기 과정과 결과에 대한 실질적인 증거들을

총체적으로 제공해 줌으로써 평가뿐만 아니라 교수-학습이나 연구 방법으로도 활용 가치가 높다. 그러나 이 방법은 관심 영역에 대한 평가자의 전문적인 지식과 평가 대상에 대한 충분한 이해, 그리고 장기간의 관찰, 구성원과의 적극적인 접촉을 통한 의도적인 자료 수집을 필요로 하며 분석 방법에 있어서 고도의 기능을 요구한다.

이와 같은 평가의 발달 과정은 쓰기 연구와 상호 밀접한 영향 관계를 가지고 있다. 즉, 쓰기 연구는 쓰기 능력에 대한 이론적 근거를 제시하고, 평가는 이러한 이론적 토대 위에서 신뢰성 있고 타당한 검증 방법들을 제공함으로써 쓰기 능력을 재정의해 왔다고 할 수 있다. 이러한 평가의 발달 과정이 연대기적으로 엄격히 구분되는 것은 아니나 대체로 결과보다는 과정에 대한 강조, 분석보다는 종합, 형식적 평가보다는 비형식적 평가, 단일성보다는 다양성을 강조하면서 구체적인 기술(description)중심의 평가를 지향해 왔음을 알 수 있다. 이것은 평가가 학생들의 능력을 판단하기보다는 학생들의 쓰기에서 필요한 부분을 탐구하여 교수-학습을 효율적으로 개선하는 데 중점을 두기 때문이다. 쓰기 수행 평가는 바로 이러한 현실적 요구와 이론적 토대 위에서 대두된 것이다.

2. 쓰기 평가 내용

가. 쓰기 지식

쓰기 지식은 앞의 말하기에서 살펴보았던 것과 마찬가지로 사회·문화적 지식, 개념적 지식, 전략적 지식으로 나눌 수 있다. 쓰기에서 사회·문화적 지식은 특정 담화 공동체 내에서의 쓰기 관습이나 규칙 등을 말한다. 개념적 지식은 내용 지식과 담화 지식으로 세분할 수 있는데, 내용 지식은 화제(topic)와 관련된 지식으로, 평가 요소로는 내용의 풍부성이나 다양성, 내용의 적합성 등을 들 수 있다. 담화 지식은 문자 체계와 문자의 활용에 관련된 지식인데, 이것은 다시 언어 지식과 과제 지식으로 나누어 볼 수 있다. 언어 지식은 어휘 구조 및 의미나 통사 규칙과 관련된 지식이며, 어휘의 적절성, 풍부성, 의미의 연결성, 조직 및 표현, 맞춤법 등이 평가 요소가 될 수 있다. 과제 지식은 특정 과제 상황과 관련된 지식으로 필자나 독자의 맥락, 담화 목적, 텍스트 유형 등을 포함한다.

전략적 지식은 필자 자신, 과제 및 전략 인식, 조정에 관한 지식이다. 필자 자신에 대한 지식은 특정 상황에서 다양한 과제를 얼마나 잘 수행할 수 있는가에 대한 자각으로 필자의 동기화 수준에 많은 영향을 미친다. 과제에 대한 지식은 필자가 과제를 분석하고, 과제 해결에 필요한 정보를 모으고, 모은 정보를 어떻게 배열해야 할 것인지를 결정하는 데 필요한 지식이다. 전략에 대한 인식은 특정 전략의 선택, 전략을 정교화할 수 있는 지식과 전략의 효율성을 점검할 수 있는 지식이다.

종래의 쓰기 실기 평가에서 주로 평가해 온 요소들은 쓰기 결과물을 통하여 가시적으로 확인할 수 있는 이러한 지식에 치우쳐 있었다. 그러나 이러한 지식이 잘 갖추어져 있다고 해서 쓰기를 잘 할 수 있는 것은 아니다. 지식의 양뿐만 아니라 그것을 활용하는 능력이 문제가 된다. 이러한 활용 능력과 관련되는 것이 전략과 기능의 문제이다. 언어 능력 신장이라는 국어과의 특성을 고려한다면 평가의 초점은 지식적인 측면보다는 오히려 그 지식을 활용하는 능력이 중요시되어야 한다. 이러한 측면에서 전략과 기능의 강조가 요구되는 것이며, 쓰기 과정에 대한 평가의 필요성이 제기되는 것이다.

나. 전략 및 기능

전략은 속성상 복합적인 사고 과정으로 보다 긴 시간이 소요되는 사고의 조작이다. 기능은 훈련을 통해서 숙달된 능력으로 자동화 지향성을 지니고 전략에 비하여 미세하고 시간이 덜 걸리는 행위 조작 활동이다. 그러나 쓰기 과정에 관여하는 특정 요소가 전략이냐, 기능이냐 하는 것은 쓰기 발달 단계에 따라 달리 규정될 수 있다. 예를 들면 초등학교 수준의 필자에게는 서법이나 맞춤법 등의 기초적인 기능이 자동화되어 있지 못하므로 이를 개선시키기 위한 의식적 활동은 전략에 속한다. 이것은 성인 수준의 필자에게서는 자동화된 기능으로 나타날 수 있다. 예를 들어 동시를 쓸 경우 초보적인 수준의 필자는 동시의 내용은 물론이고 형식, 문장 부호, 맞춤법, 문장의 구성, 글씨 등을 쓰기 과정에서 모두 고려해야 하지만 능숙한 필자는 이러한 것들이 자동화되어 무의식적으로 나타난다. 따라서 하위 전략은 절차화의 단계를 거쳐 구성의 수준에 이르면 기능으로 전환하게 된다. 전략이나 기능은 지식과의 상호 작용을 반복하면서 쓰기 과정에 관여하게 된다. 쓰기 과정에 대해서는 논자마다 조금씩 차이가 있긴 하지만 크게는 계획하기, 작성하기, 교정하기로 나누고, 이를 세분화시켜 계획하기, 아이디어 생성하기, 아이디어 조직하기, 작성하기, 교정하기, 편집하기, 출판하기 등으로 나누기도 한다. 여기에서는 세분화하는 것이 큰 의미가 없다고 보고 크게 세 가지로 분류하여 여기에 관련되는 전략에 대하여 살펴보기로 한다.

계획하기 단계는 과제를 인식하고 아이디어를 생성하고 조직하는 단계이다. 일반적으로 능숙한 독자는 계획하기 단계에서 많은 시간을 투자하며 해결해야 할 문제를 정확하게 규정짓고, 목적을 분명히 하며, 목적에 맞는 내용을 기억에서 끌어내어 조직적인 전체 구도를 세운다. 이에 비해, 미숙한 필자는 정보를 찾아 문장으로 옮기고, 단지 아는 것을 나열하는 식으로 쓰다가 정보가 바닥나면 곤란을 겪는다. 이러한 문제는 기억 속에 가지고 있는 지식의 양적인 측면이 영향을 미칠 수도 있지만(예를 들면, 중학생에 비하여 초등 학생들은 과제에 대한 경험이 부족하여 장기 기억 속에 있는 정보의 양이 부족할 수도 있다), 중요한 것은 아이디어 산출에 관한 단서이다. 기억 속에 있는 지식의 양이 같다고 하더라도, 능숙한 독자는 전체적인 구조를 통하여 조정해 가면서 아이디어를 산출할 수 있는 단서를 계속적으로 확보할 수 있는 반면에, 미숙한 필자는 계속 아이디어를 산출할 수 있는 단서를 처음부터 가지지 못했기 때문에 쓰다가 정보가 기억나지 않으면 멈추게 되는 것이다(Gagne, 1993:333). 아이디어를 생성하는 단계에서의 주요한 전략으로는 브레인스토밍, 다른 사람과의 토의나 면담, 관찰하기, 읽기, 그림 그리기, 생각 그물 짜기 등이 있고, 아이디어를 조직하는 단계에서의 전략은 개요 짜기, 다발 짓기 등이 있다.

작성하기 단계는 초고를 작성하는 실질적인 글의 산출 단계이다. 지적 표상을 문어의 규칙대로 언어를 조작하여 조직화하고 정교화하는 전략과, 계획 수정, 새로운 아이디어 생성, 수정하기 등의 활동이 반복적으로 일어나는 과정이다. 일반적으로 운동 기능과 문어 표상 기능이 자동화되어 있는 필자는 좀더 구조적이거나 의미적인 면에 중점을 둘 수 있게 된다. 이와 관련되는 전략으로는 구두 쓰기, 기계적인 부분을 생략하여 빨리 쓰기, 문자나 부호로 줄여 쓰기, 요점만 쓰기 등이 있다.

교정하기 단계는 얼마나 목표에 적절하게 썼는지 평가하고, 교정하는 단계이다. 물론 이러한 활동은 작성하기 단계에서도 반복적으로 일어난다. 미숙한 필자는 교정하기를 맞춤법이나 다른 우연적인 오류를 수정하는 것으로 인식하고 있어 의미 변화에 큰 영향을 미치지 못하는 반면에, 능숙한 필자는 처음 계획과의 비교, 재구조화, 의미 평가를 통한 구조와 의미를 수정하는 것으로 인식하고 있어 의미 변화나 구조에 직접적인 영향을 미친다. 이 단계에서의 전략으로는 쓴 글을 소리내어 읽어보기, 자기 점검을 위한 질문하기, 협의하기, 교정하기 등이 있고, 최종 편집 단계에서 편집 체크리스트나 다른 자료(사전, 언어 편집기, 주변의 게시물) 활용하기, 자기 평가하기 등의 전략이 있다.

조정하기는 쓰기의 전 과정에 걸쳐서 나타나며 쓰기 과정을 점검하고 통제하는 역할을 한다. 여기에는 자신의 쓰기 과정을 인식하고, 점검하고, 평가하여 적절한 지식과 전략을 탐구하고 조정하는 초인지적 능력이 필요하다. 각 쓰기 단계는 이러한 조정하기에 의하여 회귀적인 특성을 드러낸다. 그림 <9-1>은 이러한 쓰기 과정의 이러한 특성을 나타낸 것이다.

그림 <9-1>. <u>쓰기 과정의 회귀성 모형</u>

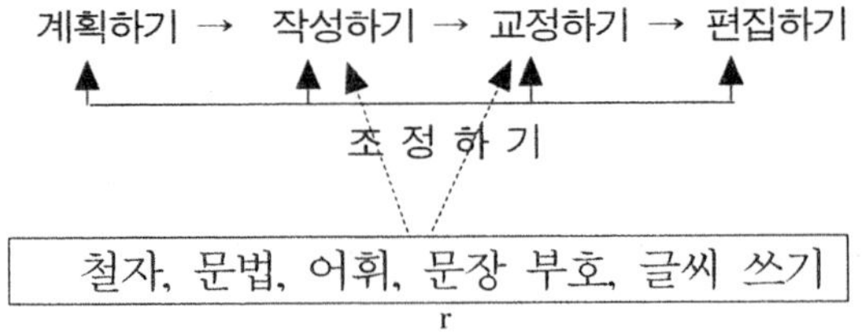

우리는 쓰기 과정을 통하여 전략이나 기능에 대한 평가 요소를 추출해 볼 수 있지만, 쓰기 과정을 평가하는 데는 이론적으로나 방법적으로 많은 어려움이 따른다. 첫째는, 쓰기 과정이 각 개인과 상황에 따라 다르다는 점

이다. 능숙한 필자와 미숙한 필자를 비교 연구한 많은 연구들은 쓰기 과정에 있어서 개인의 전략과 기능이 다양하게 나타난다고 밝히고 있다. 또한 쓰기의 상황에 따라서도 쓰기 과정은 다양하게 나타날 수 있다. 둘째로, 쓰기 과정이 다양하기 때문에 바람직한 쓰기라고 정의할 수 있는 일정한 기준의 합의가 아직은 없다는 것이다. 예를 들면 능숙한 필자가 아이디어 생성에 많은 시간을 보내고 교정을 많이 한다는 명백한 근거가 부족하다. 셋째로, 쓰기 과정을 평가할 수 있는 적절한 방법이나 도구가 없다는 점이다. 이것은 과정 평가를 어렵게 하는 가장 큰 문제로 작용하여 왔다. 하지만 쓰기 연구자들은 대체로 세 가지 정도의 과정 전략 단계를 추출하였다. 가장 초보적인 필자는 글을 구성하기 위한 특별한 전략이 없고, 다만 생각나는 것을 써 가는 식이다. 좀더 나은 단계의 필자는 과제와 상관없이 모든 과제에 보편적으로 적용이 가능한 일반적인 쓰기 전략을 가지고 있다. 마지막으로 가장 능숙한 단계의 필자는 직접적으로 과제와 관련된 구체적인 전략을 가지며, 이러한 전략을 다른 과제에 전이시킬 수 있다. 우리는 이러한 미숙한 필자와 능숙한 필자의 비교 연구를 토대로 바람직한 쓰기 과정을 추론해 볼 수 있다. 쓰기에서 과정 평가가 중요한 이유 중의 하나는 그 자체가 하나의 효율적인 교수-학습 활동이 될 수 있기 때문이다.

3. 쓰기 평가 방법

가. 평가 방법

(1) 텍스트 분석법

쓰기에서 텍스트 분석법으로 일반적으로 널리 사용되어 온 평가 방법은 분석 평가법과 총체 평가법이며16), 이 외에 주요 특질 평가와 담화 평가가 있으나 우리에게 잘 알려진 것은 아니다. 그러나 최근에 공식적으로 실시되는 수행 평가는 주요 특질 평가나 담화 평가를 중요시하고 있는데 그 이유는, 그것들이 종래의 총체 평가법이나 분석 평가법에 비해서 과제 상황에 따른 쓰기 능력을 훨씬 더 구체적으로 나타내 줄 수 있기 때문이다. 각각의 평정 방법과 구체적인 예시를 살펴보기로 한다.

(가) 총체 평가법(holistic assessment)

이는 한 편의 텍스트를 통일되고 일관성을 갖춘 전체로서 간주하며, 평가하고자 하는 것은 텍스트의 전체적인 유창성이다. 총체적으로 하나의 글을 평가하므로 시간과 비용을 최소화할 수 있어 경제적이며, 하나의 평가 척도를 다른 유형의 텍스트에서도 그대로 활용할 수 있다는 점이 유리하다. 그러나 이 방법은 점수 확인만을 위한 평가 목적에는 유용할 수 있지만, 특정 과제에서 왜 그 글이 그러한 점수를 받았는지에 대한 구체적인 정보를 나타내어 주지 못하므로, 진단 평가나 형성 평가로는 부적절하다.

---

16) 일부에서는 평가 척도의 외형적 형태에 따라 분류한 통합 척도법과 분절 척도법을 평가 관점이나 범주에 따라 분류한 총체 평가법 및 분석 평가법과 동일시 해 온 경향이 있었다. 아마도 이것은 평가 척도의 형태가 평가 관점이나 평가 범주와 밀접한 관련성을 가지기 때문인 것으로 보인다. 그러나 이는 분류 기준 자체가 다르므로 명확히 구분할 필요가 있다.

또한 통합 평가 척도를 이용하므로 채점 시에는 다소 모호한 평가 기준이 교차하여 오히려 평가를 어렵게 할 수 있으며, 주관적인 인상에 의존하기가 쉽다. 이러한 단점을 보완하기 위하여 대부분의 총체 평가법이 분석 평가법의 평가 요소를 포함하면서도 외형적으로만 통합의 형식을 취하고 있어 이러한 경우에는 실제로 분석 평가법과 큰 차이가 없는 것이다. 다만 평가 관점상 텍스트를 요소별로 나누어진 집합체로 보는 것이 아니라 분리할 수 없는 하나의 덩어리로 보며, 텍스트를 각 평가자가 요소별로 나누어 평가하는 것이 아니라, 한 사람이 텍스트 전체를 평가한다는 점이 다르다. 모든 평가 방법이 다 그렇지만, 특히 총체 평가법은 평가자 훈련이 어느 정도 이루어지느냐가 핵심 관건이다. 그리고 시간을 절약할 수 있으므로 한 채점자가 많은 분량의 원고를 채점하는 경우에 적절한 방법이다. 총체 평가법의 평가 척도표의 형태는 필연적으로 통합 척도표를 요구하게 된다. 평가 척도는 앞에서 언급했던 단점을 보완하기 위하여 쓰기 과제에 따라 그 내용이나 형식을 조금씩 달리하는 경우가 있지만, 일반적으로 다음과 같은 체계를 갖춘다.

쓰기 과제: 자신이 경험한 일 중에서 가장 기억에 남는 일 한 가지만 쓰기

평가 기준 및 척도
  6점: 표현적인 글의 특성이 매우 우수함. 일반적인 쓰기 기능 우수함.
       상황이나 장면을 구체적으로 잘 묘사하고 있으며, 왜 그 사건이 자신에게 중요한지를 잘 나타내었다. 그리고 당시의 상황이나 장면, 사람들을 독자들이 잘 알도록 서술하고 있으며, 어법의 실수가 거의 없다.

(나) 분석 평가법(analytic assessment)
텍스트 분석법의 두 번째 방법은 디드리히(Diederich) 등에 의하여 제시

된 분석 평가법(analytic assessment)을 들 수 있다. 총체 평가법은 텍스트의 전체적인 유창성을 통합 평가 척도로 평가하는 것이고, 분석 평가법은 전체적인 유창성보다는 텍스트를 하나 하나의 구성 요소가 합쳐진 전체로 보고, 이 요소를 따로 분리하여 분절 척도로 평가하는 것이다. 그러나 총체 평가법이나 분석 평가법은 쓰기 평가 요소를 과제나 텍스트에 관계없이 대체로 포괄적으로 정의한다는 점에서는 같다고 볼 수 있다. 분석 평가법은 총체 평가법의 평가 결과에 대한 설명적 한계를 극복할 수 있으며, 텍스트의 질을 각 요소로 나누어 세밀하게 평가할 수 있다는 점에서 국어과 실기 평가에 많이 활용되어 왔다. 분석 평가법의 개발자인 디드리히(Diederich) 등은 300여 편의 쓰기를 몇 명의 평가자가 무작위로 나누어 1점에서 9점의 범위 내에서 평가하도록 하고, 그러한 점수를 산출한 기준을 평가자마다 기술하게 하였다. 이렇게 하여 최종적으로 텍스트를 평가하는 데 고려된 기준 요소들이 내용, 조직, 어휘 사용, 표현력, 맞춤법 등으로 나타났다. 여기에서 내용과 조직은 텍스트의 질을 평가하는 데 다른 요소에 비해서 두 배 이상의 비중을 둔 것으로 나타났다. 이것은 하나의 텍스트에 대하여 좀더 많은 기술적 정보를 제공해 준다. 그러나 실제로 텍스트나 언어 기능은 각 요소별로 분리되어 존재하는 것이 아니므로 고립적으로 측정될 수 없으며, 각 요소간의 경계가 뚜렷하지 않다는 점 때문에 비판을 받고 있다. 또 하나 심각한 문제는 텍스트 유형에 따라, 주제에 따라 각 평가 요소가 차지하는 비중이 다를 뿐만 아니라, 텍스트의 질을 결정하는 평가 요소에 대한 일반적인 합의가 아직은 없다는 점이다. 요소별로 좀더 구체적인 정보를 제공해 주므로 형성 평가나 진단 평가에 사용할 수 있으나, 총체 평가법처럼 텍스트 구성 요소를 포괄적으로 정의하기 때문에 구체적인 과제 수행 능력이나 짧은 기간의 교수-학습 변화를 측정하는 평가 방법으로는 적당하지 않다. 또 많은 시간이 소요되므로 한 사람이 많은 작품을 평가할 경우에는 어려운 점이 있다. 이것은 분절 평가 척도를 요구한다. 다음은 표현적인 글에 대한 분석 평가법의 예시이다.

쓰기 과제: 자신이 겪은 일을 생각이나 느낌이 잘 드러나게 쓰기

평가 기준 및 척도
 ○ 내용: 주제 및 소재 선정이 적절하고 자신의 생각과 느낌이 잘 드러나 있다.(3점)
 ○ 조직: 처음, 중간, 끝이 분명하고 글의 흐름이 자연스럽고 문단 구분이 잘 되었다.(3점)
 ○ 표현 및 문체: 문체 및 어휘 사용이 개성 있고 상황이나 장면을 부가시키는 묘사가 뛰어나다.(3점)
 ○맞춤법: 맞춤법이나 어법에 맞고 글씨를 바르게 썼다.(3점)

(다) 주요 특질 평가

텍스트 분석법 중 세 번째로 등장한 것이 총체 평가법이나 분석 평가법의 문제점을 보완할 수 있도록 개발된 주요 특질 평가(primary trait assessment)법이다. 이것은 과제 지향적 평가로서, 평가 요소가 과제에 따라 달라지며, 그 과제에서 요구하고 있는 핵심 요소를 중심으로 평가한다. 기존의 총체 평가법과 분석 평가법이 포괄적인 평가 기준으로 다양한 수준과 형식을 가진 쓰기를 그 집단의 일정 수준의 기준 작품을 근거로 점수를 산출한 규준 지향 평가(norm-referenced assessment : 상대 평가)였다면, 주요 특질 평가는 목표 지향 평가(criterion-referenced assessment : 절대평가)라고 할 수 있다. 주요 특질 평가의 장점은 교사가 기대한 교수-학습 결과를 정확하게 기술할 수 있으므로 학생이 특정 과제에서 할 수 있는 것과 없는

것을 분명히 구분해 줄 수 있다는 점이다. 유의해야 할 점은 과제 수행 능력을 주요 특질 요소의 성취 수준에 두기 때문에 과제 제시 단계에서 텍스트의 주요 특질을 구성하는 진술이 명확해야 하고, 사전에 언어 발달 수준이나 특정 단계의 도달 수준에 대한 합의가 있어야 한다. 이는 교육 과정을 참고로 하면 도움이 될 것이다. 그리고 특정 텍스트나 과제에 따른 학생들의 쓰기 능력을 구체적으로 제시해 주고, 학생 개개인의 쓰기에 대한 특성이나 변화를 나타내어 주므로 진단 평가나 형성 평가에 유용하게 활용될 수 있다. 그러나 주요 특질 평가는 주요 특질에 맞는 평가 요소를 일일이 탐구해야 하며, 과제에서 각 요소가 차지하는 중요도를 판단하여 점수 비율을 적절하게 조정해야 하는 어려움이 따른다. 평가 척도표의 형식은 종래의 분절 척도나 통합 척도를 모두 사용할 수 있다. 다음은 주요 특질 평가의 예시이다.

쓰기 과제: 그림을 주의 깊게 살펴보아라(그림은 3명의 어린이가 논바닥에서 썰매를 타고 놀고 있는 장면이다). 이 어린이들은 꽁꽁 얼어붙은 논에서 재미있게 썰매를 타고 있다. 자신이 그림 속의 한 어린이거나 또는 근처에서 구경하는 어린이라고 생각해 보자. 직접 그것을 체험하듯이 느낌이나 생각을 나타내어 보자. 친구에게 이것을 말했을 때 친구도 같은 느낌을 가질 수 있도록 써 보자.

주요 특질: 그림을 보고, 자기의 느낌을 상상하여 자세하게 표현하기

평가 기준 및 척도
- 전체적인 글의 질: 자기의 생각이나 느낌을 자세하게 잘 나타내었고 이해하는 데 어려움이 없다. (3점)
- 대화의 사용: 대화를 적절하게 충분히 사용한다. (2점)
- 시점(point of view): 시점이 상황에 맞게 잘 조정되어 있다. (2점)
- 시제(tense): 가상적 시제를 사용하여, 그 시제를 기준으로 이야기하고 있

다.(3점)

(라) 담화 평가

주요 특질 평가나 담화 평가는 쓰기 평가 요소를 과제에 따라 구체적으로 정의하고 있으므로 특정한 쓰기 기능의 도달 수준을 알 수 있고 구체적인 송환(feedback)을 제공해 줄 수 있다. 두 방법 모두 평가 척도는 통합 척도와 분절 척도 중 하나를 사용하거나 또는 병행하여 사용한다. 그러나 담화 평가는 주요 특질 평가와는 달리 몇 가지 주요한 차이점이 있다(Faigley, 1985:107-108). 첫째, 주요 특질 평가는 과제에 제시된 과제상의 목적과 독자 초점을 가지고, 이 목적을 달성하는 능력을 평가하지만, 담화 평가는 목적과 독사 초점이 실제석인 담화에 맞추어져 있다는 점이다. 둘째, 주요 특질 평가는 목적과 독자에 대한 엄밀한 정의를 요구하지 않지만, 담화 평가는 필수적으로 이러한 것들의 정의를 요구한다는 점이다. 셋째, 주요 특질 평가는 그 과제에 따른 주요한 특질이 있으나, 담화 평가는 하나의 과제에 대하여 여러 가지 요소의 담화 특질이 존재하므로 특별히 한 요소에 많은 점수를 부여하지는 않는다는 점이다. 따라서 수행 평가의 본질에 가장 접근한 평가 방법이라고 할 수 있다. 실제로 화이글리(Faigley, 1985) 등은 실제적인 담화 수행에서 나타나는 텍스트 생산 기능을 평가하기 때문에 이것을 진정한 '수행 평가'라고 정의하였다. 하지만 그들의 정의는 최근에 다양해지는 수행 평가를 포괄적으로 정의하지 못하였으며, 또한 본고에서 사용하는 포괄적인 수행 평가의 개념과도 다소 차이가 있으므로, 여기에서는 그들의 정의에 가장 부합되는 '담화 평가(discourse assessment)'로 규정하여 부르기로 한다. 다음은 담화 평가의 과제 및 평가 기준의 예시이다.

쓰기 과제: 롤러 스케이트를 구입하려고 하는 친구들에게 아래의 사실을 참고로 하여 좋다고 생각하는 제품을 추천해 주려고 한다. 아래 표에서 나타난 것들을 잘 비교해 보고, 가장 적당한 제품을 추천해 주어야 한다. 각 상품의 장단점을 비교해 보고, 추천해 줄 만한 순서대로 1, 2, 3의 순서를 정해 보자. 그리고 왜 그렇게 결정했는지 친구들이 잘 알 수 있도록 설명해 보자.

상품명	가격	무료 수리 기간	안전도	고장 빈도
모모	12,000 원	1년	안전함	고장 잦음
나나	14,000 원	2년	보통	별로 고장 없음
다다	11,000 원	3년	보통	고장 잦음

평가 기준 및 척도

o 제시된 상황에 대한 적합성: 필자는 과제와 관련지어 명확히 독자에게 소개를 하고, 롤러스케이트에 관심이 있는 독자를 구체적으로 지정한다.(4점)

o 제시된 요소들간의 비교 기준 설정: 주어진 모든 기준을 활용하여 체계적으로 비교한다.(4점)

o 주장과 그 이유: 필자는 모든 요소를 논의하고, 그것들의 상대적인 중요성을 논의하며 그 근거가 명확하다.(4점)

o 특정 상품의 추천 능력: 필자는 특정 제품을 사도록 확실한 주장과 근거를 내세우고 그 근거가 논의를 바탕으로 도출된 것이다.

이상으로 네 가지의 텍스트 분석법에 대하여 고찰해 보았다. 쓰기 평가의 발달이 차츰 과제 중심적이고 쓰기 수행 정보를 구체적으로 설명해 줄 수 있는 방법을 지향해 왔음을 알 수 있다. 그러나 쓰기 능력을 한꺼번에 다 평가할 수 있는 완벽한 평가 도구란 있을 수 없다. 따라서 하나의 평가 방법을 고집하기보다는 평가 목적과 내용에 따라 여러 가지 방법들의 장점을 살려 상호 보완적으로 활용하는 것이 바람직하다.

(2) 초인지 보고법

(가) 프로토콜

쓰기 과정을 연구하는 연구자들 사이에 가장 많이 활용되어 온 것이 프로토콜이다. 평가자는 학생들이 쓰기를 하는 동안의 모든 생각을 음성이나 문자로 나타내도록 한다. 이것은 다른 도구에 비하여 즉시성의 장점이 있다. 따라서 쓰기 과정에서 인지적 과정과 조직 과정, 사고 과정까지도 관찰할 수 있도록 해 준다는 점이다. 이것은 쓰기 연구에서도 쓰기 과정에 대한 가설 검정 연구, 쓰기 행위와 전략의 분류 연구, 미숙한 필자와 능숙한 필자와의 비교 연구, 쓰기 과정 모형 연구에 활용되고 있다. 그러나 쓰기에서의 프로토콜을 구술로 할 경우 의미를 문자로 표현하면서 사고 내용을 구술로 나타내야 하는 이중 부담이 있으므로, 쓰기에서는 글을 쓰는 과정과 통합하여 문자로 나타내도록 한다. 글 속에 학생들이 생각한 것들을 모두 포함하는 것이다. 그러나 여전히 쓰기 자체의 질을 저하시키고, 자유로운 사고를 방해하며, 분석에 많은 시간이 걸린다는 단점이 있다. 저학년에서는 어려움이 있겠지만, 고학년 단계에서는 교수-학습 개선 정보를 수집하거나 그 자체를 하나의 교수-학습 전략으로 사용해 보는 것도 좋을 것이다.

(나) 결과 자기 분석법

능숙한 필자의 주요한 특징 중의 하나는 자신의 텍스트를 평가하는 능력이다. 자기 평가에서 자신의 글에 대한 인식 능력을 높임으로써 장점과 단점을 발견하고 전략을 수정해 갈 수 있다. 이러한 것들이 그들의 최근 쓰기 전략에 대한 것들을 인식할 수 있게 해 주고 자신과 독자의 기대에 얼마나 텍스트가 적합한지 알 수 있게 해 주지만 학생들은 이러한 질문에 표현을 꺼리거나 신중하게 답하지 않는 경향이 있으므로 목적과 필요성을 사전에 충분히 인식시켜 주어야 한다. 또한 교사의 구박이나 처벌보다는 적절한 격려가 있으면 학생들의 대부분은 그들의 자기 평가에 대하여 긍정적인 인식을 가지고 반응하게 되며 적절히 동기화 될 수 있을 것이다.

　㉠ 이 글에서 가장 잘 된 부분은 어디인가?
　㉡ 독자가 가장 잘 되었다고 생각할 만한 부분은 어디인가?
　㉢ 이 글을 좀더 잘 쓰고 싶었는데 그렇게 할 수 없었던 점은 무엇인가?
　㉣ 이 글을 쓰는 과정에서 이전에 글을 쓸 때보다 더 쉬웠던 점은 무엇인가?
　㉤ 이 글을 쓰는 과정에서 이전에 글을 쓸 때보다 더 어려웠던 점은 무엇인가?

질문 ㉠과 ㉡은 자신의 관점과 독자의 관점을 모두 고려하여 과제를 초점화할 수 있도록 하는 질문이다. 질문 ㉢은 자기의 쓰기 전략에 대한 문제점을 발견하여 이를 개선시키고자 하는 의도에서 제기한 질문이다. 질문 ㉣과 ㉤은 자신의 쓰기 전략에 대한 변화를 의식적으로 인식할 수 있도록 하는 질문이다.

(다) 과정 보고법

과정 보고법은 쓰기 과정을 초고 전, 초고 직후, 교정 후로 나누어 각 단계별로 질문을 제시하여 그들이 생각하거나 실제로 한 것을 기술하도록 하는 방법이다. 이 방법은 비교적 간단하고, 쓰기 수행에도 큰 지장을 받지 않으므로 사용 가치가 높다고 하겠다. 따라서 실제적인 평가 문항과 분석 방법을 살펴보기로 한다. 이러한 도구는 쓰기 과정이 복잡하기 때문에 모든 전략들을 도출할 수 있는 방법이나 도구는 없다는 가정에서 제시하는 것이다. 따라서 이러한 도구는 반드시 사전에 충분히 검증되어야 하며, 쓰기 과정 전략에 대한 것들이 규명되어야 발달 수준에 맞게 적절하게 조정하여 사용할 수 있을 것이다. 이와 같은 질문들은 쓰기 과정에 대한 전략이나 그들의 인식에 대하여 평가할 수 있는 단서를 제공해 줄 뿐만 아니라, 학습자에게도 송환(feedback)을 제공하는 주요한 교수-학습 전략이 될 수도 있다.

쓰기 과제를 받았을 때

㉠ 주제에 대하여 얼마나 잘 알고 있는가?
- 무엇을 알고 있는가?
- 이전에 이와 비슷한 주제를 써 본 적이 있는가?

㉡ 어떤 방법으로 쓸 내용을 생각해 낼 것인가?
- 바로 쓰기를 할 것인가, 아니면 잠시 동안 생각을 할 것인가?
- 생각나는 것들을 대충 적어본 후에 쓰기를 할 것인가, 아니면 생각 후 바로 쓰기를 할 것인가?

㉢ 선생님 외에 이 글을 읽을 사람이 누구라고 생각하는가?
- 누구인가?
- 왜 이러한 사람을 읽을 사람으로 생각하는가?

초고를 쓴 직후

㉣ 쓰는 도중에 처음에 했던 생각과 바뀐 것이 있는가?
- 어떤 생각이 바뀌었는가?

㉤ 읽을 사람이 이미 알고 있을 거라고 생각되는 내용을 다른 것으로 바꾸거나, 또는 일부러 쓰지 않은 것이 있는가?
- 그 내용은 무엇인가?

㉥ 글을 쓰는 중에 글의 내용을 바꾸었는가?
- 새로 추가한 것은 무엇인가?
- 썼던 내용을 다시 고쳐 쓴 것은 무엇인가?
- 지운 내용은 무엇인가?

교정 후

㉦ 글을 쓰기 전이나 쓰는 동안에, 또는 쓴 후에 누구와 이야기를 나누었는가?
- 누구와 이야기를 나누었는가?

　　－ 무슨 이야기를 나누었는가?
　◎ 이 글을 쓸 때와 이전에 글을 썼을 때를 비교해 볼 때 다른 점이 있었는가? 또
　　는 다르게 사용한 방법이 있었는가?
　　－ 그것은 무엇인가?

　첫 단계의 질문은 아이디어 생성 전략에 대한 질문이다. 질문 ㉠은 얼마
나 많이 그 주제에 대하여 알고 있고, 얼마나 이러한 쓰기를 많이 했는지를
알아보는 것이다. 화제에 대한 내용 지식이 쓰기의 질에 많은 영향을 미친
다는 점은 앞에서도 이미 지적했다. 질문 ㉡은 아이디어 생성에 관한 것이
다. 학생들에게 글에 대해 아이디어를 어떻게 얻을 지에 대한 질문함으로
써 이러한 것을 쓰기에 고려하도록 하였다. 이러한 질문을 통하여 쓰기 시
간에 배운 아이디어 생성 방법에 대하여 적용하고 있는지를 알아볼 수 있
을 것이다. 질문 ㉢은 학생들에게 글의 독자가 누구이며, 왜 그들이 독자
가 된다고 생각하는지에 관한 질문이다. 이러한 질문은 과제의 내용과 목
적과 독자와의 관계를 탐구하고, 독자의 중요성을 인식할 수 있도록 하는
효과가 있다.

　두 번째 단계의 질문은 쓰는 동안의 전략에 대한 질문이다. 많은 쓰기
연구자들이 능숙한 필자는 미숙한 필자보다 목표와 전략을 변경하는 능력
이 뛰어나다는 데 동의하고 있다. 질문 ㉣은 글을 쓰면서 주제에 대한 그
들의 생각을 어떠한 방법으로 전개시켰는지 알아보는 것이다. 내용과 글의
전체적인 구조를 생각하면서 쓰는가를 알아보기 위한 것이다. 질문 ㉤은
필자의 독자에 대한 인식이 쓰기에 어떠한 영향을 미쳤는지에 대하여 알
아보려는 것이다. 이러한 질문의 의도는 독자에 대한 인식이 쓰기 내용에
영향을 미치고 있는지를 평가하려는 것이다. 질문 ㉥은 학생들이 쓰기 중
에 교정을 어떻게 수행하는지에 대한 평가이다.

마지막 단계에서의 질문은 두 가지로 구성되어 있다. 질문 Ⓐ은 대화주의 쓰기 이론에 근거하여 다른 사람과의 협의가 쓰기에 어떤 영향을 미쳤는지를 평가하는 것이다. 물론 이것은 협의가 허용되는 쓰기 평가에서의 질문이지만, 최근의 수행 평가는 협의를 장려하고 있다는 점을 주목할 필요가 있다. 질문 ◎은 필자가 이전의 쓰기에 비하여 새로운 쓰기 전략이나 기능을 사용하고 있는지를 알아보는 것이다.

(라) 태도 점검법

학생들의 자기 평가는 표 <9-1>과 같이 자기 평가 체크리스트를 형식으로 이루어질 수도 있다. 이 때는 학습자의 자기 평가 능력보다는 교사의 정보 수집에 더 초점을 둔다.

표 <9-1>. 쓰기 태도 자기 점검표 예시

<table>
<tr><td colspan="5">쓰기에 대한 나의 생각

이 름:

이 문항에는 맞거나 틀린 답이 없습니다. 또 누가 잘하고 못하는가를 가리는 것도 아닙니다. 이 평가에서 가장 중요한 것은 각 문제를 잘 읽고 여러분 자신의 생각이나 습관을 솔직하게 나타내는 것입니다. 한 문제에는 한 번만 표시를 해야 하며, 해당되는 빈칸에 ∨표를 하시오</td></tr>
<tr><td>번호</td><td>점검 내용</td><td>그렇다</td><td>중간이다</td><td>아니다</td></tr>
<tr><td>1</td><td>쓰기 시간에는 선생님 말씀을 열심히 듣는다.</td><td></td><td></td><td></td></tr>
<tr><td>2</td><td>쓰기를 오래 하는 것은 시간 낭비다.</td><td></td><td></td><td></td></tr>
<tr><td>3</td><td>나는 쓸려고 마음만 먹으면 쓰기를 잘 할 수 있다.</td><td></td><td></td><td></td></tr>
<tr><td>4</td><td>쓰기는 생활에 별로 도움이 되지 않는 과목이다.</td><td></td><td></td><td></td></tr>
<tr><td>5</td><td>누가 시키지 않아도 스스로 글을 쓴다.</td><td></td><td></td><td></td></tr>
<tr><td>6</td><td>쓰기 시간만 되면 지루함을 느낀다.</td><td></td><td></td><td></td></tr>
</table>

7	쓰기 시간이 기다려진다.			
8	일기 쓰기가 싫다.			
9	쓰기는 앞으로 살아가는 데 꼭 필요한 공부이다			
10	쓰기 공부는 귀찮고 하기 싫은 공부이다.			
11	나는 커서 쓰기를 잘 할 자신이 있다.			
12	나는 쓰기 시간에는 낙서나 다른 장난을 많이 한다.			
13	쓰기는 내가 좋아하는 과목이다.			
14	남이 내 글을 보고 있으면 창피하게 느껴진다.			
15	나는 쓰기를 오랫동안 싫증내지 않고 할 수 있다.			
16	쓰기를 할 때는 정신 집중이 잘 안 된다. .			
17	나는 노력하면 글을 더 잘 쓸 수 있다.			
18	친구들에 비해서 나는 쓰기를 못하는 편이다.			
19	쓰기 시간을 더 늘렸으면 좋겠다.			
20	쓰기는 다른 과목에 비하여 어렵다.			

(마) 면담 및 과제 수행 추론

면담은 쓰기 과정이나 쓰기에 대한 일반적인 전략의 인식에 관하여 알아볼 수 있는 평가 도구이다. 다음과 같은 질문은 학습자의 쓰기 인식을 알아보고 바람직한 전략을 탐색할 수 있도록 해 준다.

○ 쓰기란 무엇인가?
○ 글을 잘 쓴다는 칭찬을 받으려면 어떻게 써야 하는가?
○ 글을 잘 쓰는 친구는 글을 쓸 때 어떻게 하는가?
○ 초등 학교에서는 어떤 글 쓰기를 많이 해야 하는가?
○ 중학교나 고등학교에 가서는 어떤 글 쓰기를 많이 해야 하는가?

이 외에도 과제 수행을 통한 추론 방법이 있다. 학생들에게 쓰기 과정에 대하여 다른 학생을 지도 해 보도록 하여, 쓰기 과정에서의 기능이나 전략을 얼마나 알고 있는지 추론하는 방법이다. 이것은 교실에서도 간단히 실행해 볼 수 있다.

그러나 위에서 제시한 과정 평가 도구들은 형식적 평가 도구로 활용하기에는 많은 어려운 문제들을 포함하고 있는데, 첫째는, 그들의 응답에서의 변화가 정말로 쓰기 과정의 변화나 인식의 변화를 나타내는가의 문제이고, 둘째는, 이러한 자료를 어떻게 분석 평가하고, 또 그것을 구조화하거나 관련지어 평가 목적에 맞게 사용할 것인가 하는 문제이다. 이러한 문제 해결을 위하여 적용해 볼 수 있는 분석 및 평가 방법을 살펴보기로 한다.

(3) 관찰법

쓰기 평가에서 관찰법의 장점은 담화공동체로서의 학급을 이해하는 데 필요한 정보를 제공해 줄 수 있다는 점이다.

쓰기 교육 평가에서 관찰법의 대부분은 역동적인 담화 공동체로 구성된 학급 내에서의 교수-학습 상황을 대상으로 하고 있다. 담화 공동체로서 학급을 이해하는 것은, 쓰기 평가에서 학생을 특정 상황에 또는 개별적으로 고립시켜 이해하는 평가에 비하여 보다 타당한 평가 정보를 제공해 줄 수 있다. 장기간에 걸친 계속적인 관찰, 관찰자의 그 집단에 대한 이해 능력, 관찰자가 관찰하고자 하는 요소에 대한 지식, 대화 등을 통한 광범위한 관찰, 집단 활동에의 직접 참여, 그리고 설문지나 기타 자료 제시를 통한 정보 수집 능력은 관찰을 통한 쓰기 평가에서 타당성을 확보하는 관건이다. 그러나 무엇보다도 중요한 것은 담화 공동체로서의 학급 문화에 대한 이해와 쓰기에 대한 평가자의 정확한 지식과 분석 능력이라고 할 수 있다.

모젠탈(Mosenthal)은 학급이라는 담화 공동체 내에서 이루어지는 쓰기 행위에 영향을 미치는 변인 범주를 다음과 같이 제시하고 있다(Faigley et al., 1985:91에서 재인용).

    o 나이, 성, 배경 지식, 지능, 읽기 능력, 학문적 능력, 학년 수준, 텍스트 생성을 위한 쓰기 과정과 같은 필자 요인
    o 쓰기 자료(필자가 생성하는 텍스트 자료, 참고 자료, 관련된 삽화 및 도표 등)
    o 쓰기 교육 과정, 교과서, 쓰기 과제 등
    o 상황 조직자(예를 들면 교사 등)
    o 쓰기 및 과제 제시 환경

모젠탈이 제시한 변인 범주는 관찰을 통한 쓰기 평가에서 주요 평가 변인이라고 할 수 있는데, 이를 정리하여 보면 크게 학습자 요인, 환경 요인, 교사 요인으로 재분류해 볼 수 있다. 그리고 각 변인에 따른 세부 변인을 고려하여 관찰의 범주와 각 범주간 작용을 모형화하여 보면 그림 <9-2>와 같이 나타낼 수 있다.

여기에서 교사 요인은 모젠탈이 상황조직자라고 한 것인데, 관련 변인으로는 교사의 사전 지식 및 이러한 지식의 활용과 조절 등을 들 수 있다. 학급 공동체에 대한 교사의 인식 능력과 쓰기 수업에 대한 전문적 식견, 개별 학습자에 대한 지식, 수업 전략에 관한 지식, 교육 과정과 교과서의 체제 등은 쓰기 수업에 관한 교사의 의사 결정에 필수적인 요소이다. 교사는 역시 일정한 신념과 가치 체계, 수업에 대한 태도와 같은 정의적 요소들을 가지고 있는데, 이는 수업 행위와 조절 과정에 지속적으로 작용한다.

그림 <9-2>. 관찰의 범주와 범주 간 작용 모형

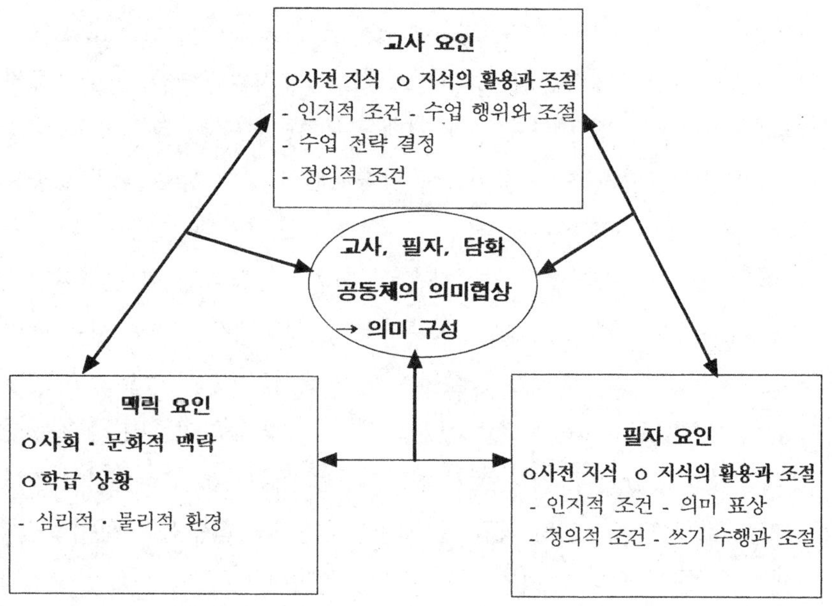

개별 필자는 수동적인 의미 수용자가 아닌 적극적인 의미 구성자라는 점에서 담화 공동체 내에서 뿐만 아니라 관찰 평가에서 가장 중요한 대상이다. 필자와 관련하여 관찰하고 평가해야 할 요소로는 필자의 사전 지식과 이러한 지식의 활용과 조정 능력을 들 수 있다. 사전 지식 요소로는 화제 지식과 담화 지식, 쓰기 전략이나 초인지 전략 지식, 쓰기 환경과 사회적 상호 작용에 대한 지식, 사회 문화적 지식으로 나타나는 인지적 요소, 필자의 동기, 목적성, 태도 및 신념으로 나타나는 정의적 요소를 들 수 있다. 이러한 것들에 대한 필자의 활용과 조절 능력은 쓰기 행위를 효율적으로 수행할 수 있게 해 주므로 평가 초점 중의 하나이다.

필자의 의미 구성 과정, 상호 작용상황, 텍스트에 대한 교사의 관찰과 해석은 수업 전략과 태도에 변화를 가져오게 하는 변인이 되고, 이를 바탕으로 한 교사의 수업 조정은 필자의 의미 구성에 다시 영향을 미치는 변인이 되므로 역시 중요한 관찰 범주의 하나에 속한다. 그리고 담화 공동체라는 것이 자료, 과제, 배경을 통제하는 교사를 학습자가 단순히 따름으로써 형성되는 것이 아니라, 담화 공동체 내에 작용하는 변인과 의미 있는 상호 작용이 이루어질 때 가능한 것이므로 학습자와 교사의 상호 작용도 중요한 평가 대상 중의 하나이다. 쓰기 수업에는 제도적인 환경, 물리적인 환경, 담화 관습이나 교수-학습 양식과 같은 사회·문화적인 맥락이 다차원적으로 맞물려 작용한다. 이러한 구조 자체가 바로 쓰기를 위한 상황 맥락으로 존재한다. 학급은 정지된 공간이 아니라 교사와 필자, 텍스트와 필자, 필자 상호간, 필자와 다른 텍스트간의 상호 작용을 통하여 의미가 재생산되는 역동적인 공간이다. 일부 쓰기 연구자들은 어린이들이 직접적인 지도를 받지 않고도 말하기처럼 학급 내에서의 자연적인 학습을 통하여 큰 어려움이 없이 쓸 수 있다고 하였는데, 이러한 주장은 학급 그 자체가 구조적인 담화 환경을 제공하고 있음을 시사해 준다. 이러한 점에서 맥락 요인 자체에 대한 분석과 교사나 학습자와의 상호 작용관계도 평가의 중심에 있다고 할 수 있다.

필자의 능력이란 특정한 담화 공동체에서 독자의 기대와 요구에 맞게 적절한 쓰기의 지식과 전략을 활용할 수 있는 능력이므로 평가는 특정 담화 공동체 내에서 요구되는 기능이나 전략을 규명할 수 있어야 한다. 특히 학급을 담화 공동체로 인식하는 것은 상황을 모형화하여 쓰기를 평가한다거나, 한두 가지 요소만을 평가해 오던 과거의 쓰기 평가 관습에 많은 반성을 불러일으키게 한다. 이러한 일차원의 평가 모형은 개별 필자의 쓰기 능력에 대한 타당한 설명을 제공해 줄 수 없고 교수-학습에 대한 시사점을 줄 수 없을 것이다. 즉, 쓰기 담화 공동체로서 학급을 이해하는 것은 쓰기 맥락에 대한 개인 학생의 차원을 넘어서는 평가 방법론을 요구하며 이것이 쓰기 교육 연구에서 관찰법을 시도해야 하는 이유라고 할 수 있다.

나. 평가 결과 분석 및 해석 방법

(1) 특정 사례 분석법

특정 사례 분석법은 교수-학습 및 평가상의 문제점을 발견하고 이에 대한 지도 방안을 마련하기 위하여 텍스트 분석, 면담, 관찰, 체크리스트 등의 평가 방법을 통하여 얻은 평가 자료를 바탕으로 텍스트, 쓰기나 쓰기 과정에 대한 인식, 필자로서의 자신에 대한 인식 등을 알아보는 것이다. 다음은 텍스트 분석, 면담, 관찰을 통하여 특정 사례를 분석하고 해석한 예시이다.

(가) 텍스트 평가를 통한 특정 사례 분석 예시

① 평가 개요

5학년 한 학급 30명을 대상으로 교과서에서 제시한 쓰기 과제 완성 결과물 하나와 교내 글짓기 행사에서 제시한 쓰기 과제 완성 결과물 두 가지를 분석하였다. 두 과제 모두 한 시간 내에 완성하도록 제시되었으나, 교과서 과제는 쓰기 전 단계에 대한 안내 및 지도가 있었고, 글짓기 행사 과제는 쓰기 전 단계에 대한 안내나 지도가 없었다. 완성된 글의 표면적인 특질을 관찰하고 쓰기 과정의 적용, 글의 목적 및 독자 인식, 내용의 충실성, 어휘의 사용, 글의 조직, 문장의 적합성, 표현의 다양성, 맞춤법 등의 관점에서 요소별로 자료를 분석하였다.

② 결과 분석

두 편의 글 모두 단계별 아이디어 생성 및 조직 과정을 활용하지 못함으로써 전체적인 글의 길이가 짧았고 내용의 충실도가 떨어지는 편이었다. 또한 동일한 어휘나 내용, 어투가 반복적으로 나타나고 있으며, 앞, 뒤의 내용이나 문장과 문장의 연결이 부자연스러웠다. 문단의 구분이 거의 없으며 표현 방식도 대부분 평이한 평서문으로만 구성되어 있고, 대화의 사용이나 적절한 비유 등의 표현력이 부족하다. 특징적인 것은 아이디어 생성 단계가 제시되어 있는 교과서 쓰기 과제에 비하여 글짓기 행사 과제에서 내용의 충실도가 더 떨어졌으며 글의 길이도 짧았다는 점이다. 이는 제재에 대한 내용적 지식과 이의 활성화를 위한 아이디어 생성 단계가 글의 질에 주요한 영향을 미쳤음을 알 수 있다. 그리고 어휘의 사용과 문장 부호 및 맞춤법 등에 있어서 학습자 간 개인차가 심하였다.

(나) 면담 평가를 통한 특정 사례 분석 예시

① 평가 개요

5학년 한 학급 30명의 학생들에게 면담 내용과 방법을 사전에 안내한 다음, 표 <9-3>과 같은 질문지를 활용하여 전체 학생들을 대상으로 개별 문답 형식으로 진행하고, 문항에 따라 교사가 답변 형식을 제시하거나 부족한 답변이나 더 알고자 하는 내용에 대해서는 보충 질문을 한다.

<9-3>. 쓰기 면담 질문지

1. 쓰기를 좋아하는가? (왜 그런가?) 2. 글을 쓸 때 잘한다고 생각하는 것은 무엇인가? 3 글을 쓸 때 고쳐야 할 점은 무엇이라고 생각하는가? 4. 글을 쓸 때 제일 어려운 점은 무엇인가?

5. 쓰기를 할 때 제목은 내가 직접 골라서 쓰는가? (누가 고르는가?)
6. 글을 쓸 때 읽을 사람을 생각하는가? (누구인가?)
 * 전혀 생각하지 않는다, 가끔씩 생각한다, 자주 생각한다.
7. 글을 쓰면서 앞에 쓴 내용을 다시 읽어보는가?
 * 전혀 읽지 않는다, 가끔씩 읽는다, 자주 읽어본다.
8. 글을 쓰면서 다른 사람의 도움을 받는가? (왜 그런가?)
 * 전혀 받지 않는다, 가끔씩 받는다, 자주 받는 편이다.
9. 다 쓴 글을 다시 훑어보고 고쳐 쓰거나 내용을 변화시키는가?
 * 전혀 그렇지 않다, 가끔씩 그럴 때가 있다, 자주 그렇게 한다.

② 결과 분석

학생들이 자신의 쓰기 특성을 정확하게 파악하지 못하고 있음으로써 학습의 개선에 어려움을 가지고 있었다. 한편으로는 쓰기에 대한 특성을 내면적으로 인식하고 있으면서도 이를 표현할 수 있는 적절한 기준이나 용어의 발견에 어려움을 가지는 것으로 나타났다. 이러한 것들은 최근의 국어과 교육에서 강조하는 자기 주도적 학습이나 사회적 상호 작용(예를 들면 협의나 협동 학습)에 의한 학습을 어렵게 하는 요인이 된다.

쓰기를 좋아하는 학생보다 쓰기를 싫어하는 학생이 훨씬 많았고(19명), 자신의 쓰기에서 잘하는 점에 대해서는 16명의 학생이 '없다'라고 대답하였으며, 고쳐야 할 점에 대한 것은 모두 하나 이상씩 지적하였다. 그러나 반응 내용이 매우 단편적이었으며 주로 글씨나 맞춤법 등의 기계적인 측면에 편중되어 있고, 내용이나 표현, 조직이나 쓰기 과정 전략에 대한 반응은 전혀 나타나지 않았다. 글을 쓸 때 가장 어려움을 느끼고 있는 것의 대부분이 '내용 생성'과 관련된 문제(아이디어 생성, 글의 길이 등)였고, 그 외 정서법 및 맞춤법에 어려움을 가지는 것으로 나타났다. 쓰기 과정, 글의 목적이나 독자 인식, 조직이나 표현 등의 반응이 다양하게 나타나지 못하는 것은 아직까지 쓰기 과정이나 글에 대한 이해가 부족하기 때문인 것으로 해석된다. 제목이나 글의 주제는 스스로 선택하기보다는 교재에 제시되어 있거나 교사가 제시한 주제로 쓰는 경우가 대부분이었고, 글을 쓸 때 독자를 전혀 고려하지 않거나, 교사로 인식하고 있는 학생들이 많았다. 글을 쓰면서 중간중간에 다시 읽어보는 학생은 의외로 많았으나, 초고를 쓴 후 교정 활동을 한다고 응답한 학생은 4명에 불과하였다. 특징적인 것은 대부분의 학생들이 다른 사람의 도움을 받지 않고 혼자서 글 쓰기를 주로 하는 것으로 나타났다(24명).

(다) 관찰 평가를 통한 특정 사례 분석법
① 평가 개요
5학년 한 학급을 대상으로 약 2주간 쓰기 수업과 교내 글짓기 시간을 통하여 학생들의 글 쓰기 양상을 관찰하고 이를 분석하였다.

② 결과 분석
수업 시간에는 교재 구성 단계에 따라 대부분의 학생들이 답을 쓰는 맹목적인 글 쓰기를 하는 경우가 많았고, 의식적으로 아이디어 생성, 아이디어 조직하기, 초고 쓰기, 교정 및 편집하기 등의 쓰기 과정 전략을 적용하는 학생은 한 명도 없었다. 학생들은 글 쓰기 시간에 특히 시간에 쫓기는 경향이 많았으며, 이로 인해 아이디어 생성 단계의 사고 시간이 짧았고, 일부 학생의 경우에 과제 해결 후 시간이 남아도 쓰기 후 교정 활동이나 편집 활동을 수행하는 예를 찾아보기가 힘들었으며, 동료와 쓴 글을 공유하는 경우도 거의 없었다.

쓰기 과정의 활용에 대해서는 교재에 아이디어 생성 단계가 부분적으로 제시되어 있으나, 학습자가 이를 제대로 인식하지 못함으로써 실제적인 쓰기 활동에 있어서는 이를 전혀 적용하지 못하고 있는 것으로 드러났다. 그리고 초고 작성 후의 교정하기나 편집하기 활동은 거의 하지 않는 것으로 나타났다. 따라서 학생들이 주도적으로 참여할 수 있는 의미 있는 학습 경험이 제공되어야 하며 지속적인 평가를 통하여 학생 스스로가 자신의 쓰기 특성을 정확하게 파악하여 조정할 수 있어야 한다. 이를 위해서는 쓰기 과정에 대한 단계별 지도 방안이 구체적으로 수립되어야 하고 학습자가 이를 인식하고 이해하는 일이 선결되어야 한다.

(2) 연속 반응 분석법

연속 반응 분석법은 교사나 연구자들이 학생의 쓰기 과정을 통시적으로 고찰하여 쓰기 과정의 변화를 기술하고 이를 평가하는 방법이다. 이는 현장 연구에서도 많이 활용되는 방법으로 대표적인 예로 사례 연구를 들 수 있다. 예를 들면 '왜 하나의 교수법이 다른 교수법보다 우수했는가?'에 대한 연구에 효과적인 설명을 해 줄 수 있는 방법이다. 이러한 방법은 쓰기 과정에 대해서도 자세하고 실제적인 평가 정보를 제공해 줄 수 있다. 실제 이 접근법을 통한 평가의 예를 살펴보기로 하자.

예를 들어 학기말 최종 평가를 할 때 초인지 보고법의 하나인 과정 보고법에서 쓸 내용을 어떤 방법으로 생각했는가에 대한 질문에 필자가 학기초에는 "주로 생각나는 대로 적어 보고 바로 글을 쓰기 시작했다" 라고 했는데, 학기말에는 "그것에 관해 생각하고 생각을 기록해 보고, 다시 베껴 쓰고, 순서에 따라 배열해 본다" 라고 했다면, 교사는 이전의 쓰기에 대하여 그 학생의 아이디어 생성 전략이 발달했다고 평가할 수 있다. 마찬가지로 초인지 보고법의 하나인 '결과 자기 분석법'에서 글을 쓰면서 어려웠던 점을 묻는 질문에 대하여, 필자가 학기초에는 "처음 시작하는 부분에 무슨 말을 써야 할지 생각이 나지 않아서 제일 어려웠다"고 했으나, 학기말에는 "문단을 구성하는 것이 어려웠고, 처음 시작하는 것과 끝맺는 것이 힘들었다"고 했다면, 교사는 이 학생이 쓰기에 대한 인식의 범위를 넓혔다고 평가할 수 있다. 면담에서 "글을 잘 쓴다는 칭찬을 받으려면 어떻게 써야 하는가?"라는 질문에 대하여, 필자가 처음에는 "글씨를 잘 쓰는 것"이라고 하였으나, 특정 기간이 지난 후에는 "맞춤법에 맞게 쓰고, 띄어쓰기를 잘 하는 것"이라고 반응했다면, 교사는 그 학생이 쓰기 전략에 대한 인식이 개선되었다고 평가할 수 있는 것이다.

이러한 분석법은 학생들의 쓰기에 대한 계속적이고 장기간의 탐색을 필요로 한다. 그리고 교사-학생간의 관계를 친밀히 할 수 있고, 쓰기 평가에 대한 자기 참여를 통하여 교수-학습 동기를 유발시키는 효과가 있다. 결과적으로 이러한 평가 방법이 교수-학습 도구로서도 많은 장점을 가지고 있으며, 평가도구로서도 어느 정도 타당성을 가지고 있다. 하지만 몇 가지 주의가 요구된다. 문화 기술법과 마찬가지로 무엇보다 중요한 것은 쓰기 과정에 대한 평가자의 전문적인 지식이 있어야 타당성을 확보할 수 있다는 점이다. 또 본질적으로 사례를 통한 평가 방법은 쓰기 과정과 발달 과정에 대하여 가치 있는 통찰력을 제공하지만, 그것이 일반화 될 수 있는 결과를 산출하는 것은 아니다. 사례 분석 방법은 평가자가 단지 그것을 실제 적용해 보고 이를 직접 확인해 본다는 점에서 의의가 있다.

(3) 유사 반응 비교 분석법

유사 반응 비교 분석법은 여러 가지 평가 도구들에서 도출된 반응을 특정 전략 단계에 의하여 분석하여 유사한 반응의 연속성을 발견하는 방법이다. 여기에서 분석 기준이 되는 전략 단계의 설정은 이미 여러 연구들에서 밝힌 미숙한 독자와 능숙한 독자의 차이에 대한 논의에 근거하고 있다. 우리 나라에는 이러한 비교 연구가 거의 없으므로, 과정 평가 차원에서도 발달 단계에 따른 쓰기 전략 연구가 시급히 요청되는 부분이기도 하다. 쓰기 전략 단계를 설정함에 있어서, 다른 기능 교과의 기능 분석을 참고로 하면 많은 시사점을 얻을 수 있는데, 화이글리(Faigley, 1985) 등은 그루손 (Gruson)의 피아노 실기 기능 분류법을 쓰기 전략이나 기능 단계를 분류하는 데 활용하였다. 그루손은 수집된 피아노 실기에 대한 면담 반응에서 추출된 결과를 유형별로 네 단계로 나누었다. 그것을 낮은 단계부터 순서대로 살펴보면, 첫 단계는 단순 반응 단계로서 특별한 행위를 지정하지 않는다. 둘째 단계는 구체적인 행위 반응인데, 대부분의 모든 피아노 실기 영역에 일반적으로 적용되는 행위 반응이다. 셋째 단계는 일반적 전략 반응인데, 해당 과제 상황에 적용되는 행위 반응이다. 넷째 단계는 해당 과제 상황에 대한 반응이지만, 좀더 정교화된 핵심적인 행위 반응이다.

위의 분류에 기초하여 쓰기 과정에 수반되는 전략이나 기능을 분류해 볼 수 있다. 첫 단계는 일반적인 감정 반응이나 인상 반응으로, 특성 쓰기 전략에 대한 설명이 주어지지 않는 단계이다. 이 단계에서는 가끔씩 과제 성취에 대한 일반적인 자기의 감정을 나타내기도 한다. 예를 들어 "나는 이 글을 잘 썼다" "열심히 했다" "최선을 다했다"는 식이다. 둘째 단계는 일반적 전략 반응 단계로서, 모든 쓰기 상황에 적용할 수 있는 일반적인 전략의 진술을 말한다. 특정 과제 상황과 관련을 짓지 않는다. 예를 들어 "이것을 다시 살펴보고 철자를 바로 잡았다" "이 글의 개요를 대충 짰다" 등의 반응이다. 셋째 단계는 특정 과제 전략 반응으로, 특정한 과제 상황의 요구를 수용하는 과제 중심적 반응으로 주어진 과제와 관련된 구체적인 전략을 나타낸다. 이러한 반응으로는 "이 주제에 대하여 쓰다 보면 다른 좋은 생각이 떠오를 수도 있으므로 일단 초고를 빨리 쓰고 교정을 하는 것이 좋겠다고 생각했다" "나는 대부분의 사람들이 이 상황에서 어떻게 생각할지를 알고 있다" 등의 반응이다. 그루손의 넷째 단계는 쓰기에 적용하기에는 아직 이르다. 왜냐하면 쓰기에서는 대부분 세 번째의 특정 과제 전략이 세분화된 전략 요소들을 포함하고, 또 서로 관련되는 경우가 많기 때문에 이를 세분화하는 것은 오히려 평가를 어렵게 할 수 있기 때문이다. 이는 앞으로 쓰기 과정에 대한 전략이나 기능의 연구가 충분히 축적된 이후에 과제에 따라 명확히 분류해 볼 수 있을 것이다. 어쨌든 이러한 전략 단계 기준을 토대로 학생들의 반응을 분석해 볼 수 있다. 초인지 평가 도구를 통하여 도출된 반응에 이러한 기준을 적용하여 분석하고 각 반응들간에 유사한 연속성이 발견되면 타당한 평가가 될 수 있는 것이다. 예시를 살펴보기로 한다. 필자가 표현적인 글 쓰기에서 과정 보고법의 '쓰는 도중에 처음에 했던 생각과 바뀐 것이 있는가?'라는 질문에 대하여 "좀더 재미있는 생각을 덧붙이고, 형식을 변화시켰다" 는 반응을 했다면, 교사는 이를 일반적인 전략 반응으로 평가할 수 있다. 왜냐하면 이것은 과제를 특징짓는 전략 반응은 아니기 때문이다. "나는 주제를 요소별로 나누고 각각에 해당되는 생각을 기록했다. 그런 다음 각 주제를 전체적으로 기록했다" 라고 진술했다면, 이는 특정 과제 전략이라고 볼 수 있다. 필자는 이 과제가 모든 과제에 일반적으로 요구되지 않는 각 요소들의 분류를 요구하고 있는 것으로 인식하고 있기 때문이다. 역시 과정 보고법의 '어떤 방법으로 쓸 내용을 생각해 낼 것인가?'라는 질문에 대하여, "나는 수업 시간에 새롭게 배운 것들 중에서 아이디어를 얻을 것이다" 라고 했을 경우, 이는 특정 과제에 대한 아이디어 생성 전략이라고 볼 수 없기 때문에 일반적인 전략에 해당된다. 결과 자기 분석이나 면담에서도 비슷한 반응을 보이게 되면 반응의 유사성에 근거하여 교사는 각 필자의 쓰기 전략이나 기능 단계를 추론할 수 있다.

하지만 이러한 것들을 일반화시키기 위해서는 많은 문제들이 과제로 남는다. 바람직한 쓰기 과정 전략이나 기능을 단계화 시키려면 가장 우선되어야 할 문제가 각 발달 단계에 따른 미숙한 필자와 능숙한 필자 사이의 쓰기 전략에 대한 차이의 비교 연구가 체계적으로 이루어져야 한다. 그리고 필자가 실제로 그러한 행위를 수행하는지, 자료를 수집하는 동안에 어떤 중요한 변인이 작용하였는지에 대한 탐구도 있어야 한다. 쓰기 전략이나 기능에 대한 인식과 쓰기의 질 사이에 의의 있는 상관 관계가 있는지도 밝혀져야 한다. 이러한 문제들이 좀더 명확히 규명되고, 적절한 평가 연수가 이루어진다면 그 자체로 효율적인 교수-학습 수단이 될 뿐 아니라, 타당도와 신뢰도를 필요로 하는 대단위 평가 도구로서의 활용 가능성도 모색해 볼 수 있을 것이다.

다. 평가 도구의 구성 절차

(1) 교수-학습 목표와 평가 목적 확인

쓰기 평가는 교육과정에 제시된 쓰기 교육의 목표를 반영할 수 있어야 한다. 교사나 평가자는 우선적으로 학생들에게 쓰기 발달에 있어서 도움을 주고자 했던 것을 평가해야 한다. 이러한 것들은 교육과정이나 교사용 지도서를 통하여 그 근거를 찾을 수 있다. 평가의 목적은 주로 학습자의 주도성 증진, 교수-학습 개선, 송환(feedbacl) 제공, 성취도 측정 등으로 나누어 볼 수 있는데, 학교 현장에서는 주로 진단, 형성, 총괄 평가로 나누어 이러한 목적을 포괄하고 있다. 이러한 평가 목적에 따라 평가 방법과 결과 처리 방법은 달라지게 된다.

(2) 예시문과 쓰기 과제 선정

최근의 언어 학습 이론들은 읽기/쓰기 학습의 통합을 강조하고 있다. 평가에서도 읽기 예시문과 쓰기 과제를 함께 제시함으로써 이러한 관점을 반영할 수 있다. 읽기 예시문과 쓰기 과제를 선정할 때는 다음과 같은 문제를 검토해 보아야 한다.

> ○ 교수 목표나 평가 목적을 잘 반영할 수 있는 것인가?
> ○ 발달 단계에 적합하고 학생들이 흥미나 관심을 가질 수 있는 것인가?
> ○ 실질적인 언어 활동을 나타내어 줄 수 있는 것인가?
> ○ 쓰기 과정을 중시하고 특정한 사고 전략을 요구하는 것인가?
> ○ 교수-학습 활동의 일환으로서 실시할 만한 가치가 있는가?
> ○ 평가 도구를 통하여 의도하는 자료를 수집할 수 있는 것인가?

따라서 읽기/쓰기 과제는 다음과 같은 조건이 충족되어야 한다.

> ○학생들에게 친근한 것
> ○학생들의 실제적인 쓰기 능력을 나타낼 수 있는 것
> ○개인의 생각이나 사고를 나타낼 수 있는 것
> ○다양한 반응을 유도하고 예비 쓰기 활동으로서 토의를 유도할 수 있는 것
> ○각자의 생각을 공유하고 참고 자료의 사용이 가능하거나 허락해도 좋은 것
> ○교수-학습 목표를 반영해 줄 수 있는 것
> ○정해진 평가 시간 내에 해결할 수 있는 것
> ○다른 평가 프로그램에서 제시된 것과 다른 유형의 것

또한 필자가 글을 쓰기 위해서는 쓰기 과제는 일정한 목적을 가져야 한

다. 이는 평가 제시문에 명확히 언급되어야 한다. 이러한 목적은 다음과 같이 세분해 볼 수 있다.

- ○ 친구에게 무엇인가를 알리기 위하여
- ○ 선택이나 문제 해결을 하기 위하여
- ○ 친구를 설득하기 위하여
- ○ 꾸민 이야기나 재미있는 체험, 보고 들은 것을 표현하기 위하여

　쓰기 과제 선정과 관련하여 특별히 더 고려해야 할 것은 과제 진술 형식에 관한 것이다. 가장 기본적인 원칙은 독자와 목적을 명확히 진술하여 학생들이 효율적으로 글을 쓸 수 있도록 해야 한다는 것이다. 예를 들면, 필자는 그냥 주장하는 글을 쓰는 것보다는 친구나 특정 인물에게 편지를 쓰는 식으로 하면 더 쉽게 쓸 수 있고, 이야기의 사건을 쓰는 것보다는 자기 마을에서 발생한 일을 쓰는 것이 더 쉬울 수도 있다. 또 그냥 주장하는 글을 쓰는 것보다는 내가 학원을 끊어야 하는 이유를 엄마에게 주장하기 등 실질적인 목적을 가진 글 쓰기가 더 쉽다는 것이다. 이것은 더 쉬운 활동을 만드는 것만이 목적은 아니다. 독자를 지정함으로써 그 활동을 추상화시키지 않고 좀더 실질적인 것으로 만들 수 있으므로 의미가 구체적으로 드러나는 글을 생성할 수 있기 때문이다. 쓰기 과제와 함께 제시되는 읽기 예시문의 유형으로는 다음과 같은 것들이 있다.

- ○ 추론하는 이야기
- ○ 이야기, 대화, 묘사, 시
- ○ 면담한 내용이나 뉴스
- ○ 주장하는 글
- ○ 지도, 차트(chart), 그래프, 표, 그림

ㅇ 시
ㅇ 묘사, 희곡, 대화,
ㅇ 편지, 일지, 일기, 목록
ㅇ 복합적인 성격을 가지는 장르

(3) 쓰기 동기 유발

효율적인 교수-학습 활동을 위해 동기 유발이 필요하듯이, 평가도 하나의 교수-학습 활동이라는 관점에서 볼 때 동기 유발이 필요하다. 쓰기가 어렵다고 믿는 학생들은 일반적으로 평가 상황에서도 막연한 두려움을 가지거나 쓰기를 회피하려는 경향이 있다. 이것은 주로 쓰기의 동기화와 관련된 문제이다. 동기화란 행동의 방향과 강도를 결정해 주는 것인데 동기화가 결핍되면 쓰기 학습에 중요한 장애 요소가 되고, 이것은 쓰기에 대한 흥미나 관심을 저하시킨다. 행동주의자들은 동기화를 단순히 관찰할 수 있는 자극과 반응만을 가지고 평가한다. 이들은 관찰한 것들 사이에 어떠한 사고와 정서가 개입되었는지를 설명해 주지 못한다. 반면에 인지주의자들은 동기화에서 중요한 역할을 하는 것으로 호기심, 인과적 귀인, 정서, 기대감 등의 요소를 제시한다(Gagne, 1993: 488).

따라서 쓰기 평가의 동기 유발 단계에서는 먼저 읽고 쓸 내용에 흥미를 유발할 수 있는 내용 소개가 필요하다. 그런 다음 쓰기 과제에 도움이 될 만한 것 들 중에 그들이 알고 있는 것에 대하여 생각하도록 한다. 주제에 대한 배경 경험, 지식, 흥미를 공유할 수 있도록 토의를 증진시키는 방법은 학생들의 쓰기 동기를 유발할 수 있을 뿐 아니라 쓰기 내용의 생성에도 직접적인 도움을 줄 수 있다.

(4) 예비 쓰기 활동

쓰기 평가에서 많은 학생들은 실제로 수업 중에 학습한 계획하기나 교정하기와 같은 쓰기 과정을 적용하지 않는 것으로 보인다. 이러한 문제 의식을 바탕으로 교사는 예비 쓰기 활동을 평가 과제에서 제시할 필요가 있다. 예를 들면 아이디어 생성 단계로 브레인스토밍, 생각 그물, 역할극, 매체 활용, 자유 토론, 관찰하기, 회상하기, 조사하기 등을 활용해 볼 수 있다. 이것은 제시된 예시문의 텍스트나 쓰기 과제에 초점이 맞추어져야 하지만, 이러한 활동이 학생들의 초고 작성에 있어서 흥미를 떨어뜨리거나 복잡한 부담을 주거나 쓰기 활동을 바쁘게 하는 것이어서는 안 된다. . 문제는 텍스트 생성에 어떻게든 도움을 줄 수 있어야 한다는 것이다. 어떤 활동이 쓰기 전에 아이디어를 생성하는 데 도움을 주고, 학생들로 하여금 텍스트를 다시 읽게 할 수 있는지를 염두에 두어야 하고, 그들 스스로 이러한 활동이 도움이 된다는 사실을 느끼도록 하는 것이 중요하다. 다음은 몇 가지 예비 쓰기 활동의 예이다. 이러한 것들은 교사가 칠판에 제시할 수도 있고, 평가지에 첨부해 줄 수도 있다.

ㅇ 예시문과 관련된 경험을 소재로 표현적인 글을 쓰는 경우

본 것	들은 것
느낀 것	기타

ㅇ 글을 읽고 원인과 결과가 잘 드러나게 뒷이야기를 꾸며 쓰는 과제의 경우

등장 인물:		
일어난 일:	원인	결과
첫 번 째 주요 사건:		
두 번 째 주요 사건:		

ㅇ 오늘날 어린이와 조선 시대 어린이의 생활 모습을 비교하는 과제

비교\대조 요소	오늘날의 어린이	조선시대 어린이
놀이 의복 학교 공부 생활 풍습 장난감		

ㅇ 낙동강 수질 오염 문제를 지적하고 이를 해결하는 과제

문제	해결 방안	장점	단점
문제1: 문제2: 문제3:			

(5) 교정하기 활동 제시

쓰기 수업에서나 또는 평가 활동에서 교정 활동을 지도하거나 제시하는 경우는 극히 드물다. 이는 쓰기 과정에 대한 지도가 체계적으로 이루어지지 못하고 있음을 반증하는 것이다. 초고를 완성한 후에는 평소의 쓰기 짝을 통하여 교정 활동을 습관화 할 수 있도록 지도하는 것이 좋다. 쓰기 짝을 일정 기간 지정해 주는 것은 친구로부터 지속적인 송환을 받을 수 있고,

친구의 쓰기에 대한 장단점을 누구보다도 명확히 파악할 수 있으므로 가장 적절한 도움을 제공할 수 있다는 장점이 있다. 그러나 편향적인 발달이나 사고를 막기 위해 주기적으로 쓰기 짝을 바꾸어 주는 것이 좋다. 또한 교정은 자기 점검 전략의 하나로서 쓰기 과정 활동의 핵심이므로 이를 부끄럽게 생각하는 인식을 개선시킬 수 있는 지도가 있어야 한다. 대체로 저학년 단계에서는 기계적인 교정을, 고학년 단계에서는 의미에 관한 교정을 할 수 있는 것으로 연구들은 밝히고 있지만 이것은 개인의 언어 능력이나 과제에 따라 달라지게 된다.

○ **일반적인 교정하기 활동 제시문의 예**
  - 중요한 내용이나 생각을 빠짐없이 진술하였는가?
  - 중요한 내용이 잘 드러나도록 자세하게 묘사하였는가?
  - 문단의 구분을 내용별로 명확하게 하였는가?
  - 첫 부분과 끝 부분이 내용상 적절한가?
  - 틀린 글자나 띄어쓰기가 잘못된 것은 없는가?
○ **보고문을 쓰는 경우의 교정하기 활동 제시문의 예**
  - 독자가 알고자 하는 내용을 모두 포함하고 있는가?
    (예를 들면 6하 원칙에 따라)
  - 글의 서두에 보고 내용의 핵심적인 부분을 말하고 있는가?
  - 보고 내용은 구체적이고 명확한가?
  - 문체나 어투가 보고문의 특성에 맞는가?

4. 쓰기 평가의 실제

가. 예시 <1>

○**평가 내용**: 주장하는 글 쓰기 (요구되는 사고 요소: 문제 해결력, 비교\대조)
○**평가 시간**: 60분
○**글의 유형**: 주장하는 글
○**쓰기 과제**:

다음 예시문에 등장하는 인물들의 주장에 대하여 자기가 동의하거나 반대하는 의견을 친구들에게 제시하려고 합니다. 예시문에 나타난 등장 인물들의 주장을 옳은 순서대로 순서를 정해보고, 자기가 맞다고 생각하는 주장에 대하여 이유나 근거를 들어 써 봅시다(필요하면 옆 친구와 의논을 하여도 좋습니다).

<예비쓰기 활동>
* 글을 쓰기 전에 다음의 내용을 잘 살펴봅시다.
○ 이 글의 등장 인물은 누구인가?
○ 이러한 일이 일어난 원인은 무엇인가?
○ 사람들이 다투고 있는 문제는 무엇인가?
○ 사람들의 주장을 비교해 보고 문제점이 무엇인지 알아봅시다.
○ 동의하는 주장은 무엇이며, 그 이유는 무엇입니까?
○ 여러분은 누구에게 주장을 해야 합니까?
○ 동의하는 의견은 무엇이고 반대하는 의견은 무엇입니까? 그 이유는 무엇입니까?

주장	주장하는 사람	동의하는 사람	이유나 근거	주장의 문제점
주장1:				
주장2:				
주장3:				

<예시문>

(난파선 갑판 위에 사람들이 지친 듯이 흩어져 있다)

여인1: (선장에게) 앞으로 우리는 얼마나 더 버틸 수 있을까요?
선 장: (상자 하나를 가리키며) 남은 양식이 얼마 없어서…
        (그 말을 듣고 주위에 있던 사람들이 갑자기 상자로 달려든다.)
사람들: 내 거야! 내 거!
        (사람들이 상자 속의 양식을 먼저 차지하려고 아우성이다.)
선 장: (사람들을 향하여) 이러지들 마십시오. 남은 양식은 정확하게 똑같이 나누
겠습니다.
        (이 때 선장 옆에서 아픈 사람들을 돌보고 있던 한 선원이 선장 앞으로
나선다.)
선 원1: (아픈 사람을 가리키며) 선장님! 그건 안됩니다. 우리가 굶더라도 저 사람
들만은 먹여야 하지 않겠습니까? 저 사람들은 굶으면 하루도 버티기 힘들겁니다.
남자1: 여보시오. 지금 멀쩡한 사람도 양식이 없어 굶어 죽을 판인데 무슨 소릴
하는거요?
남자2: 며칠만 버티면 구조선이 올지도 모릅니다.
여인2: 안됩니다. 멀쩡한 사람들만이라도 우선은 살아야 합니다. 아픈 사람이 절반을
넘는데 같이 나누면 얼마 못 가서 모두 같이 죽게 되고 말겁니다.
일부 사람들: 옳소!

<교정하기 활동>
  o 동의하는 순서대로 주장을 제시했는가?
  o 자기의 주장이 잘 드러나 있는가?
  o 자기 주장에 대한 이유나 근거가 알맞은가?

○ 주장하는 글의 특성을 잘 살려 썼는가?
○ 독자를 생각하면서 주장을 하였는가?
○ 내용의 연결이 어색한 부분은 없는가?
○ 맞춤법에 맞게 글을 썼는가?

<평가 기준>

담화 상황 안내

3점: 구체적인 독자를 지정하여 문제 상황을 적절히 소개했다.

2점: 문제 상황을 독자에게 소개했으나 내용이 충분하지 않다.

1점: 문제 상황을 독자에게 소개했거나 안내하는 진술이 없다

제시된 주장의 비교

4점: 세 가지 주장을 체계적으로 비교했다.

3점: 세 가지 주장을 나열하는 수준이다.

2점: 두 가지의 주장을 비교했다.

1점: 한두 가지 주장을 나열했다.

주장에 대한 동의 순서 결정하기

4점: 근거를 들어가며 각 주장들의 상대적인 중요성을 논의했다.

3점: 각 주장을 동의하는 순서대로 나열하고 있으며 부분적으로 근거를 제시했다.

2점: 각 주장에 대한 동의 순서만 있을 뿐, 왜 그러한 결과가 나왔는지에 대한 언급
      이 없다.

1점: 각 주장에 대한 동의 순서가 제시하지 않았다.

자기 주장 능력

4점: 예시문의 자료를 근거로 설득력 있는 주장을 한다.

3점: 자기의 주장을 내세우고 근거를 제시하나 설득력이 없다.

2점: 자기 주장을 내세우나 그 근거나 이유가 제시하지 않았다.

1점: 자기 주장이 명확히 나타나지 않았다.

나. 예시 <2>17)

<과제1>

이번 학기에 쓴 글들 중 가장 잘된 글 한 편을 자기 평가하여 제출하시오.

<과제2>

이번 학기에 쓴 글 중에서 다음의 글을 각 한 편씩 제출하시오.

○ 편지글
○ 책이나 신문, 잡지 등을 읽고 자기의 생각이나 주장을 쓴 글
○ 꾸며 쓴 글(상상하여 쓴 것, 동시, 이야기 꾸미기 등)
○ 타 교과에서 과제 해결을 위해 쓴 글

<과제3>

○ **글의 유형**: 표현적인 글 쓰기
○ **평가 시간**: 60분
○ **쓰기 과제**:

  사람은 누구나 과거에 있었던 일 중 기억에 생생하게 남는 일이 한 두 가지 있
게 마련이다. 내가 기뻤을 때, 슬펐을 때, 놀랐을 때, 또는 자랑스러웠을 때를
생각해 보자. 그리고 글을 읽는 사람이 어떤 일이 일어났는지, 그 일이 왜 나에
게 중요한지, 그 일과 관련이 있는 사람이 누구인지, 그러한 경험이 나에게 어떠
한 생각을 가지게 했는지를 알 수 있도록 써 보자. 여러분들의 글은 선생님과
친구들이 읽게 될 것이다.

---

17) 이 예시는 미국 버몬트(Vermont)주에서 학생들의 쓰기를 평가하고 쓰기 교육 과정을 개선
하기 위하여 1991-1992년에 46개 학교의 4학년과 8학년 학생들을 대상으로 실시한 쓰기
수행 평가 프로그램이다. 이 프로그램에서는 세 가지의 평가 과제를 제시하였는데, 첫째는
포트폴리오를 자기 평가하여 가장 잘된 글을 한 편씩 제출하고, 둘째는 지정된 네 가지 영
역의 텍스트를 영역당 한 편씩 자기 평가하여 제출하고, 세 번째는 평가자가 통제하는 쓰기
과제를 제한된 시간 내에 완성하여 제출하게 하였다. 수집된 평가 자료는 그 유형에 관계없
이 목적, 조직, 표현(묘사 및 문체), 맞춤법을 평가 요소로 하는 분석적 평가 척도로 평가되
었다. 이 방법은 다양한 쓰기 능력을 타당성 있게 평가할 수 있고 기술 평가를 필요로 하는
경우에 교사에게 보다 많은 정보를 제공해 줄 수 있는 것으로 나타났다. 또 평가 자료는
학생들의 자기 평가, 교수-학습 방법 개선, 평가 프로그램의 개선에 활용되었다.

<예비 쓰기 활동>

*글을 쓰기 전에 다음의 내용을 잘 살펴보자.

o 기뻤던 일, 슬펐던 일, 놀랐던 일, 자랑스러웠던 일, 그 외 특별히 기억나는 일에 대하여 생각해 보자.
o 이러한 일 중에서 어떤 일이 가장 기억에 남는가?
o 이 일이 일어난 때는 언제인가?
o 이 일은 어디에서 일어났는가?
o 이 일과 관련이 있는 사람들은 누구인가?
o 이 일이 나에게 어떠한 느낌을 주었는가?
o 왜 이 일이 나에게 중요하였는지를 자세하게 나타내는 방법을 찾아보자. 읽는 사람이 여러분과 같은 느낌을 받을 수 있도록 자세하게 묘사하는 것이 좋다.

여러분은 간단히 그 때의 장면을 스케치해 보거나, 일어난 일을 순서대로 도표로 나타내어 보는 등 여러 가지 방법으로 계획을 세워 볼 수도 있을 것이다. 연습지가 더 필요한 사람은 손을 들면 선생님으로부터 연습지를 더 받을 수 있다. 그리고 필요하면 사전 등의 다른 자료를 사용해도 좋다.

<교정하기 활동 안내>

* 초고를 다 썼을 때 자신에게 다음과 같은 질문을 해 보고, 필요하다고 생각되면 교정을 하라.
o 있었던 일이 잘 드러나게 글을 썼는가?
o 관련된 사람들이 구체적으로 잘 드러나 있는가?
o 이 일이 왜 나에게 중요한지, 그리고 어떤 느낌을 주었는지가 드러나 있는가?
o 어휘나 표현에 있어서 다른 사람의 글과 특별히 다른 점이 있는가?
o 필요 없이 반복된 내용이나 빠뜨린 내용은 없는가?
o 시작과 끝이 잘 구성되었는가?
o 글자, 띄어쓰기, 문장부호 등이 맞게 사용되었는가?

교정을 할 때는 사전을 사용할 수 있다. 교정이 완전히 끝난 사람은 내용을 답안지에 옮겨 적는다.

<평가기준>

평가요소 / 평가 기준	주제	조직	표현	맞춤법
4점	주제가 초점화되어 있고 필자의 의도가 잘 나타나 있다.	처음부터 끝까지 논리적이고 체계 있게 구성하였다.	표현이 효과적이고 명확하여 사실이나 느낌의 전달이 뚜렷하다.	철자법, 문장 부호 등을 맞게 쓰고 적절한 낱말을 선정하여 썼다.
3점	주제가 대체로 나타나고 필자의 의도도 드러난다.	약간 미흡하나 통일성 있게 글을 진행시켜 나갔다.	표현의 효과는 떨어지나 대체로 표현이 다양하고 자세하다.	맞춤법에 맞게 썼으나 낱말의 선택이 다소 부적절하다.
평가 기준	---< 예 >---- 주제와 필자의 의도가 잘 나타나는가? ---<아니오>--	---< 예 >--- 전체적인 글의 짜임이 체계적으로 구성되었는가? ---<아니오>--	---< 예 >--- 사실이나 느낌을 자세하게 효과적으로 묘사하는가? ---<아니오>--	---< 예 >--- 맞춤법에 맞고 어구의 선택이 바른가? ---<아니오>--
2점	글의 주제와 필자의 의도를 나타내려고 노력하였다.	글의 전체적인 통일성이나 일관성이 결여되어 있다.	표현의 효과없이 사실이나 느낌을 단지 전달하는 데 그친다.	많은 오류가 나타나 독자의 의미 파악에 혼동을 가져올 수 있다.
1점	글의 주제나 필자의 의도를 알 수 없다.	내용의 조직이 일관성이나 통일성이 없다.	적절한 표현이나 묘사의 사용이 현저히 부족하다.	의미를 잘 이해하지 못할 정도의 오류가 있다.

제4부. 국어과 포트폴리오 평가론

포트폴리오 평가는 수행 평가의 일종이다. 수행 평가의 관점을 포트폴리오는 고스란히 반영하고 있다. 그럼에도 불구하고 이를 다른 평가 범주와 별도로 논의하는 것은 포트폴리오 평가가 국어과 평가의 평가 목적, 평가 내용, 평가 방법의 제 범주를 포괄하고 있을 뿐만 아니라 말하기, 읽기, 듣기, 쓰기 영역의 평가에 모두 적용할 수 있는 기법이기 때문이다. 국어과 평가의 탐구 과제는 언어와 언어 교육의 관점을 반영하면서 다양한 청중의 요구와 평가 목적을 수렴할 수 있고, 과정과 결과에 대하여 지속적이고 유기적인 관련성을 지닌 정보를 수집할 수 있는 평가 장치이다. 이것은 평가 시기나 횟수의 문제를 고려할 때 현재의 독립된 단원 중심의 평가 구조나 일회적인 평가 구조로는 해결하기 어려운 문제임에 틀림없다. 따라서 국어과 평가는 학기나 학년 단위로 프로그램화할 필요가 있으며, 그 대안의 하나로 포트폴리오 평가를 생각해 볼 수 있다.

그 동안 국어과에서 포트폴리오는 학생들이 자신의 문식성 자료를 선택적으로 수집하고 그것을 평가, 분석해 놓은 일종의 자료집이었다. 이러한 자료집은 지금까지 각 학급에 많이 비치하고 있었지만, 그것을 체계적이고 적극적으로 활용하지 못하였다. 그러나 최근 10년 사이에 서구에서는 포트폴리오를 교육 현장에 광범위하게 도입하고 있고, 현재 국가 수준의 평가 프로그램으로 활용하기 위한 방안을 적극적으로 검토하고 있다. 포트폴리오 평가는 교수와 평가의 통합을 지향하는 최근의 교육 이론에 매우 적합한 틀을 갖추고 있고, 자기 평가, 교사 평가, 상호 평가와 텍스트 분석법, 초인지 보고법, 관찰법 등의 제 평가 방법을 포괄한다는 점에서 목적에 따라 다양하게 활용할 수 있는 장점이 있다.

제10장. 포트폴리오 평가의 기초

1. 포트폴리오의 개념과 수용 과정

가. 포트폴리오의 개념

'포트폴리오(portfolio)'는 자료의 수집철을 의미하는데, 'port(저장소, 선적 징, 무역항의 물품 장그, 부두)'와 'folio(서류 매수, 종이, 페이지)'라는 의미가 합쳐진 용어이다. 교육 현장에서는 이것을 '화일집', '바인더(binder)', '홀더(folder)', '자료집', '작품집', '모음집' 등의 여러 가지 용어로 사용되고 있다. 외국의 교육 평가 연구자들은 이것을 하나의 평가 자료로 활용하면서, '포트폴리오 평가(portfolio assessment)' 라는 용어로 통칭하고 있으며, 하나의 평가 프로그램으로 수용하고 있다. 국내의 국어과 평가 영역에서는 수시로 전반적인 측면을 평가한다는 점을 들어서 '간이 총평법'이라는 용어를 쓰거나, '활동철 평가'로 부르거나 '포트폴리오'라는 용어를 그대로 사용한다. 그러나 '간이 총평법'이란 용어는 단지 평가의 속성만 드러내기 위한 것으로 'portfolio'의 개념과는 맞지 않으며, '포트폴리오'라는 용어가 이미 여러 교과의 평가 수단으로서 뿐만 아니라 다른 분야에서도 이미 널리 쓰이고 있는 점을 감안하여, 여기에서는 포트폴리오라는 용어를 그대로 쓰기로 한다. 최근에는 경영 관리 기법을 교육 평가에 도입하여 교육의 효율성을 극대화 하고자 하는 움직임이 활발하다. 이와 비슷한 예로

TQM(Total Quality Menagement) 평가 기법 등을 들 수 있다. 암스테드(Amstead, 1994:15)는 포트폴리오가 다음과 같은 세 가지의 의미를 가진다고 하였다.

  ○ 접지 않고 그대로 종이나 문서를 보관하는 휴대용 상자
  ○ 정부 관리나 행정가들이 사용하는 정부 문서함
  ○ 보험이나 투자 신탁을 위한 자산 목록이나 서류철

  경영학 분야에서 '포트폴리오'는 자신이 소유하거나 운영하는 주식, 채권 등의 투자 자산을 수합한 것을 의미하였다. 보험에서의 포트폴리오는 투자자가 투자 분야와 방법을 결정할 수 있도록 정보를 제공해 주는 자산 목록을 나타낸다. 이와 같이 포트폴리오는 어떤 분야에서 어떤 목적으로 활용하느냐에 따라서 다소 개념상의 차이를 가지고 있다. 그러나 교육 평가에서는 이를 특정 교과 영역에서 지식, 기능, 태도의 성장을 알아보기 위해 교사와 학생이 구성하는 의도적이고 체계적인 자료철로 정의한다. 따라서 포트폴리오 평가(portfolio assessment)는 개인 학생의 학습 성장에 대한 신뢰성 있고 타당한 정보를 얻기 위해 의도적으로 자료를 수집하고 분석하는 평가 방법이다(Antonek et al., 1997; Lesile et al., 1997; Ezell, 1996; Wolf, 1996; Gillespie et al., 1996; Farr et al., 1994; Amstead, 1994; Murphy, 1994; Wagner, 1993; Paulson et al., 1991; Tierneyet al., 1991). 자료는 다양한 상황에서 쓴 여러 가지 형식이나 주제의 담화 자료, 각종 기록지, 내용 목록표, 자기 평가지 등을 포함하며, 이러한 것들은 평가 기간 중에 지속적으로 수집된다. 구체적인 자료의 내용과 평가 과정은 평가 목적에 따라 결정된다. 따라서 포트폴리오란 특정 기간에 목적을 가지고 선택적으로 표집하고 구조화한 자료철이며, 포트폴리오 평가(writing portfolio assessment)는 이러한

자료의 수집, 선택, 조직, 분석, 평가(evaluation)로 이어지는 일련의 과정으로 정의해 볼 수 있다.

나. 평가 도구로서의 수용 과정

Camp와 Levine(1991)은 포트폴리오에 대한 자극이 국어과 교수와 언어 기능 발달에 대한 연구로부터 도출되었다고 한다. 포트폴리오를 활용한 최초의 예는 진보주의 교육 사조의 영향을 받던 1940년대 중반에 미국 알라바마(Alabama)의 홀트빌(Holtville) 학교에서 찾아볼 수 있다. 이 학교는 학생들이 쓰기 학습 홀더(holder)를 가지고 글을 수집하였으며, 6주 후에 홀더의 작품에 대한 자기 평가를 쓴 다음 부모와 동료에게 그 홀더를 공개하고 상호 작용하는 시간을 가졌다. 그러나 1980년대까지 언어 교수-학습 활동이나 평가에서 포트폴리오를 활용한 예는 극히 드물었다. 얀시(Yancey, 1992:102)는 1980년대 중반 이후 쓰기 연구에서 쓰기 홀더를 분석 수단으로 활용하면서부터 포트폴리오가 본격적으로 논의되었다고 주장한다. 이어 언어 교육 연구자들은 이 때부터 학생들의 언어 학습을 돕고 작품을 보관하기 위해 홀더를 사용할 것을 권장했고, 학습자의 학습 결과물을 보관하는 데 익숙한 교사들은 수량적 점수보다는 논평 형식으로 성취도를 평가하기 시작했다는 것이다. 코울(Cole, 1995: 20)은 평가에 대한 불신과 사회 구성주의, 독자 반응, 쓰기 과정 등의 새로운 학습 이론으로부터 문제 해결 기능이나 상호 작용을 강조하는 포트폴리오 평가 방법이 도출되었다고 주장하였다. 하프(Harp, 1993)는 실제적이고 총체적인 학습 결과를 중요시하는 총체적 언어 교육 운동이 포트폴리오 평가에 대한 관심을 증대시키는 결정적인 계기가 되었다고 하였다.

위의 논의로 보면 포트폴리오 평가는 언어 교육 실천 국면에서 자연스럽게 대두된 것이라는 것을 알 수 있다. 이후 포트폴리오에 대한 아이디어는 쓰기 교사들에 의하여 빠르게 도입되었고, 1980년대 후반에는 미국의 초등학교에서부터 대학에 이르기까지 평가의 타당성을 확보하기 위한 대안적인 평가 형식으로 광범위하게 사용되기 시작했다. 1990년대에는 국가적 차원에서 포트폴리오 평가를 제도권으로 수용하기 시작하였다. 포트폴리오가 대단위 평가 도구로 사용된 가장 최초의 예는 아트프로펠(Art propels) 프로그램인데, 이는 피츠버그(Pittsburgh) 공립 학교, 교육 평가원, 하버드 교육 대학원의 연구팀이 공동으로 록펠러(Rockefeller) 재단의 지원 하에 5년 동안 적용 연구한 것으로서, 그 목적은 음악, 회화, 상상하는 글쓰기에서 교수와 통합된 평가 도구를 개발하는 것이었다. 연구자들은 이 연구를 통하여 학생들에게도 교사와 마찬가지로 자기 평가 능력이 있다는 결론을 얻었다(Tierney et al., 1991; Wagner, 1993). 미국에서 주 단위의 평가 형식으로 쓰기 포트폴리오 평가를 가장 먼저 도입한 곳은 버몬트(Vermont)주였다. 버몬트 주는 1990에 138개 학교에서 304명의 4학년과 8학년을 대상으로 쓰기, 수학 교과에서 시범적으로 포트폴리오 프로그램을 실시하였고, 1991년에는 모든 4학년, 8학년으로 확대 적용하였다(Vermont, 1992). 전국 단위의 평가 프로그램으로는 1990년에 NAEP(National Assessment of Educational Progress)에서 교수와 통합된 쓰기 평가 방법의 개발을 목적으로 4학년과 8학년을 각각 2,000명씩 표집하여 포트폴리오 평가를 수행한 것이 대표적인 예이다. 표집 학생들에게 그 해에 쓴 글 중 가장 좋은 글을 한 편씩 골라 쓰기 포트폴리오를 구성하도록 하였다. 이 글은 과제 유형, 독자 인식, 과정 전략 사용의 증거, 글의 길이, 컴퓨터의 사용 여부를 기준으로 4명의 쓰기 전문가에 의하여 평가되었다. 연구 결과 학생들의 대부분이 정보적인 글이나 생활문을 제출하였고, 독자가 특정화되지 않았으며, 자기 평가는 특정 과제에 대한 전략 반응보다는 교사로부터 받은 충고나 일반적인 전략 반응에 관련된 것이 많은 것으로 나타났다(Gentile et al., 1995). 현재는 미국 대부분의 주에서 포트폴리오를 핵심, 또는 보조 평가 수단으로 활용하고 있다(Ezell, 1995:19-23). 이것은 기존의 표준화 평가 형식이 현장의 교수-학습 활동을 제한해 왔음에 비해 포트폴리오는 현장 교사로부터 형성된 자발적인 평가 형식이라는 점에서 매우 의미 있는 변화로 보인다. 그러나 대단위 평가에서의 포트폴리오의 사용은 고도의 구조화된 체제와 일정한 수준의 신뢰도와 타당도가 요구되므로 학급에서의 충분한 활용 경험이 뒷받침되어야 한다.

우리 교육 현장에서도 이러한 형태의 포트폴리오가 형식적으로 비치되어 있었지만 그것이 적극적이고 체계적으로 교수나 평가 활동에 활용되지 못했다는 점을 지적할 수 있다. 포트폴리오의 활용이 자발성, 개별 학습, 상호 협력 학습을 강조하므로, 언어 발달이 활발하게 일어나는 초등 학생들의 다양한 언어 경험과 태도 개선에 긍정적인 영향을 미칠 수 있을 것으로 생각된다. 또한 초등학교에서 변화하는 교육 체제나 새로운 언어 이론에 부응할 수 있는 평가 방안이 없다는 점, 자발적이고 유의미한 언어 경험을 가질 만한 시간과 공간이 주어지지 못한다는 점, 국어과 수업에서 자기 평가 기회를 제대로 가지지 못한다는 점 등을 고려할 때 포트폴리오의 활용은 국어과 교수-학습에도 많은 변화를 가져다 줄 것으로 기대된다. 그리고 평가에 대한 인식과 방법의 전환이 그 어느 때보다 절실하게 요구되고 있는 시점에서 하나의 대안이 될 수 있다. 서구에서도 아직은 이러한 평가가 초기 단계에 있기 때문에 평가 도구로서, 또 교수-학습 도구로서 그 효과에 대한 검증이 계속적으로 이루어지고 있다. 포트폴리오가 다양한 영역의 교과에서 폭넓게 활용될 수 있는 것이기는 하지만, 아직은 그것의 활용 방안에 관한 체계적인 프로그램이 마련되지 못한 상황이므로, 비교적 쉽게 시작해 볼 수 있는 교과나 영역에서부터 그 적용 가능성을 모색해 보는 것이 필요하다고 하겠다.

2. 포트폴리오 평가의 특성

Farr(1994:11)에 따르면 포트폴리오란 원래 홀더(holder)나 휴대용 상자에 보관되어 있는 단순한 서류를 의미하였는데 인력 관리 분야에서 이러한 서류를 사람을 추천하는 심사 자료로 활용하면서 평가하는 수단으로 사용되기 시작했다고 한다. 그러나 포트폴리오에 대한 생각이 최근에 새롭게 대두된 것은 아니다. 예를 들면 예술가들은 오래 전부터 자신의 작품을 수집하는 수단으로 포트폴리오를 활용해 왔고, 잘된 작품은 별도의 포트폴리오를 구성하여 전시하기도 하였다. 포트폴리오는 기본적으로 연대기적이며, 다양한 내용을 포함하고, 자기 주도적이면서 공동으로 구성된다는 특성을 공유하고 있다. 예술가의 포트폴리오는 처음부터 끝까지 전 기간에 걸친 성장 과정을 보여준다. 이러한 포트폴리오는 일반적으로 장기간에 걸쳐 다양한 주제와 기법으로 수행한 작품들을 보여 주게 된다. 그리고 예술가들은 그들의 능력을 대표하는 작품을 결정함에 있어서 많은 사람의 의견을 참고로 한다. 경영학이나 보험에서 사용하는 자산 관리용 '포트폴리오'도 마찬가지다. 이러한 포트폴리오는 장기간에 걸친 자본의 생산과 성장이 그 목적인데, 이러한 목적 달성을 위해 경영자나 보험 설계사들은 보험, 주식, 채권과 같은 다양한 유형의 투자 요소를 만들어 낸다. 만약 하나의 투자가 실패하면 다른 것이 보충해 주는 셈이다. 이러한 포트폴리오도 역시 다수의 사람에 의하여 구성된다. 기획을 하는 전문가나 보험 설계사를 비롯하여 투자할 자본을 가진 사람, 친구나 동료와 같은 비전문가들까지도 참여한다.

많은 연구자들은 언어 능력 평가를 위한 포트폴리오가 이러한 특성을 공유한다고 밝혔다(Gillespie et al., 1996; Wolf, 1996; Amstead, 1994; Farr et al., 1994; Murphy, 1994; Frazier et al., 1992; Paulson et al., 1991; Tierney et al., 1991; Simmons, 1990). 이들이 밝히는 포트폴리오의 특성을 정리하여 보면 다음과 같다.

첫째, 포트폴리오는 특정 기간 동안의 학습자의 언어 능력에 대한 변화나 성장 과정을 나타낸다. 종래의 일회적인 실기 평가가 한 순간의 장면을 단편적으로 나타내는 흑백 스냅 사진이라면 포트폴리오는 다양한 소리와 색을 나타내는 영상 자료와 같은 것으로 비교해 볼 수 있다(Wolf, 1996). 이것이 단지 한 학년에 끝나지 않고 지속적으로 이루어질 경우 한 개인의 언어 능력에 대한 일대기를 보여줄 수 있을 뿐만 아니라, 언어 발달 연구에도 많은 도움을 줄 수 있다(Kaye, 1994).

둘째, 다양한 내용과 형식의 텍스트와 관련 기록물들이 있어 언어 사용에 대한 풍부한 정보를 제공해 준다는 점이다. 즉, 포트폴리오는 가능한 다양한 상황, 내용, 그리고 다양한 영역에서의 자료 수집을 지향하기 때문에 언어 교수-학습에 대한 정보는 물론이고 언어 발달 단계나 개인의 흥미 및 태도에 관해서도 많은 시사점을 얻을 수 있게 된다. 포트폴리오 평가는 학생들의 언어 사용을 보다 실제적으로 반영할 수 있다는 장점을 가지고 있다. 학생들의 실제 언어 사용은 학생들을 따라 다니면서 관찰하지 않고는 평가하기 힘들다. 타당한 평가를 위해서는 학생들이 어떤 목적으로 언어를 사용하고, 실제 생활에 적용하고 있는가를 살펴야 한다. 이를 위하여 때로는 녹음기나 비디오 카메라를 이용하기도 하지만 장면을 녹음하거나 녹화하고 이를 분석하고 평가하는 데 많은 시간과 노력을 요구한다. 포트폴리오는 이러한 시간과 노력 부담 없이 비디오 테이프와 같은 평가 자료를 제공해 준다고 볼 수 있다. 그러나 포트폴리오 평가가 기존의 전통적인 지식 평가, 실기 평가, 태도 평가를 배제하는 것은 아니다. 포트폴리오는 비형식적 평가 자료, 형식적 평가 자료를 망라함으로써 보다 타당한 관점을 제공해 줄 수 있다. 따라서 통제된 상황에서 실시된 쓰기나 읽기 평가 결과, 발달이나 성장을 나타내어 주는 통지표 등도 유용한 평가 자료가 된다.

셋째, 포트폴리오 평가는 자기 주도성과 상호 작용능력을 향상시킨다. 학습자는 자기 평가나 교사나 동료와의 협의(conference)를 통하여 자료를 수집하고, 조직하고, 분석하고, 재구성하게 된다. 이는 주로 학습자로서의 인식, 담화 자료에 대한 분석, 학습 과정에 대한 고찰, 언어 발달이나 성취도에 대한 자기 평가, 목표 설정과 목표 달성 점검을 통하여 이루어진다. 이러한 활동의 목적은 언어 사용에 대한 자기 통찰력을 가지게 함으로써 자신의 언어 발달을 조정하거나 통제하고, 학습자나 언어 사용자로서의 정체성(identity)을 증진시키는 데 있다. 이외에도 언어 교육 평가에서 포트폴리오의 조직은 일정한 논리에 따라 구조화되는데, 학습자는 이러한 구조화를 통하여 의미 구성이나 학습 과정에 대한 일련의 양상과 관련성을 발견하게 되고 다양한 수사적 상황을 이해함으로써 좀더 새로운 통찰력을 가지게 된다.

넷째, 국어과 각 영역을 통합하여 지도하고 평가할 수 있다. 언어는 영역별로 분리되어 발달하는 것이 아니라 상호 영향을 주고받으며 발달한다. 일상 생활에서의 언어 사용도 영역 통합적으로 이루어지는 경우가 많다.

포트폴리오는 하나의 과제에 대한 이해와 표현 자료를 포함할 수 있다. 책을 읽고 쓴 반응 일지, 역할극의 녹화 자료 등이 그러한 예이다. 반응 일지를 통하여 읽기, 문학, 쓰기 영역이 통합된 실제 언어 사용 능력을 평가할 수 있고, 역할극 녹화 자료를 통하여 말하기와 듣기를 포함한 각 영역이 통합된 언어 능력을 평가할 수 있다.

많은 연구자들이 포트폴리오 평가의 장점으로 장기적이고 지속적으로 평가할 수 있고, 학습자 중심이고 과정 중심이며, 자기 주도성을 가질 수 있다는 점을 들고 있다(Amstead, 1994; Farr et al., 1994; Paulson et al., 1991; Tierney et al., 1991; Rief, 1990). 또 포트폴리오는 학생 발달에 대한 다양한 관점을 반영함으로써 교사가 필자의 인지적, 정의적, 사회적 요인들을 총체적으로 평가할 수 있도록 해 주고, 학부모와 교사, 학생간의 의사 소통 수단이 될 수 있다(Farr et al., 1994; Camp et al., 1991; Frazier et al., 1992;Valencia, 1990). Hamilton(1994:158)은 포트폴리오가 학급에서의 교수, 평가, 그리고 대단위 평가의 욕구를 모두 충족시킬 수 있는 장점이 있다고 하였다. 그러나 교사의 업무 부담이 늘어나고 포트폴리오를 구성하고 협의하고 평가할 수 있는 시간이 추가로 필요로 하며 대단위 평가에서 신뢰도가 낮다는 점이 가장 큰 단점으로 지적되었다(Amstead, 1994; Farr et al., 1994; Tierney et al., 1991).

제11장. 포트폴리오 평가 방법

포트폴리오 평가를 막상 시작하고자 할 때 경험이 없는 교사들은 일반적으로 많은 부담을 느끼기 마련이다. 교사들은 빠듯한 교육 과정 운영의 부담, 교사와 학생간의 협의 부담, 학생들의 자기 평가 능력에 대한 불신 등으로 포트폴리오 평가를 여타의 평가 방법보다 오히려 더 부담되고 어렵게 느낄 수 있다. 우선 시간 부담이 걱정될 경우 처음에는 특정 영역이나 특정 평가 내용에 한해서만 운영하거나, 몇 명의 학생들만 우선 실시하고 차츰 확대시켜 나가는 방법도 있다. 이런 과정을 통하여 교사나 학생들에게 가장 알맞은 방식을 발견할 수도 있다. 학교 단위나 학년 단위 전체로 포트폴리오를 활용한다면 교육 과정을 지역화하거나 개별화하는 데 도움이 될 뿐만 아니라 평가에 관련된 준비를 분담할 수 있어 운영에 따른 부담을 줄일 수 있다.

포트폴리오 평가를 계획할 때 교사나 학생들이 공유해야 할 문제가 있다. 포트폴리오를 사용함으로써 교사나 학생이 얻을 수 있는 이점이 무엇이며, 기존의 포트폴리오 활용 방식이나 평가 방식을 어떻게 수용할 것인가에 대한 것이다. 포트폴리오 평가는 실제 언어 사용 과정과 결과를 보여줌으로써 개별 학습자에 대한 정보를 파악하게 해 주고, 학생들과의 의사 소통 수단이 되며, 학습에 대한 학습자의 주도성과 책임감을 기를 수 있다는 점에서 장점이 있다. 그리고 포트폴리오 평가가 진정으로 학생들의 자기 평가 능력을 향상시킬 수 있다는 확신이 있으면 그것은 교육적으로 수행할 만한 충분한 가치가 있다. 학생들이 하루아침에 유능한 자기 평가자가 되지는 않는다. 학기가 지나고 한 해가 지나면서 서서히 바람직한 자기 평가 습관을 형성하게 될 것이다. 매년 포트폴리오 평가를 경험한 학생들은 유능한 자기 평가자가 될 수 있고, 그것이 학습에 도움이 된다는 사실을 인식하게 되면 스스로 포트폴리오를 구성하고 평가할 수도 있을 것이다. 그러나 교사의 지속적인 격려나 도움이 없다면 이러한 습관을 지속적으로 유지하기는 힘들 것이다.

포트폴리오 평가 계획시에 결정해야 할 일반적인 사항은 평가 목적 및 목표, 포트폴리오 구성 방법, 평가 방법, 결과 활용에 관한 것이다.

1. 평가 목적 및 목표 설정

가. 평가 목적

포트폴리오에 어떤 자료를 포함해야 하는가는 포트폴리오 활용 목적에 따라 다르므로 교사는 포트폴리오 활용 목적을 명확히 해야 한다. 포트폴리오는 내용과 구성 방식에 있어서 다양한 차이를 보이고 있지만, 평가의 목적이라는 측면에서는 학습자의 주도성을 기르는 데 초점을 두는 자기 평가 포트폴리오, 교수-학습 개선 정보에 초점을 두는 교수-학습 평가 포트폴리오, 학업 성취도 측정에 초점을 두는 성취도 평가 포트폴리오의 세 가지로 나누어 볼 수 있다18). 대부분의 포트폴리오 평가 체제는 이 세 가지

---

18) 포트폴리오 연구 문헌들에 나타난 포트폴리오 평가의 세부적인 목적을 살펴보면 다음과 같다.
  ○언어 능력 발달 정도와 성취도 측정(Moening et al., 1994; Gearhart et al., 1992)
  ○언어 교육 과정 및 교수-학습의 평가 및 개선(Baker, 1993)

유형 중의 어느 하나에 속하거나, 또는 둘 이상의 조합으로 구성된다. 평가 목적에 비추어 볼 때 포트폴리오는 개방적인 구조에서부터 고도로 조직화된 구조로 나누어 볼 수 있다. 예를 들어 성취도 측정이나 교육 과정 평가를 목적으로 하는 경우에는 좀더 구조화된 형식을 요구하므로 형식성, 제한성, 고정성, 고립성을 가지지만, 자기 주도성 증진이나 송환(feedback)을 목적으로 하는 포트폴리오는 비형식성, 다양성, 융통성, 협력성의 특성을 가진다(Tierney et al., 1991).

(1) 자기 평가 포트폴리오

자기 평가 포트폴리오는 학생 개인의 자료 수집이며, 학습자 자신의 자발적인 선택과 평가를 강조하는 자기 평가 도구이다. 이것은 학습자 스스로 특정 기간의 학습 목표를 설정해 두고, 쓰기를 수집하여 관찰하고, 분석하여, 이를 학습에 계속적으로 반영하여 자신의 학습을 개선시켜 나가는 것을 목적으로 한다. 그러나 무엇보다도 중요한 것은 학습자가 주도적으로 목표를 설정하고 언어 사용자로서 자신에 대한 인식을 확장하고, 언어 사용 과정을 점검하고 분석함으로써 주도성과 자기 통찰력을 가질 수 있다는 점이다. 따라서 이 형식에서의 평가자는 학습자 자신이 된다. 포트폴리오가 체계적으로 구성되지는 않지만, 학생의 흥미나 관심 분야에 따라 다양한 자료를 수집할 수 있는 융통성이 있고, 자발적인 학습 태도를 형성할 수 있다는 점이 장점이다. 그러나 다양한 학습 경험을 가지기 힘들고, 언어 능력에 대한 객관적인 평가가 어렵다는 단점이 있다.

○언어 교육 연구 및 평가 프로그램 개발(Gentile et al., 1995)
○학습자의 자기 평가 참여 유도(Cole, 1995; Wagner, 1993)
○상호 작용을 통한 교수-학습 전개(Wolf et al., 1994; Lamme et al., 1991)
○언어 사용 과정에 대한 지도(Mclean, 1994)

(2) 교수-학습 평가 포트폴리오

교수-학습 평가 포트폴리오는 학생 작품과 교사 기록의 포괄적인 수집이다. 이것은 교사와 학생의 협의에 의하여 재구성되며, 교수-학습에 대한 지속적인 증거를 제공해 준다. 학부모나 동료의 검토 기록뿐만 아니라 교사의 계속적 관찰 기록이나 일화 기록, 학생 자신의 작품에 대한 자신의 평가 기록 등을 포함한다. 이것의 주요한 목적은 평가 활동 자체를 국어과 교수 학습 활동의 전략으로 활용함과 동시에, 학생과 교사 모두에게 교수-학습에 대한 통찰력을 제공해 줌으로써 보다 바람직한 방향을 지향할 수 있도록 유도한다는 점이다. 특히 다양한 상호 자극에 의한 언어 학습을 조장하고, 학부모에게도 학생의 언어 사용에 대한 정보를 제공함으로써 적절한 지도를 할 수 있게 해 준다. 하지만, 학습자의 자발성이 제한되고, 많은 시간을 요구하며 다양한 협의 전략을 요구하기 때문에 교사에게는 부담이 될 수 있다는 단점이 있다. 이 평가는 학생 자신은 물론이고 교사, 학부모, 기타 관심을 가진 구성원들이 모두 참여할 수 있다.

(3) 성취도 평가 포트폴리오

자기 평가 포트폴리오나 교수-학습 평가 포트폴리오가 비형식적인 특성을 가지는 수집 자료철이라면 성취도 평가 포트폴리오는 체계를 갖추고 의도적이고 선택적으로 자료를 수집하는 기획 자료철이라고 할 수 있다. 성취도 평가 포트폴리오는 고도로 구조화된 형식을 가지며, 내용의 일부를 평가자나 교사가 지정하며, 이는 특정 부분에 대한 학습 과정이나 결과를 보다 깊이 있게 이해할 수 있게 해 준다. 이 형식은 학생들의 언어 능력을 효율적으로 신뢰성 있게 평가하고자 할 때 사용하는 형식이다. 특정 과제에 대한 심층적인 분석이 가능하고, 명백한 평가 기준과 평가 정보의 간결한 요약이 용이하며, 신뢰성을 확보할 수 있고, 비교 가능한 결과를 산출할 수 있다는 장점이 있다. 이는 적절히 통제된 과제에서의 학생의 언어 능력을 명확하게 나타내 준다는 장점이 있으나, 조작적이고 융통성이 없으므로 학생의 자발적 언어 학습을 억제하고, 학생들의 개별적 특성을 고려하지 못하며, 다양한 언어 경험을 제공해 주지 못한다. 주로 대단위 평가(지역이나 전국 단위의 성취도 평가)나 프로그램 평가에 많이 이용되며, 일반적으로 작품의 형식이나 내용이 일정한 기준에 의하여 통제되는 경우가 많다.

그러나 실제 평가에서 이러한 구분이 엄격히 지켜지는 것은 아니다. 때로는 두세 가지의 목적을 가지고 활용하기도 한다. 위의 논의를 토대로 하여 활용 목적별 포트폴리오의 특성을 정리하여 보면 표 <11-1>과 같다 (Wolf, 1996 참고).

표 <11-1>. 활용 목적별 포트폴리오의 특성

활용 목적별 유형 / 비교 항목	자기평가 포트폴리오	교수·학습평가 포트폴리오	성취도평가 포트폴리오
활용 주체	학생	학생/교사	학생/교사/평가 기관
1차 독자 (2차 독자)	학생 (교사/학부모)	학생/교사/학부모 (교육 관계자)	평가 기관 (교사/학생/학부모)
주요 목적 (2차 목적)	자기 주도적 학습 능력 신장 (교수-학습 안내)	교수·학습 안내 (자기 주도성 신장, 언어 능력에 대한 정보 제공)	언어 능력에 대한 정보 제공(교수·학습 안내)
내용	언어 사용 목록, 언어 사용 결과물, 언어 경험이나 사용과 관련한 다양한 기록	언어 사용 목록, 언어 사용 결과물, 언어 경험이나 사용과 관련한 다양한 기록, 동료나 교사 및 학부모와 상호 작용한 결과물	특정 기준에 따라 선택한 기록이나 결과 자료

구조	비구조적임.	부분적으로 구조화 함.	고도의 표준화된 구조를 가짐.
평가 과정	학생 스스로 목표를 설정하고 자료를 수집하여 목표 달성도를 평가함.	교사와 학부모가 학생들과 함께 참여하여 자료를 선택하고, 분석하고 평가함.	학생이 주어진 기준에 따라 작품을 선택하고 교사나 평가 기관이 이를 평가함.
장점	학생들의 주도성과 책임감을 길러 줌.	교수·학습에 대한 풍부한 정보를 제공하고, 즉각적이고도 지속적인 송환을 제공할 수 있게 해 주며, 교사, 학부모, 동료와의 의사 소통 대화 채널이 됨.	신뢰도가 높은 평가 결과를 보여주고, 개인이나 집단의 성취 정도를 평가하고 비교할 수 있게 해 줌.
단점	학습에 대한 폭넓은 관점을 제공해 주지 못함.	시간을 많이 필요로 하며, 유지 및 관리가 힘듦.	학생들의 자기 주도성을 제한하고 인위적인 평가 상황을 조장하여 평가의 타당도와 학생들의 흥미나 학습 동기를 떨어뜨릴 수 있음.

암스테드(Amstead, 1994: 112-113)에 따르면 모범적인 포트폴리오 사용자들이 가지는 평가 목적은 특정 기간에 학생들의 성장을 알아보는 것이며, 이를 통하여 학생들의 장점이나 문제점을 확인하는 것이라고 주장하였다. 파르(Farr, 1994:38-39)도 포트폴리오 평가의 가장 우선적인 목적은 자기 평가자로서 학습자의 사고를 증진시키는 데 있으며 이를 통하여 학습자의 동기 유발을 할 수 있다고 주장한다. 포트폴리오의 목적은 다양할 수 있지만 중복되지 않아야 하며 학습자가 혼동하거나 잘못 이해하지 않도록 정확한 목적 인식 지도가 필요하다. 그리고 목적에 맞게 포트폴리오가 구성되고 평가되고 있는지 정기적인 점검이 필요하다. 하나의 목적을 가지고 구성되는 포트폴리오는 가끔 다른 목적을 위해서는 도움을 많이 주지 못하는 경우가 있다. 예를 들면 자기 주도성 포트폴리오는 자신의 학습을 탐구하는 데는 유익할 수 있지만 구조가 너무 개방적이므로 학업 성취도를

효율적으로 평가하는 데 있어서는 타당도나 신뢰도가 문제될 수 있다. 울프(Wolf, 1996: 6-7)는 이러한 경우에 두 가지 정도의 포트폴리오를 상호보완적으로 활용하는 것이 바람직하다고 주장한다. 예를 들면 교수-학습 과정에서 자유롭게 활용할 수 있는 과정 포트폴리오(process portfolio)와 성취도 측정을 위한 결과 포트폴리오(product portfolio)[19]를 함께 활용하는 경우이다. 이 경우에 있어서는 과정 포트폴리오와 결과 포트폴리오의 연계성을 잘 고려해야 한다. 즉, 과정 포트폴리오를 통하여 텍스트를 생성하고 이를 지속적으로 개선할 수 있는 다양한 학습 경험을 제공한 다음 학기말에 일정한 평가 지침에 따라 핵심적인 자료를 재구성하여 결과 포트폴리오를 도출한다. 이러한 결과 포트폴리오는 대단위 평가에서 쓰기 성장 확인이나 성취도 측정을 위한 핵심적인 자료가 된다.

나. 평가 목표

포트폴리오의 평가 목적이 설정되고 나면 구체적인 교수 목표나 주제가 검토되어야 한다. 평가 목표는 국어과 교육 과정 목표, 특정 영역이나 특정 단원의 목표, 교사가 설정한 목표, 학습자가 설정한 목표의 범주 내에서 결정될 수 있다. 포트폴리오는 다양한 자료를 포함하고 있으므로 목표가 특정화되어 있지 못하면 포트폴리오는 고립된 기능 검사를 위해 수집해 놓은 자료집에 불과하거나 기대하는 언어 활동이나 사고 과정을 포함하지

---

19) 과정 포트폴리오란 주로 일정 기간에 걸쳐 지속적으로 자료를 수집하면서 반복적으로 이를 재구조화하는 과정 중심의 포트폴리오로서 이 때 평가는 주로 교수-학습 활동과 통합적으로 이루어진다. 결과 포트폴리오는 이러한 과정 포트폴리오의 최종적인 정리 자료이며 보통 성취도 측정이나 프로그램 평가 등의 목적을 위하여 자료가 일정한 기준에 따라 제한되는 것이 특징이다. 연구자들에 따라서 '활동용 포트폴리오(working portfolio)'와 '본보기 포트폴리오(showcase portfolio)'로 구분하기도 한다.

못할 수도 있다. 따라서 구체적인 평가 목표나 영역에 비추어 알맞은 자료를 선택하는 것은 중요하다. 이를 통하여 목표에 대한 학생들의 성취 수준을 평가할 수 있다. 표 <11-2>는 교사가 설정하는 교수-학습 목표와 관련된 자료 및 평가 활동의 예시이다.

표 <11-2>. <u>교수-학습 목표 관련 포트폴리오 평가 예시</u>

교수-학습 목표 (평가 목표)	교수-학습 활동	자료 및 평가 활동
텍스트에 대한 반응 능력 신장	텍스트에 대한 반응 시범 보이기, 다양한 텍스트에 대한 반응 경험 제공 등	텍스트에 대한 분석 및 논평 기록을 비교 분석한다.
언어 사용 과정에 대한 인식 높이기	언어 사용 과정에 대한 자기 기록, 과정 점검 질문에 대한 반응, 읽기나 쓰기 과정 중에 생각나는 내용 기록 등	언어 사용 과정에 대한 각종 기록물과 결과물을 협의시에 비교, 검토하고 평가한다.
언어 사용 목적 인식 높이기	말하기, 듣기, 읽기, 쓰기를 하기 전에 어떤 목적으로 활용해야 하는지, 어떤 것에 주의하며 들어야 하는지를 알려주기	목적 인식과 관련한 자기 평가 기록이나 언어 사용 결과물 검토를 통하여 목적 인식이나 목적 달성 여부를 평가한다.
독자나 청자 인식	구체적인 독자를 고려할 수 있는 언어 활동 제시(편지 쓰기, 대화하기 등), 독자와 청자 역할을 할 수 있는 상호 작용의 강화 등	독자를 고려하여 쓴 자료, 독자나 청자 관련 반응 기록, 실제 독자나 청자의 반응 자료를 평가한다.
언어를 규칙에 맞게 사용하기	교정 및 편집하기, 새로운 어휘 사용이나 개선된 점에 대한 격려, 초고를 교정할 수 있는 자료 지원, 자기 분석이나 자기 평가 활동, 교정 시간 제공, 상호 작용을 통한 교정 강화	특정 텍스트의 초고 및 교정본, 교정 질문지나 자기 평가지 등을 평가한다.
흥미나 태도	즐겨 읽는 책이나 좋아하는 화제 목록 적기, 인상 깊은 언어 경험 일지 적기 등	읽기/쓰기 목록이나 언어 경험에 대한 일화적 기록이나 일지 등을 평가한다.

목표 설정은 특정 학년 단계나 성장 수준, 사회·문화적 환경에 따라 적절하게 이루어져야 하며, 필요할 경우 학생들은 학습을 통하여 성취할 수 있는 개인적 목표를 별도로 설정한다. 교사가 전체적인 목표를 지나치게

통제함으로써 각자의 목표를 제한하지 말고 필요에 따라 재정의하고, 강화하고, 변화시킬 수 있는 융통성 있는 목표를 지향해야 한다.

2. 포트폴리오 구성

일반적으로 포트폴리오 평가에서 중요한 것 중의 하나는 포트폴리오에 어떤 자료를 끼워 넣어야 하며 그것을 누가 결정하느냐에 관한 것이다. 포트폴리오를 구성하는 데 절대적인 원칙이 있는 것은 아니다. 교사나 학생들은 다양한 자료를 수집할 수 있다. 그러나 포트폴리오가 타당하고 효율적인 평가 도구로 기능하기 위해서는 몇 가지 일반적인 구성 원리를 고려해야 한다. 첫째, 포트폴리오는 교육 과정이나 교사가 강조한 지식이나 전략이 포함되도록 구성해야 한다. 교육 과정과 별도로 운영될 경우에 교사는 이중의 교수-학습이나 평가 부담을 가질 수 있다. 둘째, 보여주기 위한 포트폴리오 구성이 아니라 학습을 자극하고 강화하는 포트폴리오 구성을 지향해야 한다. 포트폴리오의 궁극적인 사용 목적은 특정 기간에 걸쳐서 학생들의 언어 학습이 얼마나 잘 이루어졌고, 언어 능력이 성장했는가를 살피고 무엇이 더 필요한가에 대한 정보를 파악하고 적절한 송환을 제공하기 위한 것이다. 보여주기 위하여 외형을 깔끔하게 유지하려고 하다보면 적극적인 자료 활용이나 논평이 어려워진다. 셋째, 포트폴리오는 언어 사용 과정과 개별 학습자의 특성이 드러나도록 구성되어야 한다. 이를 통하여 학생 개인이 관심을 가진 전략, 기능, 성장 정도 등을 알 수 있다. 넷째, 통합적인 언어 사용을 보여주는 자료를 많이 포함해야 한다. 언어 발달은 통합적으로 이루어지고 실제 상황과 밀접한 관련을 가질 때 보다 많이 발달한다. 소리내어 읽고 줄거리를 요약한 것, 글을 읽고 주인공에게 쓴 편지, 이야기를 듣고 느낌을 쓴 것 등이 이러한 자료이다. 넷째, 포트폴리오 자료는 국어 수업 이외의 자료도 다양하게 포함해야 한다. 이는 교과의 통합, 생활의 통합을 의미한다. 어떠한 교과에서 사용했던 자료이든, 언제 어디서 사용했던 자료이든 모두 포함할 수 있다. 교사는 특히 국어 수업 이외의 언어 사용 자료나 일상 생활 속에서 수집한 언어 사용 자료에 관심을 보여줌으로써 광범위한 수집을 권장할 수 있다. 하지만 연습장이나 공책을 복사한 자료로 포트폴리오를 뒤덮어서는 안될 것이다. 기계적으로 받아 쓴 자료나 엄격히 제한된 상황에서 쓴 자료는 언어 사용에 대한 목적 의식이 결여되어 있으므로 타당한 언어 능력을 보여줄 수 없다.

가. 자료철 준비

포트폴리오 자료철로 활용할 만한 것은 상자, 홀더, 서류용 봉투, 가방 등 여러 가지가 있다. 가능하면 학생들이 스스로 선택을 할 수 있도록 하는 것이 좋겠지만, 학급 미관을 해치지 않는 범위 내에서 선택하도록 한다. 포트폴리오 평가를 위한 자료철은 일반적으로 다양한 자료를 구기거나 접지 않고 관리하고 활용할 수 있는 크기여야 한다. 또한 자주 조작해도 망가지지 않는 튼튼한 것이 좋다. 그리고 표지나 외형을 개성에 맞게 변형할 수 있도록 조작 가능한 것이어야 한다.

아마 대부분의 학생들은 규격화된 홀더를 사용할 것이다. 그러나 저장 용량이 작은 자료철은 금방 차 버리게 되므로 자료의 특성이나 양에 따라 적절한 것을 선택하도록 지도한다. 포트폴리오 자료가 지나치게 커서 두툼해질 때는 튼튼하고 큰 집게나 고무밴드를 이용하여 기간이나 내용별로 묶어 나가되, 앞부분에 내용 차례표를 만들어 두도록 지도한다. 한 학기에 두세 번 정도 이러한 작업이 필요할 수 있다. 묶은 자료는 원할 때 쉽게 찾아볼 수 있도록 자료 사이사이에 라벨을 붙여 표시해 두는 방법도 좋다. 그리고 요즘은 컴퓨터의 사용이 대중화되어 있으므로 적절한 곳에 보조 홀더를 만들어 디스켓 등을 담을 수 있도록 하는 것도 좋다. 종이 가방이나 학생들이 흔히 가지고 다니는 보조 가방은 다양한 규격의 자료를 보관할 수 있다는 장점이 있다.

학생들이 자료철을 자신의 개성에 맞게 꾸밀 수 있는 시간을 주는 것도 중요하다. 이를 통하여 주인 의식을 가지고 보다 적극적으로 참여할 수 있다.

나. 포트폴리오 구성 자료

국어과 평가 포트폴리오는 언어 사용과 관련된 광범위한 자료를 필요로 한다. 장기간에 걸쳐 수집된 자료는 언어 사용에 대한 지식과 전략 및 기능에 대한 성장을 보여주는 가장 좋은 자원이다. 포트폴리오는 수업에서 일어난 활동과 학습 경험에 대한 자료이며 학생들에게 유용하지 못한 자료도 교수에 유용하다면 포함될 수 있다. 따라서 교수의 질은 포트폴리오의 질을 결정하게 될 것이다. 자료는 미리 설정된 질적 평가 기준에 적합해야 하므로 교사는 포트폴리오에 포함될 텍스트나 관련 자료의 범위를 미리 설정해 두는 것이 좋다. 기존의 연구들을 참조하여 포트폴리오에 일반적으로 포함되는 자료를[20] 살펴보면 다음과 같다(Lesile et al., 1997; Gillespie et

---

[20] 참고로 교육 과정과 개별 학습자의 성취도 평가를 목적으로 한 버몬트(Vermont)주의 4학년 쓰기 포트폴리오 평가 프로그램에서 포함한 자료는 다음과 같다(Vermont, 1992).
- 내용 차례표
- 가장 잘된 글(교사와의 협의를 통하여 선택한 글)

al., 1996; Farr et al., 1994; Tierney et al., 1991).

- ○ 내용 차례표
- ○ 목표 탐구 기록
- ○ 언어 사용(읽기/쓰기/말하기/듣기) 목록표
- ○ 정기적인 분석 및 협의 기록
- ○ 자기 평가 보고서
- ○ 다양한 주제와 형식의 언어 사용 결과물 및 관련 자료(분석지, 체크리스트 등)
- ○ 포트폴리오에 대한 동료, 교사, 학부모의 기록이나 논평

(1) 내용 차례표

내용 차례표는 포드폴리오를 구성하고 있는 사료의 목자이다. 내용 차례표는 교사나 동료 평가자들이 어떠한 자료들을 포함하고 있는가를 한눈에 알아볼 수 있도록 자료명이나 제목, 자료 수, 페이지 수, 참고 사항 등이 기록되어야 한다. 표<11-3>은 내용 차례표 양식 의 예시이다. 내용 차례표는 자료 조직을 어떻게 하는가에 따라 체계가 달라진다. 성취도 평가 등을 위해서 결과 포트폴리오를 구성할 때는 조직 방식을 교사가 정해 줄 수도 있지만, 과정 평가에서는 주로 학습자 스스로 조직 방식을 선택하도록 하는 것이 좋다. 경험이 없거나 저학년 단계에서는 주로 가나다 순, 시간 순서, 선호도 순서, 영역별, 언어 사용 상황별 등 간단한 기준으로 자료를 조직하고 내용 차례표를 만들도록 한다. 그리고 자기 평가 능력이 향상될수록 주제, 장르, 난이도, 활용도와 같이 내용이나 형식에 초점을 두고 자료를 조직하고 내용 차례표를 작성할 수 있다. 교사는 학생들에게 내용

- 자기 평가 보고서(잘된 글에 대한 선택 근거, 평가 결과, 쓰기 과정에 대한 설명)
- 문학적인 글(시나 짧은 단편 산문, 또는 희곡)
- 설명하는 글이나 주장하는 글
- 타 교과에서 특정 주제를 대상으로 구성한 글

차례표의 활용 가치를 설명하고 내용 차례표를 작성할 수 있는 시간을 주고 틈틈이 내용 차례표 작성을 도와야 한다.

표<11-3>. <u>내용 차례표 양식 예시</u>

자료 순서	자료 내용(자료수) --- 페이지	참고 사항
기본 자료	- 내용 차례표 -------- 1 - 읽기/쓰기 목록 ------ 2 - 협의 기록지 -------- 3 - 자기 평가 보고서 ----- 4	나의 읽기와 쓰기에 대한 모든 것을 보여주는 자료들
수업 시간 자료	- 내 생각을 주장한 글 - 6 - 광고글 ------------ 8 - 나를 소개한 글 ----- 9 - 동시(2) ---------- 11 - 실험 보고서 ------- 13	수업 시간이나 학교 글짓기 행사를 통하여 나온 자료들
수업 시간 이외의 자료	- 독서 기록(3) -------- 15 - 일기(2) ---------- 19 - 쪽지 편지(4) ------- 21	집에서 혼자 쓰는 자료들
가장 잘된 자료	- 엄마와의 대화 일지 -- 26 - 이야기 꾸며 쓴 것 --- 28 - 사과 편지---------- 30	가장 중요한 자료

(2) 목표 탐구 기록

포트폴리오는 학습자의 개별성과 자기 주도성을 강조한다. 학습자는 언어 경험, 흥미, 수준에 있어서 다양한 차이를 드러낸다. 교사가 수업에서 이러한 차이를 한꺼번에 수렴할 수 있는 방법은 없다. 학습자 스스로 언어 사용에 관한 목표를 탐구하고 실천하며 그 결과를 평가할 수 있도록 해야 한다. 그러한 점에서 목표 탐구 기록은 중요한 포트폴리오 자료이며 학기가 지남에 따라 자신의 쓰기 성장이나 변화를 확인하는 중요한 기준이 된다. 여기에는 특정 기간과 그 기간에 설정한 목표, 목표 달성을 위한 활동을 적을 수 있는 공간이 필요하고, 정기적인 협의시에 목표 탐구 기록에 대한 선생님의 도움말을 적을 수 있는 공간을 기록지 아래에 마련해 두는 것도 좋다. 표 <11-4>는 이러한 목표 탐구 기록 양식의 예시이다.

표<11-4>. 목표 탐구 기록 양식

목표 탐구		
		이 름:
기 간	나의 **목표**	목표 달성을 위한 활동
부터 까지		
부터 까지		

(3) 읽기/쓰기 목록표

읽기와 쓰기 목록은 일년 동안 학생들이 읽고 쓴 결과물의 총합이다. 목록에는 읽고 쓴 날짜, 제목, 읽기나 쓰기의 이유, 자기 평가 기록 등을 포함해야 하고, 목록 전체에 대한 교사의 논평이나 도움말을 적을 공간도 두는 것이 좋다. 교사는 목록 검토를 통하여 일년 동안 쓰고 읽은 양을 알아볼 수 있고, 학생들의 흥미와 관심을 가진 부분을 알 수 있다. 평가에 따라 읽기와 쓰기 목록을 따로 두는 경우도 있으나 읽기와 쓰기가 공통적으로 의미 구성 행위라는 점을 감안한다면 읽기와 쓰기 목록을 통합하는 것도 바람직하다. 읽기와 쓰기 목록을 작성할 때 학생들은 제목이나 저자, 내용을 기억 못할 수도 있다. 따라서 목록 기록에 대한 사전 지도와 연습이 필요하며, 목록을 자주 기록하는 습관을 가져야 하고, 책을 읽을 때는 제목이나 저자와 같은 핵심적인 요소는 잘 기억하도록 강조한다. 이러한 요소를 기억하는 것은 내용을 이해하고 동일한 저자가 쓴 책이나 유사한 책을 읽을 때 이해를 쉽게 해 주기 때문이다. 표 <11-5>는 읽기/쓰기 목록 양식의 예시이다.

표 <11-5>. 읽기/쓰기 목록 양식

<table>
<tr><td colspan="5" align="center">읽기/쓰기 목록

아주 잘함: ☆☆☆☆   잘   함 :☆☆☆   보   통:☆☆   노력요함:☆
이 름:</td></tr>
<tr><td>날짜</td><td>제목(저자)</td><td>내가 이것을 읽은/쓴 이유</td><td>자기 평가</td></tr>
<tr><td></td><td></td><td></td><td></td></tr>
<tr><td></td><td></td><td></td><td></td></tr>
</table>

(4) 협의 기록지

협의 기록지는 교사와의 정기적인 협의시에 개선할 점이나 더 노력해야 할 점을 중심으로 기록하는데, 이러한 협의는 학기당 한두 번 실시한다. 표 <11-6>은 읽기나 쓰기 포트폴리오 협의를 위한 기록 양식의 예시이다.

표<11-6> 읽기/쓰기 협의 기록 양식

<table>
<tr><td colspan="7" align="center">협의 기록</td></tr>
<tr><td colspan="7" align="right">학생 이름:</td></tr>
<tr><td colspan="3">협의 횟수: (/)</td><td colspan="4">기간: 부터   까지</td></tr>
<tr><td colspan="3">읽기/쓰기의 양</td><td colspan="4">자기 평가 결과</td></tr>
<tr><td colspan="3"></td><td colspan="4"></td></tr>
<tr><td colspan="3">태도 및 흥미</td><td colspan="4">목표 달성도</td></tr>
<tr><td colspan="3"></td><td colspan="4"></td></tr>
<tr><td colspan="3">향상된 점</td><td colspan="4">노력할 점</td></tr>
<tr><td colspan="3"></td><td colspan="4"></td></tr>
<tr><td rowspan="2">평 가</td><td colspan="3" align="center">이번 기간 동안의 평가</td><td colspan="3" align="center">이전 기간과의 비교</td></tr>
<tr><td>잘함</td><td>보통</td><td>노력요함</td><td>개선됨</td><td>같음</td><td>더 부진함</td></tr>
<tr><td>읽기/쓰기의 양</td><td></td><td></td><td></td><td></td><td></td><td></td></tr>
<tr><td>읽기/쓰기의 질</td><td></td><td></td><td></td><td></td><td></td><td></td></tr>
<tr><td>읽기/쓰기 태도</td><td></td><td></td><td></td><td></td><td></td><td></td></tr>
</table>

(5) 자기 평가 보고서

자기 평가 보고서는 포트폴리오에 포함된 자료에 대한 자기 평가 결과의 기록이다. 말하기, 듣기, 읽기(문학), 쓰기에 대한 종합적인 평가로서 학습자의 적극적인 반응을 유도하고 보다 구체적인 교수-학습 정보를 얻기 위해서는 영역별로 나누어 자기 평가할 수 있도록 지도한다. 일 년에 두 번 정도 자기 평가 기회를 주어 언어 능력의 성장 정도를 파악할 수 있도록 한다. 교사는 이를 통하여 언어 사용에 관련된 지식, 기능이나 전략, 태도 등에 대한 학생들의 인식 능력을 종합적으로 알아볼 수 있다. 최종적으로 정리하는 자기 평가 보고서에는 글의 세부적인 내용에 얽매이지 않고 글의 전체 구조나 내용의 전개, 필요할 경우 자신의 전반적인 쓰기 능력이나 성취도, 성장 정도에 대하여 언급할 수도 있다. 보고서의 형식은 질문에 답하는 것보다는 교사나 학부모, 또는 친구에게 편지를 형식으로 써서 답장을 주고받으며 훨씬 효과적이다. 다음은 교사가 최종적인 자기 평가 보고서를 작성할 수 있도록 학생들에게 사전에 제시한 항목이다. 이것은 세 편의 글에 대한 평가, 필자로서의 자신에 대한 평가를 포함하고 있다.

(6) 언어 사용 결과물 및 관련 자료

포트폴리오는 다양한 상황에서 구성한 언어 사용 결과물을 자료로 포함한다. 이러한 자료로는 글을 읽고 요약한 것, 생각이나 느낌을 쓴 것, 창작 동화나 동시, 말하기 원고, 역할극 녹화 자료, 광고글 등 다양하다. 이러한 자료는 학생들이 실제로 언어를 사용한 결과를 나타낸다. 그러나 교사들의 의도적인 과제 제시가 없다면 학생들은 학교 수업을 통하여 나오는 자료나 특정 영역의 고립된 언어 사용 자료만을 포함할 가능성이 많다. 따라서 교과서에 제시된 과제 이외에 영역 통합적이고 유의미한 과제를 제시함으로써 보다 실질적인 언어 사용 양상을 살펴볼 수 있을 것이다. 예를 들면 주제를 제시하고 토론 원고를 작성하여 토론을 시켜보거나 매일 '명상의 시간'을 두고 10여분 정도 생각한 후 그 내용을 글을 써 보게 하는 활동 등을 할 수 있다. 규칙적으로 매일 쓰는 일기나 불규칙적으로 쓴 저널도 학생들의 언어 사용 결과를 타당하게 반영해 주는 자료들이다. 저널의 종류는 다양하다. 일기처럼 쓰는 저널이 있는가 하면, 대화만 기록하는 대화 저널, 책을 읽고 생각이나 느낌을 쓰는 반응 저널, 주요 화제나 시사점에 대한 개요와 자기 생각을 정리한 시사 저널 등이 있다. 이러한 저널은 학생들이 자신을 자유롭게 표현한 자료이므로 학생들의 사고의 폭과 관심 영역 및 흥미를 알아볼 수 있는 적절한 평가 자료이다. 한편 적절히 통제된 상황에서 도출한 언어 사용 결과물도 타당한 평가를 하는 데 도움이 된다. 일상 생활의 언어 사용이 늘 자유로운 상황에서만 이루어지는 것은 아니기 때문이다. 때로는 통제된 된 상황에서, 때로는 형식적이고 공식적인 상황에서 주어진 틀에 맞게 언어를 사용해야할 때도 있다. 예를 들면 일상에서 정해진 시간 내에 특정 주제에 대하여 진술하거나 논술할 때 이러한 능력이 요구된다. 언어 사용 결과물에 관련된 자료는 초고, 수행 과정을 분석한 분석지, 결과물에 대한 평가지 등이 있다. 표 <11-7>은 자신의 글을 점검할 수 있는 기록의 예시이다.

표 <11-7>. 자신의 글에 대한 점검표 예시

글 살피기

*하나의 글을 다시 살펴보고
 다음을 생각해 보자.

이 름:
글제목:
날 짜:

ㅇ이 글을 쓴 이유는 무엇인가?

____

ㅇ이 글은 누가 읽을 것인가?

____

ㅇ이 글을 쓰는 데 필요한 내용은 어디에서 얻었는가?

____

ㅇ이 글을 좀더 좋은 글로 만들기 위해서 내가 할 수 있는 것은?

____

친구의 평가

친구 이름:

ㅇ이 글에서 가장 잘된 점이라고 친구가 이야기한 것은?

____

ㅇ 이 글에서 고쳐야 할 점이라고 친구가 이야기 한 것은?

____

ㅇ그 외 친구가 이야기한 것은?

____

다. 자료 선정의 기준과 주체

　자료 선정은 학습자에게 스스로 선택 기준을 설정하고 평가할 수 있는 기회를 제공하면서도 일정한 체계를 갖추어야 한다. 포트폴리오가 진정한 의미의 자기 주도성을 증진시키기 위해서는 적절한 것을 선택하도록 하는 것이 필수적이기 때문이다. 그러므로 포트폴리오 평가 자료의 수집과 선택의 일차적 주체는 학습자가 되어야 한다. 포트폴리오의 가장 중요한 목적은 자신의 언어 사용에 대한 평가 능력을 길러주고 궁극적으로는 학습 의욕을 자극하는 데 있다. 학습자 스스로 다양한 자료를 수집하고 분석해 보아야 가장 좋은 결과물을 선택할 수 있다. 엄격한 기준을 적용하여 제한된 결과물을 가지고 평가하게 되면 타당한 평가 기준을 학습자 스스로 내면화하기 힘들다. 그러나 포트폴리오 평가 경험이 없을 경우 명확한 기준을 정하여 자료를 선정하는 것은 어렵다. 기준을 정하는 것도 어렵고, 기준에 맞는 자료를 선정하는 것도 어렵다. 초기에 확실한 기준을 제시하게 되면 학생들의 자기 주도성과 자기 평가 능력을 떨어뜨린다. 따라서 좋아하는 글, 재미있었던 책, 기억해야겠다고 생각한 것, 잘 되었다고 생각하는 글 등 포괄적인 기준을 제시하는 것이 좋다. 이러한 자료는 언어 사용 과정이나 전략을 알아보거나 언어 발달을 알아보기 위한 것이 아니라 자기 주도성과 자기 평가 능력을 길러주기 위한 것이다. 일반적으로 교사들이 포트폴리오에 포함될 자료를 선택하는 기준은 다음과 같다.

○ 필자, 독자, 청자, 화자로서 성장을 보여주는 자료
○ 학교 이외의 일상 생활에서 언어 사용을 보여주는 자료
○ 자기 평가를 바탕으로 하여 언어 사용을 소성하거나 강화했음을 보여주는 자료
○ 문제 해결, 분석, 평가, 추론, 종합 등의 사고 전략을 보여주는 자료
○ 언어 사용 과정이나 전략의 적용을 나타내 주는 자료
○ 독자나 청자를 특별히 인식하여 언어를 사용한 자료
○ 교수-학습에 중요한 시사점을 주는 문법적 오류나 맞춤법 오류 자료
○ 교정을 통하여 중요한 오류를 개선한 흔적이 있는 자료
○ 교육 과정이나 교사가 특별히 강조하는 부분과 관련된 자료
○ 개별 학습자의 언어 사용 특성과 흥미를 나타낼 수 있는 자료

교사는 평가 목적에 비추어 특정 자료를 강조할 수도 있다. 예를 들어 언어 사용 과정을 강조하는 평가에서는 초고나 언어 사용 과정에 대한 분석지 등을 꼭 포함하도록 한다. 학생들의 자기 주도성 향상을 염두에 두고 있다면 자기 평가나 흥미나 태도와 관련된 자료를 포함하도록 할 것이다. Wolf(1992:133)는 포트폴리오 체제가 구체적으로 정의되지 못하고 지나치게 개방적일 경우에는 한낱 종이 뭉치에 지나지 않는다고 했다. 교사가 학생의 선택 과정을 살피는 것이 필요한 이유는 그것을 비판하거나 평가하

기 위한 것이 아니라 적절한 자료를 선택할 수 있도록 하기 위해서이다. 적절한 자료를 선택하지 못한다면 평가는 그만큼 타당성이 떨어진다. 학생들이 적절한 자료를 선택하지 못했을 경우 그것을 교체하도록 강요하거나 비판하는 것보다는 선택한 자료에 초점을 두고 이야기를 나누면서 그러한 자료를 선택한 이유를 생각해 보도록 한다. 이러한 과정은 바람직한 선택 기준을 재설정하고, 언어 사용의 측면에서 가치 있는 것이 무엇인가에 대하여 생각할 수 있는 시간이 된다. 특정 자료에 대한 추가 자료를 생성할 수도 있다. 관련 자료에 대하여 설명을 덧붙이거나 보충 자료를 첨부하거나 자기 평가 기록을 덧붙일 수도 있다. 그러나 이러한 기록들을 지나치게 강조하면 자칫 지루할 수 있기 때문에 학생들 스스로 그러한 기록들이 필요함을 느낄 수 있도록 하는 것이 중요하다. 즉, 그러한 기록을 가짐으로써 글을 더욱 좋게 만들 수 있다는 사실, 교사나 동료가 자신의 글을 더 잘 이해할 수 있다는 사실을 알게 될 때 적극적으로 그러한 기록에 참여할 것이다. 그리고 이러한 기록은 바람직한 언어 사용 과정이나 결과가 어떠한 것인가에 대한 기준을 내면화할 수 있는 경험이 된다. 포트폴리오 자료는 학습 활동을 완성하기 위한 고도의 사고 기능과 문제 해결 능력을 나타낸다는 점에서 단순한 수집 홀더와는 다르며, 그것은 지속적으로 재구성된다는 사실을 교사는 항상 염두에 두어야 한다.

3. 포트폴리오 평가

포트폴리오 평가는 과정과 결과, 교사와 학생이라는 네 가지 변인에 근거하여 범주화할 수 있다. 하지만 이러한 범주화가 상호 배타적으로 작용하지는 않는다. 예를 들어 결과는 과정의 최종 도달점이며, 학생들의 과정 평가나 결과 평가는 교사의 평가에 의존하거나 교사의 평가 전략을 그대로 내면화하는 경우가 많다. 이는 물론 교사와 학생의 상호 작용이 충분히 전제되어야 한다. 학생들의 과정 평가는 지속적이고 빈번하게 이루어져야 한다. 과정 평가는 '내가 무엇을 얼마나 잘 하고 있는가?'에 초점을 두기보다는 '성취하고자 하는 것은 무엇이며, 무엇을 해야 하는가?'에 초점을 두어야 한다. 이를 위해서는 자신의 포트폴리오를 자주 점검하고, 평가하고, 다른 사람과 공유하는 습관을 길러야 한다. 그래야 보다 나은 지향점을 확인할 수 있고 개선하려는 의지를 다질 수 있다. 교사들의 과정 평가는 학생들이 이해와 표현 활동에서 의미를 어떻게 구성하는지, 더 필요한 기능이나 전략은 무엇인지를 알아보는 데 유용하다. 교사의 과정 평가는 학생들의 포트폴리오 평가 활동을 지원하고, 협의하고, 관찰하는 과정에서 이루어진다. 학생이나 교사의 결과 평가는 수집한 언어 사용 결과물이나 관련 기록들을 분석하고 검토함으로써 이루어진다. 특정 기간의 결과물을 비교, 검토하여 언어 능력이 얼마만큼 성장했는지, 언어 사용 능력이 어느 정도인지, 흥미나 태도는 어떠한지를 판단한다. 이러한 결과 평가는 학생들로 하여금 성취감을 느끼게 해 주고 학습 동기를 강화하는 역할을 한다.

가. 자기 평가

(1) 자기 평가의 전제 조건

학생들의 자기 평가 능력은 자료를 읽고, 수집하고, 조직하고, 분석하면서 평가하는 과정에서 발달한다. 학생들이 자신의 언어 사용 과정이나 결과를 평가하는 것은 포트폴리오 평가의 본질적인 측면이다. 티에르니

(Tierney, 1991)는 포트폴리오는 학생들의 평생 자산이 될 수 있으므로 자기 주도성을 가지는 것이 필수적이라고 하였고, 카에(Kaye, 1994)는 평생 학습의 차원에서 포트폴리오의 유지와 자기 평가 기능을 강조하고 있다. 이를 위해서는 몇 가지 전제되어야 할 것이 있다.

우선 포트폴리오가 학생들에게 보다 적극적이고 효율적인 자기 평가 경험을 주기 위해서는 학생들이 쉽게 접근할 수 있는 곳에 있어야 한다. 포트폴리오 자료는 학생들이 수시로 활용하고 평가할 수 있어야 한다. 교사 자리 주위나 교사가 통제하는 장소에 두게 되면 학생들은 접근을 꺼린다. 다른 사람에게 피해를 주거나 방해를 느끼지 않고 언제든지 자유롭게 접근하여 활용할 수 있는 장소가 좋다. 포트폴리오 자료를 규칙적으로 수집하고, 조직하고, 반응하고, 분석하고, 생각할 수 있는 시간을 주는 것은 포트폴리오 평가에서 필수적인 요소이다(Murphy, 1994) 정확하고 구체적인 자기 평가는 포트폴리오 자료에 대한 빈번한 조정과 관심에서 나온다. 포트폴리오 사용 시간을 일정하게 정해두지 않으면 포트폴리오에 대한 관심이 소홀해지기 쉽다. 최소한 일주일에 20-30분 정도는 포트폴리오를 학습하거나 평가할 수 있는 시간을 주어야 할 것이다. 자료들을 추가하거나 정리하고, 특정 자료에 대한 생각을 기록하고, 동료나 교사와 자료를 공유하는 시간이 필요하다. 자습 시간이나 재량 시간, 국어 시간 등을 적절히 활용하면 될 것이다. 이 외에도 수업에 지장을 초래하지 않는 한 학생들이 사용을 원하는 시간에는 언제든 자유롭게 사용할 수 있도록 해야 할 것이다.

학생들에게 아무리 많은 시간을 준다고 하더라도 교사의 자극이 없다면 학생들이 적극적으로 참여한다는 보장은 없다. 교사는 학생들이 포트폴리오를 사용할 때 '이 자료는 언제 끼워 넣었니?' '스포츠를 좋아하는 모양이구나'와 같은 반응으로 관심을 보여주어야 한다. 그리고 '좋은 독자의 특성

은 무엇인가?' '지난 한 학기 동안 가장 잘된 글은 무엇인가?'와 같은 질문
으로 자기 평가를 촉진할 수 있어야 한다. 교사는 학생들의 초인지적 사고
를 활성화시키기 위하여 언어 사용 과정에 대한 분석이나 목표 설정에 필
요한 도움을 체크리스트나 질문지 형식으로 제시한다. 파르(Farr, 1994)는
포트폴리오 평가에서 학생들의 자기 평가를 강화할 수 있는 방안을 다음
과 같이 제시하고 있다.

- o 비판적이고 탐구적인 자세를 가지도록 한다.
- o 특정 결과물이나 자료를 선택하여 그것을 설명하게 한다.
  (그것은 가장 잘한 것일 수도 있고 가장 부족한 것일 수도 있다.)
- o 짝을 지어 학습 결과물에 대하여 반응하고 평가하게 한다.
- o 자기 평가 질문지나 체크리스트를 제공하여 활용하게 한다.
- o 자신이 설정한 목표를 확인하고 얼마나 목표에 접근했는지 기록하게 한다.
- o 자신의 포트폴리오를 직접 조직하고 재구성하게 한다.

(2) 자료의 조직 및 재구성을 통한 자기 평가

여러 가지 자료를 조직하거나 재구성하는 것은 반성적 사고를 유발할
수 있다. 자료가 어느 정도 수집되면 다른 사람과의 상호 작용을 용이하게
하고 보다 유용한 정보를 얻기 위해서 자료를 일정한 기준으로 조직해야
한다. 특히 교사와 정기적인 협의를 하기 전에 자료를 조직함으로써 학생
들은 자신의 언어 경험, 개략적인 수준, 문제점 등을 파악할 수 있고, 이는
토의 초점과 협의 방향을 설정하는 데 도움이 된다

자료를 조직하는 기준은 영역별, 주제별, 장르별, 시기별, 수준별, 언어
사용 상황별, 자료 선호도, 활용도, 자료의 완성도 등 다양하다. 학생들은
자료를 재구성하고 조직하면서 자신이 언어 사용에 대한 통찰력을 가질
수 있다. 예를 들어 주제나 장르별로 정리할 경우 어떤 주제나 장르에 흥미

를 가지는지, 좀더 관심을 두어야 할 주제나 장르는 무엇인지를 쉽게 알 수 있다. 시기별로 정리하는 것은 특정 기간 동안 언어 능력이 어떻게 변화해 왔는지를 알아보는 데 적합하다. 수준별로 결과물을 조직하는 것은 자연스럽게 자기 평가를 유도하고, 최종적인 언어 능력을 평가할 수 있게 해 주고, 왜 그러한 평가 결과가 나왔는지에 대하여 다른 사람과 상호 작용하는 데 유용하게 활용된다. 동일한 조직 방식을 계속 사용하더라도 문제될 것은 없지만, 평가 목적과 학생들의 수준에 적절한 방법을 선택하는 것이 중요하다. 예를 들어 학생들의 흥미를 알고 싶을 때는 자료를 주제별, 장르별, 화제별로 조직하도록 요구할 수 있다. 학생들의 자기 평가 능력이 떨어질 경우 간단한 기준을 적용하여(예를 들면 좋아하는 순서나 긴 글 순서대로 조직하는 방식) 조직하게 할 수도 있다. 한편 학생들은 자료를 조직할 뿐만 아니라 지속적으로 재구성한다. 자기 평가나 동료 평가를 토대로 하여 부족한 자료를 개선하거나 제외시켜 나가고 필요한 자료를 추가하기도 한다. 자료의 재구성 과정도 학생들에게 유용한 자기 평가 경험이 된다.

자료 조직이나 재구성에 대한 기본적인 안내는 필요하지만, 교사가 조직 기준을 엄격히 제시하게 되면 자기 통찰력을 가질 수 있는 기회를 빼앗는 것이 된다. 자료 조직의 주체는 어디까지나 학생이어야 한다. 학생들이 내용의 질에 초점을 맞추어 포트폴리오 자료를 재구성하거나 조직하는 데 어려움을 가지는 것은 자기 평가를 통한 조직 경험이 부족하기 때문이다. 그러나 처음에는 평가 기준이나 조직 방식이 엉성하기 짝이 없지만 다양한 경험을 통하여 보다 능숙한 자기 평가자로 발달할 수 있다.

자기 평가 결과는 기록으로 남김으로써 학생들의 사고 발달과 쓰기 성장을 증명하고, 이미 구성한 자료를 교정하거나 앞으로의 학습 목표나 문제를 설정하는 근거 자료로 삼아야 한다. 하지만 자기 분석 결과를 언어화하는 것은 자기 존중감과 일정 수준의 표현력을 요구하므로 교사의 적절한 도움이 수반되어야 보다 정확하고 정교하게 결과를 표현할 수 있다.

나. 교사 평가

포트폴리오 평가에서 교사 평가의 가장 주된 초점은 교수-학습 개선 정보를 수집하고, 목표 달성 여부를 확인하는데 있다. 포트폴리오는 학생들의 언어 능력, 흥미나 관심사, 언어 사용자로서의 자기 인식이나 자기 평가 능력에 대하여 풍부한 정보를 포함하고 있다. 교사가 이러한 평가에서 유용한 정보를 얻기 위해서는 몇 가지 유의할 점이 있다. 첫째는 포트폴리오 평가의 일차적인 목적은 학생들의 능력을 점수화하는 데 있는 것이 아니라 언어 발달을 이해하고 필요한 도움을 주는 데 있다는 점이다. 학생들을 수시로 관찰하고, 상호 작용하고, 정기적인 협의를 가짐으로써 학생들의 언어와 사고 발달 양상을 종합적으로 평가할 수 있어야 한다. 평가 내용으로는 언어 사용 과정, 언어 사용 결과, 자기 평가 능력 등이다.　교수-학습 개선을 위하여 필요한 정보는 과정 평가로부터 도출된다. 어떠한 목적으로 언어를 사용하는지, 어떠한 지식이나 경험, 또는 기능이나 전략이 학생들의 언어 사용을 자극하고 도움을 주는지를 파악하는 것은 이후의 교수-학습 계획에 도움을 준다. 결과 평가는 학생들의 성취도, 성장 정도, 흥미나 태도를 판단하는 데 유용하다. 결과 평가의 주요 내용은 읽기나 쓰기의 양, 언어 사용자로서 발달의 증거, 특정 화제나 장르에 대한 흥미나 태도 등이다. 읽기나 쓰기의 양은 읽기/쓰기 목록 검토를 통하여 알 수 있는데, 교사는 기준으로 정한 양, 이전 기간의 양, 또는 다른 학생의 양과 비교함으로써 학생들의 언어 발달과 태도의 변화를 알 수 있다. 학생들의 언어 발달과 성장 정도를 나타내는 표지는 양적인 측면 외에도 여러 가지가 있다. 예를 들면 다양한 화제와 형식의 언어 사용, 청자나 독자에 대한 인식 증가, 정교하고 자세한 설명이나 묘사, 쓰거나 읽는 길이 증가, 창의적이거나 새로운 표현의 사용, 내용의 구조화, 사고의 논리성 등이 있다. 교사는 이러한 표지들을 토대로 이전 기간의 자료나 평가 결과와 비교함으로써 성장 정도를 알 수 있다. 역시 특정 화제나 장르에 대한 학생들의 흥미나 태도도 읽기/쓰기 목록 검토를 통하여 알아볼 수 있을 것이다. 교사 평가에서 또 하나 중요한 것은 학생들의 자기 평가 능력에 대한 분석이다. 이는 포트폴리오 평가에 필수적인 사고 기능일 뿐만 아니라, 교수-학습 개선 단서를 찾는 사고 기능이며, 개선 의지를 북돋워주는 데 필요한 사고 기능이기도 하다. 자기 평가 능력은 협의시의 면담, 학생들의 자료 조직 및 재구성 과정의 관찰, 자기 평가 보고서 분석 등을 통하여 알아볼 수 있다.

　　교사는 평가를 마친 후 그 결과를 요약하여 기록해 둔다. 이것은 학부모나 학생들과의 의사 소통을 위해서나 다음 기간의 평가와 비교하기 위해서 필요하다.

　다. 협의 평가

　(1) 협의의 목표

　　포트폴리오 평가에서 협의는 교수 초점과 학습 초점의 간격을 좁히고 자기 평가를 촉진하는 중요한 기회이다. 포트폴리오 평가에서 학생들은 때로 교사의 의도와는 상관없는 무의미한 자료를 포함하기도 하고, 불필요한 활동에 초점을 두기도 한다. 또한 학생들이 자신의 능력에 근거하여 언어 사용 과정과 결과를 분석하고 자신의 수준에 맞는 구체적인 목표를 설정하는 것은 어려운 작업이 될 수 있다. 포트폴리오 평가에서 협의가 필요한 이유 중의 하나가 바로 여기에 있다. 연구자들은 포트폴리오가 교사, 학생, 학부모를 비롯한 교육 주체들의 효율적인 의사 소통이 될 수 있다는 데 동의한다(Farr et al., 1994; Frazier et al., 1992; Tierney et al., 1991). 포트폴리오 협의를 하기 위해서는 협의 초점을 명확히 해야 한다. 일반적인 협의 초점은 첫째, 학생들이 자신의 언어 사용 과정과 결과에 대하여 반성적인 사고를 할 수 있도록 돕고, 둘째, 학생들의 언어 능력, 발달 정도, 흥미나 태도를 파악하여 교수-학습 개선 정보를 수집하며, 셋째, 잘된 점을 격려하고, 부족한 점을 개선할 수 있도록 송환을 해 주고, 적절한 목표를 설정할 수 있도록 돕는 데 있다.

(2) 협의의 종류

포트폴리오 협의는 협의 대상에 따라 교사와의 협의, 동료와의 협의, 학부모와의 협의로 나눌 수 있다. 또 협의시기에 따라 포트폴리오 협의는 보통 시간과 형식에 얽매이지 않는 간이 협의와 일정한 계획에 따라 운영되는 정기 협의로 나눌 수 있다.

간이 협의는 형식이나 시간의 구애를 받지 않고 교사, 동료, 학부모를 비롯하여 어느 누구와도 이루어질 수 있는 협의이다. 포트폴리오 협의가 다른 협의와 다른 점은 학생이나 교사가 언어 사용 과정이나 결과를 놓고 학부모와 효과적인 의사 소통을 효과적으로 할 수 있다는 점이다. 교사는 포트폴리오에 대하여 학부모 회의 때나 가정 통신문을 통하여 사전에 알리고 협조를 요청한다. 그리고 학생들은 포트폴리오를 집으로 가져가서 부모와 이야기를 나눌 수도 있고 필요한 도움을 받을 수도 있다. 교사는 학부모 방문시에 학생의 포트폴리오에 대하여 이야기를 나눌 기회를 가질 수 있을 것이다. 정기 협의나 학기말 평가 후에는 평가한 관점과 평가 결과를 첨부하여 통지하고, 학부모의 논평이나 의견을 수집한다. 포트폴리오 평가에서 교사와 학생, 학생과 학부모, 학생 상호간의 간이 협의는 지속적으로 요구되는 활동이다. 간이 협의는 특정한 초점 없이 자유롭게 이루어지는 경우가 많지만 때로는 목표 설정이나 가장 잘된 결과물의 선정 등 특정 목적을 위하여 이루어지기도 한다. 간이 협의의 활성화를 위해서는 평가 자료에 대한 구성원들의 빈번한 조정과 관심이 뒷받침되어야 한다. 한편 포트폴리오 평가 경험이 없을 경우, 평가를 적용하고 일정한 시간이 지난 후에 별도의 '최초 협의'를 한 번 정도 가지는 것이 좋다. 이 때는 포트폴리오에 대한 이해, 구성 절차, 평가 방법에 아직 익숙하지 않은 상태이므로 포트폴리오 평가에 필요한 제반 과정을 이해하고 평가 방법을 익히는 데 초점을 둔다. 예를 들면, 포트폴리오를 조직한 방식과 그 이유, 읽기/쓰기 목록의 기록 방식, 특정 결과물에 대한 분석과 관련 자료의 기록 방식, 언어 사용자로서의 변화에 대한 인식, 이후의 학습 목표나 계획 등에 대하여 이야기를 나눌 수 있다. 이 때의 협의는 가능한 짧게 끝내는 것이 좋다.

  간이 협의가 다양한 구성원과의 상호 작용을 의미한다면 정기 협의는 교사와의 협의를 의미한다. 정기 협의는 중간 협의, 학기말 협의로 나누어 한 학기나 일년에 두세 번 정도 이루어지는 것이 바람직하다. 교사와 학생의 정기적인 협의는 학생과 교사가 함께 언어 경험, 언어 사용 과정과 결과, 흥미나 태도 등을 점검하고 전체적인 언어 발달 정도를 파악하는 기회가 된다. 그리고 성장 정도와 성취도를 판단해 봄으로써 학습 의욕을 북돋워주고, 평가의 주체로서 학생들에게 자기 존중감을 심어줄 수 있는 기회이기도 하다. 또 학생들은 교사와의 상호 작용을 통하여 언어 사용자로서 자신에 대한 인식과 언어 사용 과정과 결과에 대한 통찰력을 얻고 자기 평가 기준을 명확히 하거나 정교화한다. 포트폴리오 협의는 개별화 교수의 기회이기도 하다. 학생들의 언어 능력과 발달 정도, 흥미 및 태도, 학습 목표는 각기 다양하게 나타난다. 교사는 언어 사용 개별 학생의 특성을 구체적으로 파악할 수 있고, 학생의 수준과 특성에 가장 적절한 학습 방법과 방향을 안내해 줄 수 있다.

(3) 협의 준비 및 방법

포트폴리오 협의를 효율적으로 운용하기 위해서는 교사는 몇 가지 절차를 참고할 필요가 있다. 우선 포트폴리오 평가에서 협의의 개념과 가치를 설명하고 협의 일정을 소개하는 것으로 시작한다. 협의는 평가하는 시간이 아니라 좋아하거나 잘하는 점, 궁금한 점이나 어려운 점, 앞으로 노력해야 할 점에 대하여 질문하고 이야기를 나누는 시간임을 알도록 하는 것이 중요하다. 교사가 이야기하는 시간이 아니라 학생들이 이야기하고 교사는 주로 듣는 시간임을 알도록 하는 것도 중요하다. 그리고 협의에 들어가기 전에 포트폴리오를 검토하고, 조직하고, 내용 차례표를 만들어야 한다는 점도 강조해 주어야 한다. 협의가 효율적으로 이루어지기 위해서는 포트폴리오에 대한 학생들의 자기 분석이 전제되어야 한다. 이는 협의 때의 말할 거리를 마련하고 의사 소통을 효율적으로 하기 위한 과정임을 인식시킨다. 그리고 협의가 언제 어떠한 방식으로 이루어질 것인가에 대하여 안내하고 학급의 잘 보이는 곳에 협의 일정표와 필요한 준비물을 게시해 둔다. 준비물로는 포트폴리오 이외에 간단한 필기구와 협의 기록지가 있다. 협의 기록지는 양식을 만들어 나누어 줄 수도 있으나, 형식 없이 공책을 반씩 나누어서 한 쪽은 학생들이 쓰고 한 쪽은 교사가 쓰도록 해도 좋다. 협의는 쉬는 시간에 교사와 학생이 대화하는 것처럼 자연스럽고 편안하게 이루어져야 한다. 협의 중에는 다른 학생들이 협의를 방해하지 않도록 협의가 포트폴리오 평가에서 각자에게 중요한 과정임을 알게 한다.

포트폴리오 평가에서 협의 시간의 확보는 중요하다. 많은 교사들이 협의 시간의 부족을 포트폴리오 평가의 최대 장애 요소로 우려하고 있다. 그러나 시간적 어려움을 감수하더라도 협의는 포트폴리오 평가의 핵심 요소이며, 그 만큼의 가치가 있기 때문에 융통성 있는 시간 확보 방법이 필요하다. 한꺼번에 모든 학생을 협의하겠다는 생각보다는 몇 명씩 나누어서 틈틈이 협의한다는 생각을 가지고 가능한 시간을 모색해 보아야 한다. 우선 국어 시간이나 아침 시간, 재량 시간 등을 적절하게 활용할 수 있다. 포트폴리오를 교수-학습과 통합적으로 운영할 경우, 포트폴리오를 조직하고 재구성하는 동안 먼저 끝낸 학생들을 대상으로 협의를 우선적으로 실시할 수도 있고, 다른 활동 과제를 하는 동안 몇 명의 학생들을 협의할 수 있다. 미리 협의 초점을 알려주고 학생들이 반응을 준비해 오도록 하는 것도 협의 시간을 줄일 수 있는 하나의 방법이다.

정기적인 협의에서 교사는 대화를 나눌 수 있는 근거를 필요로 한다. 이러한 근거에는 포트폴리오 분석 결과, 교사가 평소 알고 있는 학생의 언어 경험이나 습관, 협의 중에 새롭게 알게 된 사실 등이 있다. 교사는 협의를 효율적으로 운영하고 필요한 정보를 끌어낼 수 있도록 다루어야 할 내용을 미리 정해두는 것이 좋다. 협의 경험이 없는 교사라면 더욱 그러하다. 그러나 교사가 필요한 말을 많이 하는 것보다는 가능한 학생들의 말을 많이 듣는 것이 중요하다. 이를 위해서는 다양한 설명, 예시를 끌어낼 수 있도록 개방적인 질문을 해야 하고, 학습자의 생각에 관심을 가져주고, 수용해 주고 존중해 주어야 한다. 예를 들면 특정 자료를 왜 포함했는지, 누구를 대상으로 말하고 썼는지, 표현하고자 했던 것이 무엇인지에 대하여 질문하고 그들의 반응을 주의 깊게 들어보면 학습자와 결과물에 대하여 많은 것을 알게 된다. 교사는 학생들의 포트폴리오를 관찰하고 이야기를 들으면서 발달의 증거를 찾아내고 관심사나 흥미가 무엇인가를 파악한다.

협의 결과는 교사와 학생이 공유하고 기록함으로써 생각을 정리할 수 있고, 포트폴리오를 조직하거나 재구성하는 데 참고하고, 다음의 협의 때 비교 자료로 활용할 수 있도록 한다.

라. 성취도 평가

포트폴리오 평가는 몇 가지의 목적을 동시에 추구하기도 한다. 성취도 평가 포트폴리오도 성취도 확인 뿐만 아니라 제한적이긴 하지만 주도적 학습 능력을 기르고, 교수-학습을 안내하는 목적으로도 사용될 수 있다. 성취도 평가를 목적으로 할 때는 일정한 기준에 따라 자료를 수집하고 결과를 해석해야 한다. 포트폴리오 자료는 개인의 경험이나 흥미, 또는 언어 사용 능력 등에 따라 매우 다양하게 나타나므로 선다형 평가나 단답형 평가에 비하여 다분히 주관적인 작업이 될 수밖에 없다. 평가의 신뢰도를 높이기 위한 방법으로 평가자들은 주어진 기준에 따라 자료를 선택하고 조직하도록 하고, 일정한 평가 요소나 기준을 마련한다.

그러나 성취도 평가라고 해서 반드시 통제된 상황에서 평가를 수행하고 전반적인 언어 능력을 측정하는 것은 아니다. 최종 평가 도구로 포트폴리오를 활용하는 방법은 다양하다. 가장 일반적인 것이 주어진 기준에 따라 기본적인 자료와 잘된 작품을 몇 가지 골라서 '결과 포트폴리오'를 구성하게 하고, 이를 평가하는 방식이다. 일부 포트폴리오 평가자들은 학습자의 자기 주도성을 존중하는 의미에서 자료의 양이나 종류에 특별히 제한을 두지 않고, 자연스럽게 구성된 포트폴리오를 그대로 활용하기도 한다. 학생들이 스스로 설정한 목표에 얼마나 도달했는가만 평가할 수도 있다.

성취도 평가에서는 평가의 신뢰도를 높이기 위하여 평가 요소와 기준을 사용한다. 대부분 일정한 기준을 가진 체크리스트나 평가 척도표를 구성하여 활용한다. 성취도 평가에서는 다양한 포트폴리오 자료를 평가 척도표에서 어떻게 제한하여 신뢰도를 확보하느냐 하는 것이 관건이기 때문이다. 포트폴리오의 자료가 다양한 특성을 가진다는 점에서 대부분의 포트폴리오 평가는 주로 총체적인 평가 기준이나 일반적이고 보편적인 평가 기준을 사용한다(Gentile, 1995; Moening, 1994; Amstead, 1994; White, 1994). 총체적인 평가 기준이란 개별 텍스트의 특성이나 양상을 고려하지 않고 포함된 복수의 텍스트나 자료를 전체적인 의미 구조로 인식하고, 평가자가 전체적인 인상에 의하여 평가하는 방법이다. 이 방법은 다양한 특성을 가진 많은 자료를 평가할 때 평가 시간을 절약할 수 있는 이점이 있으며, 텍스트나 자료를 개별적인 하위 요소로 분해하여 평가하는 비논리성을 극복할 수 있다. 대단위 포트폴리오 평가의 초기 형태인 아트프로펠(Art Propel) 프로그램은 쓰기 주제 및 장르의 다양성, 특정 텍스트에 대한 탐구 능력, 다른 사람과의 상호 작용, 자기 평가 능력, 교정하기 등을 주요한 평가 요소로 삼았다. 포트폴리오를 주 전체의 평가 도구로 활용한 버몬트(Vermont)주는 쓰기의 경우 학생들의 쓰기 성취도와 교육 과정의 효율성을 검증하기 위하여 평가 요소를 개별 학습자의 포트폴리오 평가를 위한 요소와 교육 과정 평가를 위한 요소로 나누었다(Tierney et al.,1991:160-165). 개별 학생의 포트폴리오 평가 기준으로는 목적에 맞는 내용 및 조직, 문장의 다양성 및 표현력, 맞춤법, 초고에서 교정본까지의 교정 및 개선 정도를 정하였고, 교육과정 평가 기준으로는 학생의 쓰기 발달 정도, 주제나 장르의 다양성,

쓰기 반응의 적절성을 정하였다. 학급 차원에서 이루어지는 성취도 평가에서는 평가 요소나 기준 설정이 더 다양하다. 학생들이 평가 기준 설정에 참여하기도 하고, 직접 평가하기도 한다. 학생들은 포트폴리오 과제나 자료를 선정하기 전에 평가 요소 및 기준을 인식하고 있어야 한다.

　대체로 총괄 평가의 의미로 포트폴리오를 평가할 때 선택할 수 있는 평가 기준으로는 언어 사용의 양(읽기나 쓰기의 양), 태도 및 흥미, 이해와 표현 전략의 적용, 목적에 알맞은 언어 사용, 배경 지식의 활용, 추론이나 평가와 같은 사고 전략, 자기 평가 능력 등이 있다. 평가 자료로는 언어 사용 목록, 목표 탐구 기록, 다양한 저널, 자기 평가 기록, 협의 기록, 언어 사용 결과물 등이 있다.

　평가 기준에 따른 평정 방식은 수량화하거나 기술적인 논평을 하거나, 또는 두 가지를 병행하는 방법이 있다. 점수화할 경우 평가 요소나 기준이 함께 첨부되어야 결과를 해석하는 독자가 보다 구체적인 정보를 알 수 있을 것이다. 그러나 점수화할 경우 평가 영역이 제한될 우려가 있고 개별 학습자의 특성을 정확하고 자세하게 드러내기 힘들다는 단점이 있고, 기술 방식은 개별 학습자의 특성을 보다 정확하고 자세하게 나타낼 수 있지만 비교가 힘들다는 단점이 있다. 또한 기술할 경우 언어 사용자로서의 유창성, 특정 기간 동안의 성장 정도, 자기 평가 능력, 특징적인 흥미나 태도 및 변화, 사고의 정확성과 논리성 등에 토대를 둔다. 점수를 부여하는 방식이나 해석을 덧붙이는 방식도 여러 가지가 있다. 학생과 교사가 채점한 점수를 합산하는 방법도 있고, 상호 협의하여 점수를 정하는 방법도 있다. 이러한 점수화 방식이 학생들의 언어 사용에 대한 흥미나 의욕을 떨어뜨리고 포트폴리오 평가에 대한 불신을 초래한다면 물론 당장 개선되어야 할 것이다.

4. 포트폴리오 평가 모형

논의를 바탕으로 쓰기 포트폴리오 평가 절차를 모형화해 보면 그림 <11-1>과 같다.

그림 <11-1>. <u>쓰기 포트폴리오 평가 모형</u>

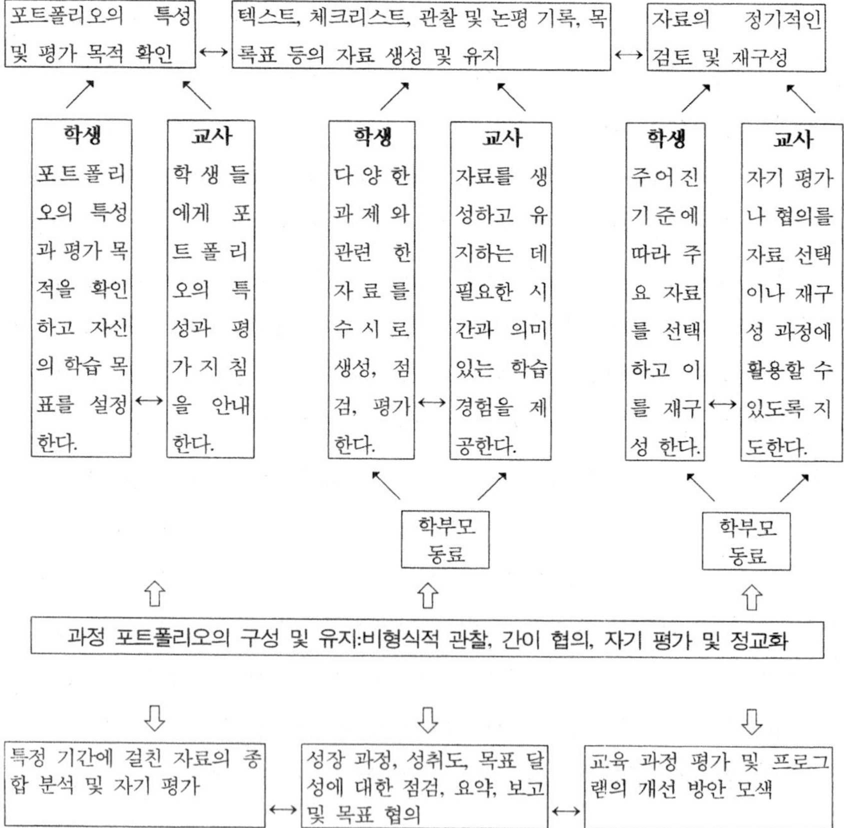

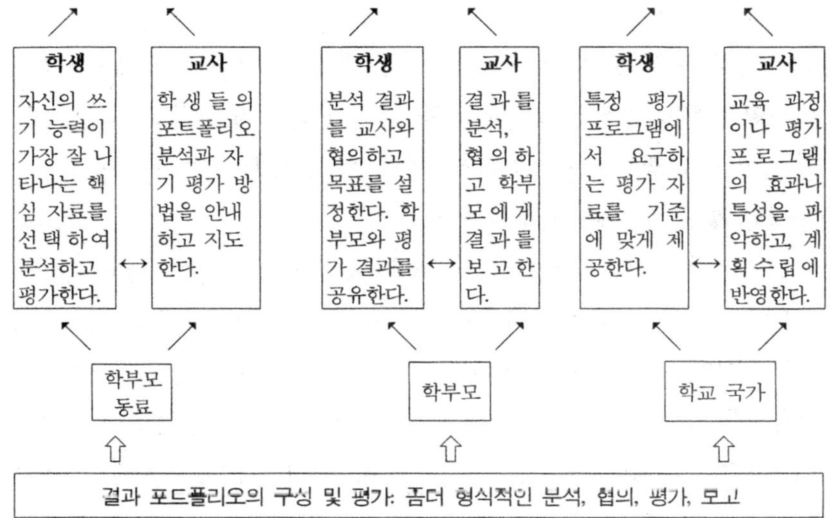

평가 목적을 인식하고 설명하는 것은 교사가 가장 우선적으로 해야 할 일이다. 다음으로 목표를 설정하고 제시된 목표를 달성하기 위해 수행해야 할 것에 대한 명확한 안목을 갖는 것이 필요하다. 이를 바탕으로 계속적으로 교수 과정을 평가하고 학생의 요구에 맞게 교육 과정을 조정해 갈 수 있다.

학생들에게 포트폴리오를 설명하고 안내하는 것은 교사의 책임이다. 이를 위해서 화가, 음악, 광고, 건축과 같은 분야에서 활용하고 있는 예시 포트폴리오를 제시하거나 이를 활용하는 사람을 직접 초빙하거나 방문 견학을 할 수도 있다. 아울러 평가 과정을 안내하고 협의나 자기 평가에 대한 사전 지도도 필수적이다. 교사는 프로그램 운영이나 평가에 필요한 질문지나 분석지 양식을 미리 구성하여 학급에 비치해 두고 학생들이 자율적으로 활용하도록 하는 것이 좋다. 교사는 이러한 것들을 작성할 수 있는 시간을 제공해 주어야 하며 미리 학생들과 함께 작성 연습을 해 보는 것도 도움이 된다. 정기적인 협의나 자기 평가는 충분한 사전 지도가 이루어져야 한다. 교사는 학생들이 목적에 맞는 포트폴리오 자료를 도출할 수 있도록 의미 있는 학습 경험을 제공해야 하고 과제 학습, 자료 작성, 자료 수집 및 선택, 점검 및 협의, 성취도와 성장 과정 평가 등에 대한 지도를 하고 이러한 학습 활동 시간을 제공해야 한다.

교사는 정기적으로 포트폴리오를 읽고 대화해야 한다. 언어 사용에 대한 비판적 사고를 유발할 수 있는 질문을 함으로써 학생들이 바람직한 자료를 선택할 수 있도록 돕고 자기 주도성을 길러 주는 것은 교사의 주요한 역할 중의 하나이다. 또한 교사는 포트폴리오의 분석을 통하여 자료를 검토하고 개별 학습자의 학습 경향과 특성, 장점, 요구를 파악할 수 있어야 한다. 이러한 과정을 통하여 교사는 개별화된 교수를 실현할 수 있다. 포트폴리오 분석의 초점은 쓰기 학업 성취도와 지속적인 학습 목표에 중점을 두어야 한다. 획득된 정보는 관리자나 학부모, 학생과 공유해야 한다.

학생들이 포트폴리오를 주도적으로 활용할 수 있을 때 교사는 통제를 지양하고 구조적인 관찰 활동을 한다. 관찰은 자연적인 교수-학습 환경에서 이루어져야 하며 개별 학습자 수준에서의 언어 능력의 발달에 주목해야 한다. 교사는 지속적인 관찰을 통하여 학생 지도에 도움이 되는 언어 사용 양상과 경향을 발견할 수 있다. 한편 자녀 교육의 동반자로서 학부모에게 포트폴리오를 올바르게 인식시키는 것은 중요하다. 학부모들은 자녀의 언어 발달을 관찰하는 데 참여함으로써 학생들이 무엇을 학습하고 있는지, 부여된 학습 과제가 얼마나 효율적으로 이루어지고 있는지에 대한 통찰력을 가질 수 있다. 포트폴리오 자료는 교사로 하여금 전체적인 교수-학습 양상을 파악할 수 있게 함으로써 새로운 교수 목표를 설정하는 데 유용한 정보를 제공하고, 어떻게 교사가 전문가로서 발전해 왔는지에 대한 성장 과정을 나타내 준다. 교사는 그 결과를 교수나 평가 프로그램의 개선 수단으로 활용할 수 있어야 한다. 이러한 과정은 교사의 전문성과 자기 주도성을 증진시킨다.

학습자를 평가의 객체로 간주하는 기존의 평가 프로그램과는 달리 포트폴리오 평가는 학습자의 역할과 책임을 강조하고 있다. 학생들은 포트폴리오가 자신의 노력, 성취도, 발달 과정을 나타낸 자료의 수집이라는 것을 이해하는 것이 필요하다. 그리고 제시된 학습 목표를 명확히 인식하고 자신의 목표를 구체화할 수 있어야 한다. 이 단계에서 교사나 동료, 학부모와의 협의를 필요로 할 수도 있다. 그리고 많은 텍스트 및 자료에서 특정한 자료를 스스로 선택함으로써 자기 주도성을 갖는다. 협의나 교사의 지두로 선택이 이루어질 수도 있으나 최종 선택은 자신의 책임이다. 또 자신의 포트폴리오를 자주 교사, 학부모, 동료와 공유해야 한다. 그러한 과정을 통하여 자신의 학습에 대한 이해를 도모하고 개선의 단서를 발견하게 된다. 자기 평가 기록은 포트폴리오 내용에 대한 요약과 학습자로서의 자기 분석이며 이는 비판적 사고력을 증진시킨다. 포트폴리오 협의를 통하여 학생들은 교사와 함께 쓰기 성장 과정, 성취도, 다음의 학습 목표를 판단한다. 그리고 학생들이 교사와 함께 설정한 평가 기준은 그들의 글을 판단하고 내면화하게 해 준다.

제12장. 포트폴리오 평가의 실제

포트폴리오 평가는 국어과 전 영역에 걸쳐 활용되고 있다. 그러나 평가 내용이 다를 뿐 그 평가 방식은 유사하다. 따라서 여기에서는 쓰기 영역에 대한 포트폴리오 평가 적용의 실제 사례를 자세하게 보여줌으로써 다른 영역의 활용에 실질적인 참고가 되도록 하였다. 그리고 다른 영역의 적용 방안을 간단하게나마 소개하고 적용 방안을 논의하였다.

1. 적용 사례

이 평가는 B초등학교 3학년 학생 33명을 대상으로 4월 첫째 주부터 7월 셋째 주까지 약 16주간 적용한 포트폴리오 평가 적용 사례이다. 교사는 교수-학습 정보 수집을 가장 우선적인 평가 목적으로 정하였고, 아울러 학생들에게 자기 주도적 학습 능력을 길러주는 것과 성취도 확인을 부차적인 목적으로 설정하였다.

가. 평가 프로그램 계획

교사는 효율적인 평가를 위하여 포트폴리오 평가와 관련한 문헌을 탐구하고 이를 참고하여 다음과 같은 구체적인 평가 프로그램을 작성하였다. 표 <12-1>은 교사가 계획한 포트폴리오 프로그램 운영 일정이다.

표 <12-1> <u>포트폴리오 평가 계획 안</u>

지도 과제	주요 지도 내용	시기	비 고
포트폴리오 안내	○포트폴리오의 특성, 활용 목적 안내 ○그림첩이나 사진첩, 기사집, 쓰기 화일집 소개 ○평가 방법 안내(자료 선정 기준, 유지 및 관리, 재구성 방법, 학습지 및 기타 기록물의 활용, 평가)	4월 첫째주	○학부모에게도 가정 통신문을 통하여 새로운 평가 방법에 대한 안내를 한다.
개인홀더 준비 및 꾸미기	○홀더 준비 ○개인의 특성이 잘 드러나게 홀더 꾸미기 ○이름 짓기	4월 첫째주	○가급적 튼튼한 것으로 준비하고 크기는 제한하지 않는다.
학습목표 설정 및 점검	○자신의 학습 목표 설정 및 조정	4월 둘째주, 5월 셋째주	○적절한 학습 목표를 선택할 수 있도록 돕는다. ○목표의 완전 달성을 요구하지 않는다.
바람직한 쓰기 기준 마련	○매월 한 번씩 바람직한 쓰기 기준에 대하여 브레인스토밍 실시 ○브레인스토밍 결과를 표로 만들어 게시	매월초 (4-7)	○기준을 명료하게 재정리하여 세시한나. ○평가나 목표 설정시에 이 기준을 활용히도록 안내한다.
자료의 생성	○쓰기 활동에 적극적으로 참여하고 다양한 쓰기 경험을 통하여 포트폴리오 구성 자료 생성하기	수시	○다양한 내용과 형식의 자료를 포함하도록 권장하고 초고나 중요한 참고 자료를 포함하도록 한다.
자기 평가 및 협의 /쓰기 워크샵	○포트폴리오 자료를 수시로 재구성하고 교사, 동료, 학부모와 공유하기 ○일정 기간 동안 모은 자료를 재조직하고 교사와 중간 협의 ○포트폴리오 평가 지원을 위한 쓰기 워크샵에 적극 참여하기	수시 5월 셋째주 4월초 -7월초	○정기적으로 자료를 재구성하고 짝이나 학부모와 공유할 수 있는 시간을 준다. ○필요한 학습지나 평가지는 쓰기 코너를 마련하여 학생들이 언제든지 자유롭게 활용하도록 한다.
결과포트폴리오의 구성	○자료를 분석하고 재구성하여 최종적인 결과 포트폴리오 구성하기	7월 셋째주	○결과 포트폴리오에 포함되지 않는 나머지 자료는 철할 수 있도록 학급에서 지도한다.
평가 및 결과 보고	○결과 포트폴리오를 평가하고 결과를 학생과 학부모에게 알리기 ○새로운 쓰기 목표 설정에 대한 기말 협의 ○교수-학습 개선 및 교재 재구성 정보 발견 ○평가 프로그램의 적절성 여부 검토	학기말	○사전에 평가 방법 및 결과 활용에 대한 안내가 있어야 한다.
교수-학습 및 평가개선	○교수-학습 개선, 교재 재구성, 평가 프로그램 개선	학기말	○결과를 학교 교육 과정에 반영할 수도 있다.

나. 평가 절차

교사는 학생들이 포트폴리오 평가에 대한 경험이 없으므로 효과적인 평가 실천을 위하여 아침 시간과 재량 시간을 이용하여 쓰기 워크샵(workshop)을 실시하였다. 쓰기 수업이 주어진 교재 내용을 중심으로 고정적으로 운영된 반면에 워크샵 활동은 좀더 자유롭고 융통성 있게 운영되었다. 쓰기 워크샵에서는 포트폴리오 평가와 관련된 다양한 활동을 하였다. 첫째, 포트폴리오 평가를 안내하였다. 둘째, 포트폴리오에 다양한 글을 모으고 재구성하고 짜임새 있게 조직할 수 있는 경험을 제공하고, 교사는 이러한 활동을 도왔다. 셋째, 쓰기 코너를 설치하여 쓰기 목록, 목표 탐구장, 각종 평가지 및 기록지, 학습지 등을 비치하여 언제든지 필요하면 활용할 수 있는 기회를 주었다. 넷째, 포트폴리오 평가는 자기 평가가 중요한데, 학생들이 자기 평가 경험이 별로 없었으므로 성공적인 평가를 위하여 단계별로 자기 평가 프로그램을 구안하여 지도하였다. 다섯째, 과정 중심 쓰기 프로그램을 마련하여 지도함으로써 글을 정교화하고 교정하는 능력을 강조하였다.

(1) 평가 안내 및 준비

4월 첫째 주에 교사는 학급에서의 구체적인 적용 방안 및 절차를 계획하고 학생들과 학부모에게 포트폴리오 평가의 특성과 평가 지침에 대하여 안내하였다. 대부분의 학생들이나 학부모는 포트폴리오 평가 경험이 없으므로 평가를 실시하기 전에 구체적인 안내가 필요하였다. 교사는 학생들을 대상으로 포트폴리오의 개념에서부터 특성, 가치, 평가 결과 활용에 이르기까지 모든 것을 설명해 주고, 학생들에게 사진첩과 쓰기 자료철을 제시하여 포트폴리오에 대한 학생들의 이해를 도왔다. 그리고 학생들에게 다음과 같은 포트폴리오 평가 자료의 구성 방법 및 절차에 관한 기본적인 지침을 안내하였다.

- ○ 쓰기 자료를 구성하기 위한 개인 홀더(holder)를 준비한다.
- ○ 바람직한 쓰기 기준에 대하여 매월 한 번씩 브레인스토밍(brainstorming)을 실시한다.
- ○ 8주마다 자신의 쓰기 목표를 설정하거나 조정한다.
- ○ 쓰기 워크샵 활동에 적극적으로 참여한다.
- ○ 쓰기 수업 시간 외에도 틈틈이 다양한 글을 생성하여 평가 자료로 삼는다.
- ○ 포트폴리오에는 내용 차례표, 자기 평가지, 목표 탐구장 등의 자료를 포함하여야 하며 하나의 글을 완성하기 위하여 계획하기(생각 그물, 다발 짓기), 초고 쓰기, 교정하기, 자기 및 동료의 평가지 등 쓰기 과정에서 활용한 모든 자료를 첨부한다.
- ○ 학급의 쓰기 코너에 준비되어 있는 다양한 형식의 학습지를 활용하여 수시로 자신의 쓰기를 점검하고 평가하는 습관을 가진다.
- ○ 쓰기 자료를 수시로 교사, 동료, 학부모와 공유하고 협의하는 습관을 갖는다.
- ○ 자료를 재구성하거나 자기 평가할 때 동료나 교사가 제안하는 기준을 고려한다.
- ○ 8주 후에는 포트폴리오를 자기 평가하고 그 결과를 교사와 협의한다.
- ○ 16주 후에는 가장 좋은 글이라고 생각하는 세 편을 선정하여 자기 평가 보고서를 작성하고 관련 자료를 포함하여 결과 포트폴리오를 구성한다.

한편 학부모에게도 위의 평가 지침을 포함하여 표 <12-2>와 같이 가정 통신문을 발송하여 쓰기 포트폴리오 평가에 대한 간단한 안내를 하였다. 학부모는 가정에서 학생들과 수시로 쓰기에 관한 상호 작용을 가져야 하고, 그러기 위해서는 자녀의 쓰기 능력에 대하여 정확한 정보를 파악하고 있어야 하며, 아울러 평가 프로그램에 대한 기본적인 이해가 바탕이 되어야 하기 때문이다.

표 <12-2> 쓰기 포트폴리오 평가에 대한 가정 통신문 예시

가정 통신문

학부모님께

 안녕하십니까? 새학기가 시작된 지 한 달여가 지나면서 학생들의 학교 생활도 어느 정도 제자리를 찾은 것 같아 무척 대견스럽고 담임으로서 기쁘게 생각합니다.

 드릴 말씀은 이번 4월 달부터 저희 학급에서는 학생들이 집에서나 학교에서 쓴 글들을 스스로 수집하게 됩니다. 이것은 학생들이 직접 만들고 꾸민 홀더나 상자에 보관합니다. 수집할 자료로는 일상 생활 속에서 부모나 친구와 같이, 또는 혼자서 쓴 글들이 포함될 것이며, 그 글에 대한 소감이나 느낌, 주위 사람들의 평가 기록 등이 있습니다. 이것은 과제가 아니라 학생들의 자발적인 활동으로 이루어져야 할 것입니다. 수집한 자료는 금년 한 해 동안 자녀가 쓴 내용을 한 눈에 살펴볼 수 있도록 해 줄 것이고, 각 학생들의 쓰기 발달을 평가하는 자료로 사용될 것입니다. 홀더나 상자 등에 선택적으로 수집하고 분석한 자료 모음집을 ‘포트폴리오’라고 부르기로 하고, 이러한 평가 방법을 ‘포트폴리오 평가’라고 부르기로 하였습니다. 포트폴리오 평가는 이미 많은 학급에서 활용하고 있는 자료철과 경영학의 관리 기법을 응용한 평가 프로그램으로서, 서구에서도 모든 교과의 평가에 폭넓게 적용하고 있음은 물론이고, 학교 교육 활동을 비롯하여 지방이나 국가 수준의 교육 과정에 대한 관리 및 평가에까지 그 적용 범위가 확대되고 있습니다. 따라서 저희 학급에서는 우선적으로 쓰기 과목에 한정하여 포트폴리오 평가를 적용해 보기로 하였습니다.

 쓰기 포트폴리오에 포함되는 학생들의 수집 자료에는 중요한 몇 가지의 기록들이 포함됩니다. 하나의 예로 ‘내용 차례표’를 들 수 있는데, 이것은 학생들이 집이나 학교에서 읽고 쓴 내용을 한 눈에 알아볼 수 있게 만든 목록입니다.

 그리고 학생들이 어떤 글 쓰기를 좋아하는지, 어떤 과정을 통하여 쓰는지, 왜 쓰게 되었는지를 알아볼 수 있는 몇 가지 자료도 포함됩니다. 그 자료의 내용은 담임 교사가 쓴 것도 있고, 반 친구들이 쓴 것도 있으며, 자기가 쓴 것도 있습니다. 학생들의 포트폴리오는 말끔히 정리된 것이 아니라, 자기 분석지나 평가지, 협의 기록지, 여러 가지 메모지 등이 포함되어 복잡하게 구성되어 있을 것입니다. 학생들은 그것을 정기적으로 조직하고 정리하는 데 많은 노력을 기울이게 될 것입니다. 이것들은 정기적인 학생-교사의 협의 시간에 서로 의논하고 평가하는 참고 자료가 되고, 학생들은 쓰기에 대한 자기 평가 경험을 가질 수 있습니다. 정기적인 협의 시간은 학생들이 그 동안 쓴 작품을 정리하고 스스로 평가하며, 교사와의 협의를 통하여 자신의 쓰기 장·단점과, 발달 과정, 그리고 앞으로의 목표를 체계적으로 논의하는 의미 있는 시간이 될 것입니다. 물론 평소에도 틈틈이 이러한 활동들이 이루어질 것입니다.

금년에 학부모님께서는 포트폴리오를 관찰하고 평가하실 수 있는 기회가 몇 차례 있을 걸로 생각됩니다. 이 때 포트폴리오의 내용에 대한 문제를 제기하고 학생들의 쓰기 발달에 대한 의견을 함께 많이 나눌 수 있기를 바랍니다. 역시 학부모님께서도 학생들이 쓴 글이나 또는 기록에 대하여 자유로운 형식으로 의견을 제시하실 수 있습니다. 학부모님께서 평소에 학생들의 쓰기를 도와줄 수 있는 방법들도 많이 있습니다. 예를 들면 학생들이 독서를 할 수 있는 여건을 조성해 주고, 주위에서 일어나는 많은 일들에 대해서 문제를 제기하고 학생과 대화함으로써 쓰기의 내용을 풍부하게 만들어 줄 수도 있습니다.

마지막으로 가장 중요한 것은 글을 쓰거나 쓴 글을 정리하고 평가하는 데 있어서 자녀에게 강요하지 말아야 하며 어디까지나 학생들의 자발적인 활동이 될 수 있도록 도와주시기 바랍니다. 그리고 글 쓰기에 있어서 주목할 만한 장점이나 개선점이 있으면 칭찬을 아끼지 말아야겠습니다. 감사합니다.

○○○○년 4. 7.
담임 교사 드림

(2) 좋은 글의 특성에 대한 브레인스토밍 및 목표 설정

4월 둘째 주에 교사는 학생들이 목표를 설정하고 자신의 글이나 다른 사람의 글을 평가하는 기준을 구성하는 활동을 지도하였다. 그리고 이를 바탕으로 자신의 학습 목표를 설정하게 하였다. 먼저 학생들에게 하나의 글을 평가하는 데는 일정한 기준을 가지는 것이 필요하다는 것을 인식시키고 좋은 글의 특징에 대하여 브레인스토밍(brainstorming)을 하게 하였다. 교사는 학생들이 제시한 기준들을 칠판에 정리하였는데, 학생들은 같은 의미의 말을 다소 다른 말로 표현하는 경우가 많았다. 교사는 '문장 부호, 맞춤법, 다듬기, 내용, 표현, 인용, 대화체, 어휘, 맞춤법, 글씨' 등으로 정확한 용어를 사용할 수 있도록 정리하고 지도하였다. 그리고 학급 게시판에 이러한 기준을 정리하여 게시하고, 학생들로 하여금 자신의 글이나 동료의 글을 평가하거나 다른 사람과 상호 작용할 때, 또는 자신의 쓰기 목표를 설정할 때 이러한 기준을 참고하도록 하였다. 교사는 이러한 활동을 매월 1회씩 정기적으로 반복하여 중복되거나 더 이상 의미가 없는 요소를 제외하고 새로운 기준을 추가하여 표를 재구성하여 제시하였다. 학생들은 자신의 쓰기를 평가하거나 목표 설정에 이러한 기준을 참고하였다. 표 <12-3>은 매월 학생들이 브레인스토밍 한 결과를 교사가 정리한 것이다. 교사는 이를 토대로 학생들이 자신의 쓰기 목표를 설정하고 정기적인 평가 결과를 토대로 얼마나 그 목표에 도달했는가를 판단하게 하고 새로운 목표를 설정하도록 한다. 교사는 학생들과의 상호 작용을 통하여 학습 목표를 좀 더 구체적이고 실현 가능한 것으로 수정할 수 있도록 도왔다. 이러한 목표는 학기가 지남에 따라 장단점과 자신의 쓰기에 대한 변화를 확인하는 척도가 된다.

표 <12-3> <u>좋은 글의 특성에 대한 브레인스토밍 결과 자료</u>

4월 초	5월 초	6월 초	7월 초
. 바른 글씨 . 깨끗하게 쓴 글 . 길게 쓴 글 . 생각이나 느낌을 많이 쓴 글 . 띄어쓰기를 잘한 글 . 제목이 좋은 글 . 맞춤법이 바른 글 . 문장과 문장이 잘 이어진 글 . 주장에 대한 이유가 나타난 글	. 재미있게 쓴 글 . 일이 일어난 차례에 맞게 쓴 글 . 문장 부호를 바르게 사용한 글 . 자세하게 쓴 글 . 상상력이 뛰어난 글 . 제목과 내용이 잘 어울리는 글	. 읽는 사람에 맞게 쓴 글 . 연과 행이 잘 드러나게 쓴 동시 . 생각 그물을 잘 짠 글 . 생각이 깊은 글 . 흉내내는 말을 사용한 글 . 사투리가 없는 글	. 꾸미는 말을 잘 사용한 글 . 책을 더 읽고 내용을 많이 보충한 글 . 틀린 것을 많이 고친 글 . 다른 사람의 생각이나 주장이 들어 있는 글 . 대화를 쓴 글 . 예를 들어 쓴 글

(3) 과정 중심 쓰기 워크샵

과정 중심 쓰기 활동은 워크샵 기간에 수시로 이루어졌다. 이는 대부분의 학생들이 쓰기 과정에 대한 인식을 형성하지 못하고 있고, 실제 쓰기에서도 학교에서 배운 쓰기 과정을 제대로 적용하지 않는 것으로 파악되었기 때문이다. 따라서 교사는 쓰기 과정에 대한 별도의 지도 프로그램이 필요하다는 인식 아래 세 단계의 쓰기 과정 지도 프로그램을 마련하였다.

(가) 계획하기 단계의 주요 활동

① 관련 자료 제시하기: 주제와 관련된 글을 녹음 자료 또는 교사의 육성으로 직접 읽어 줌으로써 학생들의 사전 지식을 활성화시켜 주었다.

② 주제에 대하여 토론하기: '컴퓨터 오락을 하지 말자'와 같이 학생들 사이에서 갈등 요인이 될 수 있는 주제를 대상으로 사전에 조별 토론 활동을 전개함으로써 글의 전개 방향에 대한 인식을 가지고, 관련된 내용을 보다 알차게 구성할 수 있었다.

③ 자료 찾기: 글을 쓰기 전에 각자 컴퓨터나 책에서 쓰고자 하는 화제와 관련된 정보나 자료를 미리 찾아 서로 공유하고 읽어보게 함으로써 아이디어 생성을 도왔다.

④ 질문하기: 주제와 관련하여 교사나 친구에게 필요한 것을 묻고 답하는 과정을 통하여 자신의 사전 지식을 활성화시키고 새로운 아이디어를 발견하는 기회가 되었다. 예를 들어 '지구의 미래'에 대하여 글을 쓸 때 학생들은 여러 가지 환경 오염 실태나 지구의 여러 가지 통계 정보를 질문하기도 하였다.

⑤ 브레인스토밍: 주제와 관련지어 생각나는 것들을 그대로 발표하여 정보를 모으는 방법이다. 낱말 형태나 문장 형태로 나타난 정보를 교사가 요약하여 주거나, 학생이 자신에게 필요한 정보만을 취사 선택하여 적어봄으로써 참고할 수 있다.

⑥ 이 외에도 생각 그물 만들기, 다발 짓기 등이 있다.

표 <12-4> 계획하기 단계의 지도안 예시

단원		표현과 이해의 과정		
학습 목표		생각 그물과 다발 짓기를 통하여 생각을 효과적으로 정리할 수 있다.		
단계	학습 내용	교수·학습 활동		자료 및 유의점
		교사의 활동	학생의 활동	
문제 파악	학습 동기 유발	○자, 여러분, 오늘은 선생님이 멋진 사진을 준비해 왔어요. 한번 볼까요? 어떤 사진이죠? ○그래요. 이렇게 멋진 집을 짓기 위해서는 여러분이 보는 것과 같이 아주 정확하고 잘 짜여진 설계도면이 필요해요. ○그러면 여러분의 생각을 말이나 글로 표현할 때에도 이러한 설계도면이 필요하겠죠? 다시 말해서 잘 짜여진 글이나 말을 이렇게 멋진 집에 비유한다면 생각을 꺼내고 묶고 표현하는 표현 과정은 하나의 잘 짜여진 설계도면과 같은거에요. ○표현 과정에는 생각 꺼내기와 생각 묶기, 그리고 표현하기가 있어요. 생각꺼내기는 머리 속에 떠오르는 것들을 말하고 생각 묶기는 꺼낸 생각들을 정리하여 묶는 것을 말해요. 자 그러면 이번 시간에는 어떤 공부를 할 지 알아보도록 합시다.	* 멋진 집과 그 집의 설계도면인 것 같은데요	○건물의 설계 도면과 실제 그 도면으로 지어진 건물의 사진 * 집의 설계도면의 필요성에 빗대어 표현과정의 필요성을 안다. ○집의 설계도와 비교하면서 표현의 과정에 대하여 효과적으로 표현한다.
	학습문제 확인	◉ 생각을 정리하는 방법에 대해 알아보자.		Power-Point로 제시

문제 추구 및 해결	생각 떠올리기 및 주제 정하기	ㅇ어떤 그림이나 글이 주어졌을 때 나의 생각을 표현할 때 가장 먼저 하는 것은 무엇일까요? ㅇ자, 그러면 선생님과 같이 여러분이 기다리고 있는 '어린이날'에 대해서 생각 그물을 만들어 봐요	ㅇ그림이나 글에 대해 여러 가지 생각을 해요	ㅇ어린이날 행사 사진이 붙여진 전지 궤도, 매직
	생각 그물 만들기	ㅇ자, '어린이날'하면 떠오르는 단어들을 여러 갈래로 적어보는 거예요. 어떤 단어가 떠오르나요? ㅇ발표 참 잘했어요. 여러분이 생각했던 것을 선생님이 이렇게 나타내 보았어요 ㅇ자, 이렇게 생각 그물을 만드는 거예요 여러분이 글감과 관련된 생각들을 망설임 없이 이렇게 적어보는 거예요	ㅇ선물요 ㅇ맛있는 음식요 ㅇ소체육회... ㅇ방정환 선생님..	*아동들이 발표하는 것을 칠판에 생각 그물로 나타내 보인다. ㅇ실제로 교사가 글을 쓰기 전의 과정과 생각을 학생들에게 보여주고 함께 한다. *선생님의 활동을 주의 깊게 관찰한다. * 생각 그물을 만드는 방법을 이해한다. ㅇ생각 묶기(다발짓기)의 방법을 이해한다.
	다발짓기	ㅇ자, 그러면 생각 그물을 통해 끌어낸 생각들을 정리하는 방법에 대하여 생각해 볼까요? ㅇ같은 생각들끼리 묶어 생각 묶음을 만드는 거예요 ㅇ자, 여러분이 '어린이날'에 대하여 생각한 것을 어떻게 묶을 수 있을까요? 먼저, '어린이날의 행사와 관련된 것들을 묶어 볼까요?	ㅇ소체육회 ㅇ글짓기 ㅇ나의 자랑 발표회... ㅇ동물원, 놀이터, 풍선, 어린이 대공원, 돌고래쇼 등을 함께 묶을 수 있어요 ㅇ백화점, 선물, 장난감, 컴퓨터 게임을 함께 묶을 수 있어요 ㅇ새싹, 희망, 어린이, 미래 등을 묶을 수 있어요	ㅇ전지에 생각 그물 만드는 과정과 다발짓기 하는 과정을 보여 준다. ㅇ또 어떤 것들을 묶을 수 있을까요? *학생들이 발표한 것을 묶어서 생각 묶기의 시범을 보인다.

문제 추구 및 해결	다발 짓기	○아주 잘 발표했어요 이렇게 생각을 하면 어떤 주제에 맞게 묶어봄으로써 글의 뼈대와 내용을 한 눈에 알 수 있어요. ○여러분, 어때요 재미있죠 선생님과 함께 지금까지 글감에 맞는 생각을 떠올리고 생각 그물을 만들고 생각 묶기를 해보았어요 생각 그물은 물고기를 건져 올리기 위한 그물이고 다발 짓기는 잡아올린 고기들을 같은 종류로 분류하기 위해서 하는 작업이며 꽃다발을 만들때처럼 비슷한 종류로 묶어야 해요. ○그러면 생각 그물을 만들고 묶어보는 활동을 여러분 스스로 한 번 해봐요		* 생각 그물과 다발 짓기의 역할에 대하여 확인한다. ○구체적인 설명으로 생각 그물과 다발 짓기의 역할에 대하여 말한다.
	적용 발전	○자, 그러면 선생님이 나누어 준 학습지를 보면서 생각 그물을 만들고 생각 묶기를 해보세요. ○다 해보았나요? ○우리 친구들 모두 열심해 잘 했어요. ○자, 그러면 자신이 만든 것을 앞으로 가지고 나와 친구들에게 설명해 볼까요? ○모두들 발표 참 잘했어요.	○주어진 학습지로 생각 그물을 만들고 생각 묶기(다발 짓기)를 한다. *원하는 학생이 가지고 나와서 자신이 만든 생각 그물에 대해서 설명한다.	○어린이들의 사진이 붙어 있는 학습지 ○발표를 잘 듣고 잘된 점과 부족한 점에 대하여 지적한다.
정리	학습 문제 정리	○자, 이번 시간에는 어떤 것들을 배웠나요? ○생각을 잘 정리하려면 어떤 방법들이 있을까요?	○주제에 맞게 생각을 정리하는 방법에 대해서 배웠어요 ○생각 그물과 생각 묶기에 대해서 배웠어요 ○쓸 내용과 관련되는 것을 떠올려서 생각 그물을 만들어요 ○떠오른 생각들을 주제에 맞게 묶어서 정리해요 ○떠오른 생각들의 관계에 대해서 적을 수도 있어요	○생각그물 만들기와 다발 짓기의 방법을 목록으로 만들어 보여준다. ○Power-Point로 확인

(나) 작성하기 단계의 주요 활동

① 얼른 쓰기: 머리 속에 생각나는 것들을 대충 요점만 빨리 써 보는 것이다. 이는 글의 뼈대를 구성하는 데 중요한 역할을 한다.

② 구두 작문: 쓸 내용을 말로 미리 해 보는 활동이다. 이렇게 함으로써 새로운 내용을 떠올릴 수도 있고, 특히 다른 사람과 상호 작용함으로써 정보를 수정하거나 새로운 정보를 획득할 수 있다.

③ 독자 바꾸어 쓰기: 독자가 지정되어 있지 않을 경우 예상 독자가 될 수 있는 대상 중의 한사람을 지정하여(예를 들면 엄마, 자기 짝, 우리 선생님) 등 글을 쓰면 훨씬 내용이 재미있고 다양한 글을 쓸 수 있게 된다. 초고를 쓰는 전 과정에서 마음 속으로 이러한 독자를 항상 생각하면서 글을 써 보도록 한다.

④ 글을 줄여 써보거나 늘여 써보기: 일정한 분량의 글을 대상을 다시 조사하여 더 자세히 쓰거나 또는 긴 내용을 간단히 줄여 중요한 정보만 써 보게 한다. 이것은 글을 정교화하거나 불필요한 정보는 삭제함으로써 흥미나 상상력을 유발할 수 있는 효과가 있다. 예를 들어 '부산의 자랑거리'에 대한 글을 쓸 때 학생들은 갑자기 주어진 주제에 자신들이 이전에 알고 있던 상식적인 지식에 의존하여 글을 쓰다 보니 글의 길이가 짧고 내용이 상당히 부족하였다. 그러나 부산의 자랑거리에 대한 조사 과제 활동을 한 후에 그 글을 고쳐 써 보라고 했을 때 훨씬 짜임새 있고 내용이 풍부한 글을 쓸 수 있었다. 이와 반대로 '소풍'을 주제로 글을 썼는데, 지나치게 자세하게 쓴 글은 오히려 독자의 흥미를 떨어뜨리는 결과를 가져왔다. 누구나 다 아는 일반적인 내용이 너무 자세하게 쓰여졌기 때문이다. 이때는 적절하게 정보를 삭제하여 흥미나 상상력을 유발하는 것이 좋다.

표 <12-5> 작성하기 단계의 지도안의 예시

단원		표현과 이해의 과정		
학습 목표		자신이 겪은 일을 제재로 초고를 작성할 수 있다.		
단계	학습 내용	교수·학습 활동		자료 및 유의점
		교사의 활동	학생의 활동	
문제 파악	학습 동기 유발	○자, 지금부터 선생님이 제시하는 주제를 가지고 누구든지 즉흥적으로 말하기를 해봅시다. ○ '어린이날, 소풍, 우주선…' ○누가 가장 내용을 잘 꾸몄나요? 왜 그렇다고 생각했나요? ○내용을 좀더 알차게 하려면 어떻게 하면 좋을까요? ○글을 쓰면서 어떻게 해야 좋은 글이 되는지 그 방법을 익혀보기로 하겠습니다.	○'어린날은 앞으로 나라를 짊어지고 나갈 새싹들을 아끼고 사랑하는 마음으로 방정환 선생님이…' ○**이의 이야기가 가장 잘 되었다고 생각합니다. 왜냐하면 말이 잘 이어지고 길게 말했기 때문입니다. ○표현하려고 하는 내용을 마음속으로 정리해 보는 것이 필요합니다. ○처음, 가운데, 끝에 어떤 내용을 넣을지 생각해 두어야 합니다.	
학습문제 확인		◉ 겪었던 일을 중심으로 초고를 쓸 수 있다.		
문제 추구 및 해결	구두 작문 얼른 쓰기	○오늘은 우리가 경험한 일 중에서 가장 인상에 남는 일을 글로 써 보기로 하겠습니다. ○우선 여러분이 준비해 온 그 때의 사진을 보고 친구들과 재미있게 이야기를 나누어 보세요 ○이제 이야기를 이어서 다른 친구한테 그 내용을 전달해 봅시다. ○자, 이번에는 그 때의 일을 간단한 글로 나타내어 봅시다.	*준비해 온 사진을 보고 그 때의 경험을 되살려 이야기한다. *다른 친구한테 경험 했던 일의 내용을 처음부터 끝까지 이어서 이야기를 해준다. *친구에게 말한 내용을 간단히 글로 정리한다.	○경험했던 일 중에서 가장 인상 깊었던 내용을 담은 사진

문제 추구 및 해결	돌려 읽기	ㅇ다른 친구와 쓴 내용을 돌려보고 궁금한 점이나 빠진 내용에 대하여 서로 묻고 답해 봅시다. ㅇ이번에는 한 장면만 골라 그림을 그리듯이 자세하게 친구에게 이야기를 해 봅시다.	*쓴 내용을 다른 친구에게 보여주고 서로 궁금한 점이나 빠진 내용에 대하여 서로 묻고 답한다. *가장 인상적인 순간에 대하여 자세히 설명한다.	ㅇ쓴 글을 돌려 읽을 때는 이야기를 나누어 보지 않은 새로운 친구와 상호 작용할 수 있도록 한다.
	내용 조직 하기	ㅇ이번에는 다음과 같은 여러 가지 방법으로 이야기를 구성하여 말해봅시다. . 6하 원칙에 따라 . 시간의 흐름에 따라 . 장소의 이동에 따라 ㅇ이와 같이 글을 쓰기 전에 친구와 이야기를 나누어 보거나 간단히 내용을 떠올려 적어보면 많은 이야기들을 좀더 재미있고 자세하게 쓸 수 있습니다. ㅇ내용을 정했으면 쓸 순서를 정해 봅시다. 어떻게 정하면 좋을까요?	*주어진 기준에 따라 이야기를 짜임새 있게 구성하여 말한다. ㅇ처음, 가운데, 끝으로 내용을 나눕니다. ㅇ일어난 일을 먼저 적고 생각이나 느낌을 뒤에 적습니다.	
	초고 쓰기	ㅇ자, 그러면 친구들에게 여러분이 겪은 재미있는 한 편의 이야기를 들려줄 수 있도록 글을 써 봅시다. 여러분은 글을 쓰면서 쓴 내용을 다시 읽어보면 새로운 내용이 생각날 수도 있습니다.	*쓴 글을 다시 읽어보고 검토하면서 초고를 작성한다.	ㅇ초고를 쓸 수 있는 시간을 충분히 제공하는 것이 중요하다.
정리	정리	ㅇ실제로 우리가 글을 쓸 때 어떠한 방법을 통하면 좀더 쉽고 효과적으로 쓸 수 있는지에 이야기해 봅시다.	*글로 표현하려고 하는 내용을 말로 표현해 봅니다. *친구와 이야기를 나누어 봅니다. *쓸 내용을 처음, 가운데, 끝으로 나누어 봅니다. *얼른 생각나는 대로 중요한 내용을 미리 써 봅니다.	ㅇ실제로 글을 쓸 때 이러한 방법들을 활용하는 것이 중요함을 인식시킨다.

(다) 교정하기 단계의 주요 활동

① 자기 교정: 자기 교정은 스스로 자신이 쓴 글을 점검하고 교정하는 행위이다. 교사는 학생들의 초인지적 사고를 활성화시키기 위하여 자기 점검을 할 수 있는 질문지나 체크리스트를 제공하였다. 이것은 학생들로 하여금 탐구적 접근을 가능하게 하고 개별 학습을 증진시켰다. 이러한 교정에 익숙해지게 되면 이후에는 학습자 스스로 자기 점검 질문이나 항목을 내면화하여 자동적으로 점검하고 교정을 할 수 있게 된다.

② 협의 교정: 글을 쓰기 직전에 동기 유발이나 아이디어 생성 차원에서, 또는 초고를 작성한 후에 교정 활동으로서 적절한 시간을 제공하여 협의가 이루어질 수 있도록 하였다. 학습자간의 상호 작용은 교정 지도에 아주 효율적인 방법이다. 학생들은 자신이 수행한 과제에 대한 인식이 부족하다. 이럴 때에 협의 교정을 활용하면 자신이 인식하지 못했던 오류를 쉽게 발견할 수 있게 되고, 다른 사람의 글을 점검하고 평가하는 능력이 길러짐으로써 자신의 글에 대한 통찰력도 기를 수 있다. 협의 교정시에는 서로간의 인간 관계나 태도가 교정 인식에 중요한 영향을 미치므로 특히 유의한다.

표 <12-6> 교정하기 단계의 지도안의 예시

단원		표현과 이해의 과정		
학습 목표		쓴 글을 고쳐서 더 좋은 글로 만들 수 있다.		
단계	학습 내용	교수-학습 활동		자료 및 유의점
		교사의 활동	학생의 활동	
문제 파악	학습 동기 유발	○다음 두 그림을 비교하여 보고 어떠한 차이점이 있는 지 알아봅시다. ○예, 잘 말했습니다. 그럼 이번에는 글을 한 번 볼까요? 어떤 차이점이 있나요? ○예, 잘 말했습니다. 그럼 이번 시간에는 이러한 글을 바르게 고쳐서 좀더 재미 있는 글로 바꾸어 보는 공부를 해보겠습니다.	○B그림은 배경하고 나무의 색깔이 안맞아요. ○B그림은 사람의 모습이 전부 똑같아요 ○A그림은 얼굴 표정이 재미 있게 잘 나타났어요. ○A글은 길어요 ○B글은 똑 같은 내용을 반복해서 썼어요 　○B글에는 틀린 글자가 많아요 ○A글은 문단 구분이 하나도 되어 있지 않아요	○실물화상기 ○같은 주제로 그린 두 개의 그림(잘된 그림 1편, 부족한 그림 1편)) ○같은 주제로 쓴 두 편의 글(잘된 글 1편, 부족한 글 1편)
학습문제 확인		● 쓴 글을 고쳐서 더 좋은 글로 만들 수 있다.		
문제 추구 및 해결	문제 해결 방법 탐구	○고쳐 쓰기가 필요한 이유는 무엇일까요? ○글을 고쳐 쓰는 방법에는 어떤 것들이 있을까요?	○사람은 실수를 할 수 있기 때문입니다. ○더 좋은 글을 만들기 위해서입니다. ○잘못 쓴 글자나 문장 부호를 고쳐 쓰는 것이 있습니다. ○빠진 내용을 보충하는 경우도 있습니다. ○필요 없는 내용을 지우는 경우도 있습니다. ○내용이 이상한 것을 순서를 바꾸거나 다른 걸로 바꾸는 경우가 있습니다.	○글을 고쳐 쓰는 것이 반드시 필요한 과정이며 부끄러운 것이 아니라는 걸 특히 주지시켜야 한다.

문제 추구 및 해결	고쳐 쓰기 연습	○그럼 조별로 나누어서 각 코너를 돌아가며 다양한 고쳐쓰기 활동을 해봅시다. ♣ 코너 학습 I <코너 1> 바꾸기 <코너 2> 삭제하기 <코너 3> 보충하기 <코너 4> 재배열하기 ♣ 코너 학습 II <코너 ①> 맞춤법 고치기 　(철자, 문장 부호, 띄어쓰기) <코너 ②> 낱말 고치기 <코너 ③> 문단 고치기 <코너 ④> 내용 고치기 ○이번에는 선생님이 쓴 글을 보고 글을 고쳐 써 봅시다.	○코너별로 주어진 학습지를 활용하여 고쳐쓰기 활동을 돌아가면서 경험한다. ○제시된 글을 잘 살펴보고 부족한 점을 교정해 본다.	○각 코너별 고쳐 쓰기 학습지 및 빨간 볼펜 ○실물화상기
	적용 발전	○이번에는 자신이 쓴 글 중 한 편을 골라 잘된 점과 부족한 점에 대하여 친구와 이야기를 나누어 봅시다. ○친구와 이야기 한 것을 바탕으로 자신의 글을 고쳐 더 좋은 글로 만들어봅시다. ○자신의 글을 앞에서 발표해봅시다. 다른 친구들은 잘 보고 들으면서 잘된 점과 부족한 점을 찾아보세요	○서로의 글을 보고 장단점에 대하여 이야기를 나눈다. ○자신이 쓴 글을 읽어보고 과제 환경에 따라 글의 내용을 다듬는다. ○친구의 글을 잘 살펴보고 평가한다. ○고칠 점이 있으면 어떻게 고칠 수 있는지 그 방법을 제시한다.	○가능한 단점보다는 장점을 많이 찾을 수 있도록 격려한다. ○실물화상기
정리	학습 정리	○글을 고쳐 쓰면 어떤 점이 좋을까요? ○글을 잘 고쳐 쓰려면 어떻게 해야 할까요?	○글을 더 좋게 만들 수 있습니다. ○친구와 바꾸어서 서로 고쳐 줍니다. ○친구끼리 잘된 점과 부족한 점을 이야기해봅니다.	

(라) 쓰기 과정 보고서 작성

쓰기 과정에 대한 인식을 높이기 위하여 표 <12-7>과 같이 쓰기 과정 점검 항목을 제시하고 반응을 보고서 형식으로 써 보도록 하였다. 먼저 하나의 글은 일정한 과정을 거쳐 완성됨을 인식시키고 그 과정을 간략히 소개하였다. 그리고 과제를 제시하여 글을 쓰면서 글을 쓰기 전, 글을 쓰는 중, 글을 쓴 후 단계로 나누고 각 단계가 끝날 때마다 질문에 답하도록 하였다. 쓰기 전에는 아이디어 생성 전략에 대한 질문이 제시된다. 얼마나 많이 그 주제에 대하여 알고 있고, 얼마나 이러한 쓰기를 많이 했는지를 점검해 보는 것이다. 이러한 아이디어를 어떻게 얻을 지에 대한 질문을 스스로 제기함으로써 쓰기 시간에 배운 아이디어 생성 방법을 적용하고 있는지 알아볼 수 있었다. 그리고 이 단계에서 글의 독자가 누구이며, 왜 그들이 독자가 된다고 생각하는지에 관한 질문을 던지기도 하였다. 이러한 질문은 과제의 내용과 목적과 독자와의 관계를 탐구하는 데 도움을 줄 수 있기 때문이다. 쓰는 중의 질문은 쓰는 동안의 전략에 대한 질문이다. 많은 쓰기 교사들이 능숙한 필자는 미숙한 필자보다 목표와 전략을 변경하는 능력이 뛰어나다는 데 동의하고 있다. 그리고 글을 쓰면서 주제에 대한 생각을 내가 어떠한 방법으로 전개시키고 얼마나 내용과 글의 전체적인 구조를 생각하면서 쓰는가를 평가해 보기 위한 것이다. 쓴 후의 질문은 다른 사람과의 협의가 쓰기에 어떤 영향을 미쳤는지를 스스로 알아보는 것이다. 그리고 교정 전략이나 기능을 낱말, 문장, 의미 등의 다양한 수준에서 사용하고 있는지를 알아보는 것이다.

글을 완성한 후 자신의 쓰기 과정을 다른 사람과 비교하여 보고 자신의 쓰기 과정에서 개선해야 할 점을 찾아보도록 하였다. 이를 통하여 쓰기 과정에 대한 지도가 충분히 이루어진 후 활용하는 것이 보다 효과적이며 쓰기 과정은 사람에 따라 차이가 있음을 인식하도록 하였다.

표 <12-7> 쓰기 과정 점검표 예시

쓰기에 대한 생각

하나의 글을 선택하여 다음의
질문에 따라 생각해 본다. 그것은
가장 잘된 글일 수도 있고, 가장
부족한 글이 될 수도 있다.

이　름:
글 제목:

쓰기 전에

ㅇ쓰기 전에 간단한 기록이나 떠오르는 생각을 써 보았는가?

ㅇ쓸 내용에 대하여 누군가와 이야기를 나누어 보았는가?

ㅇ내용의 순서를 짜 보거나 다른 방법으로 계획을 세워 보았는가?

쓰기 중에

ㅇ쓰는 도중에 생각이 자주 바뀌었는가?

ㅇ생각을 하기 위해 쓰는 중간 중간에 멈추었는가?

쓴 후에

ㅇ쓴 것을 다시 읽어보았는가?

ㅇ어색하거나 뜻이 잘 통하지 않는 부분에 대하여 생각해 보았는가?

ㅇ친구나 그 외 다른 사람에게 쓴 글을 읽어보게 하고, 도움을 받았는가?

ㅇ내용이나 맞춤법을 살펴보고 필요한 부분을 다듬었는가?

* 하나의 글을 쓴 과정을 살펴보았다. 이 중에서 가장 큰 도움이 되었거나, 필요가 없었던
　활동은 무엇이었는가?

(4) 자기 평가 워크샵

첫 8주 동안의 워크샵 활동은 학생들이 자기 평가에 적극적으로 참여할 수 있도록 하는 데 중점을 두었다. 이를 위해 몇 가지 활동을 전개하였다. 첫 번째 활동으로는 자기 가족을 대상으로 각자의 장단점에 맞게 적절한 별명을 붙여 보도록 하였다. 이것은 장점과 단점을 파악하는 기초 훈련으로 고려한 것이다. 두 번째 활동으로는 다른 반 학생이 쓴 예시글을 살펴보고, 그 글의 장점과 단점에 대하여 학생들에게 브레인스토밍(brainstorming)을 하도록 하였다. 학생들은 주로 글씨, 맞춤법, 문장 부호, 내용의 길이, 글의 제목, 재미있는 부분에 대하여 많은 관심을 나타내었다. 셋째는 두 사람이 짝을 지어 상대방의 글을 살펴보고 서로 장단점을 찾아 평가하고 협의하는 활동을 하였다. 먼저 상대방의 글을 평가할 수 있는 두 세 개의 기준을 가지도록 하였다. 그런 다음 상대가 추천해 준 글을 잘 살펴보고 그 기준에 맞게 1-3점의 범위 내에서 점수화시켜 보도록 하였다. 이어서 특정 기준에서 왜 그러한 점수를 받았는지에 대하여 상대방에게 설명해 주도록 하였다. 이러한 활동은 자기 평가 능력 외에도 다른 사람과의 협의 기능을 증진시키는 데도 도움을 주었다. 학생들은 다른 사람이 쓴 글에 대하여 올바른 판단 능력을 갖춤으로써 동료에게 정확한 송환(feedback)을 제공할 수 있게 된다. 이 외에도 학생들은 교사나 동료와의 비형식적인 협의를 수시로 가질 수 있었고, 학습지를 활용하여 자신의 쓰기에 대한 반성적(reflective) 질문을 스스로 제기해 보는 활동을 하였다. 연구자는 가끔씩 교사를 도와 쓰기 과정 전략에 관련되는 내용을 보충 지도하는 한편, 학생들의 글을 읽어 주고, 반응을 나타내고, 격려하는 독자로서 워크샵 활동에 참여하였다.

(5) 협의하기

(가) 협의 계획

교사는 학생들이 수시로 동료나 교사와 간이 협의를 할 수 있도록 하였다. 이러한 간이 협의는 포트폴리오 자료를 수집하고, 조직하고, 분석하는 데 도움을 주었다. 정기 협의로서 교사는 5월 셋째 주에 중간 협의에 대한 안내를 하고 포트폴리오를 재구성하도록 하였다. 먼저 수집된 글을 가장 잘 된 글부터 가장 부족한 글까지 순서대로 배열한 다음 내용 차례표를 작성하고, 주어진 협의 질문에 따라 자신의 포트폴리오를 점검하도록 하였다.

(나) 협의의 실제 및 교사 분석

1) 간이 협의의 실제 및 분석

간이 협의는 주로 동료 협의 형식으로 이루어졌다. 학생들은 평가 초기에 협의에 대한 인식과 경험 부족으로 다른 사람과 글을 공유하는 데 많은 어려움을 가졌다. 교사나 동료와의 상호 작용을 꺼리는 경향이 있었고, 동료의 도움으로 글을 다시 고쳐 쓰는 것보다는 다른 사람의 도움을 받지 않고 쓰는 것을 오히려 자랑스럽게 생각하고 있었다. 또한 동료의 지적을 비판적으로 수용하지 못하고 일방적으로 수용하거나 무시하는 경향을 보였다. 일부 부끄러워서 글을 안 보여 주려고 하거나, 친구들이 베껴 쓸 것을 두려워하여 자신의 글을 공유하기를 꺼려하는 경향도 나타났다. 이는 학생들의 협의 활동에 대한 부정적인 인식을 나타내 주는 것이다. 교사도 역시 쓰기 과정이나 학생들의 자기 평가에 대한 인식이 부족했고 학생들에게 적절한 정보를 제공할 만한 단서를 발견하지 못함으로써 협의에 대한 부담을 느끼고 있었다. 그러나 학생들은 쓰기 워크샵 활동을 통하여 수시로 교사나 동료와 협의하는 기회를 가질 수 있었다. 협의의 형태는 주로 쓴 글에 대한 상호 반응의 형태로 전개되었으나 쓰기 과정이나 목표 설정을 중심으로 한 협의도 때때로 이루어졌다. 그러나 초기의 협의는 매우 단편적이었고, 그 내용도 대체로 자기의 인상을 표현하는 데 그쳤다. 다음은 평가 초기인 4월 중순에 두 학생이 글을 공유하면서 동료 협의를 한 일부인데 이는 초기 협의의 특성을 잘 나타내준다.

> 영훈: 야! 글씨가 이게 뭐니?
> 성락: 너도 좀 보자... 너도 마찬가지네.
> 영훈: 넌 무슨 내용인지도 못 알아먹겠다.
> 성락: 누가 그런 거 보고 이야기하라고 했니? 내용을 보고 이야기해야지.
> 영훈: 내용도 너무 작다. 좀더 길게 써야지.

하지만 시간이 지남에 따라 협의는 쓰기 성장에 중요한 요소가 되었다. 학습은 학생들이 생각을 토의하고 분석하고 표현할 기회를 가지면서 송환을 받을 때 가장 잘 일어난다. 간이 협의 활동은 바로 이러한 기회를 지속적으로 제공하였다. 학생들은 점차 교사나 동료와의 협의에서 나타난 반응이나 질문을 모방하고 이러한 것들을 단계적으로 내면화하기 시작했다. 다음은 6월 초에 쓰기 워크샵에서 나타난 두 학생의 동료 협의 내용의 일부이다.

> 승희: 이 글에서 내가 잘한 점이 뭐라고 생각하니?
> 주은: 넌 뭐라고 생각했는데?
> 승희: 응...잘한 점은 잘 없고 못한 점이 더 많아.
> 주은: 그래도 있나 잘 찾아봐.
> 승희: 없어. 야 ! 이건 니가 찾아서 이야기 해 주는 거잖아.
> 주은: ......
> 승희: 좋아, 그럼 내가 어떤 점을 고쳐야 된다고 생각하니?

> 주은: 잘하는 건 글씨를 좀 깨끗이 썼고, 부족한 점은 줄이 너무 붙어 적혀 있는
>   거... 동시 같은 생각이 별로 안 들어...
> 승희: 나도 그게 좀 이상하다고 생각했어.

승희는 협의를 통하여 자신의 글을 평가하고 있으며 이 과정에서 그녀는 교사와의 협의에서 경험한 질문-응답의 형태를 모형화하고 있음을 발견할 수 있다. 주은이는 별다른 질문을 하지 않지만 반응의 유형이 면담이나 협의에서의 그것과 비슷하며 평소 교사의 장점에 대한 강조를 모방하고 있음을 알 수 있다. 협의의 효과 중의 하나는 학생들이 쓰기를 교정할 수 있는 단서를 제공해 주었다는 점이다. 이 단계의 학생들은 구체적 조작기에 머물러 있었기 때문에 스스로 오류를 인식하고 교정하는 능력이 부족하였다. 그러나 많은 학생들은 이러한 오류를 교사나 동료와의 협의를 바탕으로 해결할 수 있었다.

2) 중간 협의의 실제 및 분석

중간 협의는 자신이 쓴 글과 필자로서의 자신에 대한 이해를 돕고, 자기 평가 기준을 제시해 줌으로써 동료 협의나 자기 평가를 좀더 자기 주도적으로 할 수 있는 능력을 길러주고, 학생들의 쓰기에 대한 인식과 자기 평가 능력을 알아보는 데 초점을 두었다. 이러한 중간 협의는 학기초부터 쓴 글에 대하여 자기 평가하고 글을 재구성할 수 있는 기회가 되었고, 교사에게는 학생 개개인의 쓰기 특성과 전체적인 발달 양상을 종합적으로 알아볼 수 있는 시간이 되었다. 그런 다음 자신의 목표 달성 정도를 알아보고 개인적으로 교사와 토의할 만한 논의 문제도 생각해 보도록 하였다. 교사는 다음과 같은 질문을 구조화하여 학생들에게 협의 이틀 전에 미리 제시하였다.

<협의 질문>
○ 왜 이 글을 가장 좋은 글로 선택했는가?
○ 이 글을 쓸 때 가장 어려웠던 점은 무엇이었는가?
○ 그것을 어떻게 해결했는가?
○ 가장 잘된 글과 가장 부족한 글의 차이점은 무엇인가?
○ 포트폴리오를 살펴본 후 자신의 쓰기에서 잘한 점은 무엇이라고 생각하는가?
○ 포트폴리오를 살펴본 후 자신의 쓰기에서 부족한 점은 무엇이라고 생각하는가?
○ 앞으로 쓰기에서 노력해야 할 점이나 목표는 무엇인가?

가) 준우의 중간 협의 내용 및 예시 작품(교: 교사, 준: 준우)

① 협의 내용
교: 준우는 동시를 많이 썼네. 특별한 이유라도 있니?
준: 동시가 좋아서요.
교: 왜 이 글이 제일 마음에 들었니?
준: 내용이 재미 있는 것 같아서요.
교: 그렇구나. 혹시 적을 때 어려운 점은 없었니?
준: 좀더 길게 적고 싶었는데 잘 안된 것이 힘들었어요.
교: 그럼 어떻게 다른 글보다 길게 적을 수 있겠니?
준: 예?
교: 이 글을 길게 적으려고 어떻게 했니?
준: 생각을 많이 했어요.
교: 그래, 좋은 생각이 많이 떠올랐니?
준: 약간요...
교: 잘했구나. 미리 생각나는 것을 다른 종이에 좀 적어보고 쓸 걸 그랬구나. 그렇지?
준: 예.
교: 좋아, 그럼 가장 부족한 글은 어떤 거니?
준: 이거요.
교: 왜 이 글을 가장 부족한 글이라고 생각했니?
준: 너무 짧게 적었고 여자 같이 적었어요.
교: 어떤 부분을 여자 같이 적었니?

준: 그냥...잘 모르겠어요...

교: 좋아. 그럼 너의 쓰기에서 특히 좋은(잘한) 점은 무엇이라고 생각하니?

준: 동시를 잘 적고 내용이 좀 좋은 것요.

교: 그렇구나. 그럼 부족한 점은?

준: 지우개를 사용하지 않고 글씨를 삐뚤삐뚤하게 쓴 거요.

교: 왜 지우개를 사용해야 하니?

준: 연필로 지우는 것보다 깨끗해서요.

교: 지울 게 없도록 하면 되지 않니?

준: 어쩌다가 잘못 적을 때가 있어요.

교: 그렇구나. 선생님도 그럴 때가 가끔 있어. 하지만 지울 게 많으면 어떻게 하지?

준: ......

교: 좋아. 글씨는 전보다 좀 좋아진 것 같니?

준: ...

교: 그럼 이번에는 어떤 목표를 세웠니?

준: 맞춤법에 맞게 적는 것을 목표로 정했어요.

교: 맞춤법이란 뭘 말하니?

준: 글자를 안 틀리게 적는 거요.

교: 그래 맞았어. 그 외 선생님한테 다른 할 이야기는 없니?

준: 없어요.

교: 좋아, 됐다.

② 교사 분석

　준우는 가장 잘된 글로 자신이 지은 '꿈나라'라는 동시를 골랐는데 "내용이 재미있는 것"이 선택에 대한 이유였다. 이 글을 쓸 때 어려웠던 점은 "내용을 길게 하는 것"이라고 했고 이를 해결하기 위해 "생각을 많이 했다"라고 하였다. 가장 부족한 글로는 제목이 없이 그냥 '동시'라고만 적힌 글이었는데, "너무 짧게 적었고 여자 같이 썼다"는 것을 그 이유로 지적했다. 포트폴리오를 살펴보고 난 후 그의 쓰기에 대한 장점으로 "동시를 많이 적고 내용이 좀 좋은 것"으로 인식하였고, "지우개를 쓰지 않고 글씨를 삐뚤삐뚤하게 쓰는 것"을 단점으로 생각하고 있었다. 앞으로 쓰기에서 노력할 점으로는 "맞춤법에 맞게 쓰는 것"이라고 하였다.

준우의 반응은 글씨 쓰기에 대한 부담을 가지는 것으로 나타났으나, 글의 길이나 내용, 어휘 표현에 대한 관심을 가지기 시작한 것으로 나타났다. 즉 그는 자신의 글을 평가하는 데 있어서 서법, 흥미, 글의 길이, 표현과 같은 기준을 고려하고 있음을 알 수 있다. 그러나 문제 해결은 단순한 연상 전략에 의존하고 있으며, 학기초에 자신이 스스로 설정한 목표 달성에는 부정적인 반응을 보였다. 하지만 이러한 협의는 그에게 필자로서의 장단점을 확인하게 해 주고 목표를 수정할 수 있는 기회가 되었다.

나) 서현이의 중간 협의 내용 및 분석 (교: 교사, 서: 서현)

① 협의 내용
교: 서현이는 여러 가지 글을 골고루 많이 썼구나. 왜 이 글이 제일 마음에 들었니?
서: 내용도 마음에 들고 제 생각과 느낌이 잘 들어갔어요.
교: 정말 그렇구나. 이 글을 쓰게 된 특별한 이유라도 있었니?
서: 어버이날도 되고 아버지가 저를 키워 주시고, 고마워서...
교: 그랬구나. 그래, 편지는 전해 드렸니?
서: 예. 어버이날 때 선물 속에 같이 넣어 드렸어요.
교: 아버지가 무척 흐뭇했겠구나.
서: ......
교: 이 글을 쓸 때 어려운 점은 없었니?
서: 첫 인사를 쓰는 것이 좀 어려웠어요.
교: 그래서 어떻게 했니?
서: 다른 편지에서 본 것을 생각나는 대로 적어 보고 마음에 드는 걸로 골라 썼어요.
교: 그거 좋은 방법이구나. 그럼, 가장 부족한 글은 어떤 거니?
서: 이거요. 이건 제목도 별로고 자세하게 적지 않아서 안 좋은 것 같아요.
교: 그러니? 그럼, 앞으로 고쳐서 더 좋은 글로 만들면 되겠구나.
서: 일기를 어떻게 다시 써요?
교: 참 그렇기도 하네. 그럼 다음에 쓸 때 잘 쓰면 되겠네. 그렇지?
서: 예.
교: 그럼 파일을 살펴보고 네가 쓰기에서 특히 잘하는 점은 무엇이라고 생각했니?
서: 책을 많이 읽기 때문에 내용을 많이 쓸 수 있는 것이 장점이라고 생각해요.

교: 많이 쓴다는 이야기는 글을 좀더 길게 쓴다는 뜻이니?

서: 예.

교: 그렇구나. 그럼 좀더 보충해야 할 점은 무엇이라고 생각했니?

서: 띄어쓰기를 못하는 것이 보충해야 할 점이에요.

교: 좋은 생각이구나. 그밖에 더 보충할 점은 없니?

서: 없어요.

교: 그럼 앞으로 너의 쓰기에서 노력할 점은 무엇이라고 생각하니?

서: '설명문을 자세하게 쓰고 띄어쓰기를 잘하자'예요.

교: 그렇구나. 선생님에게 혹시 다른 질문 있니?

서: 없어요.

교: 좋아. 그럼 다음에는 더 좋은 글을 기대하마.

② 교사 분석

서현이와의 협의는 그녀가 쓰기에 대해서 많은 것을 이해하고 있다는 것을 나타내 주었다. 그녀는 가장 잘된 글로 아버지에게 쓴 편지글을 선택하였는데 "내용이 마음에 들고 제 생각과 느낌이 잘 들어 간 것"이 좋은 점이라고 하였다. 글을 쓰면서 어려웠던 점에 대하여 "첫 인사를 쓰는 것"이라고 하였고, 이를 해결하기 위하여 몇 가지의 인사말을 적어보는 전략을 활용하고 있었다. 가장 부족한 글은 '토요일 오후'라는 제목의 일기였는데, "제목도 별로고 자세하게 적지 않은 것"이 선택에 대한 이유였다. 서현이가 두 글의 차이점을 발견하는 것은 어렵지 않았다. 포트폴리오를 살펴보고 나서 자신의 장점으로 생각한 것은 "책을 많이 읽기 때문에 내용을 많이 쓸 수 있는 것"이었고, "띄어쓰기를 못하는 것"을 단점으로 지적하였다. 노력할 점으로는 "설명문을 자세하게 쓰고 띄어쓰기를 잘하자"라고 하였으나, 학기초에 세웠던 목표의 성취도에는 부정적인 반응을 보였다.

서현이는 관련 있는 내용을 기억하여 다른 종이에 써 보는 단편적인 쓰기 전략을 가지고 있으며, 역시 읽기가 쓰기의 내용 생성에 영향을 미친다는 사실을 인식하고 있음을 알 수 있다. 그리고 준우에 비하여 반응 내용이 다소 다양함을 알 수 있다. 8주 동안의 워크숍 활동을 통한 글의 공유와 자기 평가를 통하여 쓰기 평가 기준을 확장시키고 정교화한 것으로 보인다.

3) 교사의 종합 분석

협의 후 교사는 학생들의 쓰기에서 가장 필요한 부분이 글의 내용을 좀 더 정교화시키는 것이라고 지적하였다. 그리고 쓰기 과정에 대한 정확한 이해가 부족하며, 특히 마인드맵(mindmap)을 외형적으로 꾸미는 데 지나치게 많은 시간을 보내는 것으로 인식했다. 그리고 포트폴리오 자료가 동시와 생활문 등 특정 장르에 지나치게 치우쳐 있고, 일부 학생들은 여전히 쓰기 용어에 대한 이해와 표현에 어려움을 가지고 있는 것으로 판단하였다. 그러나 쓰기를 공유하고 고쳐 쓰는 활동은 짧은 기간에 비하여 많은 성장을 보인 것으로 평가했다. 연구자도 교사의 이러한 결론에 동의하였다. 교사의 이러한 반성적 사고는 역시 교사 자신의 교수 활동을 되돌아볼 수 있는 기회가 되었다. 협의에서 학생들은 자기 평가 결과를 설명하고, 필요한 부분을 수정하고, 더 나은 목표를 설정하였다. 처음에는 교사나 학생 모두가 협의에 대한 경험 부족으로 부담을 가졌으나 시간이 지날수록 차츰 이러한 협의에 익숙해졌다.

(6) 다양한 쓰기 경험 제공과 글 정교화를 위한 워크샵

5월 말부터 워크샵 활동은 교사는 다양한 쓰기 경험을 주고, 학생들의 글을 정교화시키는 데 가장 우선적인 목적을 두었다. 중간 협의 결과 학생들이 다양한 쓰기 경험을 가지지 못하고, 글이 짧고 내용이 빈약한 것으로 판단했기 때문이다. 학생들은 쓰기 워크샵 시간을 통하여 스스로 주제를 선택하여 자유롭게 쓸 수 있는 기회를 가졌으나, 때때로 교사는 의도적으로 과제를 제시하거나 쓰기 수업 시간에 쓰던 내용을 좀더 보충하여 쓰게 하거나 이전에 쓴 글을 고쳐 쓰도록 하였다. 그리고 대체로 일주일에 한 편 정도씩의 글을 선택하여 포트폴리오를 구성하고 가능하면 다양한 주제

와 형식의 글을 쓸 것을 권장하였다. 그리고 설명문과 편지글, 독서 감상문, 그리고 다른 교과에서 학습한 내용을 주제로 쓴 글을 한 편 이상씩 포트폴리오에 포함하도록 하였다.

정교화 활동은 많은 학생들이 처음에는 자신의 글에서 보충할 내용이나 오류를 발견하는 데 어려움을 가졌으므로 교사나 동료와의 상호 작용을 많이 필요로 하였다. 교사는 비형식적인 협의를 통하여 글의 내용에 대해서 구체적인 질문을 함으로써 글의 정교화를 유도하였다. 교사는 대부분의 학생들이 포트폴리오 자료로 포함한 생활문에 대하여 다음과 같은 질문에 따라 생각해 보고 보충하여 써 보도록 하였다.

○ 그 일이 일어난 때는 언제인가?
○ 그 일은 어디에서 일어났는가?
○ 그 일과 관련이 있는 사람들은 누구인가?
○ 특히 기억에 남는 일이나 말은 무엇인가?
○ 그 일이 자신에게 어떠한 느낌을 주었는가?

이러한 질문에 근거하여 학생들이 글을 살펴보는 동안 교사는 개별적으로 학생들과 상호 작용하였다. 예를 들면 정호는 자신이 쓴 '고마운 아저씨'라는 생활문을 살펴보고 있었는데, 교사는 "그 운전사가 어디로 가던 길이었지?", "그 할머니가 무슨 말을 했는지가 없구나"라고 문제를 제기함으로써 글을 정교화하는 것을 도왔다. 두 번째 활동으로 6학년 학생이 쓴 '잊을 수 없는 아이'라는 글의 일부를 삭제하여 복사물로 나누어주고 의미가 연결되도록 필요한 부분을 보충하여 쓰도록 하였다. 학생들은 글의 의미를 전달하는 데 부족한 내용을 발견하고 다양하고 재미있는 내용으로 부족한 부분을 채워 쓸 수 있었다. 세 번째 활동은 자신이 이전에 썼던 글 중에서 하나를 골라, 필요한 정보를 추가로 수집하여 내용을 더 보태는 활동을 하였다. 예를 들면 성락이는 4월말에 쓴 '자동차'에 대한 설명문의 내용을 보충하기 위하여 아버지로부터 집에 있는 자동차를 보면서 자세한 설명을 듣고 조사해 왔다. 그가 워크샵 시간을 이용하여 거의 다시 쓰다시피 한 글은 이전의 글보다 훨씬 내용이 자세하고 흥미로웠기 때문에 친구들로부터도 좋은 반응을 얻었다. 마지막으로 학생들에게 이전에 쓴 자신의 글을 다시 살펴보고 이를 교정하도록 하였다. 이것은 글을 정교화시키는 효과 외에도 학생들이 교정 과정을 좀더 잘 이해할 수 있는 계기가 되었다. 교정 활동을 강화하기 위해 추가로 교사는 과제 유형에 따라 다양한 형태의 자기 점검 질문을 제공하였다. 예를 들어 교사는 '경험한 일 중에서 가장 기억에 남는 일 쓰기'를 과제로 제시하였는데, 학생들이 초고를 쓴 후 다음과 같은 질문에 따라 글을 다시 살펴보고 보충하도록 하였다.

- 있었던 일이 잘 드러나게 썼는가?
- 어떤 일이 일어났고 관련된 사람은 누군지 읽는 사람이 잘 알 수 있도록 충분히 나타났는가?
- 이 일이 왜 중요하였고 나에게 어떠한 느낌을 주었는지 읽는 사람이 충분히 알 수 있도록 하였는가?
- 꾸미는 말이나 적절한 대화를 사용했는가?
- 불필요하게 반복된 내용이나 빠뜨린 내용은 없는가?
- 시작과 끝을 알맞게 잘 썼는가?
- 글자, 띄어쓰기, 문장부호 등을 맞게 썼는가?

(7) 결과 포트폴리오의 구성 및 평가

교사는 학생들이 자료를 선택하고 수집하고 재구성하는 과정을 안내하고 지원하고 관찰하고, 학생들과 정기적인 포트폴리오 협의를 갖는 과정에서 자연스럽게 교수-학습 개선에 대한 정보나 학생들의 쓰기 성장에 대한 정보를 알 수 있을 것이다. 하지만 보다 객관적이고 종합적인 판단을 위해서는 최종적으로 산출되는 결과 포트폴리오에 대한 평가가 필수적이다. 결과 포트폴리오에 대한 분석을 바탕으로 학생들의 쓰기 성장과 쓰기 성취도 확인은 물론이고 교수-학습 개선이나 평가 프로그램 자체의 개선 방안에 대한 시사점을 얻을 수 있을 것이다.

(가) 결과 포트폴리오의 구성

7월 셋째 주에 학생들은 자신이 쓴 글 중 가장 잘된 세 편의 글을 골라 다듬기를 하고, 잘된 순서대로 정리하도록 하여 결과 포트폴리오를 구성하도록 하였다. 나머지 자료에 대해서는 시간 순서나 장르별로 분류 기준을 정하여 별도의 내용 차례표를 구성하고 함께 묶어 보관하도록 하였다. 이는 개별 학생들의 포트폴리오를 종합 평가할 때 참고하기 위해서였다. 교사는 결과 포트폴리오에 다음과 같은 자료를 포함하도록 하였다.

ㅇ 내용 차례표
ㅇ 목표 탐구장
ㅇ 쓰기 목록
ㅇ 주제나 형식에 있어서 가장 잘된 세 편
ㅇ 세 편의 글과 관련된 초고, 자기 분석지, 학부모나 동료의 평가지 등
ㅇ 자기 평가 보고서

자기 평가 보고서에는 다음의 반응을 포함하도록 하였다.

ㅇ 이 글을 쓴 이유는 무엇인가?
ㅇ 이 글의 장점은 무엇인가?
ㅇ 이 글의 단점은 무엇인가?
ㅇ 이 글을 쓸 때 특히 중요하게 생각했던 것은 무엇인가?
ㅇ 그것을 어떻게 해결했는가?
ㅇ 자신의 쓰기에서 변화한 점은 무엇인가?

최종적으로 구성된 결과 포트폴리오(product portfolio)에 대하여 학생들은 교사와 학기말 협의를 가졌다. 중간 협의와는 달리 학기말 협의는 교사가 먼저 학생 개개인의 포트폴리오 내용을 검토한 다음 그 동안의 쓰기 학습 활동을 정리하고 새로운 목표를 지향하도록 장려하는 시간이 되었다. 이것은 학생과 교사가 복표 달성 정도, 자기 평가 결과, 흥미나 태도, 쓰기 과정, 성장 및 노력 정도, 그리고 앞으로의 목표에 대하여 정리하고 학습 활동의 의미를 부여하는 시간이 되었다.

다. 종합 평가

1) 자기 평가 능력에 대한 평가

학생들의 자기 평가 능력을 알아보기 위하여 학생들의 자기 평가 보고서를 분석하였다. 분석의 정확성과 효율성을 보다 높이기 위하여 수준 차이가 있는 것으로 보이는 두 학생을 우선 분석하고, 이를 바탕으로 하여 전체 학생들의 자기 평가 보고서를 분석하였다. 그리고 학생들의 목표 탐구 기록을 동일한 방식으로 분석하였다. 마지막으로 중간 협의 시의 자기 평가 반응과 자기 평가 보고서에 나타난 자기 평가 반응을 비교 분석함으로써 자기 평가 능력이 어느 정도 성장했는가를 알아보았다. 역시 목표 탐구 기록을 교차 검토하여 이러한 변화와의 관계를 탐구하였다.

① 준우의 자기 평가 보고서21) 및 분석

선생님 보십시오

글 쓰기 연습을 한 작품들 중에서 가장 느낌이 좋은 세 개의 글을 뽑았습니다. 처음 것은 '미이라'입니다. 이 글을 쓴 이유는 무서운 내용이기 때문입니다. 잘된 점은 내 느낌이 잘 나타나 있고 제목이 좋다는 것입니다. 그리고 부족한 점은 띄어쓰기가 잘 안되어 있고 글이 너무 붙어 있는 것입니다. 이 글을 쓰면서 중요한 점은 별로 없습니다. 두 번째는 '오성과 한음'이라는 책을 읽고 쓴 내용입니다. 이 글을 쓴 이유는 내용이 재미있기 때문입니다. 잘된 점은 중요한 내용이 모두 들어있고, 대화를 사용한 것이고, 부족한 점은 글이 잘 이어지지 않는 것인데, 해결은 책을 잘 읽었습니다. 세 번째 글은 우리 누나에 대하여 쓴 것입니다. 이 글을 쓴 이유는 설명하기가 쉬워서입니다. 잘된 점은 누나에 대하여 자세히 적었고, 내용이 많습니다. 부족한 점은 내용이 잘 안 통한다는 것입니다. 이 글을 쓰면서 중요하게 생각했던 것은 거짓말을 안하고 사실대로 쓰는 것입니다. 해결은 모르는 것을 누나에게 직접 물어보았습니다. 이번 학기 동안 변한 점은 쓰기를 좀 많이 하고 글씨가 조금 좋아진 것입니다.

그럼 이만 줄이겠습니다.

안녕히 계십시오

○○○○년 ○월 ○일 준우 올림

준우의 첫 번째 글은 '미이라'란 제목의 동시인데, 이 글을 쓴 이유는 '무서운 내용이기 때문'이라고 했다. 잘된 점은 '느낌이 잘 나타나 있고, 제목이 좋다'고 하였고, 부족한 점은 '띄어쓰기가 잘 안되고 줄이 너무 붙어 있는 점'이라고 지적하였다. 아직도 그는 연과 행에 대한 개념 정리에 어려움을 가지고 있음을 알 수 있다. 이 글을 쓸 때 중요하게 생각했던 점은 '별로 없었다'고 하였다. 두 번째 글은 '오성과 한음'이라는 글의 독후감이었는데 '내용이 재미있어서 쓰게 되었다'고 하였다. '중요한 내용이 모두 들어 있고 대화를 쓴 것'을 장점으로, '글이 잘 이어지지 않고 글씨가 안 좋은 점'을 단점으로 생각했다. 이 글에서 중요하게 생각한 것은 '생각과

---

21) 본 예시는 학생이 쓴 실제 내용을 맞춤법과 띄어쓰기만 조정하여 재전사한 것이다. 이하 학생 결과물은 모두 동일한 방식으로 재전사한 것임.

느낌을 넣는 것'이었고, 이를 위해 '글을 잘 읽었다'고 하였다. 세 번째 글은 '누나'라는 제목의 설명문인데 글을 쓰게 된 이유는 '설명하기 쉽기 때문'이라고 하였다. '누나에 대해서 자세히 적었고 내용이 많다'는 것을 장점으로, '내용이 잘 안 통하는 점'을 단점으로 생각했다. 이 글을 쓰면서 중요하게 생각했던 점은 '거짓말을 안 쓰고 사실대로 쓰는 것'이었고, 이를 위해 '잘 모르는 것은 누나에게 직접 물어 보았다'고 하였다. 이번 학기 동안 자신의 쓰기에서 변화한 점은 '쓰기를 좀더 많이 하게 되었고 글씨가 조금 나아진 것'이라고 하였다.

준우는 다양한 종류의 글을 쓰고 있었지만 그러한 쓰기의 주요한 목적은 자기 자신의 감정 표현이나 과제 해결의 용이성에 맞추어져 있었다. 그리고 중간 협의시에 자신이 설정했던 목표의 초점화에 여전히 실패하고 있다는 것을 알 수 있다. 하지만 세 편의 글이 서로 다른 유형의 글들이며, 스스로 주제를 선택하여 자발적으로 해결한 과제라는 것은 매우 의미 있는 결과이다. 또한 과제에 따라 자기 평가 반응이 매우 다양하게 나타났고, 부분적으로 문제 해결에 대한 단편적인 전략을 가지고 있다. 자기 평가 보고서의 작성은 자신의 쓰기에 대한 인식을 분석적이고 종합적으로 파악하고 정리할 수 있는 가장 좋은 기회가 되었다.

② 서현이의 자기 평가 보고서 및 분석

선생님께
　먼저 세 편의 글을 가만히 읽어보면서 반 년 동안 제 글을 열심히 보아주시고 잘못된 점을 지적하시고 지도해 주신 선생님께 감사 드립니다.
세 편의 글 중 첫 번째 '개나리'란 제목을 가진 동시는 제가 가진 글 중 가장 예쁜 글입니다. 저희는 아파트에 사는데 봄이 되면 아파트 담벼락 위로 노오란 개나리가 피어 길을 걸을 때면 마치 노란 꽃 속을 걷는 착각을 줍니다. 그래서 개나리가 예뻐서 이 글을 쓰게 되었습니다.

이 글은 썩 잘 쓴 글이라고는 할 수 없지만 그런 대로 연과 행이 같은 주제로 연결이 부드럽게 된 것 같아 좋은 글 중 하나로 선택했습니다. 잘된 점은 개나리를 의인화했다는 점과 부족한 점은 끝이 좀 이상하게 끝났다는 것입니다. 이 글에서 중요하게 생각한 점은 생각과 느낌을 살리는 것입니다. 그래서 그 때를 상상해 보았습니다.

두 번째 작품은 '집'에 대하여 쓴 설명문의 내용인데 이 글을 교과서에서 '개'의 설명문을 배우고 나서 연습삼아 쓴 글입니다. 집의 구실과 집이 변해 온 모양, 집과 인간의 관계, 옛날의 집과 오늘날의 집을 비교하면서 적었습니다. 여러 가지 내용을 한꺼번에 넣으면서도 지루하지 않고 집의 모든 것이 잘 드러나는 글로 설명문으로도 별 나쁜 점이 없는 것 같아 이 글을 뽑았습니다. 이 글의 잘된 점은 설명문 형식을 잘 지킨 점이고 부족한 점은 아직까지 설명문을 깊이 있게 다루기에는 내용이 부족한 점이 있다는 것입니다. 이 글에서 중요하게 생각한 점은 생각을 적지 않고 사실만 적어야 한다는 것이고 집에 대해서 많이 알아야 한다는 것입니다. 그래서 엄마에게 보여드리고 보충한 것이 해결 방법입니다. 글 쓰기 세 번째 작품은 부산의 자랑거리를 쓴 글입니다. 부산의 많은 자랑거리 중 그 때 열렸던 동아시안 게임을 글감으로 쓴 글인데 많은 사람들이 관심을 가진 거라서 이 글을 쓰게 되었습니다. 잘된 점은 이 글이 현재 진행형이란 점이고, 잘못된 점은 보고 쓴 내용이 많은 것이라고 할 수 있습니다. 이 글에서 중요하게 생각했던 것은 글을 길게 쓰는 것이라고 생각했습니다. 그래서 신문을 보고 참고로 했습니다.

3학년이 되어서 나의 글 쓰기에서 변한 점은 1, 2학년 때보다 무엇이든지 내 생각대로 표현할 수 있고, 사물의 의인화 등 여러 가지 기법을 사용할 수 있고, 시, 설명문, 생활문, 논설문 등 여러 가지 글의 종류로 나눌 수 있다는 점에서 나의 글 쓰기는 점점 발전할 수 있다고 봅니다. 그러나 나의 글 쓰기에서 더욱 더 노력해야 할 점은 글을 잘 쓰기 위해 많은 책을 읽어야겠고, 글을 잘 쓰기 위해 깊은 생각을 하여 정리할 수 있는 힘을 더 열심히 노력해서 길러야겠습니다. 마지막으로 다시 한 번 선생님께 감사 드립니다.

'고맙습니다.'

○○○○년 ○월 ○일

- 김서현 올림 -

서현이가 첫 번째로 선택한 글은 '개나리'란 제목의 동시였는데, '우리 아파트 옆에 핀 개나리가 예뻐서 쓰게 되었다'라고 하였다. 그녀는 '연과 행이 같은 주제로 부드럽게 연결되고 개나리를 의인화했다는 점'을 장점으로 인식했고, '끝이 좀 이상하게 끝난 것'을 단점으로 인식하였다. 그리고 이 글을 쓸 때 중요하게 생각했던 점은 '느낌을 잘 살리는 것'이라고 하였는데, 이를 해결하기 위한 방법으로 '그 때를 상상해 보았다'고 하였다. 두 번째 글은 '집'이라는 제목의 설명문이었다. 이것은 '교과서에서 '개'에 대한 설명문을 배우고 나서 설명문을 연습하기 위해서 쓴 것'이라고 하였다. 그녀는 '집에 대한 여러 가지 내용을 한꺼번에 넣으면서도 지루하지 않고 설명문의 형식을 잘 지킨 점'을 장점으로 지적했다. 부족한 점은 '설명문을 깊이 있게 다루기에는 내용이 부족했다는 점'을 지적하였다. 중요하게 생각했던 것은 '생각을 적지 않고 사실만 적어야 하고 집에 대해서 많이 알아야 한다는 것'이라고 하였다. 이를 위해 '쓰고 나서 엄마에게 보여 드리고 보충했다'고 하였다. 세 번째 글은 '부산 동아시안 게임'에 대하여 쓴 글인데, '많은 사람들이 관심을 가지는 것이라서 이 글을 쓰게 되었다'라고 하였다. 잘된 점은 '현재 진행형을 썼다는 점'이고, 잘못된 점은 '보고 쓴 내용이 많다'는 것이었다. 이 글에서 중요하게 생각했던 것은 '글을 길게 쓰는 것'이었고 이를 위해 '신문을 보았다'고 진술했다. 이번 학기에 자신의 쓰기에서 가장 많이 달라진 점은 '무엇이든지 생각대로 표현할 수 있고 사물을 의인화 할 수 있다는 점'이라고 밝혔다.

서현이는 쓰기를 자기 표현의 목적 이외에 주변 상황이나 자신의 전략적인 목적으로 좀더 고려할 수 있는 것으로 보인다. 또한 이미 성인의 쓰기 기능을 모방하고 내면화하고 있었으며, 보다 다양한 쓰기 전략을 활용하고 있는 것으로 나타났다. 그리고 중간 협의시에 설정한 '설명문을 자세하게 쓰는 것'에 대한 목표를 부분적으로 의식하고 있다는 것을 알 수 있다. 준우는 여전히 중간 협의시에 설정한 자신의 목표를 초점화시키는 데 실패한 반면에 서현이는 중간 협의 시에 설정한 자신의 목표를 부분적으로 초점화시키고 있음을 알 수 있다.

③ 종합 분석

학생들은 자기 평가를 통하여 텍스트 측면, 전략 측면, 정의적 측면에서 다른 사람이 확인해 줄 수 없는 자신의 쓰기 경험에 대하여 독특하고도 다양한 통찰력을 보여주었다. 교사는 자기 평가 반응 양상을 내용 관련 반응, 언어 관련 반응, 과제 관련 반응, 서법 관련 반응, 전략 관련 반응, 태도 관련 반응의 여섯 가지 범주로 나누어 분석하였다.

내용 관련 반응은 내용의 풍부성, 표현의 다양성, 내용의 조직성과 관련된 반응으로서 '내용이 짧다', '글을 좀더 길게 썼다'와 같은 글의 양에 관련된 반응이 압도적으로 많았다. 언어 관련 반응은 문장이나 어휘, 맞춤법 등과 관련된 반응으로서 특히 '띄어쓰기'나 '문장 부호'와 관련된 반응이 집중적으로 나타났고, '철자' 관련 반응은 '받침 쓰기'에 대한 반응이 대부분이었다. 어휘나 문장 관련 반응이 매우 적은 데 비하여 맞춤법 관련 반응은 다른 언어 요소에 비하여 비교적 많이 나타났다. 이는 이 시기의 학생들이 아직 다양한 쓰기 경험을 하지 못했고, 따라서 어휘나 문장 구조에 대한 언어 지식이 부족하기 때문인 것으로 풀이된다.

과제 관련 반응은 특정 과제의 상황과 관련된 것으로 독자 초점, 글의 목적, 텍스트 형식과 관련된 반응이다. 대부분이 '연과 행의 구분이 없다', '주장과 이유가 잘 나타나 있다'와 같은 과제의 형식과 관련된 반응이었으며, 주제(topic) 관련 반응이나 독자 관련 반응은 거의 나타나지 않았다. 학생들이 독자 인식에 어려움을 가지는 것은 이 시기의 학생들이 구체적 조작기에서 형식적 조작기로 이동하는 과정에서 아직도 자기 중심적 사고에서 탈피하지 못하고 있음을 보여주는 것이다. 즉, 필자 자신의 관점과 거리를 두고 어떤 사물이나 현상을 관찰하는 능력이 여전히 부족하다고 볼 수 있다. 서법 관련 반응은 대부분의 학생들이 가장 많은 관심을 보이고 있는 부분이었으며 이 범주에 대한 반응이 전체 자기 평가 반응 수의 거의 1/3을 차지하였다. 반응 유형은 대체로 '글씨가 안 좋다', '지저분하다'와 같은 형태로 나타났다. 쓰기 전략 반응은 주로 필자로서의 장단점에 대한 자기 평가에서 많이 나타났는데 "책을 많이 읽는다", "친구와 잘 의논한다", "생각 그물을 잘 짠다", "글을 쓰기 전에 생각을 잘 못한다"와 같이 글을 쓰는 과정에서 어떠한 방법을 활용하는가에 초점을 둔 반응이다. 태도 관련 반응은 특정 내용이나 주제에 대한 선호도, 흥미, 자신감 등을 나타낸 것으로 "열심히 쓴다", "상상력이 좋다", "일기를 잘 쓴다", "글을 자주 써 본다", "쓴 글을 잘 보관한다"와 같은 반응이다.

자기 평가 보고서에 대한 전체적인 분석 결과는 학생들이 쓰기의 기초 기능이라고 할 수 있는 서법 및 맞춤법에 대하여 의식적인 노력을 기울인다는 것을 알 수 있다. 이는 쓰기 기초 기능이 아직까지 자동화되어 있지 못함을 보여주고 있다. 따라서 그만큼 의미에 관심을 두지 못하는 것이다. 그리고 일부 학생들은 '글의 주제와 내용이 어울리지 않는다'는 점을 '내용이 안 좋다'는 식으로 표현하고 있어 여전히 쓰기 용어의 이해와 표현에 어려움을 가지고 있는 것으로 판단된다. 또한 자기 평가 능력에 있어서 현저한 개인차가 드러난다는 사실도 확인할 수 있었다.

협의시에는 학생들의 반응이 모두 서법이나 맞춤법 등 글의 표면적 특질에 편중되어 있고, 글의 내용이나 과제, 쓰기 전략에 대한 반응은 극히 소극적이라는 것을 알 수 있다. 또 하나 주목할 점은 1학기에 "장점이 없다"거나 "모르겠다"고 반응한 학생들이 전체 반응 수의 거의 절반에 이르는 반면, 단점에 대한 반응에서는 대다수의 학생들이 하나 이상의 단점을 지적하였다는 점이다. 따라서 평가 초기에 학생들은 일반적으로 장점보다는 단점을 더 많이, 명확히 인식하는 것으로 나타났다. 이는 학생들이 쓰기 평가에 대하여 장점을 살리거나 발견하는 것으로 인식하지 못하고 단점을 지적하거나 피하기 위한 것으로 인식하였음을 보여주는 것이다. 그러나 이러한 양상은 평가가 진행되면서 점차 변화를 보인다. 가장 눈에 띄는 점은 장점에 대한 인식이 크게 증가하였고, 서법이나 맞춤법 같은 글의 표면적 특질과 관련된 반응이 줄어들고 내용 관련 반응이 증가하였으며, 반응이 좀더 다양해졌다는 점이다. 그러나 여전히 글의 표면적 특질(서법, 맞춤법 등)에 대한 반응이 많은 것은 학생들이 쓰기를 개선하는 데 중요한 요소 중의 하나로 표면적 특질을 인식하고 있음을 보여준다.

일반적인 쓰기 수업에서는 학생들의 사전 지식과 경험이 존중되지 못하고 고도의 사고를 요구하는 탐구 활동의 기회가 별로 주어지지 못한다. 즉 학생들은 학습 과정이나 평가 과정에 주도적으로 참여하지 못함으로써 자신이 어떻게 글을 구성하고 또 자신의 쓰기가 어떤 특성을 가지고 있는지에 대하여 점검할 수 있는 기회가 별로 없다. 이번 학기에 학생들은 워크숍 활동을 통하여 자신의 쓰기에 대하여 비판적으로 검토하고, 교정하고, 판단하고, 목표를 설정하는 활동에 참여하였다. 그리고 동료나 교사와의 협의, 다양한 학습지를 활용한 자기 점검 훈련, 자료의 재구성, 자기 평가 활동 등이 시간이 지나면서 내면화되면서 좀더 다양하고 정교한 반응을 할 수 있도록 작용한 것으로 보인다.

나) 목표 탐구 기록 분석

포트폴리오 평가는 학생들로 하여금 자신의 목표를 설정하고 얼마나 그 목표에 도달했는가를 판단하게 해 주었다. 본 연구에서 교사는 학생들에게 목표 탐구를 위한 기록지를 제공하고 8주마다 자신의 목표를 한 두 개씩 설정하도록 하였다. 그리고 협의를 통하여 자신의 목표를 명확히 할 수 있도록 하였다. 평가 초기에 학생들은 매우 포괄적인 목표를 설정하거나, 또는 주로 표면적 특질에 관한 문제를 목표로 설정하고 있었다. 예를 들어 "글씨를 잘 쓰자", "좀 많이 쓰자", "빨리 쓰자", "3등이라도 하자"와 같은 반응이 그러한 예이다. 표 <12-8>과 <12-9>는 준우와 서현이의 목표 탐구 기록이다. 준우의 첫 번째 목표는 '글 쓰기 연습을 많이 하고 받아쓰기를 잘 하자'였고, 서현이의 최초의 목표는 '책을 많이 읽고 자주 써 보기'였다. 두 학생의 목표는 매우 포괄적이고 유형적인 것이었고 자신의 장단점을 해결하는 데 필요한 구체적인 전략이나 활동과 목표를 서로 관련짓지 못하고 있었다. 교사는 학생들과의 상호 작용을 통하여 목표를 구체화시킬 수 있도록 도왔고, 8주 째의 중간 협의 때에 목표 달성 정도를 점검하였다.

표 <12-8> <u>준우의 목표 탐구 기록</u>

목표 탐구		
		이름:
기 간	나의 목표	목표 달성을 위한 활동
4월 4일부터 5월 21일까지	글 쓰기 연습을 많이 하고 받아쓰기를 잘하자.	책을 많이 읽겠다.
5월 21일부터 7월 14일까지	글자를 틀리지 않게 맞춤법을 다 익히자.	국어 사전을 많이 보겠다.

표 <12-9> <u>서현이의 목표 탐구 기록</u>

목표 탐구		
		이름:
기 간	나의 목표	목표 달성을 위한 활동
4월 4일부터 5월 21일까지	책을 많이 읽고 자주 써 보기	① 하루에 책을 읽고 독후감 매일 써 보기 ② 일주일에 책 6권 이상 읽고 여러 글 써 보기
5월 21일부터 7월 14일까지	글자를 틀리지 않게 맞춤법을 다 익히자.	하루 일기에 생각이나 느낌 많이 넣기

학생들은 쓰기에 대한 장단점을 구체적으로 인식하면서도 학습 목표를 좀더 구체적이고 실현 가능한 것으로 수정하는 데는 어려움을 가지고 있었던 것으로 판단된다. 그러나 이러한 목표는 학기가 지남에 따라 장단점과 자신의 쓰기에 대한 변화를 확인하는 기준이 되었다. 미진이의 첫 8주째 목표는 '글씨를 예쁘게 적는 것'이었으나 교사와의 중간 협의 후에 설정한 두 번째 목표는 '내용을 좋게 하는 것'으로 변화하였다. 그녀는 16주째 작성한 자기 평가 보고서에서 '일어난 일을 좀더 자세하고 재미있게 쓰는 것'이 변화한 점이라고 기술하였다. 그녀는 자신이 설정한 목표를 내면적인 평가 기준으로 적용하고 있음을 보여주었다. 혜지는 처음부터 끝까지 '글씨를 예쁘게 쓰자'라는 목표를 계속해서 유지하고 있었는데, 이 기준은 한 학기 내내 그녀의 쓰기를 평가하는 가장 핵심적인 기준이 되었다.

2) 쓰기 학업 성취도 및 성장에 대한 평가

가장 잘된 글의 평가를 통하여 학생들의 쓰기 학업 성취도를 평가하고 성장 정도를 알아보고자 하였다. 학생들의 쓰기 학업 성취도에 대한 보다 객관적인 자료를 얻기 위하여 구조화된 평가 척도표를 이용하여 가장 잘된 글 세 편을 점수화하였다. 평가 척도표는 버몬트(Vermont) 주에서 개발한 쓰기 평가 척도표[22]를 활용하였다. 표 <12-10>은 쓰기 학업 성취도 평가 결과이다.

표 <12-10> 쓰기 학업 성취도 평가 결과

평가 요소별 평균(N=33)				총점 평균
주제	조직	표현	맞춤법	
8.2/12	6.2/12	7.0/12	9.4/12	30.8/48

---

22) 9장의 4절 끝 부분 '<평가기준>' 참고

대체로 3학년 학생들의 쓰기 능력이 양호한 것으로 나타났다. 그리고 네 가지 평가 요소 중에서 글 조직 능력이 가장 떨어지는 것으로 나타났다.

학생들의 쓰기 능력 성장 정도를 알아보기 위하여 8주 째 실시하였던 협의 평가에서 가장 잘된 글로 선정하였던 글과 결과 포트폴리오에서 가장 잘된 글이라고 평가한 글의 질을 평가하여 비교하였다. 표 <12-11>은 이러한 결과를 나타낸다.

<12-11> 학업성취도 성장 비교

평가 시기	평가 요소별 평균(N=33)				
	주제	조직	표현	맞춤법	총전 평균
8주째 가장 잘된 글	8.0/12	6.1/12	7.1/12	9.2/12	30.4/48
16주째 가장 잘된 글	9.6/12	6.3/12	7.3/12	10.4/12	33.6/48

일반적으로 학생들의 쓰기 능력은 나아진 것으로 판단할 수 있다. 하지만 세부 요소간에는 약간의 차이가 있다. 주제나 맞춤법 요소는 높은 성장률을 보인 반면 조직이나 표현 요소의 성장 비율을 낮다. 이는 단계별 쓰기 과정 지도와 자기 평가 프로그램을 통하여 세 편의 글을 초고를 쓰는 데 그치지 않고, 과정 및 자기 평가 질문을 적절하게 활용하여 글을 정교화하고 교정한 결과로 볼 수 있다.

3) 쓰기 과정에 대한 평가

학생들의 쓰기 과정 활용도를 평가하기 위하여 세 편의 글과 관련된 초고, 평가지 및 학습지를 분석하였다. 표 <12-12>는 학생들의 과정 전략 적용의 빈도를 평가한 결과표이다.

표 <12-12>. 쓰기 과정 전략의 적용 양상

과정 전략 구분	쓰기 전에 생각 떠올리기 (N=33명)	내용 조직하기 (N=33명)	다른 사람에게 글 검토 부탁 하기(N=33명)	다른 사람의 생각을 교정에 반영하기 (N=33명)	맞춤법이나 문장 부호 고쳐 쓰기 (N=33명)
자주 수행함	20 명	11 명	28 명	11 명	24 명
가끔 수행함	11 명	10 명	5 명	12 명	9 명
거의 수행 하지 않음	2 명	12 명			

결과는 대부분의 학생들이 쓰기 과정에 대한 인식을 가지고 하고 있는 것으로 나타났다. 그러나 쓰기 과정을 순차적으로 인식하거나 특정 단계의 활동을 다음 단계에 반영하지 못하는 경우가 많았다. 즉, 하나의 쓰기 과정 전략을 단편적으로만 활용하고 전체적인 쓰기 과정의 체계성이나 연속성 을 갖추지 못한 글이 많이 눈에 띄었다. 예를 들면 다발 짓기나 생각 그물 짜기 등을 통하여 생성된 아이디어가 개요 짜기 등을 통하여 잘 조직되었 으나, 실제로 글을 쓰는 과정에서는 이러한 것들이 체계적으로 반영되지 못하고 엉뚱한 내용으로 글이 전개되거나, 고립된 아이디어로 글 중간 중 간에 띄엄띄엄 나타난 것을 살필 수 있었다. 그리고 수업 이외의 상황에서 쓴 글 중에는 쓰기 과정 전략을 적용하지 않거나 한두 가지만 적용한 것들 이 많았다. 학생들은 학교에서 배운 과정 중심 쓰기를 일상 생활의 쓰기에 그대로 적용하는 것 같지는 않다. 역시 쓰기 목적에 대한 인식과 독자를 고려하는 능력도 다소 부족함을 나타냈다.

과정 전략의 활용 빈도에 있어서는 '생각 그물 짜기'나 '다발 짓기' 전략을 가장 자주 활용하는 것으로 나타났으나, 지나치게 외형적인 측면을 중시하여 오히려 글 쓰기 시간을 낭비하는 측면도 있었다. 다른 사람에게 교정을 요청하는 활동도 역시 활발하게 이루어진 것으로 보인다. 그러나 맞춤법에 대한 지적과 반영은 활발했지만, 문장부호, 내용, 표현, 조직 방식이나 형식 등에 대한 지적과 반영은 아직 많이 부족한 것으로 나타났다. 특히 교정 부분에 밑줄을 긋거나, 직접 교정 방안이나 대안을 제시해 놓은 것의 교정 비율은 높았지만 메모를 첨부하여 간접적으로 지적하거나 논평한 것은 거의 교정에 반영하지 못하는 것으로 나타났다. 이는 지적한 내용이 다소 추상적인 경우도 있었지만, 학생들이 지적이나 논평 내용 자체에 대한 이해에 어려움을 겪은 경우도 많은 것으로 나타났다. .

따라서 쓰기 과정에 대한 지도는 지속적으로 이루어져야겠지만, 이러한 것들이 순차적인 단계로 지도될 것이 아니라, 회귀적이고 반복적인 과정으로 글 쓰기에 활용되어야 한다. 그리고 형식적인 측면보다는 내용적인 측면의 교정에 관심을 지속적으로 가지는 것이 필요하다. 교정의 범위를 보다 확장하여 보다 적극적으로 다른 사람의 조언을 자신의 글에 반영하도록 하고, 특히 쓰기 과정 전략이 고립적으로 작용하지 않고 일정한 체계를 가지고 기여할 수 있어야 한다. 이러한 문제들을 해결하기 위해서 쓰기는 단번에 글을 완성하기보다는 초고에서부터 교정하기까지 일련의 과정을 거치면서 더 바람직한 내용이 될 수 있다는 확신을 가지도록 하고, 글이란 단순히 짧은 시간에 단번에 완성될 수도 있겠지만 오랜 시간을 두고 재구성하는 것도 필요함을 스스로 느끼도록 해 주어야 한다.

4) 흥미나 태도 평가

학생들이 선호하는 쓰기 장르나 화제에 대한 흥미를 알아보기 위하여 쓰기 목록을 검토하고 가장 잘된 글로 선택한 글을 장르별로 분류하여 보았다.

쓰기 목록은 학생들이 다양한 화제에 관심을 가지고 있음을 보여주었다. 일반적으로 과학이나 주변의 일상적인 화제에 대한 관심이 많고, 짧은 동화책이나 만화책을 읽고 쓴 반응 기록들이 많았다. 예상외로 운동이나 예술 분야에 대한 관심은 매우 낮은 것으로 나타났다. 그리고 선호하는 글쓰기 장르나 언어 사용 경험이 여전히 생활문, 동시, 편지, 독서 감상문 등 일부 영역에 편중되어 있음을 알 수 있고, 타 교과에서 쓴 글이나 일상 생활에서 쓴 글 중 설득적인 글이나 알리는 글은 매우 드물었다. 학생들이 아직 다양한 목적으로 쓰기를 활용하는 능력이 부족함을 알 수 있다.

학생들이 가장 잘된 글로 선정한 세 편씩의 글을 장르별로 분류하여 보았다. 학생들은 워크샵을 통하여 다양한 범주의 글 쓰기를 했지만 생활문과 동시 쓰기에 대한 관심도가 높은 반면, 상대적으로 설득적인 글이나 다른 교과에서 쓴 글에 대한 관심도는 낮다. 이는 쓰기 목록의 분석 결과와 일치한다. 표 <12-13>은 가장 잘된 글의 장르별 분류 결과이다.

표 <12-13> 학생들이 선정한 가장 잘된 글의 장르별 분류

글의 종류	수 량
생활문	28편
동시	30편
설명문	11편
독서 감상문	10편
편지글	12편
논설문	3편
견학 보고문	1편
관찰 기록문	4편
합계	**99편**

5) 개인 평가 종합

표 <12-14>는 학생 개인별로 포트폴리오를 평가하고 이를 종합한 기록 양식의 예시이다. 이러한 양식은 포트폴리오 평가 결과를 종합적으로 정리하고 학부모나 학생과 결과를 공유하는 데 편리하게 활용하였다. 쓰기의 양, 쓰기 장르의 다양성, 쓰기 화제의 다양성, 태도 및 흥미에 대해서는 쓰기 목록을 참고하여 결과 포트폴리오뿐 아니라 보다 정확한 평가를 위하여 학기 중에 수집한 글 모두를 대상으로 하였다. 교사가 논평 난을 모두 채울 필요는 없다. 개별 학습자의 특성이 비추어 중요한 시사점을 줄 수 있는 요소를 중심으로 기록한다. 표 <12-15>는 학생들 개인별 과정 전략 사용을 검토하고 정리한 예시이다. 이는 개별 학습자에 대한 정보뿐만 아니라 학급 전체의 과정 적용 양상을 보여줌으로써 교사에게 교육 과정이나 교수-학습 개선에 유용한 정보를 제공해 주었다.

표 <12-14> <u>쓰기 포트폴리오 평가 종합 예시</u>

포트폴리오 평가 결과						
5=아주 잘함 4=잘함 3=보통임 2=부족함 1=노력 요함					이 름: 서 ○ ○	
평가	1	2	3	4	5	**교사 논평**
쓰기의 양			∨			다른 학생에 비하여 쓰기 양이 보통이지만, 이전에 비해서는 쓰기 양이 다소 늘었음.
쓰기 장르의 다양성		∨				동시와 생활문을 즐겨 씀. 주장하는 글이나 광고글, 관찰 보고서 등 다양한 쓰기가 필요함.
쓰기 화제의 다양성				∨		동물, 과학에 대한 관심이 많음.
아이디어 생성				∨		일상적인 쓰기에서도 떠오르는 생각을 메모하거나 적어보는 활동이 필요함.
독자 인식	∨					

글의 조직	V			줄 바꾸어 쓰기는 문단을 나눌 때만 사용하도록 노력 바람.
주제의 명료성		V		
다양한 표현	V			
글자 맞춤법		V		맞춤법이 잘 지켜 쓰고 있으나 ㄹ이 들어가는 겹받침(ㄹㄱ, ㄹㅂ, ㄹㅎ, ㄹㅌ 등)쓰기에 유의해야 함.
띄어 쓰기			V	띄어쓸 곳을 잘 알고 있으나 띄어쓰는 것을 분명히 나타내야 함.
문장 부호의 적절성		V		
쓰기 흥미 및 태도			V	이전에 비하여 쓰기에 대한 관심이 높아짐.

표 <12-15> 개인별 쓰기 과정 사용 기록

개인별 쓰기 과정 사용 *: 자주 수행함 + : 가끔 수행함 － : 거의 수행하지 않음					
학생 이름	아이디어나 떠오르는 생각 메모하기	내용 조직하기	다른 사람에게 글 검토 부탁하기	다른 사람의 논평을 교정에 반영하기	글자 맞춤법이나 문장 부호 고쳐 쓰기
이 ○○	*	+	*	*	*
김 □□	+	*	+	+	*

라. 평가 결과의 반영

평가 결과는 3학년 학생들의 글 쓰기에 대한 여러 가지 양상을 반영해 주고 있다. 이는 3학년 쓰기 교육 과정 및 교재 구성, 교수-학습 뿐만 아니라 평가 프로그램 자체에 대한 풍부한 정보와 시사점을 줄 수 있다.

(1) 교육 과정 개선에 대한 시사점

① 동시나 생활문 중심의 쓰기를 선호하거나 경험을 많이 가지는 것으로 나타나 대책이 필요하다. 이러한 결과는 학생들의 쓰기 태도나 흥미에 영향을 많이 주는 것으로 보인다. 즉, 교육 과정이나 교과서에는 다양한 쓰기 경험이 주어져 있지만, 동시나 생활문 쓰기 이외의 쓰기에 대해서는 흥미를 느끼지 못하거나 부담을 가지는 것으로 나타났다. 따라서 설명적인 과제나 설득적인 과제의 양을 늘리는 것보다 학습자의 흥미나 수준에 비추어 과제의 질을 높여야 할 것으로 보인다. 학습자에게 유의미한 과제, 그리고 획일적이고 보편적인 설명문과 논설문의 과제보다는 뉴스, 광고, 보고서, 컴퓨터 게임에 대한 자기 주장하기 등 보다 구체화된 장르나 과제로 접근해야 할 것으로 보인다.

② 맞춤법 기능의 지도가 지속적으로 이루어져야 하며, 내용 조직과 표현에 대한 요소가 강화되어야 한다. 평가 결과 학생들은 여전히 기계적인 측면에 많은 주의를 기울이고 있다. 이는 쓰기 기초 기능이 자동화되지 못했음을 의미한다. 이 때의 기초 기능은 단순히 글자를 정확히 쓸 수 있는 능력 뿐만 아니라 정확한 어휘와 문장을 구사하는 능력을 포함한다. 그리고 성취도 평가 결과 네 가지 평가 요소 중에 조직이나 표현 능력이 특히 부족한 것으로 나타났기 때문에 이 부분에 대한 교육 과정 내용이 강화되어야 할 것으로 보인다.

③ 필자로서의 자신에 대한 인식, 좋은 글과 필자에 대한 인식, 글을 평가하는 안목을 길러주는 교육 과정 내용이 있어야 한다. 학생들은 쓰기에 대한 인식을 정확히 표현하기 이전에 이미 다양한 기준을 그들 나름대로 적용하고 있었다. 즉, 성인과 같은 정확한 용어로 표현하지 못하더라도, 이미 자신의 글을 평가하는 데 있어서 나름대로의 판단

기준을 가지고 있으므로 교사는 이러한 잠재된 능력을 성장시켜 줄 수 있어야 한다. 학생들이 자기 평가에 활동적으로 참여하는 것은 자신의 쓰기에 대한 장단점의 확인 뿐만 아니라, 자신의 쓰기 능력에 대한 이해력을 높여 주고 자기 주도성과 자기 글에 대한 비판적 사고 능력도 증진시킬 수 있다. 좋은 글과 좋은 필자의 특성을 알고 자신의 글에서 장단점을 제대로 파악할 수 있어야 자신의 쓰기 능력을 개선할 수 있을 것이다. .

④ 규범적이고 형식적인 교과서 위주의 수업 방식에서 벗어나 학급 중심의 다양하고 융통성 있는 교육 과정의 운영이 필요하다. 교육 과정은 쓰기 과정 지도나 자기 평가 지도에 있어서 학급이나 학습자의 개별적인 양상을 반영할 수 없다. 본 평가에서는 이러한 한계를 극복하기 위하여 아침 자습 시간을 쓰기 워크샵 시간으로 지정하여 별도로 운영하였으나 학생들의 언어 생활을 보고 들으면서 실제로 언어 경험을 제공할 수 있는 창의적인 교육 과정 운영이 필요하다. 교사는 그 학급의 언어 환경이나 학습자의 언어 발달 특성에 대하여 누구보다도 정확히 해석하고 평가하며 학습자가 필요로 하는 요소가 무엇인지를 가장 잘 알고 있기 때문이다.

(2) 교수-학습 개선에 대한 시사점

① 학생들에게 자기 평가를 하고 쓰기를 공유할 수 있는 시간을 많이 주어야 한다는 것이다. 평가 결과로 미루어 볼 때, 학생들은 필자로서 자신의 쓰기에서 무엇이 잘되고 있고, 무엇이 부족하며, 앞으로 노력해야 할 점은 무엇인가에 대하여 모르는 경우가 많았다. 교사는 학생들이 좀더 자신의 쓰기를 정확하게 인식하고, 필요에 의한 구체적인

목표를 설정하도록 지도하고, 학생들에게 목표 의식을 심어주고 실천할 수 있도록 지속적으로 격려하는 것이 필요하다.

② 학생들이 일반적인 쓰기 용어를 표현하고 공유할 수 있는 기회를 자주 주어야 할 것이다. 쓰기를 평가할 때 자신의 사고를 표현하는 데 필요한 쓰기 용어의 발견에 어려움을 가지는 학생들이 의외로 많은 것으로 나타났다. 전통적인 쓰기 수업이나 평가에서 이러한 용어는 교사에 의하여 일방적으로 사용되어 왔을 뿐 지금까지 학생들은 배제되어 왔다. 만약 학생들이 쓰기에 대한 자신의 이해 결과를 제대로 전달하지 못한다면 교사 다른 사람과의 상호 작용에 결정적인 장애가 될 것이다. '맞춤법', '주제', '표현', '교정하기' 등의 용어가 생소하고 어렵기 때문에 가르치지 말아야 할 것이 아니라, 쓰기 학습을 위하여 필수적으로 가르쳐야 할 개념이다.

③ 학생들이 교과서에 제시된 일반적인 쓰기 과제에 대한 흥미나 동기화가 부족하므로 이에 대한 대안이 제시되어야 한다. 즉, 교사는 학생들이 다양한 쓰기 경험을 가질 수 있도록 교과서 위주의 쓰기 과제 및 교재 선정에서 벗어나 쓰기 과제를 다양하게 재구성할 필요가 있고, 아울러 학생들이 스스로 글 쓰기를 즐길 수 있도록 과제와 관련한 흥미 있는 동기 유발 자료를 개발하는 데 역점을 두어야 하겠다. 현재의 초등학교 쓰기 교육은 학급 내에서 제한된 시간에 학습자의 인지에 의존한 쓰기를 상정하고 있기 때문에 쓰기 목적, 독자, 과제, 형식 면에서 매우 모형화된 단순한 쓰기 맥락을 가질 수밖에 없고, 유사한 쓰기 맥락을 반복적으로 경험하게 된다. 학생들은 실제의 쓰기 맥락이 제거된 모형화된 틀 속에서 쓰기의 개념과 원리를 학습하기 때문에, 학습한 지식이나 전략을 실제 쓰기 맥락에서는 어떻게 사용해야

할 지 모르는 경우가 많고 이는 결국 쓰기에 대한 학습 동기를 떨어뜨리는 원인이 되기도 한다.

(3) 교재 개선에 대한 시사점

① 쓰기 교재는 학습 내용이나 활동을 제시하기보다는 이들 학습 문제를 해결하는 방법을 구체적으로 제시해야 한다. 즉, 특정 과제에 대한 지식이나 전략을 언제 왜 어떻게 사용해야 하는가에 내용을 다룬 것이 별로 없다. 즉 교과서에 제시된 과제를 수행하긴 하지만 대부분 경험이나 활동 차원에서 끝나버린다는 것이다.

② 학생들이 스스로 자신의 학습 과정을 점검하고 통제할 수 있는 자기 평가 활동을 마련하는 것이 필요하다. 자기 평가 내용으로는 필자로서의 자신, 그리고 쓰기 과정과 결과, 쓰기 태도를 포함해야 하며, 단순히 결과를 체크하는 방식뿐만 아니라 기술하거나 점수화하는 방법 등 다양한 활동 유형이 교과서에 구현되어야 한다.

③ 쓰기 과정간의 연계성을 강조하는 교재가 구성되어야 한다. 평가에서 학생들은 쓰기 과정 전략을 연계성 있게 활용하지 못하였다. 따라서 별도의 쓰기 과정 전략에 대한 지도를 필요로 하였다. 문제는 현행 교재가 하나의 쓰기 과제 수행 단위를 시간 단위로 잘라 결과물을 완결된 것으로 간주한다는 점이다. 학습자는 일단 주어진 시간 안에 글을 써야 하며, 한 번 쓴 글은 그 의미가 완결된 하나의 '정전'으로 간주된다. 하지만 쓰기 과정은 시·공간적으로 분리할 수 있는 단위는 아니며, 텍스트의 의미 역시 시·공간적으로 분리하고 끝맺음할 수 있는 것은 아니다. 더구나 쓰기 교수·학습 상황에서 실제 쓰기 시간이 턱없이 부족함을 고려해 볼 때, 의미 구성 과정이나 의미의 지속성

은 중요한 문제이다. 쓰기 교육에서 의미 구성의 지속성이나 재구성의 기회를 가지기 위해서는 쓴 글의 저장, 조작, 관리가 용이해야 하고, 다시 재구성할 수 있는 시간과 자료가 필요하다. 포트폴리오의 활용은 이러한 문제점을 상당 부분 보완해 줄 수 있다.

(4) 평가 프로그램 개선에 대한 시사점

① 포트폴리오 평가에 대한 충분한 안내가 이루어져야 하고, 아울러 교사의 사전 연구나 연수가 필요하다. 포트폴리오 평가를 실시한 교사는 포트폴리오 평가에 대하여 많은 문헌을 검토하였음에도 불구하고 평가 적용 과정에서 많은 시행착오를 겪었다. 교사는 학생들이 포트폴리오 평가에 대한 이해가 부족한 상태에서 한꺼번에 지나치게 많은 활동을 제시함으로써 교사 주도로 평가가 이루어진 측면이 많다는 걸 느꼈다. 이는 때로 학생들로 하여금 쓰기에 대한 부정적인 인식을 심어주기도 하였다. 수행 평가가 불과 몇 년 사이에 현장 연구나 연수가 충분치 못한 상태에서 현장에 무리하게 적용되어 많은 혼선이 빚어지고, 이로 인하여 수행 평가 본래의 의미는 퇴색되고 오히려 교사의 업무만 가중시키는 결과를 가져왔다는 사실을 직시할 필요가 있다. 평가 경험이 없는 초기에는 포트폴리오 자료나 평가 체계 면에서 간단한 구조를 가지는 것도 이러한 문제를 줄이는 한 방법이 된다.

② 포트폴리오를 활용하여 국어과 각 영역을 통합하여 평가할 수 있는 방안이 모색되어야 한다. 실제로 한 영역에 대하여 포트폴리오 평가를 실시할 경우 다른 영역은 소홀히 다루어지기 쉽다. 포트폴리오 평가는 다른 평가 방법보다 많은 노력을 요구하기 때문이다. 최근의 국어과 교육이 영역 분화보다는 총체적 언어 학습에서 강조하는 영역간

통합 운영으로 흐름이 변화되어 가고 있고, 실제로 현장에서 교사들이 많은 과목을 한꺼번에 지도하다 보면 하나의 영역을 평가하는 데 많은 시간을 투자하기가 힘든 것이 사실이다. 통합 평가 방식은 이러한 부담을 줄이는 하나의 방법이 될 수 있다.

③ 교육 과정, 교수-학습 방법, 교과서의 체제에 적합한 평가 체제를 갖추는 것이 필요하다. 쓰기 워크샵을 통하여 학생들은 교사나 동료와 함께 자신의 쓰기에 대해 듣고, 평가하고, 이야기할 수 있는 많은 기회를 가질 수 있었다. 그들은 언제든지 필요한 상황에서 교사나 동료, 교사에게 도움을 요청할 수 있는 분위기에 대단히 만족감을 나타냈다. 또 쓰기는 단번에 글을 완성하기보다는 초고에서부터 교정하기까지 일련의 과정을 거치면서 더 바람직한 내용이 될 수 있다는 확신을 가지면서 쓰기를 지속적인 과정으로서 인식할 수 있었다. 하지만 평가를 위하여 수업과는 다른 새로운 형태의 쓰기 워크샵을 계획할 경우 교사의 업무 부담이 가중될 우려가 있다.

2. 포트폴리오 평가의 다양한 적용 방안

가. 읽기 영역에서의 적용

(1) 평가 기법

포트폴리오 평가는 읽기에서 의미 구성 결과와 과정, 그리고 태도와 흥미를 총체적으로 평가할 수 있으며, 학습자의 성장 과정과 교수-학습에 대한 정보를 제공해 준다. 그러나 무엇보다 중요한 특징은 독자로 하여금 자기 주도적인 학습을 가능하게 한다는 점이다. 따라서 이러한 평가를 사용하는 교사는 항상 다음과 같은 것을 염두에 두어야 한다.

　　○ 학생들이 적절한 책을 선택할 수 있는 능력
　　○ 읽기 전략의 활용 능력
　　○ 독자로서의 자기 점검 및 평가 능력
　　○ 구체적인 목표 설정 능력
　　○ 읽기에 대한 자신감과 책임감

　읽기 포트폴리오 평가 과정에 학습자를 참여시키는 가장 핵심적인 요소는 바로 목표 설정하기와 자기 선택 및 점검, 그리고 자기 평가하기 활동이다. 목표 설정하기는 포트폴리오 평가의 핵심 구성 요소이다. 이러한 목표를 설정하는 데는 교사의 도움이 필요하다. 브레인스토밍을 통하여 수준에 맞는 목표들을 다양하게 생성할 수 있도록 하고, 이를 정기적으로 재구성할 수 있는 기회를 제공한다. 또한 협의를 통하여 교육 과정 목표와의 합의점을 도출하고, 각자의 능력에 맞는 목표를 설정할 수 있도록 함으로써 학생들의 학습에 대한 책임감과 주도성을 높일 수 있다. 반응일지, 토론 활동 등에 대한 자기 분석과 평가뿐만 아니라 독자로서의 인식, 전략 활용이나 흥미 및 태도에 대한 점검, 성취도나 성장 정도, 프로그램의 효율성에 대하여 점검을 해 보게 하는 것도 중요한 방법이다. 아래의 질문은 협의나 자기 평가를 초점화시킬 수 있도록 돕기 위해서 교사가 사전에 학생들에게 제시해 줄 수 있는 질문들이다. 텍스트를 스스로 선택할 수 있는 권리를 준다는 것도 중요한 자기 평가 기회 중의 하나이다. 표 <12-16>은 다양한 목적으로 활용할 수 있는 자기 평가 질문들이다.

표 <12-16> 자기 점검 질문 유형과 질문 예시

자기 점검 범주	질문 예시
바람직한 읽기의 인식 능력	- 바람직한 읽기란 어떤 것이라고 생각하는가? - 너는 훌륭한 독자라고 생각하는가? 왜 그렇다고 생각하는가? - 주위에서 가장 훌륭한 독자라고 생각하는 사람은 누구인가? 왜 그런가?
읽기 전략에 대한 인식 및 활용	- 읽기를 할 때 가장 많이 사용하는 전략은 무엇인가? - 읽기를 할 때 가장 어렵다고 생각하는 점은 무엇인가? - 책을 읽다가 모르는 낱말이나 내용을 보면 어떻게 해결하는가? - 가장 읽기 어려웠던 책은 무엇인가? 그 이유는?
성장 인식 능력	- 학기 초에 비하여 어떤 점이 더 좋아졌다고 생각하는가? - 앞으로 좀더 나은 독자가 되기 위해서 노력해야 할 점은 무엇이라고 생각하는가?
태도나 흥미	- 책읽기를 좋아하는가? - 다른 사람이 책을 읽어 주거나 읽은 내용을 이야기 해 줄 때 어떤 느낌이 드는가? - 이번 학기에 읽었던 것 중 특히 기억에 남는 이야기나 책은 무엇인가? 그 이유는? - 앞으로 어떤 책을 더 읽고 싶은가?
읽기 활동 프로그램의 효율성	- 이번 학기의 읽기 활동의 좋은 점은 무엇인가? - 이번 학기의 읽기 활동에서 안 좋은 점은 무엇인가? - 책을 이해하는 데 다른 사람들의 의견이나 생각이 도움이 되는가? - 다른 사람들이 내용을 이해하는 데 자신은 어떤 도움을 준다고 생각하는가?

이 외에도 읽기 목록을 활용하여 읽기 목적과 흥미 및 태도, 읽기 성향을 파악하고 읽기 결과를 점검하게 할 수도 있다. 교사가 제공하는 척도표에 근거하여 자기의 읽기 결과를 점수화해 보고 잘된 점과 부족한 점을 스스로 발견하는 것도 자기 평가의 한 방법이다.

(2) 평가 절차

표 <12-17>은 읽기 포트폴리오 평가 프로그램의 구체적인 적용 절차를 시기별로 보여준다.

표 <12-17> 읽기 포트폴리오 평가 운영 계획

지도 과제	주요 지도 내용	시기
읽기 클럽 및 포트폴리오 평가 안내	○용어의 의미와 특성, 목적 안내 ○읽기 클럽 활동 비디오 시청/그림첩이나 사진첩, 쓰기 파일집 예시 ○구성 및 활용 방법 안내(자료 선정 기준, 유지 및 관리, 재구성 방법, 학습지 및 기타 기록물의 활용 방안, 평가 방법) ○학부모에게 안내	학년초
개인 홀더 준비 및 꾸미기	○홀더 준비 ○포트폴리오 이름 짓기 ○개인의 특성이 잘 드러나게 홀더 꾸미기	학년초
학습 목표 설정 및 점검	○학습 목표 설정 및 점검	일년에 서너 번
바람직한 읽기에 대한 브레인스토밍	○정기적으로 바람직한 읽기 기준에 대한 브레인스토밍을 실시하여 그 결과를 표로 만들어 자기 평가나 목표 설정시에 활용	매월 1회 정도
자료의 생성 및 유지	○규칙적인 읽기 ○읽기 목록 작성 ○다양한 반응(토의, 반응일지 쓰기 등) ○읽기 과정 및 토의 활동 관찰 및 녹음 ○읽기 과정, 반응, 태도, 흥미에 대한 정기적인 협의 및 자기 점검	수시
결과 포트폴리오의 구성	○다음의 자료를 포함한 결과 포트폴리오 구성 - 목표 탐구장 - 읽기 목록 - 읽기 활동(읽기, 반응쓰기, 토의) 관련 자기 평가 보고서 - 설명적 글과 이야기 글에 대한 가장 잘된 반응 각 1편 - 특정 책에 대한 소개, 광고, 비평한 것 1편 - 가장 유창하게 읽은 녹음 테이프 1편 - 읽기 토의 녹음 테이프 1편	학년말
평가 및 결과 보고	○포트폴리오 면담하기 ○학생들의 결과 포트폴리오를 최종적으로 평가하여 그 성취도, 성장 결과 등을 학생과 학부모에게 알리고 새로운 읽기 목표 협의 ○학생들의 전체적인 읽기 양상을 파악하여 교수-학습 활동 및 도서 선정에 반영	학년말
읽기 활동 및 평가 프로그램 개선	○평가 결과의 분석을 통한 교육 과정 및 평가 프로그램의 개선	학년말

하지만 이러한 프로그램의 운영을 위해서는 몇 가지가 전제되어야 한다.

첫째, 읽기 평가에 포트폴리오 기법을 활용하기 위해서는 특정 읽기 활동 프로그램과 교과 교육 과정 내용을 통합하는 작업이 필요하다. 그래야만 교육 과정에 대한 부담을 줄이면서 읽기와 연계 지도 가능성을 모색할 수 있을 것이다. 때로는 읽기 활동 프로그램에서는 중요하게 여기지만 현재 7차 교육 과정에서 제외된 요소들도 포함될 수 있을 것이다. 예를 들면 지금의 읽기나 문학 교육 과정은 읽기를 통한 상호 작용에 관심을 두지 않고 있으며 분석, 종합, 평가와 같은 기능의 사고 능력보다는 기능과 전략 적용에 더 중점을 두는 경향이 있다. 둘째, 교사는 읽기를 하고 반응을 기록하고 토의하고 자기 평가하고 목표를 협의할 수 있는 시간과 의미 있는 경험을 부여해야 한다. 이는 아침 자습 시간이나 특별 활동 시간, 또는 학교 재량시간을 적절히 활용할 수 있으며 교육 과정과 통합하여 운영할 경우에는 교과 시간에도 이러한 활동들을 할 수 있을 것이다. 셋째, 교사는 정기적으로 학생들의 포트폴리오를 읽고 학생들이나 학부모와 상호 작용할 수 있어야 한다. 이를 통하여 개별 학습자의 읽기 경향과 장단점을 파악하고 적절한 목표를 도움으로써 개별화된 교수를 실현할 수 있다. 이러한 상호 작용을 통하여 학생들은 읽기에 대한 지식과 전략, 자기 평가 능력을 내면화할 수 있게 된다.

이 외에도 학급 문고를 항상 풍성하게 갖추고 책을 정기적으로 갈아주어야 하며, 필요한 학습지는 읽기 코너에 비치하여 학생들이 언제든지 자유롭게 활용하도록 한다. 그리고 교사는 학생들의 요구나 흥미를 정확히 파악하여 적절한 책을 선택하고, 목적에 적절한 정보를 수집하고 분석하는 능력을 갖추어야 하며 긍정적인 반응을 할 수 있도록 읽기 과정이나 전략에 대하여 해박한 지식을 가져야 할 뿐만 아니라 훌륭한 독자의 본보기가 되어야 한다.

(3) 평가 기준 설정

교육 과정이나 읽기 활동 프로그램의 효율성을 점검하거나 학기말의 성적 처리를 위하여 평가 결과를 수량화하거나 기술할 필요가 있을 경우에는 체크리스트나 구조화된 평가 척도표, 또는 특정 결과 보고 양식을 필요로 한다. 물론 포트폴리오 평가는 학급을 담당하고 있는 교사의 전문적인 판단과 다양한 정보 수집 그 자체를 중요시하기 때문에 이러한 기준 마련이 다소 장점을 해칠 수는 있지만, 교육 공동체와 평가 정보에 대한 의사 소통을 원활히 하고, 동시에 성장 과정을 일관성 있게 고찰할 수 있게 하고, 성장 정도나 성취도를 한 눈에 알아볼 수 있게 해 준다는 점에서 가치가 있다. 또한 이러한 기준이 사전에 제시될 경우 교사나 학생들의 평가 정보 수집과 판단 초점을 명확히 해 준다.

포트폴리오 평가의 장점 중의 하나는 읽기 장르나 주제의 다양성, 이해 및 반응 능력, 읽기 과정에서의 전략 활용, 자기 평가 능력, 흥미나 태도 등을 총체적으로 파악할 수 있다는 점이다. 교사는 이러한 결과들을 교수-학습에 송환하거나 학부모나 교육청에 필요한 정보를 제공하거나 성취도를 판단하는 등의 다양한 목적에 활용한다. 이러한 목적 달성을 위하여 첫째는 포괄적인 읽기 능력을 수준별로 제시한 평가 척도표를 활용하는 경우이다. 이러한 척도표는 우선 학생들의 포트폴리오를 표집하여 대강 몇 단계로 수준을 분류하고, 주석을 달고, 평가 요소를 추출하거나 표준이 될 만한 기준을 도출한다. 그런 다음 이를 단계별로 체계화시킨다. 하지만 이러한 기준들은 과제 수행 중심의 평가의 기준에 비하여 다소 포괄적으로 진술된다. 포트폴리오는 방대하고 다양한 자료를 포함하고 있으므로 하나의 명확한 기준 진술이 어렵다. 예를 들면 '독자로서의 경험이 적고 스스로 책을 읽는 경우가 드물다. 주제가 명확히 드러나거나 간단한 구조를 지닌

책을 읽고 싶어하고, 생소한 제재를 다룬 읽기를 회피한다. 읽기를 하거나 의미를 구성할 때 다른 사람의 도움을 많이 필요로 하고 낱말을 띄엄띄엄 읽는다' 와 같은 진술이다. 포괄적인 진술의 제시는 바꾸어 말하면 실제 평가 장면에서는 융통성 있게 활용되어야 함을 암시하고 있다. 따라서 과제 수행 평가에 비하여 척도표에 대한 의존도가 낮을 수밖에 없다. 이는 결과를 수량화하는 데 있어서 평가자간 신뢰도를 떨어뜨리는 요인이 되기도 하지만 타당도 면에서는 다른 어떤 평가 방법보다 우위에 있다고 볼 수 있다.

한편 포트폴리오는 다양한 읽기 자료를 포괄한다는 점에서 읽기와 문학 영역을 함께 평가할 수 있다는 장점이 있다. 읽기와 문학 영역의 통합 평가는 실제 수준에서 심미적 읽기와 원심적 읽기를 엄밀히 분리하기 힘들다는 점에서 그 필요성이 한층 강조된다. 읽기와 문학은 둘 다 의미 이해를 전제로 하고 글과 관련된 어느 정도의 배경 지식과 독서 동기를 필요로 한다. 즉 우리는 읽음으로써 읽기 기능과 전략을 배우며, 읽음으로써 문학을 즐기고 감상하는 방법을 터득한다. 즉, 원심적인 읽기와 심미적인 읽기는 그 경험 과정이 유사하며 독자의 읽기 목적과 텍스트의 연속적인 교류 작용 하에 반복되어 나타나는 현상이다. 문학 작품의 경험을 통하여 문학의 형식과 특성 같은 지식을 학습하기도 하고, 시험 상황에서는 작품의 내용에 관련된 답을 찾으려고 원심적인 읽기로 접근할 수도 있다. 신문을 읽으면서 우리는 적절한 정보를 얻기도 하면서 동시에 슬픔이나 기쁨 등의 감정을 경험하기도 한다. 따라서 읽기 능력은 단순히 원심적인 읽기나 심미적인 읽기 중 어느 하나로 규정될 수는 없다. 이러한 사실로 미루어 볼 때 굳이 원심적 읽기와 심미적 읽기의 구분을 평가에서 읽기와 문학으로 나누는 것을 필요로 하지 않는다. 표 <12-18>은 읽기와 문학을 통합한 평가에서 활용할 수 있는 평가 척도표의 예시로서, 읽기 전략, 반응, 태도의 평가 요소를 10학년으로 나누었을 때, 초등학교 중학년 정도에 나타날 수 있는 수준이다.[23)

표 <12-18> 성취도 평가 척도표의 구성 예시

성취 단계	성취도 판단 기준	평가 기준		
		읽기 전략	반응	흥미 및 태도
3 단계	o 텍스트의 의미를 탐구한다. o 책을 즐겨 읽고 그 내용에 대하여 즐겨 말한다.	o 의미를 구성하기 위하여 절이나 문장 단위를 다시 읽어본다. o 어려운 낱말의 의미를 파악하기 위하여 문맥을 활용한다. o 마침표나 쉼표의 용도를 고려하며 소리내어 읽는다. o 모르는 내용에 대하여 적절한 의미를 구성하기 위하여 그림 단서를 활용한다.	o 텍스트를 읽고 적절한 반응을 나타낸다. o 글을 읽고 내용을 근거로 들어가며 자기의 의견을 말한다. o 이야기를 읽고 주요 사건과 인물을 자연스럽게 회상한다.	o 추천 도서에 관심을 가진다. o 두세 가지 정도의 책이나 장르 유형에 관심을 가진다. o 책을 읽고 재미있는 내용을 즐겨 말한다.
4 단계	o 의미를 예상하고 추론한다. o 의미를 구성하는 데 다른 사람과의 상호 작용이 도움이 된다는 걸 안다.	o 다양한 유형과 주제의 자료를 폭넓게 읽는다. o 자신의 읽기 목적에 맞는 책을 선택한다. o 문단의 중심 내용을 파악한다. o 잘못 읽은 부분에 대하여 자기 교정을 수행한다. o 앞 뒤 문맥을 활용하여 문장이나 절의 의미를 추론한다.	o 다양한 형식의 자료를 읽고 그 내용에 대하여 말한다. o 집에서 읽은 텍스트에 대하여 이야기를 나눈다. o 글을 읽고 획득한 어휘나 문장 구조를 반응에서 활용한다. o 쓰기에서의 경험을 읽기 이해에 활용한다.	o 읽을 만한 적절한 책을 스스로 고를 수 있다. o 꾸준히 독서를 한다. o 다른 사람들에게 책이나 다른 읽기 자료를 추천한다.

---

23) 본고에서는 세부적인 성취 기준의 마련보다는 그 구조화 방안에 초점이 있으며 세부적인 성취 기준의 마련은 이후 많은 연구자와 교사들의 공동 노력이 필요한 부분이므로 본고에서는 그 틀만 제안해 보고자 한다. 이것은 7차 교육과정과 평가 관련 문헌을 참고하여 구성한 하나의 가정 안으로서 실제로 검증된 것은 아니다. 참고한 문헌으로는 Whole language evaluation book (Goodman, 1989), The American Literacy Profile Scales (Griffin & Burrill, 1995), Authentic literacy assessment:an ecological approach. (Lesile & Simpson, 1997) 이다.

이 외에도 표 <12-19>와 같이 학생들의 읽기 흥미를 기록 정리하는 차
트는 학생들의 읽기 경향을 파악하고 도서 선택에 시사점을 줄 수 있다.
표 <12-20>은 양적 정보와 질적 정보를 모두 고려하고 평가 요소를 세부
적으로 나눔으로써 성취도 판단과 교수-학습 개선 정보를 동시에 제공하
는 종합적인 보고 양식이라고 할 수 있다.

표 <12-19> 학생들의 읽기 흥미 조사표

학생 이름	동물	스포츠	역사	추리	과학/ 공상	모험	생물	생활/ 환경	여행	비고

표 <12-20> 읽기 포트폴리오 평가 종합 기록지

<table>
<tr><th colspan="7">포트폴리오 평가 결과</th></tr>
<tr><td colspan="7">5=아주 잘함 4=잘함 3=보통임 2=부족함 1=노력 요함   이름:</td></tr>
<tr><th>평가 요소</th><th>1</th><th>2</th><th>3</th><th>4</th><th>5</th><th>교사 논평</th></tr>
<tr><td></td><td></td><td></td><td></td><td></td><td></td><td></td></tr>
<tr><td>읽기의 양</td><td></td><td></td><td></td><td></td><td></td><td></td></tr>
<tr><td>읽기 주제의 다양성</td><td></td><td></td><td></td><td></td><td></td><td></td></tr>
<tr><td>읽기 장르의 다양성</td><td></td><td></td><td></td><td></td><td></td><td></td></tr>
<tr><td>예상하기</td><td></td><td></td><td></td><td></td><td></td><td></td></tr>
<tr><td>명료화하기</td><td></td><td></td><td></td><td></td><td></td><td></td></tr>
<tr><td>요약하기</td><td></td><td></td><td></td><td></td><td></td><td></td></tr>
<tr><td>추론하기</td><td></td><td></td><td></td><td></td><td></td><td></td></tr>
<tr><td>주제 인식하기</td><td></td><td></td><td></td><td></td><td></td><td></td></tr>
<tr><td>반응하기</td><td></td><td></td><td></td><td></td><td></td><td></td></tr>
<tr><td>낭독하기</td><td></td><td></td><td></td><td></td><td></td><td></td></tr>
<tr><td>자기 점검하기</td><td></td><td></td><td></td><td></td><td></td><td></td></tr>
<tr><td>흥미 및 태도</td><td></td><td></td><td></td><td></td><td></td><td></td></tr>
</table>

나. 말하기 · 듣기에서의 적용 방안

말하기의 상황 맥락이 다양한 변인을 포함한다는 점을 고려해 본다면, 다양한 상황에서의 다양한 자료 수집을 지향하는 포트폴리오 평가는 말하기 능력을 타당하게 나타내 줄 수 있고, 교수-학습에 대한 풍부한 정보를 제공해 줄 수 있다는 점에서 의미가 있다. 하지만 듣기나 말하기는 직접적인 수행 결과물을 매체 도구를 조작하여 수집해야 한다는 점에서 포트폴리오 평가를 적용하기 어려운 점이 있다. 또 평가자나 학생 모두 일정한 수준에 이를 때까지 적응 기간이 요구된다는 점, 자료의 정리와 관리가 어렵다는 점, 학습자의 적극적인 참여와 자기 평가 능력이 뒷받침되어야 한다는 점, 교사의 노력과 시간 투자를 요구한다는 점도 어려운 점이다. 따라서 운영 초기에는 자료를 제한하고, 포트폴리오 운영 시간을 별도로 확보하는 것이 좋다. 그리고 직접적인 수행 결과물이 아니더라도 학습자의 말하기 듣기 학습 과정이나 결과를 나타내고 성장을 보여주는 다양한 기록물들도 음성 언어 능력을 추론할 수 있게 해 주므로 이를 최대한 활용한다.

말하기 · 듣기 포트폴리오에는 발표 상황, 일상적인 대화, 역할 놀이, 소집단 토의, 학급 회의, 동화 구연 등의 녹음 및 녹화 자료를 포함할 수 있다. 그리고 말하기와 관련된 자료, 즉, 말하기 원고, 교사 관찰 기록지, 자기 평가지, 동료 평가지, 협의 기록지, 말하기 경험에 대한 일화적 기록, 화자 일지나 말하기 목록 등도 중요한 평가 자료이다.

듣기 · 말하기 포트폴리오는 자료의 크기나 성질이 다양하다는 점에서 서류 보관용 홀더 이외에 비디오 테이프나 녹음 테이프를 보관하고 관리할 수 있는 상자가 필요하다. 그러나 가장 이상적인 것은 바로 전자 포트폴리오다. 전자 포트폴리오란 모든 수행 결과물이나 기록들을 포트폴리오 형식으로 녹음이나 녹화 테이프에 담는 것이다. 컴퓨터의 발달로 전자 포트폴리오 구성은 한층 더 용이해졌기 때문에 적절한 포트폴리오 프로그램의 개발이 필요한 시점이다.

다. 영역 통합적 적용 방안

학교에서 배우는 국어 교과는 몇 가지 영역으로 나누어져 있지만 일상에서 언어 사용의 많은 부분은 영역 통합적 특성을 지닌다. 즉, 듣기와 말하기가 동시에 이루어지기도 하고, 글을 읽고 쓰는 활동이 연속적으로 이루어지기도 한다. 또는 들으면서 동시에 쓰기도 한다. 국어과 평가는 이러한 실제 언어 사용 현상을 부분적으로 반영할 수 있어야 한다. 물론 영역별 평가는 해당 영역에 대한 자세한 정보를 제공한다는 이점이 있지만 시간적으로나 물리적으로 많은 준비와 노력이 필요하다. 그런 점에서 영역 통합 평가 포트폴리오는 여러 교과를 동시에 지도해야 하는 초등학교에서는 유용한 평가 도구라고 할 수 있다. 영역 통합 평가 포트폴리오에는 다음과 같은 자료가 포함될 수 있다.

- ○ 표지
- ○ 내용 차례표
- ○ 읽기와 쓰기 목록
- ○ 읽기 반응 일지
- ○ 가장 잘된 글(3편 정도, 적어도 한 편 이상은 초고와 완성글을 함께 포함할 것)
- ○ 읽기 결과물(2회 정도, 읽기 수행에 대한 교사의 논평이 있는 것) 및 관련 기록 (읽기 과정을 나타내는 프로토콜, 자기 점검 보고서 등)
- ○ 책 읽기 녹음 자료
- ○ 동화 구연하기(동영상 자료/사진과 구연 모습에 대한 관찰 기록물 등)

○ 특정 화제에 대한 토의나 대화 녹음 자료
○ 특정 화제에 대한 듣기 반응 자료(동영상 자료/사진과 듣기 반응 관찰 기록물 등)
○ 자기 평가 보고서(1년에 2회)
○ 학생들의 언어 발달을 기록한 카드(통지표나 생활기록부 사본/언어 발달 카드)

반응 일지는 특정 언어 사용에 대한 반응을 글을 읽고 쓴 결과물이다. 학생들은 일년 동안 다양한 글을 읽고 쓴다. 반응 일지에는 재미있게 읽었던 내용에 대한 반응의 기록이 포함되어야 하며, 이를 통하여 교사는 학생들의 이해력, 반응 및 감상 능력, 쓰기 능력을 알아볼 수 있다. 읽기 결과물은 읽기 능력을 알아보기 위한 것으로 읽기 반응 일지 평가와 교차 평가를 함으로써 보다 타당한 해석을 이끌어낼 수 있다. 가장 잘된 글 세 편은 쓰기 능력을 평가하기 위해서이다. 교사가 세 편의 장르나 형식을 정해줄 수도 있으나, 가능하면 장르나 형식에 구애받지 않고 학습자가 자기 평가하여 제출할 수 있도록 하는 것이 좋다. 동화 구연하기는 문학이나 말하기 평가 자료의 일부로 반응 및 감상 능력, 분위기나 청중에 알맞게 목소리를 변화시키는 능력, 비언어적 소통 능력 등을 알아볼 수 있다. 이는 동영상 자료가 좋지만 자료 수집과 관리에 어려움이 있을 경우 가장 인상적인 장면을 찍은 사진과 관찰 기록물로 대체할 수 있다. 특정 화제에 대한 토의나 대화 녹음 자료는 말하기와 듣기 능력을 다양한 측면에서 평가할 수 있는 자료이다. 말하기에서는 내용 구성과 전달의 측면에서 목적과 청중에 적합했는가를 알아볼 수 있고, 목소리, 발음 및 어휘 선정, 의미 단위로 끊어 말하기 등을 알아볼 수 있다. 그리고 듣기의 측면에서는 듣기 이해력, 반응 능력, 비언어적 소통, 화자에 대한 태도 등을 평가할 수 있다. 특정 화제에 대한 듣기 반응 자료는 주로 일방적인 듣기 상황의 평가 자료로 매체나 화자의 직접 발화를 듣고 그 내용이나 주제를 파악하고, 앞으로 일어날 일을 추론하거나 상상하고, 생각이나 느낌을 서술이나 구두로 반응하는 것 등이 포함될 수 있다. 이 때는 쓰기나 말하기와 같은 반응 형식에 초점을 두기보다는 반응 자체에 초점을 두어야 평가 언어의 간섭을 배제할 수 있다. 이전 학년 동안 지속적으로 기록·관리해 온 발달 카드는 그 학생의 언어 사용 특성을 파악하고 성장 정도를 판단하는 데 중요하므로 포트폴리오 자료로 반드시 포함해야 하며, 교사는 평가 결과를 별도로 처리하는 번거로움 없이 자연스럽게 평가 결과를 그 발달 카드에 연속해서 기록할 수 있다.

제13장. 포트폴리오 평가에 대한 문답

포트폴리오 평가에 대한 논의가 많지 않아, 교사들이 관심을 가지고 있으면서도 정작 현장 적용 가능성에 대해서는 상당한 부담을 가지는 것이 사실이다. 포트폴리오 평가를 연구하고 현장에 적용하고자 하는 사람들을 위하여 제기될 수 있는 문제를 질의와 응답 형식으로 제시하여 보고자 한다. 지금까지의 논의에 대부분 그 답이 제시되어 있긴 하지만, 살펴본 내용을 정리하고 요약하는 의미도 있다. 국내에서는 포트폴리오 평가에 대한 실천 사례가 많지 않기 때문에 제기될 수 있는 문제들을 구체적으로 파악하는 데 어려움이 있다. 따라서 외국의 문헌24)이나 실천 사례로부터 도출된 문제를 국내의 현장 실정에 비추어 설명하는 방식으로 제시한다.

<1> 포트폴리오 평가는 새로운 평가 방식이 아니라 그 동안 교사들이 많이 해 오던 방식이 아닌가?

---

24) 주요 참고 문헌은 다음과 같다.

Farr, R., & Tone, B.(1994). Portfolio and performance assessment. NY:Harcourt. Glazer, S. M., & Brown. C. S. (1993). Portfolios and Beyond: Collaborative Assessment in Reading and Writing. MA: Christopher-Gordon Publishers.

Grace, C., & Shores, E. (1994). The portfolio and its use: Develmentally appropriate assessment of young children. Southern Early Childhood Association.

Tierney, R. T., Carter, M. A., & Desai L. E. (1991). Portfolio Assessment in the Reading-Writing Classroom. M A: Christopher-Gordon Publishers.

포트폴리오 평가는 새로운 평가 방식이다. 이전부터 학급에서 쓰기나 미술 영역에서 결과 수집철을 많이 활용한 것은 사실이지만, 의도적으로 교수-학습이나 평가 목적을 가지고 활용하지 않았고 주로 보여주긴 위한 자료였다. 그리고 이를 재구성하고 조직하고 평가하는 등의 적극적인 활용이 없었다. 포트폴리오는 자기 평가와 협의 평가가 핵심인데, 그 동안 수집철을 얼마나 이러한 방식으로 활용해 왔는가를 되새겨 보면 금방 알 수 있을 것이다.

<2> 포트폴리오 평가와 수행 평가는 어떤 차이점이 있는가?

포트폴리오 평가는 수행 평가의 일종이다. 수행 평가의 개념 정의에 따라 수행 평가 범주가 달라질 수 있지만, 일반적으로 우리가 수행 평가라고 일컫는 대부분의 평가는 포트폴리오 평가보다 평가 자료와 기준이 한 가지나 몇 가지로 제한되어 있다. 예를 들면 특정 읽기나 쓰기 과제를 주고 그 과정과 결과를 평가하는 방식이다. 평가는 과제 수행 중이나 직후에 관찰이나 분석을 통하여 이루어지며 평가 대상은 과제 수행 상황이나 결과물이 되며 지속적인 자료의 재구성 과정이 포함되지 않는다. 그러나 포트폴리오 평가는 다양한 자료를 평가한다. 평가는 직후에 이루어질 수도 있지만, 대부분 일정 기간 자료를 수집한 후 본격적인 평가가 이루어진다. 평가 자료는 언어 사용 결과물뿐만 아니라 메모나 목록, 기록지 등을 포함한다. 평가 자료는 지속적으로 재구성된다. 수행 평가는 특정 과제에 대하여 하나의 평가 방식을 지향하지만 포트폴리오 평가는 다양한 층위의 평가를 포함한다는 점도 다르다.

<3> 포트폴리오 평가에 많은 사람들이 관심을 가지게 된 이유는 무엇인가?

열린 교육과 맞물린 수행 평가의 도입이 직접적인 원인이다. 그리고 그동안 많은 교사들이 전통적인 평가 방식의 문제점을 지적해 오던 터였다. 외국에서도 평가 방식에 대한 새로운 인식으로 포트폴리오 평가가 주 단위나 국가 단위의 평가 프로그램으로 수용되고 있는 시점에서, 국내 연구자들이 이를 적극적으로 소개하고 논의하면서 확산되었다고 할 수 있다.

<4.> 포트폴리오 평가는 구성주의, 총체적 언어 교육과 같은 최근의 언어 교육 관점에 부합하는가?

포트폴리오 평가는 의미 구성 과정과 유의미한 언어 사용을 강조하고, 학습자의 자기 주도성과 사고력을 중시하는데, 이는 최근의 언어 교육 관점과 일치한다. 그 동안 국어과 교육에서 교수-학습 측면은 새로운 관점을 수용하면서도 평가 방식은 제자리걸음을 면치 못한 점이 있다. 교육에 대한 관점이 바뀌고 교수-학습 방식이 변화한다면 당연히 평가도 변화해야 한다.

<5> 포트폴리오 평가는 국어과 교육에서 강조하는 사고력을 어떻게 수용하는가?

포트폴리오 평가 자체가 사고력을 바탕으로 하는 평가다. 자료를 조직하고, 비교하고, 분석하고, 종합하고, 평가해야 한다. 학생들을 포트폴리오

평가를 통하여 언어 사용자로서의 자의식을 강화하고 언어 사용 과정을 반성적으로 돌아볼 수 있고, 언어 사용 결과를 비판적으로 검토할 수 있다.

<6> 포트폴리오 평가는 말하기·듣기를 포함하여 국어과 모든 영역에 적용이 가능한가?

모든 영역에 적용 가능하다. 쓰기 영역이 가장 적당한 것으로 보이는 이유는 단지 그 결과물이 가시적으로 드러나고, 결과물을 보관하기 용이하다는 점 외에는 다른 영역과 다를 것이 없다. 하지만 포트폴리오는 단순히 인쇄물이나 메모지만 저장하는 것이 아니다. 평가 목적이나 영역에 따라 녹음 및 녹화 자료, 디스켓 등 다양한 형식의 언어 사용 결과물과 관련 기록물을 포함할 수 있다. 이러한 자료는 영역에 관계없이 언어 사용 과정과 결과를 평가할 수 있게 해 준다.

<7> 포트폴리오 활용의 목적은 무엇이며, 일반적으로 사용하는 표준형이 있는가?

포트폴리오 평가는 평가 목적에 따라 다양할 수 있으므로 표준형은 없다. 국어과 교육에서 포트폴리오 활용 목적은 크게 자기 주도성 증진, 교수-학습 정보 수집, 성취도 확인이다. 대체로 교수-학습 정보 수집과 성취도 확인을 목적으로 하는 포트폴리오 평가가 많은 편이다. 그리고 하나의 포트폴리오가 두 가지 이상의 평가 목적으로 사용되는 것이 보통이다. 포트폴리오 자료 구성에 따라 과정 포트폴리오와 결과 포트폴리오로 나누기도 한다. 과정 포트폴리오는 주로 비형식적인 체제를 가지고 있는 자유로운

수집철이다. 결과 포트폴리오는 주어진 기준에 따라 잘된 결과물 몇 가지와 관련 자료들을 포함한다. 일반적으로는 과정 포트폴리오를 운영하다가 학기말이나 학년말에 종합 평가를 위하여 결과 포트폴리오를 재구성하는 방식을 취한다.

<8> 포트폴리오 평가를 정규 교과 수업에 통합하여 운영할 수 있는가?

포트폴리오 평가 내용이나 평가 활동의 대부분은 국어과 교육과정이나 교과서에서 반영하고 있는 내용이므로 통합하여 운영할 수 있다. 국어과 교육에서 가르치는 주된 내용은 언어 사용 과정 전략과 사고 기능이다. 포트폴리오는 이러한 과정과 기능을 강조한다. 그러나 교과서대로만 가르친다면 교수-학습과 통합된 평가 운영을 할 수 없다. '교과서대로만 가르친다'는 의미는 화제나 활동까지도 교과서의 논리를 따른다는 것이다. 그러나 국어과는 화제 내용이나 활동을 가르치는 교과가 아니라, 담화 지식이나 방법을 가르치는 교과이다. 따라서 목표 중심의 접근을 할 경우 통합의 가능성은 매우 높다. 포트폴리오 평가에서 다루는 대부분의 활동과 내용이 실제로는 교과서에서 다루는 단원 목표에 일치하는 것들이다.

<9> 포트폴리오 평가는 영역을 통합하여 운용할 수 있는가?

포트폴리오 평가는 총체적 언어 교육에서 강조하듯이 영역을 통합하여 운영할 수도 있다. 실제 언어 생활에서 말하기, 듣기, 읽기, 쓰기는 주로 통합되어 나타난다. 포트폴리오 평가는 쓴 글을 읽고, 읽은 글에 대한 반응을 쓰고, 언어 사용 과정과 결과에 대하여 협의하는 시간을 가진다. 평가 자료

의 생성 과정도 통합적이고 평가 활동 자체도 실질적인 목적을 가진 통합적인 언어 사용이다. 통합적 평가는 평가에 따른 시간 부담을 줄여주기도 한다.

<10> 포트폴리오 평가는 자기 평가를 강조하는데, 어떻게 하면 자기 평가 능력을 길러줄 수 있는가?

평가 자료의 구성, 분석, 평가를 학습자가 주도적으로 할 수 있도록 최대한 보장한다. 학생들은 처음부터 자기 평가 능력이 충분한 상태에서 포트폴리오 평가에 참여하지는 않는다. 자신의 언어 사용 결과물에 대하여 분석하고, 동료의 결과물을 검토하고, 잘된 자료와 부족한 자료를 구분하고, 독자나 필자로서 자신의 장단점을 살펴는 과정이 모두 자기 평가를 강화할 수 있는 방법이다. 학생들이 교사나 동료와의 다양한 상호 작용을 통하여 자기 평가 내용과 방법을 내면화할 수 있도록 해 주는 것도 중요하다.

<11> 포트폴리오 평가에 필요한 시간은 어느 정도인가?

위에서 언급한 활동을 하는 데 시간을 가져야 한다. 정기적으로 자료를 재구성하고 정리하기 위해서는 최소한 30분 이상의 시간은 있어야 한다. 그리고 교사-학생의 정기인 협의 시간은 개인에 따라서 다르겠지만 대체로 7분-10분 정도가 필요하다. 정기적인 자료의 재구성과 협의는 학기당 2회 정도는 가져야 한다.

<12> 포트폴리오 평가에 필요한 시간은 어떻게 확보하는가?

포트폴리오를 교수-학습과 통합된 방식으로 운영할 수 있다면 국어 수업 시간이 적절하다. 수업과 별도로 운영한다면 자습 시간이나 재량 시간 등을 활용할 수 있다. 이 외에도 필요한 경우 수업에 지장이 없는 한 수시로 활용할 수 있도록 한다.

<13> 포트폴리오 자료가 늘어나면 어떻게 처리해야 하는가?

일정 기간마다 내용 차례표를 작성하여 자료를 묶어 별도로 보관한다. 대부분의 자료는 첫 번째 협의가 이루어지기 전까지는 넘치지 않는다. 결과 포트폴리오를 구성할 때 이러한 자료는 분석 자료가 되므로 잘 보관해야 한다.

<14> 포트폴리오 평가를 위해서 필요한 준비는 어떠한 것이 있는가?

포트폴리오 평가의 실제 사례에 대한 문헌을 검토하고, 전문가의 조언을 듣고, 포트폴리오를 잘 활용하는 사례를 찾아 적용 과정과 결과물을 사전에 검토함으로써 나타날 수 있는 문제점에 대한 사전 대비책을 강구한다.

<15> 포트폴리오를 시작하기 전에 결정해야 할 것은 무엇인가?

포트폴리오가 어떤 이익을 줄 수 있는가를 검토하고, 평가 목적, 구성

자료, 운영 방법, 포트폴리오 활용 방법을 결정해야 한다. 포트폴리오 평가 경험이 없는 경우, 학생이나 교사 모두 포트폴리오 평가 방식에 적응하는 데만 상당한 시간이 걸릴 수도 있다. 따라서 처음부터 완벽하게 운영한다는 생각을 버리고, 처음에는 범위를 좁게 잡고 간단하게 운영하는 것이 좋다. 예를 들면 학생들의 자기 주도성을 길러주는 것을 목적으로 하여 몇 가지의 자료만 수집하여 분석하고 평가해 보도록 한다.

　　<16> 포트폴리오 평가를 위해서는 어떠한 활동이나 절차가 필요한가?

포트폴리오를 운영하는 데 필요한 기본 절차는 다음과 같다.
　○ 포트폴리오를 소개하고 평가 방법을 설명해 주어야 한다.
　○ 학생들이 자료를 보관하고 유지할 수 있는 자료철을 꾸민다.
　○ 포트폴리오 자료를 수시로 생성하고, 분석하고, 재구성한다.
　○ 수집한 자료를 바탕으로 교사, 동료, 학부모와 수시로 상호 작용한다.
　○ 정기적인 협의를 가진다. 이 때는 일정 기간의 자료들을 사전에 조직하고 분석해야 한다.
　○ 최종적인 '결과 포트폴리오' 구성을 위하여 관련 자료를 재구성하고, 정리하며, 필요한 기록을 추가한다.

　　<17> 포트폴리오 자료철로 적합한 것은 무엇인가?

자료철은 전적으로 평가 영역이나 평가 목적에 비추어 수집할 자료의 크기나 분량에 초점을 맞추어 결정해야 할 것이다. 포트폴리오를 보기 좋게 하기 위하여 상업용으로 판매하는 서류 홀더를 사용할 경우 테이프나

디스켓을 포함하지 못하고 한정된 영역이나 자료만 포함할 수 있다. 공간 활용이 자유로운 가방이나 상자를 활용하면 자료의 형식에 크게 구애를 받지 않아도 된다.

<18> 학생들이 포트폴리오 평가에 적극적으로 참여하게 하려면 어떻게 해야 하는가?

학생들이 포트폴리오 평가의 가치를 인식하고, 흥미를 가질 수 있도록 해야 한다. 평가 자료의 소중함을 느끼도록 하고, 특히 평가 기준이나 평가 자료를 스스로 설정하고 선택하게 함으로써 관심을 불러일으킬 수 있다. 그리고 다양한 구성원과의 상호 작용 기회를 제공함으로써 자신의 학습 과정과 결과에 대한 책임감과 개선하고자 하는 욕구를 불러일으킬 수 있다.

<19> 포트폴리오에 포함될 결과물은 누가 선택하는가?

평가 목적에 따라 다르겠지만, 일반적으로 학생이 선택의 1차 주체이고, 교사는 이를 도와주는 역할을 한다. 학기말이나 학년말의 평가 자료인 결과 포트폴리오를 구성하기 전에는 자료 수집과 관리의 책임은 학생들에게 있다. 학업 성취도 평가나 신뢰도가 높은 평가를 위하여 제출하는 자료는 일정한 기준에 맞는 자료를 포함해야 하므로 교사의 도움이 필요하다.

<20> 포트폴리오에 포함할 자료로는 어떤 것들이 있는가?

학습용 포트폴리오에는 언어 사용 과정이나 결과를 나타내고, 사고를

드러내는 거의 모든 자료가 포함된다고 할 수 있다. 그러나 학습 기록장처럼 기계적으로 받아 쓴 자료나 언어 학습에 무의미한 자료는 제외한다. 성취도 평가를 위한 결과 포트폴리오에는 주로 내용 차례표, 언어 사용 목록, 목표 탐구 기록, 잘된 결과물 서너 가지와 관련 기록들, 협의 기록, 자기 평가 보고서를 포함한다.

<21> 정기적인 협의를 위하여 준비할 것은 무엇이며, 어떤 내용을 말하는가?

학생은 자신의 포트폴리오를 일정한 기준에 따라 분석하고 조직하여 교사와 협의할 내용이나 질문거리를 준비한다. 교사는 알고자 하는 내용을 미리 질문 형식으로 제시하고 평소 관찰하거나 학생들의 특징적인 언어 경험을 정리한다. 협의에서는 자기 분석에서 초점을 두었던 점을 중심으로 이야기를 나누고, 도움이 필요한 부분을 확인하고 지원하며, 학습 목표를 점검하고 조정한다.

<22> 포트폴리오를 점수화하는 방법은 무엇인가?

우선 주어진 기준에 적절한 자료를 포함하여 결과 포트폴리오를 구성하도록 한다. 언어 사용 결과물의 자료는 양이 많고 다양하므로 시간 부담이 적으면서도 전체적인 관점에서 결과물을 판단할 수 있는 총체적 평가 척도를 많이 사용한다. 언어 사용 목록이나 기타 기록물도 수량이나 그것이 나타나는 빈도로 점수화할 수도 있다.

<23> 포트폴리오 평가를 학부모와 공유하는 방법은 무엇인가?

　우선 평가 초기에 학부모에게 포트폴리오의 특성, 사용 목적을 알리고, 학생들이 능숙한 언어 사용자가 되는 데 요구되는 학부모의 역할이나 자세를 간단히 소개한다. 그리고 포트폴리오 평가 일정과 가정에서 학생들의 포트폴리오 평가를 지원하는 방법을 안내한다. 수시로 포트폴리오를 가져가서 학부모와 상호 작용하도록 기회를 제공하고, 정기 협의나 결과 포트폴리오의 평가가 끝난 후에는 협의 기록이나 평가 기록을 첨부하여 보내고, 학부모의 논평이나 생각을 회신할 수 있도록 한다.

<24> 학급 전체 학생들 대상으로, 또는 학기나 학년을 뛰어넘어 활용할 수 있는 포트폴리오를 구성할 수 있는가?

　구체적인 활용 목적을 가진다면 구성할 수 있다. 학급 포트폴리오는 개인 포트폴리오를 운영하면서 함께 운영할 수 있다. 문집이나 신문을 만들 때 매우 유용하게 사용될 수 있다. 소집단별 포트폴리오를 운영할 수도 있을 것이다. 학생들은 이를 통하여 공동 사고를 경험할 수 있고, 자기 학습의 개선 단서를 얻을 수 있고, 자기 평가의 기준으로 삼을 수도 있다. 학년을 초월하여 연속적인 포트폴리오를 가진다면 아마도 결과 포트폴리오 형식이 될 것이다. 교사나 학생들은 다음 해의 교사에게 결과 포트폴리오를 넘기며, 이는 학생들의 언어 경험을 보다 쉽게 이해하고 성장 과정을 한눈에 확인할 수 있게 해 준다는 점에서 가치가 있다. 물론, 이 때는 과정 포트폴리오와 결과 포트폴리오는 다른 자료철로 별도로 운영될 것이다.

<25> 포트폴리오 평가를 사용해 본 교사들은 어떤 점을 장점으로 제시하는가?

교사에게는 학생들의 언어 경험과 성장에 대하여 풍부한 정보를 제공하고, 학생들의 생각과 흥미와 태도를 알아볼 수 있다는 점을 높이 평가한다. 학생들에게는 언어 사용자로서 자의식을 심어줄 수 있다는 점을 가치 있게 여긴다. 그리고 교수-학습과 평가를 동시에 고려할 수 있다는 점도 장점의 하나로 강조한다.

참고 문헌

강원경(1999). 독서 클럽 활동 양상 연구. 한국교원대학교 석사 학위 논문.

국립교육평가원(1996). 수행 평가의 이론과 실제. 국립교육평가원.

경규진(1993). 반응중심 문학 교육의 방법 연구. 서울대학교 박사 학위 논문.

김도남(1997). “문제 해결 중심 작문 지도 방법 연구”. 한국교원대학교 석사학위 논문.

김봉순(1992). "읽기 평가에 관한 비판적 고찰". 서울대학교 석사학위 논문.

김성수(1992). "작문 평가의 기준 설정에 관한 연구". 한국교원대학교 석사학위 논문.

김은성(1999). “국어에 대한 태도 교육 연구”. 서울대학교 석사학위논문.

김정자(1992). “쓰기 평가 방법 연구”. 서울대학교 석사학위 논문.

김창원(1999). 국어 교육 평가의 구조와 원리. ’99 학술 발표 자료집. 서울대학교 국어교
    육연구소

노명완・박영목・권경안(1991). 국어과 교육론. 갑을출판사.

노명완・이차숙(1999). 문식성의 개념, 발달, 그리고 사회적 요구에 관한 연구. 한국교
    원대학교 교과교육 공동 연구소.

민병곤(1996). “고등학교 말하기 평가 연구”. 서울대학교 석사학위논문.

박미희(1994). “아이디어 생성 훈련이 작문의 질에 미치는 효과”, 이화여자대학교 석사
    학위 논문.

박민수(1994). “국어과 정의 학습의 평가”. 한국초등국어교육, 제 10집, pp. 47-83. 한국
    초등국어교육학회.

박영목・한철우・윤희원(1996). 국어교육학 원론. 교학사.

박영목・이인제・남미영(1992). 교육의 본질 추구를 위한 국어 교육 평가 체제연구

(Ⅱ). 한국교육개발원.

박태호(1996). "사회구성주의 패러다임에 따른 작문 교육 이론 연구". 한국교원대학교 석사학위 논문.

배호순(1997). "포트폴리오 평가에 관한 분석적 고찰". 한국교육평가연구회(편). 「수행 평가의 이론과 실제」 (pp. 81-131).

배향란(1994). "쓰기의 총체적 평가 방법 연구". 한국 교원대학교 석사학위 논문.

백순근(1997). "수행 평가의 이론적 기초". 한국교육평가연구회(편). 「수행 평가의 이론과 실제」 (pp. 3-44).

손영애·이삼형·이성영(1992). "국어 표현력 신장 방안 연구", 한국교육개발원.

손영애·이인제(1992). 교육의 본질 추구를 위한 국어 교육 평가 체제 연구(Ⅲ). 한국교육개발원.

신헌재(1995). "국민학교 국어과 질적 평가 방안 연구". 한국교원대학교 교과교육 공동 연구소(편). 「교과교육을 위한 질적 평가 방안 연구」 (pp.51-75).

신헌재·이재승 편저(1994). 학습자 중심의 국어 교육. 서광 학술 자료사.

엄 훈(1996). "전략 중심의 쓰기 교수. 학습 방법 연구". 서울대학교 석사학위 논문.

원진숙(1994). "작문 교육의 이론적 기초와 방법론 연구". 고려대학교 박사학위 논문.

이경화(2001). 읽기 교육의 원리와 방법. 박이정

이구슬(1996). 해석학과 비판적 사회 과학. 서광사.

이명숙(1998). 구성주의 심리학. <초등교육연구논총> 12집. 대구교육대학교초등교육연구소.

이삼형(1996). "읽기 교육 과정과 읽기 평가". 국어교육 연구 제 3집. 서울 대학교 국어 교육 연구소

이상구(1998). 학습자 중심의 문학 교육 방안 연구. 한국교원대학교 박사 학위 논문.

이성종(2000). "상호평가가 말하기 능력 신장에 미치는 효과". 한국교원대학교 석사학위논문.

이재승(2002). 글쓰기 교육의 원리와 방법. 교육과학사.

이주섭(2001). "상황 맥락을 반영한 말하기·듣기 교육의 내용 구성에 관한 연구". 한국교원대학교 박사학위논문.

이용숙 · 김영천 편저(1998). 교육에서의 질적 연구: 방법과 적용. 교육과학사.

이종승(1995). 교육 연구법. 배영사.

이희정(1999). 초등학교의 반응중심 문학교육 방법 연구. 한국교원대학교 석사학위 논문.

인혜련(1998) 쓰기 학습 과정에 대한 질적 연구. 서울대학교 석사 학위 논문.

임천택(1998). 쓰기포트폴리오를 통한 초등학생의 자기 평가 반응에 관한 연구. 한국교원대학교 석사학위 논문.

정상섭(2001). "듣기 · 말하기 활동철 평가에 관한 연구". 한국교원대학교 석사학위논문.

조영남(1998). 구성주의 교수-학습. <초등교육연구논총>12집. 대구교육대학교초등교육연구소.

조은수(1997). "쓰기 능력 발달에 영향을 미치는 요인 연구. 한국교원대학교 석사학위 논분.

천경록(2001). 국어과 수행평가와 포트폴리오. 교육과학사.

천경록 · 이재승(1997). 읽기 교육의 이해. 우리 교육.

천경록(1995). "기능, 전략, 능력의 개념 비교". 청람어문학 316-329.

최경희(1995). "쓰기 평가의 개선 방안에 관한 연구". 국어 교육 제 89호(pp.225-249).

최현섭 외(1996). 국어교육학개론. 삼지원

한국교육개발원(1997). 제7차 국어과 교육과정 개발 연구. 한국교육개발원

한국교육과정평가원(1999). 제7차 교육과정에 따른 성취기준과 평가기준 개발 연구.

한철우 · 이인제(1990) 교육의 본질 추구를 위한 국어 교육 평가 체제 연구(I). 한국교육개발원.

황윤환(1995). "제6차 교육과정과 구성주의적 교육". 교육학 연구 제 33호(pp. 237-251)

황윤환(1996). "교수-학습 방법의 패러다임적 전환 모색: 객관주의 교육에서 구성주의 교육으로". 한국교육 제 23호(pp. 1-23).

황정규(1984). 교육학습과 교육 평가. 교육과학사.

Alxander, P. A., Schallet, D. L., & Hare, U. C. (1991). How researcher in learning and literacy talk about knowledge. *Review of Educational Reserarch*, 61, 315-343.

Amstead, L. K. (1994). Identification and description of processes and product of exemplary portfolio users. Ph. D. dissertation, The University of Northern Arizona. (UMI, No. 9512900).

Antonek, J, L., Mccormick, D. E., & Danato, R. (1997). The student teacher portfolio attobiography: Developing a professional identity. *The Modern Language Journal,* 81, 15–25.

Applebee, A. N. (1982). Writing and learning in school setting. In M. Nystrand(ed.), *What writers know.* NY: Academic Press. Athanases, S. Z. (1994). Teachers' report of the effects of preparing portfolio of literacy instruction. *The Elementary Journal,* 94(4), 421–439.

Athanases, S. Z., & Heath, S. B. (1995). Ethnography in the study of the teaching and learning of English. *Research in the Teaching of English,* 29(3), 263–284.

Atwell, M. (1981). *The evolution of text:The interrelationship of reading and writing in the composing process.* IL:NCTE.

Aziz, L. J. (1995). A model of paired cognitive and metacognitive strategies: Its effect on second language grammar and writing performance. Ph. D. dissertation, The University of San Francisco.

Bachman, L. F. (1990). *Fundanmental considerations in language testing.* Oxford University press.

Baker, N. W. (1993). The effect of portfolio–based instruction on composion students' final examination scores, course grades, and attitudes toward writing. *Research in the Teaching of English,* 27(2), 155–174.

Barrett, M. J. (1995). Predictive validity of direct and indirect methods of writing assessment: A comparison using classical test theory and item response theory. Ph. D. dissertation, The University of Texas. (UMI, No. 9505945).

Beason, L. (1993). Feedback and revision in the writing across the curriculum classes. *Research in the of English,* 27(4), 395–422.

Belanoff, P. (1994). portfolios and literacy: Why? In P. Stillman(Ed.), *New direstions in portfolio assessment*(pp.13-24). NH:Boyton/Cook Publishers.

Benson, T. R. (1996). Portfolio in first grade classrooms: Examining an alternative assessment.

Ph. D. dissertation, The University of Memphis. (UMI NO. 9542163).

Bergeron, B. S., Wermuth, S., & Hammar, R. C. (1997). Initiating portfolios through shard learning: Three perspectives. *The Reading Teacher*, 50(7), 552-562.

Bertisch, C. A. (1993). The portfolio as an assessment tool. In K. Gill(Ed.), *Process and Portfolios in Writing Instruction*. IL:NCTE.

Bintz, W.P., & Harste, J. C. (1990) A Vision for the Future of Assessment in Whole Language Classrooms. In Harp, B. (ed.). *Principles of assessment and evaluation in Whole Language Program*(219-242). MA: Christopher- Gordon Publishers.

Boaugrande, R. (1984). *Text production:Toward a science of composition*. Norwood, NJ: Ablex.

Brandt, R. (1992). On performance assessment: A conversation with Grant Wiggins. *Educational Leadership*, 49(2), 35-37.

Bridwell, B. L.(1994). Research Methodology in Composition. Purves, A. C., Papa, L. & Jordan, S. (eds). *Encyclopedia of English Studies and Language Arts, Volume II*. 1037-1040. NCTE.

Burns, B.(1998). Changing the classroom climate with literature circles. *Journal of Adolescent & Adult Literacy* 42(4), 124-129.

Calkins, L. M. (1986). *The art of teaching writing*. NH: Heinemann.

Camp, R., & Levine, D. (1991). Portfolio evolving. In P. Belanoff & M. Dickson(Eds.), *Portfolio:Process and product*(pp.194-205). NH : Heinemann.

Campbell, J. (1992). Laser disk portfolio:Total child assessment. *Educational Leadership*, 49(8), 69-70.

Carole Cox (1996). *Teaching language arts: A student and response- centered*. Allyn & Bacon.

Carter, M. (1992). Self-assessment using writing portfolios. Ph. D. dissertation, The University of. (UMI, No. 9227245).

Chaney, A. L. & Burk, T. L. (1998). Teaching oral communication in grade K-8. Allyn & Bacon.

Cole, P. B. (1995). Potrfolio talk in a sixth-grade writing workshop. Ph. D. dissertation, The State University of Virginia. (UMI, No. 9514628).

Goodman, K. S., et al.(Eds). (1989). *Whole language evaluation book.* NH:Heinemann. Cooper, C. R., & Odell L. (1977). *Evaluating writing.* Urbana, IL:NCTE.

Costa, A. L.(1984). Mediating the metacognitive. *Educational Leadership,* 57-62.

Ezell, D. L. (1996). A comparative analysis of eight grade students' locus of control and their involvement in the portfolio assessment process. Ph. D. dissertation, The University of Alabama. (UMI, No. 9604760).

Faigley, L., Cherry, R. D., Jolliffe, D. A., & Skinner, A. M. (1985). *Assessing writers' knowledge and process ofcomposing.* NJ:Arlex publishing.

Farah, I.(1997) Ethnography of communication, Hornberger, N. H. & Corson, D.(eds), *Encyclopedia of Language and Education, Volume 8: Research Methods in Language and Education,* 125-134. Kluwer Academic Publishers.

Farr, R., & Tone, B.(1994). *Portfolio and performance assessment.* NY:Harcourt.

Finocchiaro, M. & Brumfit, C. (1983). *The functional-notional approach: From theory to practice.* New York: Oxford University press.

Flavell, J. H. (1981). Cognitive monitoring. In W. P. Dickson(Ed.), *Children's oral communication skill*(pp. 35-60). NY: Academic Press.

Flower, L. (1993). *Problem solving strategies for writing* (4th ed.). NY:Harcourt. Flavell, J. H. (1981). Cognitive monitoring. In W. P. Dickson(Ed.), *Children's oral communication skill*(pp. 35-60). NY: Academic Press.

Flower, L., & Hays, J. R. (1983). A cognitive model of writing process in adult. ED 240 608

Flower, L. (1993). *Problem solving strategies for writing.* NY:Harcourt.

Flower, L.(1994). *The Construction of Negotiated Meaning.* Southern Illinois University.

Frazier, D. M., & Paulson, F. L. (1992). How portfolio motivate reluctant writers. *Educational Leadership,* 49(8), 62-65.

Freedman, S. W., Green, C., & Sperling, M. (1987). *Reponse to student writing.* IL:NCTE.

Gagne, E. D.(1985). 인지심리와 교수-학습. 이용남. 박분희 외(공역). 교육과학사. 1993.

Garcez, P. M.(1997). Microethnography. Hornberger, N. H. & Corson, D.(eds), *Encyclopedia of Language and Education, Volume 8: Research*

Methods in Language and Education. 187−196. Kluwer Academic Publishers.

Gavelek, J. R., & T. E. Raphael(1996). Changing Talk About Text: New Roles for Teachers and Students. *Language Art* 73(3), 24-35.

Gearhart, M., et al. (1992). Writing portfolios at elementary level: A study of methods for writing assessment. ED 344 900.

Gentile, C. A., et al. (1995). Window into the classroom: NAEP's 1992 writing portfolio study. ED 378 584.

Gillespie, C. S., Ford, K. L., Gillespie, R. D., & Leavell, A. G. (1996). Portfolio assessment: Some question, some answers, some recommendations. *journal of Adolescent & Adult Literacy,* 39(6), 480-491.

Glazer, S. M., & Brown. C. S. (1993). *Portfolios and Beyond: Collaborative Assessment in Reading and Writing.* MA: Christopher-Gordon Publishers. Gordon, C. J., & Brawn, C.(1985). Learning to write and writing to learn in elementary school. In K. Petrosky & D. Bartholomae(Eds.), *Teaching of writing*(pp. 131-147). Chicago: University of Chicago press.

Goodman, K. S., et al.(Eds.). (1989). *Whole language evaluation book.* NH:Heinemann.

Graves, D. (1992). Portfolio: Keep a good idea growing. In D. Graves & B. Sustein(Eds.), *portfolio portraits* (pp. 1-12). Portsmouth, NH : Heinemann.

Grace, C., & Shores, E. (1994). *The portfolio and its use: Develmentally appropriate assessment of young children.* Southern Early Childhood Association.

Griffin, P., Smith, P. G., & Burrill, L. E. (1995). *The American literacy profile scales.* Heinemann.

Hansen, J. (1996). Evaluation:The center of writing instruction. *The Reading Teacher,* 50(3), 188-195.

Hamilton, S. J. (1994). Portfolio pedagogy: Is a theoretical construct good enough? In P. Stillman(Ed.), *New direstions in portfolio assessment* (pp.13-24). NH:Boyton/Cook Publishers.

Harp, B.(1990). Principles of assessment and evalution in Whole Language Classrooms. In B. Harp(Ed.), *Assessment and Evalution in Whole Language Programs*(pp.35-50). MA:Christopher-Gordon Publishers.

Harris, M. (1986). *Teaching one-to-one: The writing conference.* IL:NCTE.

Hawisher, G. E.(1994). Computers and composition Research Studies. Purves, A. C., Papa, L. & Jordan, S. (eds). *Encyclopedia of English Studies and Language Arts, Volume I*. 268-271. NCTE.

Hebert, E. (1992). Portfolios invite reflection from student and staff. *Educational Leadership*, 49(8), 58-61.

Hetterscheidt, J., Pott, L., Russell, K., & Tchang, J. (1992). Using the computer as a reading portfolio. *Educational Leadership*, 49(8), 73.

Johnston, P. H. (1997). *Knowing literacy: constructive literacy assessment.* NY: Stenhouse. University.

Jordan, S. L., & Purves, A. C. (1994). The metaphor of portfolio and the metaphors in portfolios: The relation of classroom-based to large-scale assessment. ED 378 589.

Kaye, S. (1994). *Writing as a lifelong skill.* Belmont, California: Wadsworth Publishing Company.

Kieffer, R. D., & Morrison L. S. (1994). Changing portfolio process: One journey toward authentic assessment. *Language Art*, 71(6), 411-418.

Knight, P. (1992). How I use portfolios in Mathematics. *Educational Leadership*, 49(8), 71-72.

Koretz, D. (1994). The evolution of a portfolio program: The impact and quality of the Vermont portfolio program in its second year(1992-93). ED 379 301.

Krashen, S. & Terrell, T. (1983). *The natural approach Hayward*, CA: The Alemany Press.

Krauss, L. D.(1996). *Vygotsky in the Classroom.* Longman.

Lado, R.(1961). Languge testing. New York: McGraw-Hill.

Lamme, L. L, & Hysmith, C. (1991). One school's adventure into portfolio assessment. *Language Art*, 68(7), 629-640.

Lesile, L., & Simpson, M. (1997). *Authentic literacy assessment:an ecological approach.* NY:

Long man.

Lundsteen, S. W., & Witkin B.R. (1994). Assessment and Achievement Testing in speaking and Listening. *Encyclopedia of English and Language Art,* NCTE.

Lylis, M. K. (1993). A descriptive study and analysis of two first-grade teacher's development and implementation of writing portfolio assessment. Ph. D. dissertation, The University of Massachusetts. (UMI NO. 9316690).

McLaughlin, M., & Vogt. M. (1996). *Portfolio in Teacher Education.* Newark, IRA.

Mclean, M. C. (1994). Incresing the writing process skills of second graders through the implementation of portfolios. ED 376 494.

McMahon, S. I., & Raphael, J. E.(1997). *The Book Club Conection.* Columbia University.

Moening, A. A., & Bhavnagri, N. P. (1994). Showcase writing portfolio: An instructional strategy for first graders. ED 376 476.

Moll, L.C. (1990). *Vygosky and education.* Cambridge University.

Morton, J. L., (1991). *What teachers want to know about portfolio assessment,* ED 336728

Murphy, A. A. (1994). A model for authentic assessment utilizing portfolio. Ph. D. dissertation, The University of Northern Illinois. (UMI, No. 9520167).

Ontario Ministry of Education. (1991). *Assessment language arts.*

Palmer, J.(1993). Intergrating Assessment and instruction: Continuous monitoring. In R. E. Blum & J. A. Arter. (eds). *Student performance assessment in an Era of restructuring(IV -6:3).* ASCD.

Paris, S. G., Lipson, M. Y., & Wixson, K. K (1983). Becoming a strategic reader. *Contemporary Educational Psychology,* 8(3), 293-316.

Paulson, F. L., Paulson, P. R., & Meyer, C. A. (1991). What makes a portfolio a portfolio? *Educational Leadership,* 13(4), 60-63.

Rief, L. (1990). Finding the value in evaluation: Self- assessment in a middle school classroom. *Educational Leadership,* 47(6), 24-29.

Robert, B. R. & Norman J. U.(1994) Reading as a meaning-construction process: In Ruddell, R. B et al(ed.). *Theoretical Models and Process of Reading.* International Reading Association.

Roettger, D. D., & Perry, J., et al. (1994). *Standards for the assessment of reading and writing.* IRA/NCTE.

Rosenblatt, L. M.(1994). The Transactional Theory of Reading and Writing: In Ruddell, R. B et al(ed.).*Theoretical Models and Process of Reading.* International Reading Association.

Rowan, K. E. (1990). Cognitive correlates of explanatory writing skill:An analysis of individual difference. *Written communication,* 7, 316-341.

Rubin, D. L., Schramn, G.(1994). The testing of first language speaking skills. *Language testing and assessment Volume* 7. 29-37.

Rubio, O. G.(1997). Ethnographic Interview Methods in Researching Language and Education. Hornberger, N. H. & Corson, D.(eds), *Encyclopedia of Language and Education, Volume 8: Research Methods in Language and Education,* 153-164. Kluwer Academic Publishers.

Salinger, T., & Chittenden, E. (1994). Focus on research analysis of an early literacy portfolio: Consequences for instruction. *Language Art,* 71(6), 446-452.

Shanahan, T.(1994). assessment, theory and practice. *Encyclopedia of English and Language Art,* NCTE.

Simmons, J. (1990). Portfolio as large-scale assessment. *Language Arts,* 67(3), 262-268.

Spivey, N. N.(1997). *The Constructivist Metaphor.* ACADEMIC PRESS.

Spradley, J. P.(1988). 문화탐구를 위한 참여관찰 방법. 이희봉 역. 대한교과서주식회사. 1996.

Stahl, J. R.(1995). Cooperative Learning: In Stahl, J. R.(ed.). *Cooperative Learning in Language Arts.* Addison-Wesley.

Steffe, L.P., & Gale, J.(1995). 구성주의와 교육. 조연주 · 조미헌 · 권형규(공역). 학지사.

Tchudi, S., & Mitchell, D. (1999). *Exploring and teaching the English language arts.* Addison-Wesley Educational Publishers.

Tierney, R. T., Carter, M. A., & Desai L. E. (1991). *Portfolio Assessment in the Reading-Writing Classroom.* MA:Christopher- Gordon Publishers.

Valencia, S. (1990). A portfolio approach to classroom reading assessment: The whys, whats, and hows. *The reading teacher*, 43(4), 338-340.

Valette, R. (1977). *Modern language testing* (2nd ed.). New York: Harcourt Brace Jovanovich.

Widdowson, H. (1978). *Teaching language as communication*. Oxford University press.

Vermont State Dept. of Education.(1992). The report of Vermonts writing assessment program, pilot year 1990-91. ED 377 520.

Vygotsky, L. S. (1978). *Mind in society*. Cambridge, Mass: Havard University Press.

Wagner. D. D. (1993). Portfolio assessment: 7th gaade student' self-evaluation and reflection of personal reading and writing. Ph. D. dissertation, The University of Auburn. (UMI, No. 9306594).

White, E. M. (1994). Portfolio as an assessment concept. In P. Stillman(Ed.), *New direstions in portfolio assessment*(pp.13-24). NH:Boyton/Cook Publishers.

Whitney, R. (1992). Making meaning: A philosophical study of changing presuppositions in the teaching of writing. Ph. D. dissertation, The University of New York.

Wilcox, B. L. (1996). Smart portfolio for teacher in training. *journal of Adolescent & Adult Literacy*, 40(3), 172-193.

Wolf, K. (1992). Schoolteacher's portfolio: Issues design, implementation and evaluation. *Phi Delta Kappan*, 73(2), 129-136.

Wolf, K. (1996). Portfolio purposes and possibilities. *journal of Adolescent & Adult Literacy*, 9, 30-37.

Wolf, S. A., & Gearhart, M. (1994). Writing what you read: Narrative As`sment as a learning event. *Language Art*, 71(6), 425-444.

Yagelski, R. P.(1994). The contexts of Writing. Purves, A. C., Papa, L. & Jordan, S. (eds). Encyclopedia of English Studies and Language Arts, Volume Ⅰ. 291-292. NCTE.

Yancey, B. Y. (1992). Portfolios in the writing classroom: A final reflection. In B. Y. Yancey(Eds.), *Portfolios in the writing classroom* (pp.102-115). IL:NCTE.

Young, J. P., Mathews, S. R., Kietzmann, A. M., & Westerfield, T. (1997). Getting disenchanted adolescents to participate in school literacy activites: Portfolio conferences. *journal of Adolescent & Adult Literacy*, 40(5), 348-360.